JÜRG WILLI

Wendepunkte im Lebenslauf

Persönliche Entwicklung
unter veränderten Umständen –
die ökologische Sicht der
Psychotherapie

Klett-Cotta

Klett-Cotta
www.klett-cotta.de
© J. G. Cotta'sche Buchhandlung Nachfolger GmbH, gegr. 1659,
Stuttgart 2007
Alle Rechte vorbehalten
Fotomechanische Wiedergabe nur mit Genehmigung des Verlags
Printed in Germany
Schutzumschlag: Philippa Walz, Stuttgart
Gesetzt aus der Minion von Kösel, Krugzell
Auf säure- und holzfreiem Werkdruckpapier gedruckt
und gebunden von Clausen & Bosse, Leck
ISBN 978-3-608-94438-9

Dritte Auflage, 2007

Bibliographische Information der Deutschen Nationalbibliothek
Die Deutsche Nationalbibliothek verzeichnet diese Publikation in der
Deutschen Nationalbibliographie; detaillierte bibliographische Daten
sind im Internet über <http://dnb.d-nb.de> abrufbar.

Inhalt

Meine persönlichen Erfahrungen als Motivation zu
diesem Buch 7

1 Wie sich störende Charaktereigenschaften unter
  geeigneten Lebensumständen zum Guten wenden
  können 8

2 Lebenslauf und Persönlichkeitsentwicklung –
  zwei unterschiedliche Perspektiven mit
  weitreichenden Konsequenzen 45

3 Der ökologische Ansatz: Die Person entwickelt sich
  in der Wechselwirkung mit ihrer persönlichen Umwelt ... 72

4 Drei Formen der Selbstverwirklichung:
  durch Selbsterkenntnis, in der Begegnung und als
  tätige Verwirklichung 116

5 Was leitet und bahnt den Lebenslauf? 141

6 Wie kommt es zu einer Wende im Lebenslauf? 170

7 Der Ereignischarakter des Lebens 200

8 Wenden durch menschliche Begegnungen 214

9 Die Wende zum Bösen 240

10 Offen sein für das, worauf die Lebensumstände
   uns verweisen 283

11 Wende im Lebenslauf durch Psychotherapie 306

12 Persönlicher Wandel in der therapeutischen Beziehung .. 340

13 Mit unserem Leben am Werden der Welt mitwirken ... 354

Dank 361

Literatur 362

Sachwörterverzeichnis 370

Personenverzeichnis 379

Meine persönlichen Erfahrungen als Motivation zu diesem Buch

Dieses Buch handelt von Lebensläufen und deren Wandel, der oft in Zusammenhang mit unerwarteten Veränderungen der Lebensumstände eintritt. Es handelt von Umbrüchen in persönlichen Entwicklungen unter dem Druck der Lebensverhältnisse, aber auch von der Freisetzung neuer Entwicklungsmöglichkeiten unter dem Entgegenkommen der Umstände. Voranstellen möchte ich meine persönlichen Erfahrungen über die Korrektur neurotischer Fehlhaltungen durch geeignete Beziehungsumstände.

Die meisten Psychotherapieansätze versuchen dem Klienten zu helfen umweltunabhängiger zu leben, mehr in sich selbst zentriert zu sein und sich selbst besser zu spüren. Der Weg dazu wird oft in der Auflösung verbindlicher, als repressiv und einengend erlebter Beziehungen gesucht. Meine persönliche Erfahrung war eine gegenteilige, nämlich daß die Auseinandersetzungen in verbindlichen Beziehungen mir halfen, wichtige Korrekturen meiner Persönlichkeit und meines Lebenslaufes zu vollziehen. In psychotherapeutischen Fachkreisen wird der therapeutischen Beziehung eine besonders heilsame Bedeutung zugemessen. Der positive, ja, heilsame Einfluß anderer naher Bezugspersonen wird – mit Ausnahme des Einflusses der Eltern – in der Fachliteratur jedoch wenig thematisiert, obwohl jeder schon erfahren hat, daß Beziehungen einem im Erwachsenenalter wichtige Lebenswenden abfordern. Zu beachten wäre etwa die Art, wie Liebespartner, die eigenen Kinder, Geschwister, Freunde oder Arbeitskollegen einem mit ihrer Unterstützung, ihrem Widerstand und ihren Hinweisen den Weg aufzeigen und einen begleiten. Jeder vollzieht seinen Lebenslauf in einem Netzwerk von fördernden und widerständigen Bedingungen, wobei ein Wandel des Lebenslaufes oft einhergeht mit der Auflösung bisheriger und dem Eingehen neuer Beziehungen.

Ich berichte hier nicht deswegen über meine eigenen Lebenserfahrungen, weil ich den Eindruck hätte, daß mein Lebenslauf besonders erzählenswert wäre. Im Gegenteil. Ich denke, daß die meisten Leserinnen und Leser ähnliche und oft dramatischere Wendepunkte in ihrem Lebenslauf erlebt haben. Sie sollen mit diesem Buch angeregt werden, sich bewußter damit auseinanderzusetzen. Der Mensch ist ein so komplexes Wesen, daß die Psychologie immer nur einen kleinen Aspekt einer unendlichen Fülle von Möglichkeiten erfassen kann. Da ist es oft hilfreich zu wissen, weshalb ein Autor gerade den von ihm behandelten Aspekt für besonders wichtig erachtet.

Meine persönliche Erfahrung war es zu erleben, daß es Lebensumstände und Liebes- bezugsweise Arbeitsbeziehungen waren, die mich im Erwachsenenalter aus tiefen neurotischen Fehlhaltungen und Störungen hinausführten und mir ein überaus glückliches und produktives Leben bis ins Alter ermöglichten. Der Heilfaktor war nicht so sehr die Aufarbeitung meiner Kindheit oder der Beziehung zu meinen Eltern, sondern die sich in kleinen Schritten vollziehende Gestaltung von Lebensumständen, die eine gesundende Haltung und Lebensführung hervorriefen und festigten. Die Erfahrung, daß der Schlüssel der therapeutischen Heilung in der Wahrnehmung und Korrektur der *aktuellen* Beziehungen und nicht so sehr in der Einsicht in die Beziehungen meiner Kindheit liegt, hat mich zur Ausformulierung des beziehungsökologischen Ansatzes veranlaßt, der in unserem Institut für Ökologisch-systemische Therapie gelehrt wird. Im Sinne eines pars pro toto (ein Teil steht für das Ganze) gehen wir davon aus, daß in den aktuellen Beziehungen die Beziehungserfahrung des ganzen Lebens enthalten ist. Sie läßt sich jedoch besser in den aktuellen Liebes- und Arbeitsbeziehungen bearbeiten und korrigieren als in der Aufarbeitung einer längst vergangenen Kindheit, weil wir in ihnen einen direkten Einblick in das Entstehen und Aufrechterhalten von Konflikten bekommen und insbesondere das verhängnisvolle wechselseitige Ansprechen der Person und ihrer Umwelt auf konflikthafte Angebote beobachten und bearbeiten können.

Ich bin in Zürich geboren als Sohn neben drei Schwestern eines wissenschaftlich erfolgreichen Universitätsprofessors für Pädiatrie und sehr beliebten Kinderarztes. Schon von den ersten Lebensmonaten an wies ich eine Vielzahl neurotischer Symptome auf, die bis ins Schulalter andauerten. Ich war extrem ängstlich und litt an Dunkelangst, schreckte nachts aus beklemmenden Träumen auf, hatte Angst, Treppen hinunterzusteigen, auf Leitern oder Bäume zu klettern, hatte vor allem Angst vor körperlichen Eingriffen, besonders vor Blutentnahmen und Injektionen etwa beim Impfen, litt zudem an Bettnässen und Einkoten sowie an starker Schüchternheit. Vor dem Einschlafen schaukelte ich meinen Oberkörper stundenlang hin und her. Ich war sehr häufig krank und wurde zur Stärkung der Gesundheit mehrmals von den Eltern für Monate in ein Kinderheim in den Bergen verbracht. Meine Mutter verfaßte über jedes der Kinder ein Tagebuch. Sie beschrieb mich als ein pflegeleichtes, gutmütiges Kleinkind, das immer bestrebt war, ein Lieber zu sein. Ich war leicht kränkbar und brach sogleich in Tränen aus, wenn mich mein Vater gelegentlich etwas unwirsch anfuhr. Mein Vater ärgerte sich sehr über meine Ängstlichkeit und fühlte sich wohl auch persönlich gekränkt, einen derartigen Sproß als Stammhalter gezeugt zu haben.

Ich kann mir die Entstehung dieser nervösen und neurotischen Symptome nicht erklären, da ich meine Kindheit in glücklicher Erinnerung habe und von meinen Eltern sorgfältig und aufmerksam erzogen wurde. Vielleicht aber reagierte ich bereits auf gewisse familiäre Charakterhaltungen, die mir von Mutterseite entgegengebracht wurden und die mir später, d. h. von der Pubertät an, große Schwierigkeiten bereiteten. Die Großmutter mütterlicherseits verbreitete eine neurotisierende Familienatmosphäre. Sie war eine feine, kultivierte Dame, die immer kränklich war. Ich mag mich nur erinnern, wie sie ihre Tage im Bett verbrachte und sich von ihren Töchtern, besonders von meiner Mutter pflegen ließ, obwohl sie nie eine diagnostizierbare Krankheit hatte und weit über 80 Jahre alt wurde. Sie beanspruchte meine Mutter von jungen Jahren an als Pflegerin für sich, hielt sie auf Trab, forderte Rücksichtnahme und Schonung und erzeugte gleichzeitig in allen Umstehenden Schuldgefühle. Wo immer die Familie zusammenkam, wußte sie sich ins Zentrum zu setzen. Ihre Direktiven brachte sie nur flüsternd vor, als Kinder mußten wir uns in ihrer Anwesenheit still verhalten, ansonsten wir mit Blicken und Kopfschütteln getadelt wurden. In der Herkunftsfamilie meiner Mutter waren mehrere Fälle von feinsinnigen und komplizierten Charakterneurotikern. Hinter dem Anschein von Bescheidenheit und Opferbereitschaft verbarg sich in dieser Familie eine verstiegene, moralisierende Arroganz. Obwohl meine Großmutter aus mittelständischen Verhältnissen stammte, wußte sie sich den Anstrich einer Dame aus dem Hochadel zu geben. Meine Mutter versuchte die Haltung der Großmutter in ihrem Leben zu korrigieren. Sie verhielt sich aufopferungsbereit und anspruchslos. Sie diente ihrem Mann und ging ganz in den Aufgaben für die Kinder auf. Aber im Hintergrund verkörperte auch sie die Haltung, daß wir etwas Besseres seien und zu Höherem geboren. Obwohl sie sich nie darüber äußerte, vermute ich, daß sie mich für zu etwas Besonderem ausersehen hielt, etwa zu einem Priester oder gar einem Heiligen.

Für die Gesundung meiner kindlichen Neurose trugen die Pfadfinder Wesentliches bei. Etwa ab dem achten Altersjahr war ich ein begeisterter Pfadfinder und verbrachte fast meine ganze Freizeit mit meinen Kollegen zusammen, mit denen ich noch heute befreundet bin. Verschiedene ältere Pfadfinderführer schienen fast in mich verliebt zu sein und trugen mich auf den Armen herum. Wahrscheinlich wurden in diesem freundschaftlich-erotisierten Klima auch homosexuelle Angebote an mich herangetragen, die ich jedoch intuitiv abwehrte und gar nicht aufkommen ließ. Ich gewann zunehmend an Selbstvertrauen und war beliebt und erfolgreich. So auch, als im Pfadfindertrupp zum Spaß eine Schönheitskonkurrenz durchgeführt wurde, bei der ich aus 70 Teilnehmern als Sieger hervorging, was mir äußerst peinlich war. In den alljährlichen Pfadfinderlagern unternahmen wir waghalsige Klettertouren und große Wanderungen. Ich entwickelte mich zu einem völlig normalen, ausdauernden und kräftigen jungen Mann.

Meine Mutter hatte die Absicht, ihre Kinder nicht mit ihren Erwartungen zu tyrannisieren. Sie stellte ihre Ansprüche bis zur Selbstverleugnung hintan. Sie kleidete sich unauffällig, meist Grau in Grau, hatte ein bescheidenes Auftreten und hatte ihr Gefühle bis zur körperlichen Versteinerung unter Kontrolle. Wie mein Vater legte sie großen Wert auf die Einhaltung von Konventionen und Regeln. Wichtig war ihnen, daß man ihre Geburtstage nicht vergaß, daß man sie mit hohem Respekt behandelte und sie vor Kritik verschonte. Wenn ich diese Regeln einhielt, gewährten sie mir – im Unterschied zu meinen Schwestern – viel Freiheit. In meiner Erinnerung spielte für mich die Familie die geringere Rolle als die Peergroup der Pfadfinder. Die Familie war für mich ein sicherer Hafen, aus dem ich täglich ausschwärmte und in den ich abends oder nachts wieder zurückkehrte. Ich fühlte mich als Kind zuhause wohl, die Eltern mischten sich wenig in mein Leben ein. Mein Vater ging als Pädiatrieprofessor vollständig in seiner Arbeit auf. Er hatte keine Zeit, mit uns zu spielen, was ich aber nicht vermißte. Er war immer zuverlässig zur Stelle, wenn eine Notsituation auftrat oder ich in der Schule Schwierigkeiten hatte.

Ich hatte als Kind eine sehr innige Beziehung zur katholischen Religion. Ich war Meßdiener und ging über lange Zeit freiwillig fast täglich um sieben Uhr zur Messe. Ich lebte als Kind in der Welt der Heiligen und Märtyrer, so wie sie mir vertraut wurde durch das Kloster Disentis, im Bündner Oberland, dem Herkunftsort der Familie meines Vaters mütterlicherseits. Wir verbrachten alle Schulferien im Hause zweier alter und gütiger Tanten. Als Kind faszinierte mich die barocke Klosterkirche, deren Gemälde die Decke zum Himmel öffneten und die Heiligen auf- und abschweben ließen, ausstaffiert mit den Insignien der Märtyrer, wie Lilien und die sie auszeichnenden Folterinstrumente. Ich betete darum, selbst einmal ein Heiliger oder Märtyrer zu werden, ein Wunsch, der allerdings im Widerspruch stand zu meinen phobischen Ängsten vor Injektionen und Blutentnahmen.

Mit der Pubertät begann eine schwierige und erneut neurotisierende Zeit. Ich geriet in tiefe und quälende Konflikte mit der katholischen Sexualmoral. Als Student entwickelte ich dann eine verstiegene, neurotische Religiosität, die voller Widersprüche war. Ich war damals Mitglied der Schulungsgemeinschaft des katholischen Theologen Hans Urs von Balthasar, bei dem ich Kurse und Exerzitien besuchte. Von Balthasar war ein Gelehrter, viele halten ihn auch heute für den universalsten Gelehrten seiner Zeit und für den wichtigsten Theologen des 20. Jahrhunderts. Er hatte eine sanfte, verhaltene Stimme, aber in seinen Thesen war er radikal und sprach mich, der ich damals zu verstiegenen Ideen neigte, am falschen Ort an. Er rief uns auf zur unbedingten Nachfolge Christi, zur Bereitschaft, unser Leben ihm zu schenken. Es galt, sich Gottes Führung anzuvertrauen, alles hinter sich zu lassen, um Christus nachzufolgen, keine Pläne zu machen, keine Ansprüche zu stellen, einfach nur aufmerksam zu warten, wozu Gott mich brauchen werde. Es ging darum, auf jede Sicherung und jede Stütze zu verzichten und auf das zu antworten, was Gott an mich herantragen werde. Das Bestreben, den Heiligen, die diese Nachfolge beispielhaft gelebt hatten, nachzueifern, war groß. Nur stand die Realität leider in krassem Gegensatz zu meinen ehrgeizigen und in sich zerrissenen persönlichen Erwartungen. Gott blieb nämlich der große Abwesende, von dem ich nichts Faßbares bekam, der mit mir offenbar nichts vorhatte. Ich hörte nichts, ich spürte nichts, es geschah nichts. Gott schien mein Angebot nicht zu interessieren.

Die Theologie Hans Urs von Balthasars wurde mir dann vor allem nahegebracht durch einen Studienfreund, aber auch durch meine ältere Schwester, die später ins Kloster eintrat und dort Priorin wurde. Wir waren eine Gruppe von Studierenden mit radikalen Ansichten. Wir verachteten die Mittelmäßigkeit gewöhnlicher Bürger und versuchten, uns als Narren Gottes bedingungslos in die Nachfolge Christi zu stellen. Aber der erwartete Auftrag blieb aus. Mein Freund kritisierte meine mangelnde Entschlossenheit, mich ganz für Gott zu entscheiden. Ich war dazu nicht fähig, weigerte mich aber, die Unfähigkeit als Tatsache ernst zu nehmen. Vielmehr steigerte ich mich in immer unerfüllbarere, verstiegene Ansprüche hinein. Ich fühlte mich zutiefst als Versager und verfiel einer chronischen Depression mit Selbstbezichtigungen, Schuldgefühlen, Insuffizienzgefühlen und Freudlosigkeit, bei gleichzeitiger Größenidee, zu den Wenigen zu gehören, die das Eigentliche des Christentums erfaßt hätten. Im Konflikt zwischen dem Bestreben, mich führen zu lassen und nichts für mich zu wollen, und dem Anspruch, beruflich einmal etwas ganz Besonderes zu werden, war ich innerlich gelähmt. Ich mochte als junger Assistenzarzt die Schriften von S. Freud oder C. G. Jung nicht lesen, weil ich mit ihnen zu sehr rivalisierte.

Die Wende kam dann nach dem 26. Lebensjahr, also nach 1960 mit der fast gleichzeitigen Beziehung zu drei für mich wichtigen Personen, nämlich zu meinem Lehranalytiker, dem Daseinsanalytiker Prof. Medard Boss, meiner späteren Frau Margaretha und meinem späteren Chef, Prof. Hans Kind. 1960 begann ich meine Facharztausbildung in Psychiatrie und Psychotherapie an der Psychiatrischen Universitätsklinik Burghölzli unter der Leitung von Prof. Manfred Bleuler. Wie es damals üblich war, absolvierte ich für meine psychotherapeutische Weiterbildung eine Lehranalyse. Mein wichtigstes Anliegen war, meine radikale Religiosität durch die Lehranalyse nicht in Frage stellen zu lassen. Doch Prof. Boss verstand es, ohne ein Wort zu sagen, mein religiöses Gebäude innert weniger Stunden zum Einsturz zu bringen. Auf der Couch liegend, ließ er mich die ersten drei Stunden über mein Leben erzählen, ohne ein Wort darauf zu erwidern. Am Ende der fünften Sitzung bemerkte er: »Sie gehen mit ihrer Erzählung ja recht systematisch vor.« Damit hatte er mir den Boden unter den Füßen weggezogen. Sein Schweigen hatte mich zutiefst verunsichert, da ich gewohnt war, mich im Gespräch an den Reaktionen der anderen zu orientieren. Prof. Boss verwies mich unerbittlich auf mich selbst. Nach diesem schwierigen Start kam dann ein sehr intensiver therapeutischer Prozeß in Gang. Prof. Boss sagte mir später, er habe nie jemanden in der Analyse erlebt, der sich in so kurzer Zeit so stark verändert habe. Das war wohl nur möglich, weil ich selbst im Innersten spürte, daß mein Leben so nicht mehr weitergehen konnte, ich jedoch keinen Ausweg aus meinen neurotischen Blockaden zu finden vermochte. Gleichzeitig begegnete ich zu dieser Zeit meiner Frau Margaretha. Sie übte wohl den wichtigsten Einfluß auf meinen Wandel aus. Der Beginn unserer Beziehung war für beide äußerst schwierig, da ich sie auf meine Religiosität einzuschwören versuchte, wogegen sie sich entschieden zur Wehr setzte. Meine religiöse Radikalität war ihr völlig fremd und stieß sie ab. Weshalb wir überhaupt zueinander fanden, weiß ich nicht. Wir paßten vordergründig gesehen überhaupt nicht zueinander. Sie stammte aus der katholischen Innerschweiz, einem barocken Umfeld, wo die Religion einfach vorhanden ist, ein Bestandteil des alltäglichen Lebens, ohne daß man sich speziell darum bemühen müßte. Diese religiöse

Mittelmäßigkeit und Lauheit war mir ein Greuel. Aber auch hier spürte ich, daß die Beziehung zu ihr in mir etwas zur Entfaltung brachte, das ich allein nicht zu schaffen vermochte. Ohne darüber ein Aufheben zu machen, verkörperte sie eine natürliche Liebe und Herzlichkeit, die mir die Lieblosigkeit und Arroganz meiner verstiegenen Religiosität bewußter werden ließ. In der Beziehung mit ihr konnten sich meine humorvollen Seiten entfalten, die zuvor lange brachgelegen waren. Sie erweckte in mir Leben, wo zuvor nur Leere gewesen war.

Eine weitere, für mich persönlich wichtige Wende ergab sich im beruflichen Bereich. Mein psychiatrischer Lehrer war Prof. Manfred Bleuler. Seine faszinierenden Vorlesungen hatten mich bewogen, Psychiatrie zu meinem Fachgebiet zu wählen. Prof. Bleuler war eine tief in sich zerrissene Persönlichkeit, voller quälender Widersprüche und Ambivalenzen. Sein Vater war der weltberühmte Eugen Bleuler, der den Begriff der Schizophrenie geprägt hatte. Manfred Bleuler stand in seinem Schatten und fühlte sich verpflichtet, das Werk seines Vaters fortzusetzen. Auch er neigte zur Verstiegenheit, gepaart mit einem überzogenen Anspruch auf Bescheidenheit und forcierter Einfachheit. Ich verehrte ihn und bewunderte seine berufliche Kompetenz und die Breite seines Wissens. Es wurde gesagt, daß er auch von mir fasziniert war. Ich machte mich sehr von seinem Urteil abhängig und dürstete nach seiner Anerkennung. Wahrscheinlich waren wir uns charakterlich in mancher Hinsicht ähnlich, aber wir gerieten miteinander in einen destruktiven Clinch. Wiederholt lobte er mich vor versammelter Ärzteschaft in allerhöchsten Tönen, um mich gleich darauf aufs schärfste zu kritisieren. Mit der Zeit verstand ich nicht mehr, ob ein Lob eigentlich einen Tadel und ein Tadel ein Lob bedeute. Es handelte sich um eine klassische Double Bind-Kommunikation, wie sie damals als Mitursache für die Erzeugung von Schizophrenie beschrieben worden war. Die Doppelbindung ist eine Beziehungsform, die beim anderen eine tiefe Desorientierung erzeugt, denn wie immer er sich verhält, wird er getadelt und bestraft werden. Um mich selbst zu schützen, zog ich mich innerlich von Prof. Bleuler zurück und wollte mich von seinen Äußerungen unabhängig machen. Das wollte mir jedoch nicht gelingen.

Meine neurotische Depression verstärkte sich damals zunehmend. Dazu kam, daß er mir die Leitung der Psychotherapiestation der Psychiatrischen Poliklinik angeboten hatte, dieses Angebot dann aber vergaß und die Stelle einem anderen Kollegen zuteilte. Bei seiner Kritiküberempfindlichkeit wäre ein Hinweis auf dieses Vergessen von ihm als Erpressung verstanden worden und hätte die Kündigung bedeutet. Als stellvertretender Oberarzt war ich dann für drei Jahre dem Wechselbad seiner Beziehungsschwankungen ausgesetzt und begann Symptome einer generalisierten Angststörung und Panikstörung zu entwickeln.

Aus dieser persönlichen Notlage heraus bedeutete es für mich das rettende Glück, 1967 endlich an die von Prof. Hans Kind geleitete Psychiatrische Poliklinik wechseln zu können, wo ich die von mir seit langem ersehnte Stelle als Oberarzt der Psychotherapiestation erhielt. Herr Kind wirkte in seiner nüchternen, ja, asketischen Haltung auf den ersten Blick nicht sehr gewinnend, aber er war ein Mensch, den man, je länger man ihn kannte, desto mehr zu schätzen lernte. Hinter der Distanz, die er immer aufrechterhielt, spürte man einen wohlwollenden, verhaltenen und erstaunlich liberalen Menschen. Für mich war er genau, was ich für meine Gesundung benötigte. Ich hatte nicht mehr das Bedürfnis, einen Vorgesetzten zu haben, der mich in seinen Ideen beflügelte oder meine Leistungen lobte, es war mir wichtig, einen Chef zu haben, der eine klare, eindeutige und verläßliche Haltung zu mir hatte, dessen Wort und Urteil beständig war, der mir Erfolge ermöglichte, ohne sich davon bedroht zu fühlen, und dessen eventuelle Kritik der Sache diente.

Meine Oberarzttätigkeit auf der Psychotherapiestation fiel in die revolutionären 68er-Jahre. Die antiautoritäre Welle ergriff auch die psychiatrischen Kliniken, wo die Hierarchie geschleift werden sollte. Patienten rebellierten gegen die Ärzte und die Assistenzärzte gegen die Vorgesetzten. Ich wollte zu den Fortschrittlichen gehören und ließ mich zunächst in die Einebnung der Hierarchie einziehen, bedachte aber zu wenig, daß ich als Oberarzt damit in eine Sandwich-Position zwischen Unterstellten und dem Chef geriet. Ich glaubte, Prof. Kind vor den Assistenzärzten schützen zu müssen, und verteidigte ihn gegenüber den rebellischen Assistenzärzten, die mich deswegen aber immer mehr für einen Spion des Chefs hielten. Es war ein schwieriger Prozeß, zu lernen, daß ich meine Rolle als Vorgesetzter klar zu vertreten hatte, und daß zu dieser Rolle gehörte, Distanz zu den Assistenzärzten aufrechtzuerhalten und sich ihnen nicht anzubiedern, sondern Spannungen und Rivalitäten zu ertragen. Durch die Kritik der Assistenzärzte wurde mir bewußt, daß ich selbst dazu neigte, sie im Bleulerschen Stil durch Intransparenz zu verunsichern, um sie damit gefügiger zu machen. Ich lernte, daß ich durch die Bereitschaft, Kritik zuzulassen und mich damit auseinanderzusetzen, nicht an Autorität verlor, sondern vielmehr die Bildung eines kooperativen Betriebsklimas ermöglichte. Es gelang mir zunehmend besser, die Identifikation der Mitarbeiter für unsere gemeinsame Aufgabe zu fördern und ihnen Eigenverantwortung zu übertragen. Als ich später selbst Direktor der Psychiatrischen Poliklinik war, wurde in einer schweizerischen Befragung unser Betrieb von den Assistenzärzten am positivsten von allen psychiatrischen Ambulanzen der Schweiz beurteilt.

So glaube ich, meinen Hang zu neurotischem Verhalten dauerhaft überwunden zu haben. Ich fühle mich voller Energie und Arbeitsfreude und bin jeden Tag dankbar für meine ausgezeichnete körperliche und psychische Gesundheit, wohlwissend, daß sich das in meinem Alter jederzeit verändern kann.

Was ich anhand meines persönlichen Erfahrungsberichtes den Lesenden dieses Buches vermitteln möchte, ist folgendes: Ich war sowohl in der Kindheit wie im jungen Erwachsenenalter anfällig für neurotische Entwicklungen. Diese neurotischen Dispositionen hatten die Tendenz, sich zu fixieren. Es waren dann heilsame Beziehungen, die es mir ermöglichten, aus diesen neurotischen Charakterhaltungen hinauszuwachsen, so daß ich diesbezüglich heute keine Gefährdung mehr verspüre. Die frühen Beziehungserfahrungen der Kindheit waren nicht Schicksal. Man muß zu gesunden Lebenswenden allerdings auch das Glück haben, daß sich die entsprechenden Umstände einstellen.

Was mich fasziniert, ist die Tatsache, daß heute, dreißig bis vierzig Jahre später, vieles auf mich zurückkommt, was unerledigt geblieben war. Ich kann mich heute mit den religiösen Gedanken von

Hans Urs von Balthasar befassen, ohne in die damalige Verstiegenheit zurückzufallen. Heute wäre es mir fremd, Anspruch zu erheben, daß Gott mir einen speziellen Auftrag erteile und ich durch diesen Auftrag ausgezeichnet würde. Ich bin aber dankbar, daß das neurotische Leiden des jungen Erwachsenenalters sich heute nicht einfach als ein vergebliches Bemühen und eine sinnlose Verirrung präsentiert, sondern zum zentralen Antrieb für meine wissenschaftliche und therapeutische Tätigkeit geworden ist. Es haben sich daraus die Lebensthemen gebildet, die mich bis heute bewegen und die nach Gelegenheiten suchen, sich zu artikulieren.

Der Verlauf meines Lebens erfüllt mich mit tiefer Dankbarkeit. Manchmal habe ich den Eindruck, es habe sich, ohne von mir direkt intendiert zu sein, vieles von dem erfüllt, was ich in jungen Jahren so dringend ersehnt und so schmerzlich vermißt hatte. Ob es in meinem Leben eine göttliche Führung gegeben hat, weiß ich nicht. Es ist für mich heute aber nicht mehr wichtig, diese Frage beantwortet zu haben. Vieles hat sich in meinem Leben so ergeben, daß ich es heute – im nachhinein – als sinnvolle Fügung erfahre. Manchmal glaube ich, es sei wie etwas da, das mich mit Zärtlichkeit und Aufmerksamkeit leite und trage. Das kann ich nur glauben, ich kann und muß es nicht wissen. So möchte ich diese Fragen im Ahnungshaften und Intuitiven belassen, weil mir zu deren Beantwortung ohnehin die Worte fehlen.

1 Wie sich störende Charaktereigenschaften unter geeigneten Lebensumständen zum Guten wenden können

■ In diesem ersten Kapitel wird gezeigt, daß charakterliche Dispositionen und frühe traumatisierende Lebenserfahrungen nicht Schicksal sind, sondern in ihrer Manifestation im Erwachsenenalter entscheidend von den Lebensumständen abhängen. Das zeigt sich bereits bei Kindern, die unter sehr ungünstigen Bedingungen aufwuchsen. Wie Untersuchungen belegen, entwickelt sich ein erheblicher Teil von diesen unauffällig. Dabei war für sie wichtig, daß sie Bezugspersonen fanden und ansprachen, die die fehlende Elternliebe kompensierten, und selbst über die Fähigkeit verfügten, Gelegenheiten wahrzunehmen, um sich das Fehlende zu nehmen. Ähnliches läßt sich bei Menschen mit Persönlichkeitsstörungen oder störenden Charaktereigenheiten beobachten. Dieselbe Person, die über Jahre nirgends im Leben zurechtkam, kann einen unerwarteten Wandel vollziehen. Unter veränderten Lebensbedingungen kann sie ein angepaßtes und produktives Leben führen. Von zentraler Bedeutung ist dabei immer die Beziehungsgestaltung. Menschen mit Persönlichkeitsstörungen benötigen allerdings eine Umgebung, die ihre Neigungen zu überschießenden Reaktionen aufzufangen versteht. Sie bleiben weiterhin leicht störbar und sind wenig belastbar. Unter ungünstigen Bedingungen neigen sie dazu, sich mit ihrer Umwelt in unlösbare Konflikte zu verstricken und sich dabei mit jenen Mitteln zu wehren, die das, was sie mit ihrem Verhalten zu verhindern suchen, erst eigentlich herbeiführen. Das Problem der Disposition zu psychischen Schwierigkeiten wird am Beispiel der depressiven Disposition abgehandelt. Das Auftreten und Aufrechterhalten sogenannter neurotischer Depressionen hängt wesentlich von den Beziehungen ab, besonders von der Beziehung zum Lebenspartner. Die Gefahr besteht, sich mit einem Partner in eine Kollusion zu verwickeln, in welcher der depressiv Disponierte zunächst glaubt, nun jenen Partner gefunden zu haben, mit dem zusammen sich die tiefen Liebessehnsüchte erfüllen lassen. Effektiv wird durch Kollusionen die Depression hervorgerufen und fixiert. Gesund sind paradoxerweise oft nicht die Partnerbeziehungen, die alle Sehnsüchte erfüllen, sondern jene, die der Erfüllung einen Widerstand entgegensetzen.

1.1 Stellt die Kindheit die Weichen?

Stellt die Kindheit die Weichen für unsere persönliche Entwicklung? Das ist eine schwer zu beantwortende Frage, über die nach wie vor Kontroversen geführt werden. Die hohe Bedeutung der frühen Kindheit, wie sie die psychoanalytische Theorie postuliert, schien bestätigt zu werden durch die einflußreichen Studien von René Spitz (2004), der bei Heimkindern schwere physische und emotionale Schädigungen feststellte, welche sich nach längerem Aufenthalt in der Institution als irreversibel erwiesen.

Gegenwärtig findet eine intensive Diskussion über die Entwicklung der Bindungsfähigkeit des Kindes statt, die auf den Studien der britischen Forscher John Bowlby (1975) und Mary Ainsworth et al. (1978) basiert. Die heutige Bindungstheorie geht davon aus, daß sich die im Säuglingsalter erworbenen Bindungsstörungen lebenslang erhalten und unter anderem im Erwachsenenalter einen negativen Einfluß auf die Gestaltung von Liebes- und Partnerbeziehungen haben. Die psychoanalytischen Annahmen der maßgeblichen Bedeutung der frühen Kindheit werden anscheinend unterstützt durch die *moderne Hirnforschung*. Diese nimmt an, daß das Verhaltensrepertoire teilweise bereits im pränatalen Gehirn durch die Interaktion von genetischem Programm und mütterlicher Umgebung angelegt wird. Während der fötalen Entwicklung wird ein Überschuß von Nervenzellen gebildet, die sich dann erst durch die Nutzung von Sinneseindrücken zu neuronalen Netzwerken organisieren. Diese Netzwerke bilden dann die Grundlange bestimmter Verhaltensweisen. Weitgehend unbekannt ist jedoch, wie weit die vor der Geburt oder in den ersten Lebenswochen etablierte neuronale Architektur unter neuen Eindrücken und Einflüssen noch grundlegend umstrukturiert werden kann.

Wenn die Mutter permanent gestreßt ist, wird, so fand man heraus, im fötalen Gehirn ein übermäßig ausgeprägtes neuronales Netzwerk ausgebildet, das das Kind nachhaltig auf Streß besonders ansprechbar macht. Diese Kinder entwickeln sich daher überdurchschnittlich oft zu Schreikindern. Inwieweit im späteren Leben die vor der Geburt angelegten Streßnetzwerke noch beeinflußbar sind, ist noch nicht klar. So ergab eine Studie von A. B. Fries et al. (2005) anhand von Adoptivkindern, daß frühkindliche Mangelerfahrungen eine langfristige Auswirkung auf das Gehirn haben: frühkindlicher Mangel an Zuneigung und der dadurch bedingte Mangel an Oxytocin im Gehirn führt zu einem schwachen neuronalen Netzwerk für Bindungen. Laut dieser These könnte das Gehirn dann kein Netzwerk für innige Beziehungen mehr aufbauen und dieser Mangel würde auch dann nicht mehr völlig ausgeglichen, wenn das Kind in einer Familie mit liebevollen sozialen Kontakten lebt. Diese Untersuchungen können erklären, warum viele ehemalige Waisenkinder ihr Leben lang Bindungsprobleme haben (Neue Zürcher Zeitung, 14.12.2005, S. 65).

Diese deprimierende Einschätzung des prägenden Einflusses der Kindheit auf den Charakter beeinflußt auch die Beurteilung charakterlicher Veränderungsmöglichkeiten im Erwachsenenalter. Dem widersprechen nun allerdings die Resultate von Langzeitstudien. Zu erwähnen ist die Studie von Cécile Ernst und Niklaus von Luckner (1985), die nachwiesen, daß Heimsäuglinge, welche später adoptiert wurden, sich gefühlsmäßig und intellektuell in der Regel wie Familienkinder entwickeln. Sie wiesen darauf hin, daß frühere Erfahrungen nur dann bleibende Spuren hinterlassen, wenn sie durch spätere, gleichartige Erfahrungen immer wieder verstärkt werden. Dies ist allerdings häufig der Fall, denn die Situation, in welcher sich ein Kind befindet, bleibt normalerweise konstant. Negative Erfahrungen, welche nicht anhalten, verblassen. Eine gestörte psychische Entwicklung ist nicht Resultat von zeitlich begrenzter, sondern von kontinuierlicher Erfahrung.

Eindrücklich sind vor allem die Longitudinal-Studien der amerikanischen Psychologin Emmy E. Werner (1989 und 2005). Sie begann 1955 eine sich über dreißig Jahre hinziehende Langzeitstudie

Stellt die Kindheit die Weichen?

von siebenhundert Kindern, die auf der Insel Kauai (Hawaii) mit erheblichen Risikofaktoren wie Kindesmißbrauch, Alkoholismus und Scheidung der Eltern aufwuchsen. Sie konzentrierte sich auf jenes Drittel der siebenhundert Kinder, die trotz dieser vielen Risikofaktoren sich zu lebenstüchtigen Erwachsenen entwickelt hatten. Die meisten wiesen als Jugendliche ernsthafte Bewältigungsprobleme auf, die jedoch bei der Nachuntersuchung im Alter von 32 Jahren und von 40 Jahren nicht mehr feststellbar waren. Verschiedene Wendepunkte führten zu anhaltenden Veränderungen, und zwar ohne die geplante Intervention durch professionelle Experten. Zu den wichtigsten Einflußfaktoren für positive Veränderung gehörten eine andauernde positive Erziehung in der Schule und in den höheren Schulen, die Erziehung durch den Militärdienst, das Eingehen einer Ehe mit einem stabilen Partner, die Hinwendung zu einer Religion und Mitwirkung in einer Glaubensgemeinschaft. Positiv wirkte sich auch das Überstehen einer lebensbedrohlichen Krankheit oder eines Unfalls aus. Emmy Werner interessierte sich speziell für das Phänomen der Resilienz, also der Widerstandsfähigkeit der Kinder, trotz vorliegender erheblicher Risikofaktoren. Sie beobachtete, daß bei diesen Kindern sich verstärkende Streßfaktoren mit einer Verstärkung der protektiven Faktoren einhergingen und sich diese wechselseitig beeinflußten. Zu den wichtigsten protektiven Faktoren gehörte eine positive Beziehung zu Betreuungspersonen, welche eine günstige Entwicklung der Betroffenen unterstützten. Die Betroffenen lernten in dieser Erfahrung auch für später Hilfe zu beanspruchen und sich an mögliche neue Helfer zu wenden. Resilienz ist nicht eine bloße Eigenschaft, sondern ein Entwicklungsprozeß aus dem Wechselspiel zwischen den protektiven Faktoren des Individuums und jenen der Familie und der Gemeinde.

Die den hohen Belastungen gewachsenen Kinder hatten zumindest einen Menschen, von dem sie sich trotz ihrer charakterlichen Eigenarten und ihrer körperlichen und geistigen Behinderungen vorbehaltlos akzeptiert fühlten. Sie wurden von diesen Erwachsenen zur Selbständigkeit angehalten, sie wurden angeleitet, wie man mit anderen richtig redet und umgeht, wie man Probleme selber bewältigt und Hilfsbereitschaft und soziale Verantwortung in Anspruch nimmt und später weitergibt. Als Erwachsene gingen sie Beziehungen ein mit Menschen, durch die sie in ihrem Selbstwertgefühl gestärkt und emotional unterstützt wurden. Hingegen spielte professionelle Psychotherapie eine auffallend geringe Rolle. Eine eigentliche Psychotherapie absolvierten nur ca. 5 %. Wichtiger als die professionellen Helfer waren für sie die Beziehungen zum Ehepartner, den Familienangehörigen, insbesondere zu den Großeltern, ferner zu Freunden, Lehrern und Mitarbeitenden.

Jene, die einen positiven Wandel vollziehen konnten, unterschieden sich signifikant von solchen, die keinen Gebrauch machten von hilfreichen Möglichkeiten. Die in ihrer Entwicklung Erfolgreichen waren aktiver, geselliger, verfügten über bessere Problemlösungsfähigkeiten und waren als Kinder positiveren Interaktionen mit Betreuungspersonen ausgesetzt. Sie nahmen die negativen Lebensumstände nicht passiv hin, sondern wählten Bezugspersonen und Gelegenheiten aus, welche eine positive Lebenswende ermöglichten.

Emmy Werner betont, daß die Forschung sich bisher vor allem auf pathogene Folgen von traumatisierenden Lebensbedingungen im Kindes- und Jugendalter konzentriert hatte. Man ging bei der Rekonstruktion einer Lebensgeschichte von fortdauernden Verhaltensstörungen oder tiefgehenden emotionalen Störungen aus. Diese Forschungen ließen den Eindruck entstehen, daß Entwicklungsstörungen die unausweichliche Folge sind für Kinder, die schweren Traumatisierungen, einer Geisteskrankheit der Eltern oder Alkoholismus und schweren familiären Zerwürfnissen ausgesetzt sind. Es wurden nur Fälle gestörter Kinder und Jugendlicher untersucht und nicht jene, die die mißlichen Verhältnisse erfolgreich zu überleben verstanden.

Für das Thema dieses Buches entnehme ich aus diesen Studien, daß fehlende oder ungünstige Elternbeziehungen im Kindesalter durch andere Beziehungen, eventuell erst im Erwachsenenalter, kompensiert werden können. Positive Erfahrungen mit Bezugspersonen in der Kindheit stärken die Fähigkeit, auch im Erwachsenenalter positive Beziehungserfahrungen zu machen, über welche negative Entwicklungsdispositionen korrigiert und kompensiert werden können. Überraschend ist dabei, daß diese positiven Lebenswenden den meisten der Betroffenen ohne professionelle Hilfe möglich waren.

1.2 Je nach Lebensumständen können sich störende Charaktereigenschaften bis ins Erwachsenenalter ändern

Kann sich eine Persönlichkeit im Erwachsenenalter noch ändern? Manche Forscher, wie etwa Costa und McCrae (1993), sind der Meinung, daß jenseits des dreißigsten Altersjahrs eine Stabilität der Persönlichkeit vorliege. Eine Persönlichkeit könne sich dann nicht mehr oder nur wenig ändern. Mit Fiedler (2001, S. 551) bin ich dagegen der Meinung, daß diese Aussage so nicht zutrifft. Es kommt darauf an, was man unter Persönlichkeit versteht und wie man Persönlichkeitsmerkmale erfaßt. Ob sich ein persönliches Verhalten beobachten läßt, hängt von der Art der Befragung oder Verhaltensbeobachtung ab. Untersucht man eine Person mit den klassischen Persönlichkeitsinventaren, die stark defizit- und pathologieorientiert sind (Schwerpunkt auf Erfassung von Neurotizismus, Introversion, Rigidität oder Psychotizismus), so wird man gehäuft Störungen feststellen, die im zeitlichen Längsschnitt wenig Veränderungen feststellen lassen. Die Betroffenen zeigen in diesen Fragebogen Stabilität und Unwandelbarkeit der Persönlichkeit. Positive Veränderungen (S. 552) finden sich jedoch auch bei Menschen mit charakterlichen Störungen, wenn sie auf Selbstsicherheit, Selbstwirksamkeit, Krisenbewältigungskompetenz oder gar Liebesfähigkeit geprüft werden. Es wird vermutet, daß Fragen nach positiven Eigenarten eher zur Angabe positiver Veränderungen Anlaß geben, Fragen nach negativen Aspekten aber eher auf Stabilität negativer Eigenarten hinweisen. Die Art der Befragung kann das Ergebnis beeinflussen.

Die Frage nach der Stabilität störender Eigenschaften oder deren Veränderbarkeit hat in der Psychiatrie eine wichtige Bedeutung. Es gibt zwei große Langzeituntersuchungen, die den Verlauf psychischer Störungen über rund dreißig Jahre nachuntersucht haben (Tölle 1966, C. Müller 1981) und die zu übereinstimmenden Befunden führten: Die untersuchten Persönlichkeitsstörungen blieben in ihrer Störungsspezifität relativ unverändert, waren jedoch im Schweregrad rückläufig und in hohem Alter nur noch sehr abgeschwächt feststellbar. Allerdings kamen Suizide auffallend häufig vor. Die

Betroffenen hatten vor allem Mühe, mit extremen Lebensanforderungen zurechtzukommen. Als Schlußfolgerung ergab sich, daß spezifische Persönlichkeitsmerkmale personentypisierend blieben, das Ausmaß der Auswirkungen der Persönlichkeitsstörungen auf das Befinden sowie auf die Qualität sozialer Beziehungen aber stark mit *Lebensumständen* zusammenhängt (Tölle 1986).

Dazu passen auch die Ergebnisse der Untersuchungen der amerikanischen Psychologin Marsha M. Linehan (1996). Sie nimmt für die Krankheitsentwicklung bei den von ihr behandelten Patienten mit Borderline-Persönlichkeitsstörung eine konstitutionelle, affektive Vulnerabilität an, welche für die heftigen Überreaktionen und das impulsive Handeln der Betroffenen mitverantwortlich ist. Die Betroffenen erwerben sich bei ungünstigen Lernerfahrungen und entwertender Umgebung keine Fertigkeiten zur emotionalen Regulation. Linehan ist der Meinung, daß für die Entstehung von Borderline-Persönlichkeitsstörungen ein spezifisches invalidierendes Umfeld notwendig ist. Die Familienangehörigen reagieren unberechenbar und unsensibel. Das Verhalten der Kinder wird durch Strafen gesteuert. Das Erzählen von persönlichen Erfahrungen wird nicht ernst genommen, abgetan oder nicht beachtet. Sie spricht von invalidierenden Familien.

Was die Frage anbetrifft, weshalb der Schweregrad von Persönlichkeitsstörung im Laufe des Lebens gemildert wird, möchte ich auf eine eigene Studie hinweisen (Willi, Toygar-Zurmühle, Frei 1999). In der Zeit, in der ich die Psychiatrische Poliklinik am Universitätsspital leitete, untersuchten wir dreißig Patienten, die seit Jahren in stützender Therapie der psychiatrischen Poliklinik des Universitätsspitals Zürich standen, alleine wohnten und eine volle, durch psychisches Leiden bedingte Invalidenrente bezogen. Die Patienten wurden in einem semistrukturierten Interview über ihre Gestaltung der Beziehungen und über ihre alltäglichen Betätigungen befragt. Die Probanden äußerten zunächst meist, sie hätten keine Beziehungen und keine Tätigkeiten. Das genauere Nachfragen ergab dann aber einen hohen Differenzierungsgrad ihrer Beziehungsgestaltung. Zwar stand niemand in einer umfassenden Liebesbeziehung, oder in einer Ehe oder aktiven Elternschaft. Auch engere persönliche Freundschaften waren für die meisten zu schwierig. Sie fühlten sich rasch überfordert, wenn sie die Kontrolle über eine Beziehung nicht in den Händen behalten konnten. Am leichtesten fielen ihnen partizipative Beziehungen ohne Gegenseitigkeit, also der Besuch von Vorträgen, Gottesdiensten, Kino, das Herumfahren in der Tram, den Leuten im Café zuzuschauen oder Tauben auf öffentlichen Plätzen zu füttern. Oder sie beschränkten sich auf flüchtige Gesprächskontakte wie etwa im Bahnhof oder auf der Promenade. Wenn nähere Kontakte eingegangen wurden, waren diese ohne Verbindlichkeit, ohne Vereinbarung eines Wiedersehens und ohne persönliche Öffnung, was am ehesten möglich war in einem Patientenclub oder in einer Kneipe, wo Leute vorhanden waren, die ihnen vertraut waren, ohne daß sie etwas Persönliches von ihnen wollten. Bezüglich Tätigkeiten verhielt es sich ähnlich: Niemand hatte eine Arbeitsstelle oder verrichtete eine Erwerbstätigkeit. Alle Tätigkeiten wurden vermieden, die mit Leistungserwartungen verbunden waren, bei denen ein Produkt herzustellen war, das kritisch beurteilt wurde und mit dem man gegebene Leistungsnormen zu erfüllen hatte. Am leichtesten waren Tätigkeiten zuhause, für sich selbst, wie Haushalten, Kochen, Einkaufen, oder unverbindliche Tätigkeiten, mit vorgegebenen Strukturen, ohne Leistungsansprüche, wie etwa Beschäftigungen in der Behindertenwerkstatt oder zuhause beim Basteln. Alle Probanden hatten es verstanden, eine Beziehungsnische auf niedrigerem Anspruchsniveau zu schaffen, welche ihnen sichere Rückzugsmöglichkeiten anbot und sie vor Überforderung bewahrte. Sie waren mit ihrem Leben recht zufrieden, vor allem, wenn sie das mit früheren Zeiten verglichen, in denen sie versucht hatten, gesellschaftliche Normen zu erfüllen, sich in Liebesbeziehungen einzulassen, eine Ehe einzugehen, eine Familie aufzubauen oder berufliche Karriereerwartungen zu erfüllen. Nach oft mehrmaligem Scheitern wollten sie derartige Abenteuer nicht mehr eingehen. Sie schützten sich vor Kritik und persönlichen Verletzungen in realistischer Einschätzung ihrer kommunikativen Beeinträchtigungen. *Sie hatten sich ein Leben eingerichtet, das ihren Möglichkeiten entsprach.*

Die meisten waren früher einmal wegen einer schizophrenen Episode psychiatrisch hospitalisiert gewesen; bei mehr als der Hälfte trat über sechs Jahre kein Rückfall auf. Verschiedene von ihnen wiesen einen sogenannten schizophrenen Residualzustand auf. Sie zeigten eine »Negativsymptomatik« mit Passivität und gelegentlich skurrilem Verhalten. Wahnideen oder Halluzinationen wurden nur auf Befragen erwähnt. Die übrigen wiesen Persönlichkeitsstörungen oder chronifizierte Depressionen auf. Wir waren beeindruckt, mit wieviel Kompetenz sie die ihnen mögliche Gestaltung ihrer Beziehungsnische handhabten und den Versuchungen zu höheren Ansprüchen widerstanden, insbesondere auf das Eingehen von Liebesbeziehungen verzichteten. Mehrere gaben an, daß Liebesbeziehungen für sie besonders schwierig und risikoreich waren und oftmals in einer erneuten psychiatrischen Hospitalisation endeten. Die Probanden waren im Kontakt unauffällig, etwas unsicher, schüchtern und zurückgezogen, sie wiesen aber keine psychischen Auffälligkeiten mehr auf und wären ohne Kenntnis ihrer Vorgeschichte kaum mehr einer psychiatrischen Diagnose zuzuordnen gewesen. Sie waren aber allesamt in der Lage, dank Invalidenrente und psychiatrischer Betreuung (inkl. Psychopharmaka) ein selbständiges und angepaßtes Leben zu führen.

Sie hatten folglich nicht so sehr ihre charakterlichen Eigenarten verändert, vielmehr waren diese gemildert und in den Hintergrund getreten im Zusammenhang mit der Fähigkeit, sich eine Beziehungsnische zu schaffen, in der sie sich sicher und geschützt fühlen konnten. Sie waren in der Lage, ihre Wohnung in Ordnung zu halten, selbständig einzukaufen und zu kochen, ihre Angelegenheiten selbst zu besorgen und ihre bürgerlichen Pflichten zu erfüllen. Was sich verändert hatte, war in erster Linie ihre Befähigung, mit ihren Verletzbarkeiten und Schwächen besser umzugehen. Sie vermochten das Wesen ihrer Behinderung zu erkennen und daraus die notwendigen Konsequenzen und Verzichtleistungen zu ziehen. Ihr psychisches Gleichgewicht blieb prekär, sie waren weiterhin leicht irritierbar und verletzbar und waren dankbar, sich bei wieder auftretenden Beziehungsschwierigkeiten an unsere Poliklinik wenden zu können.

Es gibt also lebenslang Möglichkeiten zu persönlichen Charakterveränderungen in Richtung verbesserter Anpassung und insbesondere verbesserter Gestaltung der Beziehungen und der persönlichen

Nische. Die äußeren Verbesserungen waren für das psychische Befinden von entscheidender Bedeutung.

Allerdings ist nicht zu übersehen, daß diese Wende zum Guten nicht allen gelingt und viele Menschen lebenslang an störenden Charaktereigenschaften leiden, die ihre Lebensgestaltung entscheidend behindern. Es gibt Menschen, die aus persönlichen Mißerfolgen nichts zu lernen vermögen, sondern sich in Abwehrhaltungen versteifen und in steter Rechtfertigung ihres Verhaltens verharren. Die negativen Reaktionen ihrer Bezugspersonen werden paranoid verarbeitet als Mißgunst, Neid, Feindseligkeit oder Böswilligkeit, gegen die es sich zu schützen gilt. Sie zeigen keinerlei Bereitschaft, den Fehler bei sich selbst zu suchen.

Nun werden die meisten Leserinnen und Leser dieses Buches nicht im psychiatrischen Sinne Persönlichkeitsstörungen aufweisen. Dennoch werden viele, wie die meisten Menschen, an charakterlichen Eigenheiten leiden, die ihre persönliche Freiheit und Entscheidungsfähigkeit empfindlich einschränken und ihre Lebensgestaltung einengen. Solche charakterlichen Eigenheiten können in Ängsten vor nahen Beziehungen, insbesondere vor Nähe und Bindung liegen, durch welche ihre Liebesbeziehungen stark behindert oder gar verunmöglicht werden. Manche sind übersensibel und verletzbar, reagieren übermäßig auf Kritik, sind mißtrauisch oder neigen dazu, sich von anderen abhängig zu machen. Aber auch sie erfahren in ihrem Leben, daß die Ausprägung dieser Eigenheiten nicht einfach gegeben, sondern abhängig von den Lebensumständen ist. Manchen gelingt es, sich Lebensumstände zu schaffen, die ihre positiven Möglichkeiten zur Lebensgestaltung hervorrufen und die negativen Neigungen neutralisieren. Allerdings werden auch sie erleben, daß die positive Kompensation ihrer störenden Neigungen zerbrechlich bleibt und Veränderungen der Umstände sowohl an der Arbeitsstelle wie in den persönlichen Beziehungen ihre mühsam erreichte Stabilität wieder gefährden.

1.3 Die Gefahr, sich in Konfliktsituationen mit jenen Mitteln zu wehren, die herbeiführen, was man verhindern möchte

Fühlt sich eine Person von außen erheblich und anhaltend bedroht, so neigt sie zu *Egozentrismus*, d. h. sie wird sich auf sich selbst wie in eine Burg zurückziehen, sich gegen außen schützen und den vermeintlichen Feind nur noch durch die Schießscharten ihrer dicken Mauern wahrnehmen und bekämpfen. Handelt es sich um eine Person, deren psychisches Gleichgewicht ohnehin labil ist, so braucht es nur wenig, bis sie diese Schutzhaltung einnehmen wird. Handelt es sich um eine Person mit einer Persönlichkeitsstörung, so wird sie in einer Mischung von Angst und Trotz sehr leicht in eine egozentrische Haltung verfallen. Man spricht dann von narzißtischem Rückzug bei abnormer Kränkbarkeit.

Der Egozentrismus verhindert, daß die Person auf Kritik oder korrigierende Hinweise sachlich einzugehen vermag. Sie wird sich persönlich angegriffen fühlen. Das Eingehen auf Kritik würde in ihren Augen heißen, daß sie sich dem anderen unterwirft und sich wehrlos seinen Angriffen aussetzt. Dadurch könnte leicht alles nur schlimmer werden. *Die egozentrische Haltung ist aus der Sicht des Betroffenen eine verständliche und zweckmäßige Reaktion.* Es zeigt sich darin die Neigung, die Kräfte ganz auf sich zurückzunehmen und aus anstrengenden Beziehungen abzuziehen. Die Fähigkeit, die Sichtweisen der anderen zu übernehmen, tritt in der Persönlichkeitsentwicklung relativ spät auf. Piaget hat den Egozentrismus des Kleinkindes beschrieben. Zunächst spielen Kleinkinder eher nebeneinander als miteinander, sie können noch nicht kooperieren und die eigenen Intentionen mit den Intentionen ihrer Spielkameraden vereinbaren. Erst allmählich lernt das Kind beim Spielen, das Geschehen aus verschiedenen Perspektiven zu sehen und sich auf die Sichtweise seiner Spielkameraden einzustellen. Gleichzeitig erweitert sich auch sein räumliches Vorstellungsvermögen. Das Kind lernt, verschiedene Punkte im Raum aufeinander zu beziehen und logischer zu denken. Unter hoher emotionaler Belastung können diese spät erworbenen Fähigkeiten beim Erwachsenen wieder verlorengehen. Der Egozentrismus ist eine Überlebensstrategie, ein verständlicher Schutz des narzißtischen Gleichgewichts. *Dieser Schutz erschwert es einer Person aber, flexibel auf die Erfordernisse einer Situation einzugehen.*

Es besteht die Gefahr, daß dadurch die Verständigung von Person und Umwelt entscheidend erschwert wird. Man bricht sozusagen die diplomatischen Beziehungen ab und sieht die Welt nur noch aus seiner eigenen Perspektive. Man hat ein festes Bild vom anderen, glaubt genau zu wissen, was der andere denkt, welche Absichten er hegt und welche Strategien er gegen einen anwenden möchte. Und so gilt es von vorneherein, dessen Pläne mit vorsorglichen Maßnahmen zu durchkreuzen.

Paul Watzlawick hat dazu eine besonders schöne Geschichte über einen Mann mit einer paranoiden Persönlichkeit beschrieben:

Die Geschichte mit dem Hammer

Ein Mann will ein Bild aufhängen. Den Nagel hat er, nicht aber den Hammer. Der Nachbar hat einen. Also beschließt unser Mann hinüberzugehen und ihn auszuborgen. Doch da kommt ihm ein Zweifel: »Was, wenn der Nachbar mir den Hammer nicht leihen will? Gestern schon grüßte er mich nur so flüchtig. Vielleicht war er in Eile. Aber vielleicht war die Eile nur vorgeschützt, und er hat etwas gegen mich. Und was? Ich habe ihm nichts angetan. Der bildet sich da etwas ein. Wenn jemand von mir ein Werkzeug borgen wollte, ich gäbe es ihm sofort. Und warum er nicht? Wie kann man einem Mitmenschen einen so einfachen Gefallen abschlagen? Leute wie dieser Kerl vergiften einem das Leben. Und dann bildet er sich noch ein, ich sei auf ihn angewiesen. Bloß weil er einen Hammer hat. Jetzt reicht's mir wirklich« – und so stürmt er hinüber, läutet, der Nachbar öffnet. Doch noch bevor er »Guten Tag« sagen kann, schreit ihn unser Mann an: »Behalten Sie sich Ihren Hammer, Sie Rüpel!« (Watzlawick 1983, S. 37–38).

Eine ähnliche Geschichte berichtete mir ein Patient:

Für sich und seine Frau wollte er sich am Bahnhof ein Taxi nehmen. Die Taxis waren in zwei Kolonnen aufgestellt. Das vorderste Taxi der einen Kolonne wollte er nicht nehmen, weil ein Schwarzafrikaner am Steuer saß, dem er nicht traute. Also nahm er das vorderste Taxi der anderen Kolonne. Doch auch hier gefiel ihm die Sache nicht. Der Taxifahrer trug einen Vollbart. Offensichtlich handelte es sich um einen Moslem. Das Taxi hatte hinten getönte Scheiben, auf der Seite Schiebetüren wie bei einem Lieferwagen. Wozu diese getönten Scheiben? Führte der Taxifahrer etwas im Schilde? Mißtrauisch geworden, wollte der Mann nicht einsteigen. Doch seine Frau hatte die Koffer bereits dem Fahrer übergeben, der sie im Kofferraum verstaut hatte. Der Taxifahrer drängte, die Türen zu schließen. Weshalb plötzlich diese Eile? Jetzt saß das Paar im Fond, unsichtbar gemacht durch die getönten Scheiben, dem Blick von Passanten entzogen. Das konnte nicht mit rechten Dingen zugehen. Handelte es sich beim Taxifahrer um einen Terroristen? Der Mann saß schweigend da und beobachtete jede Bewegung des Fahrers ganz genau. Die Spannung stieg. Auch der Fahrer machte einen zunehmend angespannten Eindruck. Endlich waren sie zuhause angekommen. Das Taxi hielt auf der gegenüberliegenden Seite des Eingangs ihres Miethauses. Die Ehefrau stieg aus, bezahlte. Der Mann blieb sitzen, bis seine Frau die Koffer behändigt hatte, um zu verhindern, daß der Taxifahrer, sobald sie ausgestiegen waren, mit den Koffern davonfuhr. Nachdem der Fahrer seiner Frau die Koffer übergeben hatte, wandte er sich unwirsch an den Mann mit der Frage, weshalb er nicht aussteige. Was störte es ihn, wenn er noch etwas sitzen geblieben war? Das Paar verließ das Taxi und betrat das Haus. Auf Betreiben des Mannes machten sie jedoch in der Wohnung kein Licht. Es wäre ja möglich, daß der Fahrer draußen wartete und herausfinden wollte, wo genau das Paar wohne. Was hatte der jetzt schon wieder für düstere Pläne? »Jetzt reicht's aber«, dachte der Mann und entschied sich, anderntags den Direktor der Taxifirma anzurufen, um ihm seine Beobachtungen mitzuteilen und ihn aufzufordern, den Taxifahrer genau zu kontrollieren und der Polizei lieber zu früh als zu spät Meldung zu erstatten.

Im therapeutischen Gespräch forderte ich den Patienten auf, sich die ganze Geschichte, Schritt für Schritt, mit den Augen des Taxifahrers anzusehen. Was lief wohl bei diesem für ein Film ab? Könnte nicht die Gefahr bestehen, daß er mit seinem Mißtrauen dazu beiträgt, aus einem unbescholtenen Mann einen Terroristen zu machen? Der Patient war von dieser Aufforderung zur Einfühlung in sein Gegenüber sichtlich betroffen. Das war der erste Schritt zu einem erfolgreichen persönlichen Wandel einer Person, die durch übertriebenes Mißtrauen dazu neigte, das, was sie befürchtete, selbst herbeizuführen.

Bei allen Formen von Charakterstörungen besteht die Gefahr, daß aus der Position des Egozentrismus Konflikte inszeniert werden, die auf vorgefaßten Meinungen beruhen und leicht das herbeiführen, was man bekämpfen wollte.

So gibt es Menschen, die generell den Eindruck haben, sie würden von Bezugspersonen nicht ausreichend beachtet, man nehme sie nicht für voll, ja, man nehme sie gar nicht wahr, sondern übergehe sie einfach. Bei starker Ausprägung dieser Eigenheiten spricht man von histrionischer (früher von hysterischer) Persönlichkeitsstörung. Aus dieser vorgefaßten Meinung heraus haben sie die Neigung, sich in sozialen Situationen dramatisch in Szene zu setzen in der Hoffnung, dadurch die vermißte Beachtung zu erhalten. Sie kleiden und bewegen sich auffällig, versuchen, das Zentrum der Aufmerksamkeit zu bilden, und verwickeln ihre Bezugspersonen mit übersteigertem Gefühlsausdruck in intensive Interaktionen, um sich in den Reaktionen der Bezugspersonen zu spüren und zu bestätigen. Oft verhalten sie sich aus Geltungsbedürfnis sexuell verführerisch. Sie wirken unecht durch die Tendenz, alles zu dramatisieren. Bezugspersonen lassen sich anfänglich von ihrer Lebhaftigkeit ansprechen. Sie schwingen eine Zeitlang mit und sind manchmal froh, daß solche Menschen in Gesellschaft kontaktfreudig und belebend wirken. Auf die Dauer aber tritt eine gegenteilige Reaktion ein. Die Bezugspersonen fühlen sich unter Druck gesetzt, das exaltierte Verhalten durch Mitschwingen dauernd zu bestätigen; sie beginnen sich zurückzuziehen, ihre Gefühlsreaktionen zurückzunehmen, sich nüchterner oder betont unbeeindruckt zu geben. Damit hat sich genau das bestätigt, was die Betroffenen befürchtet haben, nämlich, daß sie immer wieder die Erfahrung machen müssen, nicht ernst genommen und nicht wirklich beachtet zu werden.

Stark introvertierte Menschen wirken nach außen oft schüchtern und distanziert. Bei starker Ausprägung dieser Eigenheiten spricht man von schizoider Persönlichkeitsstörung. Sie zeigen kaum Emotionen und weichen einem offenen Streit nach Möglichkeit aus. Sie können wenig aus sich herausgehen, sie geben sich nicht preis, zeigen nicht, was in ihnen vorgeht, wirken oft zögerlich und unentschlossen und lassen sich nicht von anderen Menschen festlegen. Dieses Verhalten erzeugt den Eindruck von Unnahbarkeit und Arroganz. Es ist eine Schutzhaltung gegenüber der hohen Sensibilität und Verletzbarkeit dieser Person. Sie haben Mühe, sich äußerlich abzugrenzen und fühlen sich rasch eingeengt und verpflichtet, um so mehr, weil es ihnen schwerfällt, nach außen eine klare Haltung einzunehmen und anderen ihre Meinung kundzutun. Sie glauben sich am ehesten schützen zu können, indem sie sich im Unfaßbaren halten. Diese Unfaßbarkeit löst bei den Bezugspersonen den Wunsch aus, sie aus dem Busch zu klopfen, sie zu provozieren oder sie unter Druck zu setzen, endlich eine klare Stellung einzunehmen und zu ihren Gefühlen zu stehen. Damit nehmen die Bezugspersonen jenes Verhalten an, das von den Betroffenen befürchtet wird. Je mehr die Bezugspersonen sie bedrängen, desto mehr wird sie sich im Vagen halten, je mehr sie sich im Vagen hält, desto mehr wird sie bedrängt. Somit sehen sie sich darin bestätigt, daß sie sich niemandem anvertrauen können und ihre Gefühle nicht zeigen dürfen.

Menschen mit schlechtem Selbstwertgefühl sind oft selbstunsicher, schüchtern und lassen sich durch Kritik leicht aus der Fassung bringen. Sie möchten laufend bestätigt werden, sie sind auf Anzeichen dafür angewiesen, daß man sie akzeptiert, möchten beliebt sein, von anderen getragen werden, sie vermeiden Situationen, in welchen sie hervortreten müßten. Bei starker Ausprägung dieser Eigenheiten spricht man von abhängiger oder ängstlich vermeidender Persönlichkeitsstörung. Sie möchten sich mit Wohlverhalten beliebt machen, sie versuchen die Wünsche ihrer Vorgesetzten zu erfüllen, sie gelten zunächst als besonders lieb und pflegeleicht, da sie keine Ansprüche stellen, sondern die Wünsche anderer zu erfüllen versuchen. Sie wollen es allen recht machen. Dieses Verhalten ist eine Schutzhaltung gegen ihre übermächtige Angst, verlassen und zurückgewiesen zu werden. Das Tragische ist, daß sie mit diesem Verhalten genau jene Reaktionen der Bezugspersonen hervorrufen, die sie befürchten. Durch ihr überangepaßtes Verhalten wirken sie bald langweilig. Das Bedürfnis, dauernd bestätigt und gelobt zu werden, geht ihren Vorgesetzten allmählich auf die Nerven. Ihre Neigung, sich in der Arbeit zu verausgaben, in der Hoffnung auf besondere Anerkennung, löst eher gegenteilige Reaktionen aus: Statt gelobt, werden sie entwertet und gedemütigt. Abhängige Persönlichkeiten möchten keinerlei Anlaß zu Kritik und Disharmonie geben. Eigene Meinungen und Bedürfnisse werden von ihnen nicht geäußert, sie meiden alle Konflikte und Streitigkeiten. Es etabliert sich mit ihren Bezugspersonen folgender Interaktionszirkel: Je bemühter und angepaßter sie sich verhalten, desto mehr werden sie von den Bezugspersonen zurückgestoßen und entwertet, je größer die Gefahr ist, abgewiesen zu werden, desto überangepaßter verhalten sie sich.

Dazu ein Fallbeispiel:

Eine Patientin war in eine depressive Verzweiflung verfallen, nachdem sie vom Chef, einem Universitätsprofessor, bei dem sie als Chefsekretärin tätig war, wesentlicher Aufgaben enthoben worden war. Sie arbeitete seit fünf Jahren bei ihm und hatte das Sekretariat perfekt geführt, dem Chef jeden Wunsch von den Augen abgelesen, oft Überstunden geleistet und selbst am Sonntag für ihn alle Vortragsunterlagen zusammengestellt. Sie war zu Beginn ihrer Tätigkeit sehr schüchtern und voller Selbstzweifel. Immer wieder hatte sie beteuert, sie sei unsicher, ob sie den Anforderungen, die er an sie stelle, gewachsen sei. Er ermunterte sie jedoch, lobte ihre Leistungen, gab ihr persönliche Anleitungen und hatte Freude daran, wie sie mit seiner Unterstützung sichtlich Selbstvertrauen gewann und sich immer mehr zutraute. Schließlich konnte sie die ihr übertragenen Arbeiten völlig selbständig erledigen, schrieb für ihn die Korrespondenz und erledigte die Telefonate. Der Chef war begeistert und fühlte sich durch sie in seinen Aufgaben entlastet. Sie wurde für ihn immer unentbehrlicher. Sie begann seine wissenschaftlichen Arbeiten zu korrigieren. Sie bat um die Möglichkeit, auch bei seinen Vorlesungen und Vorträgen dabeisein zu dürfen. Sie las die Fachbücher seines Lehrgebietes und wurde immer kompetenter. Er freute sich zunächst über ihr Interesse. Mit der Zeit übernahm sie es, seine wissenschaftlichen Arbeiten zu redigieren. Sie sagte, das Schönste für sie wäre, wenn er ihre Mitarbeit in einer Fußnote erwähnen würde. Dann kam der Tag, wo sie ihm sagte, es koste sie großen Mut, ihm eine Frage zu stellen. Auf seine Aufmunterung hin äußerte sie, ob er sie nicht als Koautorin in seinen Publikationen aufführen könnte. Immer wieder betonte sie, wie dankbar sie ihm sei dafür, daß er es verstanden hatte, ihr Selbstvertrauen aufzubauen. Allmählich ließ sie die Sekretariatsarbeiten eher links liegen. Sie spielte sich in den dienstlichen Telefonaten manchmal wie eine Ko-Chefin auf. Offensichtlich wurde das dem Professor immer ungemütlicher und schließlich kam es anläßlich einer Mitarbeiterbeurteilung zu einer offenen Aussprache. Der Professor stellte klar, er brauche in ihr eine Sekretärin und nicht eine wissenschaftliche Mitarbeiterin. Ihre Arbeit entspreche nicht mehr seinen Vorstellungen. Sie vernachlässige ihre eigentlichen Arbeiten. Er müsse von ihr wissen, ob sie sich wieder mit der Tätigkeit als Sekretärin identifizieren könne oder ob sie sich eine andere Stelle suchen wolle. Damit brach für die Patientin die Welt zusammen. Alles, was sie sich in den Jahren aufgebaut hatte, wurde ihr wieder entzogen. Schritt für Schritt, so beteuerte sie, habe sie durch ihn Selbstvertrauen entwickelt, und nun dieser Undank und diese Entwertung. Damit habe er alles zerstört, was sie mit ihm zusammen aufgebaut hatte. Es brauchte eine längere Therapie, bis die Patientin die Kränkung überwinden konnte und die empfangene Kritik aus der Sicht des Chefs zu verstehen und anzunehmen vermochte. Sie begnügte sich wieder mit der Tätigkeit als Sekretärin, aber die beflügelnde persönliche Stimulation durch ihren Chef stellte sich nicht mehr ein.

Menschen mit Persönlichkeitsstörungen sind gefährdet, sich in destruktive Beziehungen zu verwickeln. Aber wenn sie die typischen Abläufe ihrer destruktiven Interaktionen erkennen, können sie aus diesen herauswachsen. Sie können lernen, sich vor eigenen destruktiven Neigungen zu schützen, indem sie sich eine Beziehungsumwelt schaffen, die diesen Gefahren entgegenwirkt, oder sie können ihre Fähigkeit verbessern, sich in ihre Konfliktpartner einzufühlen und die Problemsituation mit deren Augen zu sehen. Eine Persönlichkeitsstörung ist in diesem Sinne nicht Schicksal. Es gibt wohl eine Disposition zu einem bestimmten Fehlverhalten, das fortbesteht, aber es gibt auch ein breites Spektrum an Korrekturmöglichkeiten. Dies soll nun am Beispiel von neurotischen Depressionen dargelegt werden.

1.4 Wie die Manifestation einer depressiven Disposition durch Partnerbeziehungen verstärkt oder aufgefangen werden kann

Depressionen sind die häufigste psychische Krankheit. Von milderen Formen von Depressionen aber sind alle Menschen betroffen. Ich möchte am Beispiel der Depression darlegen, wie sehr die Ausprägung einer psychischen Erkrankung von der Beziehungsumwelt abhängt und wie Menschen mit einer depressiven Disposition oftmals nicht so sehr durch ein empathisches Mitfühlen aufgefangen werden, sondern durch Partner, die der depressiven Verfassung einen wohlwollenden Widerstand entgegensetzen.

Depressionen haben häufig keinen phasischen Verlauf, sondern ziehen sich über viele Jahre in mehr oder weniger starker Ausprägung dahin. Oft werden sie manifest unter belastenden Lebensumständen, besonders unter persönlicher Kränkung oder unter Verlusterlebnissen, bezugsweise drohenden Verlusterlebnissen wie Verlust von nahen Bezugspersonen, Partnern, Eltern, Kindern, aber auch der Wohnung, der Heimat, der gewohnten Umgebung sowie Verlust der Arbeit oder einer Aufgabe, einer beruflichen Position, etwa bei Pensionierung, oder Verlust der körperlichen Gesundheit. Es kann auch zu einem inneren Verlust kommen, beispielsweise in einer Liebesbeziehung, aus welcher man eine innere Emigration vollzieht bei andauernder Entwertung der Beziehung durch den Partner oder wenn die heranwachsenden Kinder sich von den Eltern abwenden und mehr Interesse an eigenen Liebesbeziehungen entwickeln. Kränkungen ergeben sich durch berufliche Zurücksetzungen, fehlende Anerkennung, mangelnden Respekt oder unzureichende Dankbarkeit.

Die *Psychoanalyse* hat die differenzierteste Theorie über Depressionen ausgearbeitet (siehe Mentzos 1995). Ihre Hypothese lautet, daß der Depression eine enttäuschte Mutterliebe zugrunde liegt, welche Anlaß zu Aggressionen gibt, deren Ausdruck aber gehemmt wird, aus Angst, die Mutterperson dadurch zu verlieren. Das Dilemma zwischen Wut und Verlustangst bewirkt, daß die Betroffenen sich unterwürfig und überangepaßt verhalten. Der böse Anteil der Mutterperson wird in sich aufgenommen und zu einem Teil der eigenen Identität gemacht. Die Vorwürfe gegen die Mutter werden gegen die eigene Person gerichtet. Es bleibt ein verletzliches Selbstgefühl und eine besondere Liebesbedürftigkeit. Der Haß auf das Liebesobjekt führt zur Angst, es könnte durch Aggression zerstört werden. Auch deshalb wird der Haß gegen einen selbst gewendet.

Die *ökologische Perspektive* (Willi 1996) anerkennt die Bedeutung früherer Lebensumstände, welche von den Betroffenen als mangelhafte oder undifferenzierte Liebe erlebt werden, nur schiebt sie die Schuld nicht so stark der Mutterperson zu. Mangelhafte Liebeserfahrung kann sich ergeben, wenn das Kind aus einer unerwünschten Schwangerschaft hervorgeht, wenn es durch ein später geborenes Geschwister entthront wird, wenn es im Schatten eines erfolgreicheren Geschwisters steht. Ferner wenn die Eltern sich trennen, ein Elternteil stirbt, die Familie durch Migration ihre Geborgenheit verliert, ein Familienmitglied chronisch krank und behindert wird, so daß die anderen Kinder zuwenig Zuwendung bekommen. Die Kinder unterscheiden sich sehr stark untereinander und verstehen es in unterschiedlichem Maß, die Aufmerksamkeit und Liebe auf sich zu ziehen. Die Lebensumstände, welche eine frühkindliche Mangelerfahrung bezüglich Liebe und Anerkennung begründen, haben die Tendenz, sich ins Erwachsenenalter fortzusetzen, so daß sich eine sich zunehmend fixierende Disposition zur Entwicklung depressiver Störungen bilden kann.

Die persönlichen Hintergründe einer *depressiven Disposition* liegen in einer unstillbaren Sehnsucht nach absoluter, bedingungsloser Liebe, in einem sich bis zu oraler Gier steigernden Bedürfnis nach Zuwendung, Verwöhnung und Aufgehobensein, nach Zärtlichkeit, dauernden Liebesbeweisen und Selbstbestätigung. Es liegt eine gewisse Maßlosigkeit in den Ansprüchen vor, aber auch eine Neigung, die Umwelt, die Bezugspersonen und sich selbst zu idealisieren und zu überschätzen. Gleichzeitig besteht aber eine Bereitschaft, auf Frustrationen mit zerstörerischer Wut zu reagieren, einer Wut, die anknüpft an früher erfahrene Frustrationen und persönliche Verletzungen.

In dieser Disposition liegt die Gefahr, Bezugspersonen mit Liebeserwartungen zu überfordern. Demzufolge setzen Personen mit Disposition zu Depressionen alles daran, ihre Bezugspersonen vor diesen Erwartungen zu schützen. Es kommt zu einer *Reaktionsbildung* als Abwehrhaltung, die folgendermaßen charakterisiert werden kann: Statt Riesenansprüche an andere zu stellen, versucht man, eigene Ansprüche ganz hintanzustellen. Statt Liebe für sich zu beanspruchen, will man anderen Liebe schenken. Man bietet sich selbst als bedürfnislos an, verhält sich angepaßt, lieb und hilfsbereit und kann bei fehlenden Erwartungen auch nicht enttäuscht werden. Man bringt für die Sorgen anderer viel Empathie auf und ist sozial engagiert. Man ist sehr harmoniebedürftig, vermeidet Auseinandersetzungen und Streit und möchte im Einklang mit seiner Umwelt stehen.

Mit dieser sozial erwünschten Charakterbildung sind depressiv Disponierte oft beliebt. Man schätzt sie. Viele wenden sich sozialen Berufen zu. Generell entspricht diese Haltung wahrscheinlich den Frauen mehr als den Männern.

Zur *depressiven Dekompensation* kommt es dann häufig aus der Überforderung der Reaktionsbereitschaft heraus: Im Hintergrund stehen die verleugneten Riesenansprüche an Zuwendung und Liebe. Eine typische Folge dieser Reaktionsbereitschaft ist die Entwicklung eines Burnout-Syndroms. Die Betroffenen verausgaben sich, bis sie sich ausgebrannt fühlen. Sie halten sich im Arbeitsbetrieb für unersetzlich und neigen dazu, sich mit ihren Vorgesetzten überzuidentifizieren. Doch mit der Zeit wird offensichtlich, daß ihre Dauerpräsenz im Betrieb und ihr rastloser Einsatz auf die Schwierigkeit zurückzuführen sind, sich abzugrenzen und freizumachen. Sie sind nicht in der Lage, die Arbeit zu strukturieren und zu begrenzen, sie sind dauernd dran, ohne Anfang und Ende. Wenn dann die erwartete Anerkennung ausbleibt, verfallen sie in eine depressive Krise.

Aber auch in den familiären Beziehungen kann die Neigung, andere mit Liebe zu beschenken, weit über das hinausgehen, was von den Empfängern erwünscht ist. Die Überschwemmung mit Geschenken und Aufmerksamkeiten löst Ärger und Schuldgefühle bei den Bezugspersonen aus, was man den depressiv Disponierten jedoch nicht zu zeigen wagt, weil sie das als Zurückweisung und Kränkung für ihren großen Einsatz empfinden könnten. Für depressiv Disponierte wird dann die Enttäuschung unausweichlich. Sie bekommen nie den Dank und die Liebesbezeugungen, auf die sie gehofft hatten. Der fehlende Dank erzeugt Wut und tiefe Kränkung. Man empfindet alles, was man tut, als sinnlos, tendiert danach, sich in sich zurückzuziehen, und verfällt einer depressiven Lähmung.

In der Depression kommt es zur inadäquaten Selbstentwertung. Man klagt, man falle allen nur noch lästig, alle wären froh, sie hätten einen los, man sei den anderen ja nur im Wege, was man für die anderen getan habe, sei nichts wert, man werde sich jetzt zurückziehen und niemandem mehr mit Aufmerksamkeiten zur Last fallen.

Für die Bezugspersonen sind diese Selbstentwertungen schwer auszuhalten. Ihre spontane Reaktion ist, dem Depressiven zu beteuern, daß das alles nicht wahr sei, er die Situation verzerrt wahrnehme und man ja dankbar sei für alles, was er für einen getan habe. Gleichzeitig fühlt man sich in Schuldgefühlen gefangen und reagiert mit zunehmendem Ärger und Rückzug. Damit sieht der Depressive sich in seinen Klagen bestätigt. Die Bezugspersonen verfallen in Ratlosigkeit und Ohnmacht.

Ein Thema dieses Buches ist es, zu beschreiben, wie eine Person unterschiedliche Möglichkeiten hat, sich eine Beziehungsumwelt zu schaffen, die das Manifestwerden destruktiver Dispositionen begünstigt oder aber dämpft. Dabei spielen Partnerbeziehungen und Arbeitsbeziehungen eine zentrale Rolle. Ich versuche anhand der depressiven Disposition darzustellen, wie davon betroffene Menschen Möglichkeiten suchen, in vielversprechenden Liebesbeziehungen die Erfüllung ihrer Sehnsüchte zu finden, und daran scheitern. Sie können aber auch lernen, die Kontrolle über ihre Riesenerwartungen in Beziehungen zu finden, *die der Erfüllung dieser Sehnsüchte einen Widerstand entgegensetzen.*

1.4.1 Partnerbeziehungen, welche die depressive Manifestation verstärken

Eine zum Scheitern bestimmte Möglichkeit ist oftmals die Hoffnung auf Liebeserfüllung durch das Eingehen einer Kollusion. Bei einer Kollusion sucht man ein partnerschaftliches Zusammenspiel einzugehen, in welchem man einerseits die depressive Bereitschaft zu bedingungsloser Hingabe leben kann und sich gleichzeitig sicher glaubt, nicht enttäuscht werden zu können. Ich habe zwei Kollusionsmuster beschrieben, die dazu passen, nämlich die orale Kollusion und die narzißtische Kollusion (siehe Willi 1975).

Bei einer *oralen Kollusion* wird eine depressiv disponierte Person sich einen Partner wählen, den sie verwöhnen und beschenken kann. Sie erwartet von ihrem Partner lediglich, daß er sie braucht und mit Dankbarkeit beschenkt. Für sich selbst lehnt sie alle Ansprüche auf Verwöhntwerden und Umsorgtwerden ab. Die Partner scheinen ideal aufeinander abgestimmt zu sein. Die depressiv Disponierte kann sagen: »Ich kann so viel Liebe spenden, weil Du so bedürftig bist«, der Partner kann sagen: »Ich kann mich so verwöhnen lassen, weil Du mir so viel Liebe schenken willst«. Doch im längeren Zusammenleben läßt sich der Empfangende nicht mehr auf Dankbarkeit verpflichten und der depressiv Disponierte erhält mit seinen Dienstleistungen nicht die von ihm erwartete Dankbarkeit zurück. Die Kollusion wird konflikthaft, der Interaktionszirkel lautet nun vom Depressiven: »Ich bin so vorwurfsvoll, weil Du so undankbar bist«, vom Partner: »Ich bin so undankbar, weil Du mich mit Deinem Spenden auf dauernde Dankesbezeugungen verpflichtest«. Oft empfinden die Partner die Liebesdienste als vergewaltigend und übergriffig, bekommen jedoch Schuldgefühle, wenn sie sich gegen die ihnen aufgedrängten Liebesangebote zu Wehr setzen.

Bei einer *Kollusion des narzißtischen Typs* wählt der depressiv Disponierte auf Grund seines schlechten Selbstwertgefühls einen Partner, der in der eigenen Grandiosität bestätigt werden möchte und dazu einen Partner braucht, der bereit ist, ihn zu idealisieren, sich ganz für ihn aufzugeben und sich mit ihm zu identifizieren. Bei der Partnerwahl ergänzen sich die Partner im kollusiven Zirkel. Der Partner kann sagen: »Ich kann so grandios sein, weil Du ganz für mich lebst«, der depressiv Disponierte: »Ich kann ganz für Dich leben, weil Du so großartig bist«. Der scheinbar so bescheidene depressiv Disponierte denkt, der von ihm in seinem Selbstwertgefühl aufgebaute und bestärkte Partner werde letztlich durch ihn leben. Doch mit der Zeit fühlt er sich in seiner Hingabe ausgebeutet und gar nicht wahrgenommen und respektiert. Aufgrund seines schlechten Selbstwertgefühls wagt er keine eigenen Ansprüche zu stellen und verfällt einer depressiven Selbstentwertung. Die Kollusion schlägt nun in eine konflikthafte Interaktion um, in welcher der Depressive sagt: »Ich fühle mich von Dir entwertet und nicht wahrgenommen, weil Du immer nur an Dich denkst«, und sein Partner: »Ich kann Dich nicht respektieren, weil Du für mich ein Niemand bist«. Verfällt der dazu Disponierte in eine Depression, so wird sein Partner diese als lästig empfinden. Er wird den Depressiven auffordern, sich nicht so gehen zu lassen, sich zusammenzureißen und nicht alles so tragisch zu nehmen. Der Partner hat eine panische Angst, selbst in den depressiven Strudel hineingezogen zu werden. Er schützt sich, indem er bagatellisierend über das depressive Geschehen hinwegsieht.

Partner, die sich kollusiv mit einem depressiv Disponierten verbinden, sind häufig Menschen mit eigenen psychischen Schwierigkeiten. Depressiv Disponierte überwinden zunächst ihr mangelhaftes Selbstwertgefühl, indem sie sich durch die Hilfe, die sie dem Partner erweisen, persönlich aufgewertet fühlen.

1.4.2 Partnerbeziehungen, in denen die depressive Manifestation aufgefangen werden kann

Wie sollte nun eine Beziehung angelegt sein, um *auf Menschen mit einer depressiven Disposition eine heilsame Wirkung zu haben* und ihre destruktiven Neigungen zu kompensieren und zu puffern? Manche Partner oder Arbeitgeber nehmen intuitiv eine kluge Haltung gegenüber Depressionsgefährdeten ein. Sie spüren, daß sich die Beziehung zu einem Depressionsgefährdeten schwierig gestalten wird, wenn man sich dazu verführen läßt, seine unbegrenzten Angebote an Engagement, Hilfe und Mitgefühl dankbar oder gar begeistert anzunehmen. Es bewährt sich generell die Feststellung, daß es in Beziehungen nichts gratis gibt. Die scheinbar bedingungslose Hingabe und Einsatzbereitschaft hat ihren Preis. Von Vorteil ist, wenn diese Angebote des Depressionsgefährdeten nicht die Grundlage der Beziehung sind, d. h. wenn die Bezugsperson auf diese Angebote gar nicht speziell anspricht, sondern eher Grenzen setzt und sie mit realen Gegenleistungen – und nicht nur mit Dankbarkeit und Begeisterung – ausgleicht. In Arbeitsbeziehungen beispielsweise ist es wichtig, Angebote zum Leisten von Überstunden zu begrenzen und in jedem Fall korrekt abzugelten, um nicht in eine Dankesschuld zu geraten.

Ein weiterer Aspekt betrifft den Hang der Depressionsgefährdeten dazu, *die Beziehung zu idealisieren*. Auch dieses Angebot ist zunächst für die Bezugsperson angenehm. Wer hört es nicht gerne, daß diese Beziehung viel besser sei als jede zuvor. Wer ist nicht froh, wenn sich der Depressionsgefährdete als pflegeleicht, anspruchslos und harmoniebedürftig anbietet. Die Idealisierung kann dann allerdings zur Einengung, Verpflichtung, ja, zu einem Zwang werden, weil man spürt, daß die geringste Reduktion von Anerkennung und Lob in Wut und Haß umschlagen kann. Derartige Reaktionen treten vor allem auf, wenn man zuvor die Tendenz hatte, dem Depressionsgefährdeten mit speziellen Vertrauenserweisen, persönlicher Nähe und Gegengeschenken entgegenzukommen, auf die er jetzt ein Anrecht anmeldet oder die er im Gegenteil unter der jetzigen Kränkung strikt von sich weist.

Das zentralste Beziehungsproblem sind die *Schuldgefühle, welche Depressionsgefährdete in Bezugspersonen erzeugen* und die diese ohnmächtig und hilflos machen. Man möchte sich mit dem Depressionsgefährdeten auseinandersetzen, kann das aber nicht – aus Angst, ihn erneut zu verletzen. Also zieht man sich lieber zurück und bestätigt damit den Depressionsdisponierten in der Meinung, daß man mit ihm nichts mehr zu tun haben möchte und ihn ablehnt. Die Kunst einer konstruktiven Beziehung mit Depressionsgefährdeten liegt darin, ein mittleres Maß an Ansprechbarkeit auf ihre Liebesbedürfnisse zuzulassen unter Wahrung klarer Grenzen. Es sollte versucht werden, sich von ihren Angeboten nicht verführen zu lassen, aber sich auch von einem Umschlag in Enttäuschung und Frustration nicht im Übermaß abschrecken zu lassen. Für Depressionsgefährdete ist es auch *in einer Psychotherapie* wichtig, daß die Bezugsperson beziehungsweise der Therapeut Aggressionen und Vorwürfe zu ertragen vermag und dem Depressiven zeigt, daß er dadurch die Beziehung nicht scheitern läßt. Es bringt nichts, mit Rechtfertigungen und halbherzigen Entschuldigungen zu versuchen, die zunächst bestehende Harmonie wiederherzustellen. Oft heilt die Zeit am ehesten die Wunden der unumgänglichen Enttäuschung über das Unerfülltbleiben der Liebessehnsüchte.

Tabelle 1: ▶
In der Tabelle sind die wesentlichen Gedanken nochmals zusammengefaßt: Aufgrund mangelhafter Liebeserfahrung in den ersten Lebensjahren bildet die betroffene Person eine depressive Disposition, gekennzeichnet vor allem durch unbegrenzte Liebesansprüche. Diese werden als gefährlich erlebt, weil sie die Bezugspersonen überfordern. Deshalb wird in einer Reaktionsbildung eine gegenteilige Haltung angenommen, nämlich die eigenen Ansprüche werden zurückgenommen, statt dessen will man sich liebevoll für andere engagieren. Die Gefahr besteht, sich in dieser Hingabe zu verausgaben, so daß in der Enttäuschung über den fehlenden Dank – als Liebesgeschenk – eine depressive Dekompensation eintritt.
Mit einer kollusiven Partnerwahl wird erhofft, die ersehnte Liebe in der Dankbarkeit eines Partners zu finden, der auf diese Liebe angewiesen ist. Unter der depressiven Dekompensation im Paarkonflikt verweigert der kollusive Partner dem Depressiven oft die erwartete Dankbarkeit und zieht sich von ihm zurück. Eine gesunde Partnerwahl würde dagegen in der Wahl eines Partners liegen, welcher nicht übermäßig auf die depressive Reaktionsbildung anspricht und damit ihrer Entfaltung einen Widerstand entgegensetzt.

Manifestation einer Depression: Durch Partnerbeziehungen verstärkt oder gedämpft?

FRÜHE LEBENSUMSTÄNDE Die erfahrene Liebe ist mangelhaft, verunsichernd, undifferenziert
↓
DEPRESSIVE DISPOSITION Übermächtige Sehnsucht nach Liebe. Riesenansprüche, »orale Gier«, Größenphantasien, Idealisierung
↓
REAKTIONSBILDUNG Will anderen Liebe schenken, sich in der Arbeit verausgaben, will lieb sein, sucht Anerkennung, ist bereit zu sozialem Engagement; Streithemmung, harmoniebedürftig, stellt sich selbst zurück, gibt sich bescheiden und anspruchslos, neigt zu Perfektionismus, Selbstentwertung, Selbstanklagen

KOLLUSIVE PARTNERBEZIEHUNG	GESUNDE PARTNERBEZIEHUNG
<u>orale Kollusion:</u> will sich für Partner verausgaben, erntet keinen Dank <u>narzißtische Kollusion:</u> will sich für idealisierten Partner aufgeben, wird von ihm deshalb entwertet	Wahl eines Partners, der der angebotenen Hingabe Grenzen setzt, Idealisierung in Schranken hält, Enttäuschungen zumutet und Auseinandersetzungen nicht ausweicht
↓	↓
Enttäuschung führt zu depressiver Dekompensation	Gesundung an der Beziehung

Depressionsdisponierte werden meist Depressionsdisponierte bleiben. Wie weit es zu manifesten Depressionen kommt, hängt allerdings stark von den wichtigsten Bezugspersonen und davon ab, ob durch diese destruktive oder konstruktive Neigungen verstärkt oder gedämpft werden.

Es gibt Menschen mit Dispositionen zu psychischen Störungen, die die Fähigkeit entwickeln, sich eine Umwelt zu schaffen, welche ihren destruktiven Tendenzen einen Widerstand entgegensetzt und sie gar nicht wirksam werden läßt. *Dazu gehört allerdings die Bereitschaft, auf die Erfüllung der damit verbundenen Sehnsüchte zu verzichten.*

2 Lebenslauf und Persönlichkeitsentwicklung – zwei unterschiedliche Perspektiven mit weitreichenden Konsequenzen

Dieses Kapitel führt in die Begriffe »Persönlichkeitsentwicklung« und »Lebenslauf« ein. Persönlichkeitsentwicklung betrifft vor allem die charakterliche Entwicklung und Entfaltung einer Person, der Lebenslauf eher die Entwicklung der Lebensgeschichte, faßbar gemacht an Ereignissen und Bruchstellen des Lebens. Die meisten Psychotherapieansätze befassen sich vor allem mit der Persönlichkeitsentwicklung, mit der Selbstfindung und mit dem Erwerb persönlicher Kompetenzen, d.h. mit der persönlichen Ausstattung, um das Leben zu bestehen. Der ökologische Therapieansatz, der diesem Buch zu Grunde liegt, bezieht sich demgegenüber mehr auf den Lebenslauf und auf die gegenwärtige Lebenssituation. Die aktuelle Lebenssituation wird als Bühne gesehen, auf welcher die Person die Hauptrolle spielt. Aber sie kann ihre Geschichte nicht spielen ohne Mitspieler, die ihr ihre Rolle zugestehen. Es hängt von den Lebensumständen ab, welches Spiel sie mit ihren Mitspielern verwirklichen kann. Die Ökologische Theorie schließt demzufolge nicht nur die Person in ihre Betrachtungsweise ein, sondern auch das Wechselspiel mit aktuell wichtigen Bezugspersonen und Lebensumständen.

Die Lebenslaufforschung ist um 1980 in eine Krise geraten durch die Erkenntnis, daß was als Lebensgeschichte erzählt wird, teilweise eine geschönte oder zumindest selektiv zurechtgelegte Geschichte ist. Der Erzählung wird deshalb nur eine subjektive Wirklichkeit und »Wahrheit« zugebilligt. In der ökologischen Psychotherapie aber wird das Therapieziel aus dem Lebenslauf abgeleitet. Es ist deshalb wichtig, zwischen Tatsachen und deren Interpretation unterscheiden zu können. Tatsachen sehe ich dadurch gekennzeichnet, daß sie meist nicht nur ein Individuum, sondern auch Bezugspersonen betreffen, welche die Existenz einer Tatsache bestätigen, ferner daß sich Tatsachen oft eigendynamisch fortentwickeln, Spuren setzen und Folgen haben, über welche die Person nicht nach eigenem Belieben verfügen kann. Menschen sind bestrebt, aus ihrem Lebenslauf eine sinnvolle, in sich zusammenhängende Geschichte zu machen. In der schnellebigen Zeit der Globalisierung wird es schwieriger, eine kontinuierliche Berufskarriere und dauerhafte Partner- und Familienbeziehungen aufzubauen, in welchen man seine Identität zu finden vermag. Lebenswenden und Wandel im Lebenslauf können nur stattfinden, wenn das Leben sich in innerer und äußerer Konsistenz entwickelt. Wendepunkte und Wandel im Lebenslauf beruhen auf Veränderungen der Lebensumstände, die der Gestaltung der Lebensgeschichte wie der Entwicklung der Persönlichkeit eine neue Richtung geben.

2.1 Wie erleben wir unseren Lebenslauf? – Assoziationen zur Einstimmung

Der in Berlin wirkende Philosoph und Schriftsteller Pascal Mercier (2004) beschreibt in seinem Roman »Nachtzug nach Lissabon« das Leben als eine Reise mit folgenden Worten: »Ich wohne in mir wie in einem fahrenden Zug. Ich bin nicht freiwillig eingestiegen, hatte nicht die Wahl und kenne den Zielort nicht. Eines Tages in der fernen Vergangenheit wachte ich in meinem Abteil auf und spürte das Rollen. Es war aufregend, ich lauschte dem Klopfen der Räder, hielt den Kopf in den Fahrtwind und genoß die Geschwindigkeit, mit der die Dinge an mir vorbeizogen. Ich wünschte, der Zug würde seine Fahrt niemals unterbrechen... Es wurde mir bewußt, ich kann nicht aussteigen. Ich kann das Geleise und die Richtung nicht ändern. Ich bestimme das Tempo nicht. Ich sehe die Lokomotive nicht und kann nicht erkennen, wer sie fährt und ob der Lokführer einen zuverlässigen Eindruck macht. Ich weiß nicht, ob er die Signale richtig liest und es bemerkt, wenn eine Weiche falsch gestellt ist. Ich kann das Abteil nicht wechseln. Ich sehe im Gang Leute vorbeigehen und denke: Vielleicht sieht es in ihren Abteilen ganz anders aus, als bei mir... Die Reise ist lang. Es gibt Tage, wo ich sie mir endlos wünsche. Es sind seltene, kostbare Tage. Es gibt andere, wo ich froh bin zu wissen, daß es einen letzten Tunnel geben wird, in dem der Zug für immer zum Stillstand kommt...« (Mercier 2004, S. 423).

Ist der Lebenslauf – wie Mercier es darstellt – eine Reise, bei welcher immer wieder wechselnde Lebensräume an uns vorbeiziehen, wir aber in den vier Wänden unserer selbst verharren und dabei dieselben bleiben? Oder verändern auch wir uns mit dem steten Wandel der Landschaft und lassen uns immer wieder neu von der Landschaft ansprechen? Träume kommen auf, wie das Leben geworden wäre, hätte man in einer dieser verheißungsvollen Gegenden, die an einem vorbeiziehen, leben können. Die Frage drängt sich auf: Was ist aus meiner Lebensreise geworden? Folgt sie noch dem ursprünglichen Plan, den ich einmal erträumt hatte, oder läuft sie in eine Richtung, die ich so nie gewollt hätte? Bin ich darin der geworden, der ich zu werden mir ursprünglich vorgestellt hatte? Wenn das Ziel der Reise war, zu mir selbst zu kommen, bin ich bei mir angekommen? Was soll das überhaupt heißen, zu sich selbst kommen? Wer hat das je geschafft? Wer kann sagen, wer er wirklich ist? Ist das überhaupt ein Ziel? Gehört zum Reisen nicht eher, daß wir nie ganz ankommen, daß wir immer unterwegs sind, immer unvollendet? Ist unser Lebenslauf nicht immer ein Torso unserer selbst, unvollendet und unvollständig? Ist die fehlende Ganzheit ein Übel oder eher der Anreiz, der uns bis zuletzt lebendig erhält? Braucht es nicht die Unerfülltheit unserer Träume, damit wir auf der Suche bleiben?

Doch was ist aus dem Bild geworden, das wir uns vom Leben gemacht hatten zu einem Zeitpunkt, wo noch alles offen war und alles möglich erschien? Wir spüren, wir waren nicht die eigentlichen Regisseure unseres Lebenslaufes, vielmehr die Mitspieler auf der Bühne unserer eigenen Geschichte. Das Bild, das ich mir von meinem Leben gemacht hatte, war nicht zufällig, nicht Ausdruck einer momentanen Laune oder Mode, es überstand die widrigsten Umstände. Mein Bild hat sich über die Jahre gewandelt, aber es wurde nicht durch ein anderes ersetzt. Es blieb mein Bild. Es ist aus mir heraus entstanden, obwohl ich nicht darüber verfügen konnte. Das Bild steht mir selbst nicht zur Disposition für beliebige Veränderungen. Es ist verankert in meiner Tiefe, zu der ich willentlich nur beschränkten Zugang habe. Es wächst aus mir heraus, aus dem Kräftespiel meines tiefen, mir selbst nicht voll bewußten Fühlens und Sehnens.

Ich kann mich in meinem Lebenslauf erkennen, als der, der ich immer war, aber auch der, der sich gewandelt hat und sich selbst fremd geworden ist. Ich konnte nur begrenzt darüber bestimmen, was aus meinem Leben geworden ist. Wir sind auf das Entgegenkommen unserer Lebensumstände angewiesen, auf die Mitspieler, mit denen zusammen die eigene Geschichte zu einem guten oder schlechten Spiel geworden ist. Im Laufe der Jahre haben wir unsere eigene Welt geschaffen. In ihr können wir die Spuren unseres Wirkens wiederfinden, wenn wir glaubten, sie verloren zu haben. Manchmal suchen wir die Orte unseres früheren Wirkens wieder auf oder ziehen frühere Notizen heran, um in die entlegensten Winkel unserer selbst Licht hineinzubringen und verlorene Erinnerungen unserer Geschichte wieder zugänglich zu machen. Die Spuren unseres Lebens reichen über das Hier und Jetzt hinaus, weit über die Gegenwart des gelebten Raums und der gelebten Zeit.

Die fließende und verflossene Zeit berührt uns in ungleichem Maße. Sie kann unbeteiligt an uns vorbeigeflossen sein, oder sich intensiv in unser Leben eingeprägt haben. Weshalb kehren wir an die Plätze unseres vergangenen Lebens zurück? Wo möchten wir an unterbrochene Lebensfäden wieder anknüpfen? Was von unserem Leben möchten wir wieder aufsuchen, um es definitiv hinter uns lassen zu können oder neuem Leben zuzuführen?

Wie sieht unser Leben aus, wenn wir es vom Tod an rückwärts datieren, wenn wir es vom Ende her denken? Ergibt sich daraus eine sinnvolle Geschichte? Ergibt sich aus dieser Geschichte ein abgerundetes Ganzes? Beruht unsere Todesangst auf der Angst, nicht mehr die Zeit zu haben, das uns Wichtige zu vollenden, das abzuschließen, worauf wir uns zu bewegt hatten? Was müßte man geleistet oder erlebt haben, damit man seinem Lebensabschluß zustimmen könnte? Was von uns wird in anderen weiterwirken? Wo werden wir Spuren hinterlassen? Und wo gerade nicht? Welche Hoffnungen auf ein Weiterleben in den Kindern und unseren Werken werden sich in Nichts auflösen? Werden wir zweifach sterben: mit dem Aufhören des physischen Lebens, aber auch schon weit früher durch den Verlust des Gefühls, von anderen Menschen gebraucht zu werden? Mit jedem Menschen stirbt ein großes Potential, das keine Gelegenheit zur Verwirklichung fand. Von tausend Gedanken kommt nur einer zur Sprache. Von tausend Plänen wird nur einer verwirklicht. Doch wesentlicher als das bleibt die Frage, ob wir im Leben ansprechbar waren für das, was sich mit uns ereignen wollte. Vermochten wir die Gelegenheiten wahrzunehmen, aus den Angeboten des Lebens etwas zu gestalten, in dem wir uns selbst, aber auch den anderen sichtbar und faßbar wurden?

2.2 Persönlichkeitsentwicklung und Lebenslauf

Nach dieser assoziativen Einstimmung in das Thema dieses Buches folgt nun eine systematischere Darstellung. Sie beginnt mit den Begriffen »Persönlichkeitsentwicklung« und »Lebenslauf«. Werden diese Begriffe zu Schwerpunkten der psychotherapeutischen Ausrichtung gemacht, ergeben sich unterschiedliche Menschenbilder.

→ *Die Persönlichkeitsentwicklung betrifft die charakterliche Entwicklung und Entfaltung.*
→ *Der Lebenslauf betrifft die Lebensgeschichte, faßbar an der Aufeinanderfolge von Lebensereignissen und Lebenssituationen.*

Die *Persönlichkeitsentwicklung* betrifft die charakterliche Struktur und Differenzierung der Person, d. h. ihr charakteristisches Wahrnehmen, Denken, Fühlen, Verhalten und Handeln. Gewisse persönliche Eigenheiten, sogenannte Traits, erhalten sich langdauernd oder gar lebenslänglich, so etwa Intelligenz, Temperament oder Introversion/Extraversion. Zur Bildung der Persönlichkeitsstrukturen gehört das Konstruktsystem (George Kelly 1955) bzw. die Schemata (Jean Piaget 1959). Damit sind Strukturen des Denkens und Wahrnehmens gemeint, die sich unter immer wieder ähnlichen Wahrnehmungs- und Denkoperationen bilden und eine Art Denkschienen oder Schablonen unseres Denkens und Wahrnehmens werden. Sie verfestigen sich im Laufe des Lebens und bilden die Grundlagen feststehender Erfahrungen, Überzeugungen, Werthaltungen und Weltanschauungen. Es ergeben sich daraus situationsunabhängige Charakterstrukturen.

Der Lebenslauf dagegen betrifft die Geschichte der Person als subjektive Erzählung wie auch als objektivierbares Curriculum vitae. Er betrifft die konkrete Verwirklichung der Person in ihrem historischen und sozialen Kontext. Es geht um die Frage: Wie kann sich die Person in ihrer Umwelt realisieren, welche sozialen Rollen werden ihr zugeteilt bzw. werden von ihr übernommen, welche Werke kann sie schaffen und welche Spuren hinterläßt sie? Der Lebenslauf entwickelt sich interaktiv in der Auseinandersetzung mit der konkreten Umwelt, welche von der Person zur persönlichen Nische (Willi 1996) gestaltet wird. Der Lebenslauf ist eine Geschichte, an der die Person teilhat und die sie maßgeblich beeinflußt. Sie verfügt jedoch nicht über den Verlauf und über all das, was sich in dieser Geschichte ereignet. Der Lebenslauf ist eine Geschichte mit Bruchstellen, Nahtstellen, Weichenstellungen, der Lebenslauf ist der Verlauf des Lebens, eine Geschichte mit ihrer Dramatik, ihren Tragödien, ihren Erfolgen und Mißerfolgen, ihren Chancen und verpaßten Gelegenheiten, ihren Freuden und Leiden. Der Lebenslauf nimmt Gestalt an in den Wirkungen und Werken einer Person. Gemäß der von Leontjew (1979) beschriebenen Entwicklungstheorie des dialektischen Materialismus gibt der Mensch sich in seiner Tätigkeit zu erkennen. Aber die Tätigkeit bildet nicht die ganze Persönlichkeit ab.

Wie stehen Persönlichkeitsentwicklung und Lebenslauf zueinander? Es handelt sich um zwei sich ergänzende Perspektiven, die sich teilweise überschneiden, ohne deckungsgleich zu werden. Sie beeinflussen und durchdringen einander und gehen auseinander hervor. Die Persönlichkeitsentwicklung beeinflußt den Lebenslauf, ihre Motivationen zum Handeln und Wirken, zum Eingehen von Beziehungen, zum Erwerb von Handlungskompetenz durch Tätigkeit. Die Person drängt zur Verwirklichung. Sie will sich und anderen in ihren Wirkungen sichtbar werden und in ihren Wirkungen erkannt werden. Aber das, was sich von einer Person äußerlich verwirklicht, ist immer nur ein Teil ihrer persönlichen Möglichkeiten. Was sich von der Person äußerlich verwirklicht, Gestalt annimmt und sichtbar wird, ist nicht in der Verfügungsgewalt der Person allein, sondern wird von ihren Lebensumständen und Beziehungspersonen maßgeblich bestimmt.

Der Lebenslauf anderseits wird von der Person erlebt und erfahren. Es ist die Person, die weitgehend darüber entscheidet, worauf sie sich im Leben einlassen will, jedoch nicht darüber, was daraus entstehen wird. Sie erfährt sich selbst im Handeln und Gestalten ihres Lebenslaufes. Sie lernt aus dem Lebenslauf, macht im Lebenslauf ihre Erfahrungen, die zur Grundlage ihres Konstruktsystems und ihrer Schemata werden. Die inneren Prozesse der Person, ihre Phantasien, Wünsche und Vorstellungen werden von den erzielten Wirkungen, vom Erfolg und Mißerfolg mitbestimmt. Für das Selbstverständnis und Selbstwertgefühl, aber auch für die Identität ist von entscheidender Bedeutung, was von ihren Vorstellungen konkret Gestalt annimmt und damit zum Ausgangspunkt weiterer Wünsche und Pläne werden kann. Die situativen Bedingungen des Lebenslaufs stellen die Entwicklungsaufgaben, die Herausforderungen, an deren Erfüllung die Person wächst und sich differenziert. Der Lebenslauf mit seinen sich ereignenden Tatsachen stellt den Rahmen, in welchem die Person sich entwickelt. *Dennoch wird man aus dem äußeren Lebenslauf nur bedingt auf die persönliche Entwicklung schließen können, genauso wie die innere Entwicklung der Persönlichkeit sich nicht vollumfänglich in der äußeren Gestaltung des Lebenslaufes abbildet.*

Die Unterscheidung zwischen Persönlichkeitsentwicklung und Lebenslauf ist für das Menschenbild der Psychotherapie und für ihre Zielsetzungen von zentraler Bedeutung. Die meisten Psychotherapieansätze befassen sich mit der Persönlichkeitsentwicklung. Grundlegende gemeinsame Ziele der verschiedenen Schulen sind die Entwicklung von Autonomie und Selbstfindung, worauf ich im Kapitel 4 über unterschiedliche Formen der Selbstverwirklichung noch eingehe. Ziel ist, daß die Person die Verantwortung für sich und ihr Leben übernimmt, daß sie die dazu notwendigen persönlichen Kompetenzen erwirbt, welche Voraussetzung für ein selbständiges Handeln sind. Die psychoanalytischen und tiefenpsychologischen Ansätze wie auch die kognitive Verhaltenstherapie und andere Therapiekonzepte zielen auf die generelle Verbesserung der persönlichen Befähigung, das Leben situationsunabhängig befriedigender zu gestalten. Sie versuchen die Persönlichkeitsentwicklung zu fördern durch allgemeine Verbesserung der kognitiven, emotionalen und sozialen Kompetenzen.

Für das *Menschenbild der Psychotherapie mit ökologischem Schwerpunkt* zielen die Fragestellungen jedoch stärker auf die Gestaltung des Lebenslaufes und der aktuellen Lebenssituation. Die Person wird gesehen als Hauptakteur auf der Bühne ihres Lebens. Sie kann ihre Geschichte nicht spielen ohne die Mitspieler, die ihr ihre Rolle zugestehen. Was von ihr kann sich in diesem Spiel verwirklichen und was findet keine Gelegenheit dazu? Um das zu beantworten, muß die Person ihre Bezugspersonen, mit denen sie interagiert, in ihre Betrachtungsweise mit einbeziehen, sei es in der bloßen Vorstellung oder auch konkret. Ist die Person ansprechbar auf das, worauf sie durch ihre Lebensumstände hingewiesen wird? Welche überraschenden Ereignisse mutet das Leben ihr zu? Ist sie bereit, ihr Leben davon leiten und ändern zu lassen? *Ziel ist, aus dem Leben eine gute Geschichte zu machen.* Die Werte der Persönlichkeitsentwicklung wie Autonomie und Selbstfindung sind wichtig, aber ihre Bewährungsprobe liegt in der Gestaltung des Lebenslaufes, in der konkreten und tätigen Verwirklichung. In Frage gestellt werden damit manche Psychotherapien, die mit hoher Sitzungsfrequenz dem Patienten zwar Einsicht in seine Persönlichkeitsentwicklung vermitteln, aber ohne faßbaren Gewinn für die Gestaltung seines Lebens.

Lebenslauf und Persönlichkeitsentwicklung durchdringen sich eng und beeinflussen sich auch in einer Therapie wechselseitig. Es stellt sich dann die Frage: Soll eher versucht werden, die Entwicklung der Person zum zentralen Thema zu machen und dabei davon auszugehen, daß sich das auf die Gestaltung des Lebenslaufes auswirken wird, oder soll von der Gestaltung des Lebenslaufes ausgegangen werden in der Annahme, daß eine konkrete Korrektur der Lebensumstände eine Veränderung der persönlichen Verwirklichung hervorrufen wird?

2.3 Der Lebenslauf – eine Erfindung?

Biographien erwecken gegenwärtig das Interesse eines breiten Publikums. Man möchte Geschichte nicht mehr anhand von Kriegen, Wirtschaftskrisen oder politischen Veränderungen studieren, sondern sie anhand persönlicher Lebensschicksale kennenlernen, mit denen man sich identifizieren kann, deren persönliche Geschichte einen Zeitgeschichte emotional miterleben läßt. *Die Darstellung von Lebensläufen hat einen starken Auftrieb durch die Individualisierung gewonnen.* Die Lebensläufe werden pluralistischer, indem dem Individuum mehr Wahl- und Entscheidungsmöglichkeiten zugestanden werden. Traditionelle Normen und Sozialformen sind weniger prägend geworden. Man spricht von einer *Wahlbiographie*. In früheren Gesellschaften gab es keine individualisierten Biographien. Es wäre als unangepaßt erschienen, sich eine einmalige und personalisierte Biographie zuschreiben zu wollen.

Trotz des hohen Interesses an Biographien ist die Lebenslaufforschung seit den achtziger Jahren in eine Krise geraten und fristet seither eher ein Mauerblümchendasein. Es gibt nur wenige neuere Forschungsarbeiten über die Psychologie der Biographie. Ein wichtiger Grund für dieses Abstandnehmen von der Biographie als Forschungsthema ist der Einwand, beim Lebenslauf handle es sich nicht um einen objektivierbaren Forschungsgegenstand, werde ein Lebenslauf doch immer erst retrospektiv berichtet. Es werde der Lebenslauf vom Erzählenden oder vom Interviewer so geordnet, daß eine sinnvolle Geschichte daraus entsteht. Im Laufe seines Lebens erlebt jeder Mensch Tausende von Ereignissen, die aus der gegenwärtigen Situation heraus selektiv erinnert und berichtet werden. Ihre Gewichtung für die Komposition des Lebenslaufes kann wenig Objektivität für sich beanspruchen. Entscheidend sind somit nicht die Ereignisse als solche, sondern deren subjektive Interpretation und Bedeutungszumessung. Diese kann bei ein und derselben Person über die Jahre hinweg wechseln. Eine Biographie ist somit nicht objektiv erfaßbar, vielmehr eine Konstruktion, eine erzählerische Erfindung. Das heutige Forschungsinteresse gilt nicht mehr den Fakten, sondern der Art und Weise des Erzählens und subjektiven Erfahrens.

Dabei kann jedoch die Subjektivität der Darstellung des Lebenslaufes auch überschätzt werden. Die Variabilität der erzählten Lebensgeschichte scheint weniger groß als erwartet. Irene Kühnlein (2002) hat eine Studie zu dieser Frage durchgeführt. Sie untersuchte die biographische Wiedererzählung von Probanden über einen Zeitraum von bis zu acht Jahren. Dabei erwies sich die Erzählung der zentralen Fakten und lebensgeschichtlichen Zeitpunkte als konstant, was für eine weitgehende Stabilität der biographischen Darstellung spricht. Im Gegensatz dazu sind aber häufig Veränderungen in der subjektiven Interpretation und Bewertung der Fakten und Ereignisse zu beobachten. Diese Interpretationen werden im zeitlichen Verlauf zunehmend als positiv bezugsweise als Reifung oder innere Entwicklung bewertet, nur selten erscheinen sie zunehmend negativ oder als enttäuschte Hoffnungen. Je länger konkrete Ereignisse zurückliegen, desto seltener werden sie in einer späteren Erzählung umgedeutet. Die Ergebnisse dieser Studie sprechen also gegen die zeitabhängige Beliebigkeit der Erzählung des eigenen Lebens.

Die Skepsis gegenüber der Objektivität erzählten Lebens und deren Reduktion auf die Subjektivität des Erzählenden wurde in der Psychotherapie durch Sigmund Freud mit seiner historischen Wende in der Verführungstheorie entscheidend gefördert. Freud hatte zwischen 1895 und 1897 die Theorie entwickelt, daß die Abwehr-Neuropsychosen, also die Hysterien, Zwangsneurosen, Phobien und die Paranoia durch reale sexuelle Traumatisierung in der Kindheit verursacht seien. Später widerrief er diese Theorie und reduzierte die von den Patienten berichteten sexuell traumatisierenden Tatsachenberichte auf bloße Wunschphantasien, denen er aber für die Entstehung der Neurosen die entscheidende Bedeutung beimaß. Freud bezweifelte die Wahrheit der von den Patienten berichteten sexuellen Verführungen in der Kindheit durch Erwachsene (1925b, S. 59). Er entwickelte die Ansicht, daß neurotische Symptome nicht direkt an wirkliche Erlebnisse anknüpfen, sondern an Wunschphantasien. »Wir lernen allmählich zu verstehen, daß in der Welt der Neurosen die psychische Realität die maßgebliche ist« (Freud 1916–1917a, S. 383). Die Aufgabe der Verführungstheorie brachte Freud in Konflikt mit seinem wichtigsten Schüler, dem früh verstorbenen ungarischen Psychoanalytiker Sàndor Ferenczi, der von der Authentizität der Berichte über die traumatisierende frühkindliche sexuelle Verführung überzeugt war, eine Überzeugung, die in den letzten Jahrzehnten mit der Feststellung der Häufigkeit sexuellen Mißbrauchs in der Kindheit bestätigt wurde. Freud aber setzte seine Ansicht in der Psychoanalyse durch und lenkte damit die Aufmerksamkeit mehrerer Generationen von Psychotherapeuten darauf, generell, und nicht nur in sexuellen Fragen, den äußeren Realitäten wenig Beachtung zu schenken und sich auf die – zur einzig maßgeblichen erklärte – innere Realität zu konzentrieren. In der Folge vernachlässigen vor allem die tiefenpsychologischen psychotherapeutischen Schulen die Beachtung der äußeren Realität bis zum heutigen Tag. Verbreitet ist die Annahme, daß Einsicht und Klärung unbewußter Konflikte ausreichend sind, um Veränderungen in der Beziehungsgestaltung in Gang zu setzen. Die Konzentration auf die subjektive Realität brachte der Psychoanalyse den oft gehörten Vorwurf ein, sich wenig um die verbesserte praktische Lebensgestaltung ihrer Patienten zu kümmern.

Auch die *systemische Paar- und Familientherapie*, die sich in den 70er Jahren auf die beobachtbaren Beziehungsmuster sozialer Systeme und ihrer Regelung auf der Verhaltensebene konzentriert hatte, hat sich in den 80er Jahren in Europa stark in die konstruktivistische Richtung entwickelt (Mailänder Gruppe um Luigi Boscolo und Gianfranco Cecchin, die Heidelberger Gruppe mit Fritz Simon, Arnold Retzer, Helm Stierlin, Gunthard Weber, Ulrich Clement, Jochen Schweitzer u.a.m.). Ausgehend vom Konstruktivismus wird von dieser Richtung betont, daß keine Aussagen darüber möglich sind, ob eine erlebnisjenseitige Außenwelt existiert und wie diese aussehen sollte. Die äußere Welt ist nur auf Grund der selektiven und konstruktiven Qualität unserer Wahrnehmung und Erkenntnis zugänglich. Das, was in der Alltagssprache als wirklich bezeichnet wird, gilt lediglich als »erfundene Wirklichkeit«, d.h. es ist nicht als Wahrheit beweisbar, sondern beruht auf unseren subjektiven Konstruktionen. Dazu passen etwa Buchtitel von Paul Watzlawick wie »Wie wirklich ist die Wirklichkeit?« (1976) oder »Die erfundene Wirklichkeit« (1985). Das Bestreben der Therapie ist es, die Optionen für mögliche Wirklichkeitskonstruktionen der Familienmitglieder zu erweitern, um damit die äußeren Lebenswirklichkeiten zu verändern. Speziell die *narrative Therapierichtung* (Michael White und David Epston 1990) betont, daß Wirklichkeit aus Geschichten bestehe. Die vorherrschende gesellschaftliche Tradition bestimmt, welche Aspekte der Wirklichkeit wir auswählen und wie wir sie interpretieren. Diese Erzähltradition neigt dazu, alternative Interpretationen auszuschließen und dafür zu sorgen, daß andere Aspekte der Wirklichkeit nicht gesehen werden. Die Bedeutungsmuster, die durch Sprache vermittelt werden, bauen Realitäten in sozialen Systemen auf. Durch narrative Traditionen wird den Familienmitgliedern die Bedeutung von Dingen, Situationen und Verhalten vermittelt. In der Therapie sollen die Geschichten, in welche ein Klient eingebettet ist, verändert und neu erzählt werden. Der therapeutische Prozeß wird dann zum Prozeß des Neuerzählens von Geschichten (von Schlippe & Schweitzer 1996; Boscolo & Bertrando 1997).

2.4 Die Unterscheidung zwischen Tatsachen und Interpretationen

Um den Lebenslauf zu verstehen, muß man m. E. unterscheiden zwischen Tatsachen und Interpretationen. Der Lebenslauf gliedert sich an den Tatsachen, das subjektive Erleben aber bedarf der Interpretationen.

Tatsachen sind Vorkommnisse, die sich von bloß vorgestellten Ereignissen dadurch unterscheiden, daß sie Spuren setzen, die objektivierbare Folgen haben. Gemäß dem Theorem von Thomas und Thomas (1928) ist real, was reale Folgen hat (»If men define situations as real, they are real in their consequences«). Die Tatsache bleibt in ihrer Existenz unwidersprochen, auch wenn ihr unterschiedliche Bedeutungen zugeschrieben werden. Die Folgen von Tatsachen zeigen sich materialisiert in den Dingen, an denen Auswirkungen feststellbar sind, und an den Personen, die an ihnen beteiligt oder davon betroffen waren. Die Bezugspersonen sind oft wichtige Akteure, welche es unmöglich machen, eine Tatsache wieder zu löschen. Die Person kann oft nicht steuern, ob etwas bestehen bleibt, das sie in die Welt gesetzt hat. Häufig entwickeln Tatsachen eine Eigendynamik, haben Folgen, entwickeln sich weiter, auch ohne Zutun der »Täters« und ohne Möglichkeit, den daraus entstehenden Prozeß zu stoppen.

Interpretationen dagegen sind subjektiv. Sie beinhalten Deutungen nach dem Wie, Weshalb, Warum. Interpretationen sind notwendig, um ein Ereignis in den bisherigen Erlebnisrahmen der Tatsachen einzuordnen, ihm Bedeutung zuzumessen, es zu gewichten und in seinem Wert und seinem Sinn einzuschätzen. Interpretationen sind subjektive Konstruktionen, die auch anders begründet und gesehen werden können. Die Interpretation kann zeit- und stimmungsabhängig sein, sie kann sich im Laufe der Zeit verändern.

Tatsachen müssen oftmals bewiesen werden, denn sie können einschneidende Konsequenzen haben, die bloß vorgestellten Ereignissen nicht zukommen. Sowohl in Strafverfahren wie in der Naturwissenschaft sollten Tatsachen so weit »bewiesen« werden, daß sie, nachdem sie einer falsifizierenden bzw. verifizierenden Überprüfung unterzogen wurden, die plausibelste Hypothese liefern. In der historischen Forschung und strafrechtlichen Untersuchung sollten Tatsachen mit Dokumenten und Indizien belegt werden können. In der zwischenmenschlichen Alltagspraxis gilt allerdings etwas bereits als Faktum, wenn dessen Existenz von niemandem angezweifelt wird.

Für unsere Darstellung des Lebenslaufs sind Tatsachen wichtig als Gerüst, um die Person und ihre Geschichte gesellschaftlich einordnen zu können, so etwa die Sozialdaten, wie Geschlecht, Geburtstag, Geburtsort, familiäre Herkunft, Schulbildung, Ausbildung, Berufstätigkeit, Familienstand, Wohnort, familiäre Situation. In der Einzel- und Familientherapie ist es üblich, von den Klienten ein Genogramm aufzunehmen, welches die wichtigsten Daten der aktuellen Familie und der Herkunftsfamilien graphisch darstellt. Daraus lassen sich oftmals bereits wichtige Hypothesen über Konfliktfelder und Ressourcen formulieren. Für das Verständnis einer individuellen Biographie geben die Tatsachen ein Gerüst, innerhalb dessen die subjektiven Begründungen, Deutungen, Rechtfertigungen, Enttäuschungen und Hoffnungen eingeordnet werden können. Tatsachen setzen einen Rahmen, in welchem das Leben sich entwickelt.

Die Wertung als Tatsache gibt einem berichteten Ereignis eine andere Qualität. Die Gegenwart der Tatsachen wird mit dem zeitlich Vorangegangenen und dem Zukünftigen in Verbindung gesetzt. Zwischen den Tatsachen werden Zusammenhänge hergestellt, so daß der Lebenslauf sich als ein Netz präsentiert, dessen Knotenpunkte die Tatsachen sind. Dieses Gerüst ist nicht beliebig veränderbar und konstruierbar. Natürlich können im Laufe des Lebens gewisse Tatsachen an Bedeutung verlieren und andere mehr in den Vordergrund treten. Theoretisch kann man sagen, auch die sogenannten Tatsachen seien Konstruktionen, denn es gibt keine Tatsachen ohne Interpretation. Aber es gibt bei Tatsachen einen Kern, dessen Vorhandensein trotz widersprüchlicher Interpretationen unbestritten ist. Bei einem Mordverdacht gibt es einen Toten, der tot bleibt, auch wenn die Verteidigung auf Unfall plädiert.

Die Unterscheidung zwischen Tatsachen und Interpretationen ist überall da wichtig, wo es um zwischenmenschliche Konflikte geht. In der Paartherapie ist die Erhebung der Beziehungsgeschichte eines Paares stets sehr eindrücklich. Obwohl die Partner sich in einer Konfliktphase zur Therapie melden, die sich durch entgegengesetzte Meinungen und Haltungen auszeichnet, gelingt es ihnen meist gut, ihre gemeinsame Geschichte so zu erzählen, daß betreffs der Tatsachen Übereinstimmung besteht, bezüglich Interpretation allerdings nicht. Die Klienten machen dabei die Erfahrung: »Ich habe ein Anrecht auf meine persönliche Ansicht. Aber der Partner hat ebenso ein Anrecht auf seine, von mir abweichende Sichtweise. Dasselbe Ereignis läßt unterschiedliche, gleichberechtigte Wahrnehmungen zu.« Der Tatbestand wird zwar übereinstimmend gesehen, aber unterschiedlich interpretiert. Um diesen Gesichtspunkt herauszuarbeiten, haben wir die *Technik der Konstruktdifferenzierung* herausgearbeitet, bei welcher die Partner in der Therapiesitzung irgendein Ereignis der letzten Tage miteinander bearbeiten (Willi, Limacher, Frei & Brassel-Ammann 1992; Frei, Riehl-Emde & Willi 1997). Als erstes sollen sie das Ereignis rein auf Tatsachenebene vorbringen und über die Details der Tatsache so lange diskutieren, bis sie in der sachlichen Darstellung eine Übereinstimmung erlangen. Dann wird zuerst der eine, anschließend der andere eingehend vom Therapeuten nach seiner

Interpretation dieses Ereignisses befragt, nach den begleitenden Gefühlen, Bildern und inneren Stimmen. Oftmals sind die Partner sehr erstaunt, daß der Partner dieselbe Tatsache so völlig anders erleben kann, was ihnen zuvor nicht bewußt war, denn jeder hielt seine Interpretation für die einzig mögliche. Oftmals vermittelt die Konstruktdifferenzierung den Partnern überhaupt erstmals die Gelegenheit, die eigene Sichtweise darzustellen, ohne unterbrochen zu werden, bzw. erstmals in Ruhe dem anderen zuzuhören, ohne sich rechtfertigen zu müssen. Dazu folgendes Beispiel:

Ein junges Paar trifft sich jeweils für das Wochenende. Sie kennen einander schon einige Jahre, ein Zusammenleben kam bisher aber nicht zustande, vor allem wegen der Zurückhaltung des Mannes, der zudem auch noch kein gemeinsames Kind wollte, obwohl die biologische Uhr der Frau eine baldige Entscheidung abforderte. Als sie sich trafen, begaben sie sich zuerst zum Einkauf in einen Supermarkt. Die Frau ging voran und nahm die Produkte aus den Regalen, der Mann schob hinter ihr den Einkaufswagen. An der Kasse mußte der Mann die Produkte auf das Laufband legen, und dabei fiel ihm ein Joghurt zu Boden, wo er zerklatschte. Darüber war die Frau sehr ungehalten und herrschte ihn vor den Leuten an der Kasse an. Er geriet in einen Zornausbruch aus Entrüstung, daß er sich so etwas in der Öffentlichkeit bieten lassen mußte. Die Stimmung war für das Wochenende im Eimer. Was war geschehen? Der Mann hatte sich bereits beim Betreten des Supermarktes darüber aufgeregt, daß er wie ein Junge den Einkaufswagen hinter der Frau herschieben mußte, während sie allein entschied, was gekauft werden sollte. Er fand das typisch für ihre Art, ihn zu bemuttern und zu bevormunden. Der Joghurt fiel ihm aus der Hand aus Nachlässigkeit, wohl unter innerem Protest gegen die Dominanz der Frau. Die Frau aber erlebte dieselbe Situation ganz anders: Sie war aufgebracht aus einer gewissen Trauer darüber, daß es mit ihrer Beziehung nicht vorwärtsging. Das Fallenlassen des Joghurts war für sie ein typischer Ausdruck seiner Nachlässigkeit und seines mangelnden Engagements. So würden sie natürlich nie ein gemeinsames Kind haben können. In dieser kleinen Szene war der ganze Paarkonflikt in konzentrierter Form enthalten. Im therapeutischen

Gespräch waren beide überrascht, wie man dieselbe Situation so völlig anders erleben konnte, ohne daß einem das bewußt gewesen wäre.

Die *Ökologische Psychotherapie* befaßt sich stärker mit den Tatsachen und deren Interpretation als mit bloßen Phantasien, Träumen und Wünschen. Wir gehen davon aus, daß der Mensch sich im persönlichen Gestalten seiner Umwelt, seiner persönlichen Nische entwikkelt und daß seine realen Wirkungen von der Umwelt beantwortet werden. Es kommt also darauf an, welche Tatsachen und Wirkungen er schafft, weil diese eine entscheidende Bedeutung für die Entwicklung seines Lebenslaufes haben. Psychogene und psychosomatische Störungen treten oftmals auf in Zusammenhang mit fehlgelaufener Wirksamkeit in der Umwelt. Es ist deshalb wichtig, die Art des Wirkens, die dabei erzielten Wirkungen und die daraus entstehende Wechselwirkung zwischen Person und Umwelt genau zu analysieren. Wir explorieren im Detail den Ablauf von Interaktionsprozessen oder beobachten diese direkt in der Paar- und Familientherapie.

Die Ökologische Psychotherapie leitet ihre Zielsetzungen stark vom Lebenslauf ab mit der Bearbeitung der Frage, welche lebensverändernden Entwicklungsschritte in der Gestaltung der Beziehungen und Lebensumstände jetzt anstehen (s. Kap. 10). Bei Wendepunkten im Lebenslauf geht es nicht nur um eine veränderte Bedeutungszumessung von Lebensereignissen, sondern oftmals um Wendepunkte in der konkreten Gestaltung des Lebens.

Als Quintessenz dieses Abschnitts ergibt sich somit: Der Lebenslauf wird retrospektiv als eine Geschichte erzählt. Diese Geschichte wird subjektiv konstruiert gemäß der Absicht des Erzählenden, aus einer Überfülle von Ereignissen jene auszuwählen, die für die angestrebte Darstellung am geeignetsten sind. Die Ereignisse werden in einen Zusammenhang untereinander gestellt und oft in eine kausale Kette gereiht. Um einen Lebenslauf zu verstehen, muß dieser aber auch auf »Tatsachen« gründen, die der ganzen Geschichte einen verbindlichen Rahmen geben. Tatsachen sind Ereignisse, deren Existenz nachweisbar ist, die faßbare Spuren setzen und reale Folgen aufweisen. Die ökologische Therapie mißt den Tatsachen und der Dynamik ihrer Entstehung große Bedeutung zu und leitet daraus ihre Therapieziele ab. Sie sieht in den Tatsachen als solchen keine bloße Konstruktion, die beliebig umgedeutet werden kann. Verändert werden kann die Bedeutung, welche den Tatsachen beigemessen wird, nicht jedoch deren Existenz.

2.5 Die Suche nach dem Sinn im Lebenslauf

Ein weiterer Anlaß zur Kritik an der Biographieforschung betrifft die »Schönung« der berichteten Geschichten. Insbesondere an Autobiographien wird bemängelt, daß die Autoren dazu neigen, sich in idealisierter Form darzustellen und alles Negative und nicht zu ihrem Idealbild Passende auszuklammern. So entsteht am Ende immer eine Geschichte, welche die Lebensereignisse in einen Zusammenhang stellt, der am Ende dem Leben eine besondere Sinnerfüllung verleiht. *Das Leben wird als ein Prozeß dargestellt, der durch verschiedene Irrtümer, Prüfungen und Leiden hindurch zu seiner Erfüllung kommt.* Die Lebensgeschichte wird im nachhinein aus der Erinnerung konstruiert, das Erinnerte belegt die Bedeutung für die Gegenwart.

Über den *historischen Wert von Autobiographien* haben sich verschiedene Autoren kritisch geäußert. So schreibt S. Freud an Stefan Zweig (zit. von Gay 1987, S. 1): »Wer Biograph wird, verpflichtet sich zur Lüge, zur Verheimlichung, Heuchelei, Schönfärberei und selbst zur Verhehlung seines Unverständnisses, denn die biographische Wahrheit ist nicht zu haben, und wenn man sie hätte, wäre sie nicht zu brauchen.« Nach Beatrix Borchard wollen Biographien ihre Helden nicht als Alltagsmenschen präsentieren, sondern als Vorbilder. Am Werk soll sich die Substanz des Lebens ausdrücken, aus dem es hervorgegangen ist. Sie spricht von Montage als biographischem Verfahren. Mit dem Quellenmaterial wird selektiv umgegangen. Das Quellenmaterial verführt zur Annahme, daß es so etwas wie eine objektive Biographie geben könnte. Biographen schreiben also kein Buch der Tatsachen. Sie schreiben aus der Retroperspektivität jeder Geschichtsdarstellung und damit aus dem gegenwärtigen Geschichtsbewußtsein. Die Geschichtsdarstellung will einen bestimmten Aspekt kommunizieren. Die Tatsachen werden dazu scheinobjektiv als Belege genutzt. Es entsteht unausweichlich eine erzählte Geschichte, die über den Schreibenden ebensoviel aussagt wie über den Beschriebenen. Die objektivierbaren Daten und Ereignisse werden einer subjektiven Strukturierung und Bewertung unterworfen. Es handelt sich somit nicht um eine objektive Lebensgeschichte, sondern um eine gedeutete Erzählung. Der Wissenschaftshistoriker Söderquist (2003) beschreibt, wie Wissenschaftler versuchen, ihrem privaten und beruflichen Leben Sinnhaftigkeit zu verleihen. Lebensgeschichten sollen Antworten geben auf die Frage, was es heißt, ein gutes und sinnerfülltes Leben zu führen. Biographen wollen sinnvolles Leben darstellen.

Wie auch immer: Die Sinngebung der eigenen Lebensgeschichte bestärkt die persönliche Identität. Biographische Wenden stehen im Zusammenhang mit Identitätskrisen, weil subjektive Erklärungen und Sinngebungen nicht mehr aufrechterhalten werden können. Durch eine Lebenskrise werden bisher als tragfähig erwiesene Normalitätsunterstellungen in Frage gestellt. Es entsteht die Notwendigkeit der Entdeckung neuer Sinnquellen sowie einer Bilanzierung des bisherigen Lebensweges, und man braucht das Gefühl, daß eine innere Kontinuität wiederhergestellt ist. Das Bedürfnis nach Sinngebung macht aus dem Lebenslauf ein Ganzes, eine sinnhafte Reihung lebenskritischer Ereignisse. Dieses Suchen nach Sinn ist dem Menschen zutiefst eingeboren. Auch im Falle einer Psychotherapie ist die Herstellung biographischer Zusammenhänge ein wichtiger Wirkfaktor. Das mangelnde Verstehen einer Symptombildung wird als besonders belastend erlebt. Schwere Lebensereignisse können wesentlich besser bewältigt werden, wenn sie als verstehbar und sinnhaft erlebt werden können. Sowohl der israelisch-amerikanische Medizin-Soziologe Aron Antonovsky (1987) als auch der Psychotherapeut Viktor Frankl (1972), Begründer der Logotherapie, die beide KZ-Überlebende waren, haben die Erkennung von Lebenssinn in überzeugender Weise als eine der wichtigsten Quellen des Überlebens unter belastendsten Umständen dargestellt. Dabei erweist sich die Fähigkeit, in den eigenen Lebensumständen einen Sinn zu erkennen, von zentraler Bedeutung. Nach Viktor Frankl (zit. in Längle 2002) weist die Sinnfrage auf das spezifisch Menschliche hin – auf das Verlangen des Menschen, sein Leben zu verstehen und es als Person nach eigenen Werten gestalten zu können. Man möchte nach dem Ursprung und den Ursachen im Lebenslauf fragen, aber auch allgemein nach dem Sinn des Lebens oder eines bestimmten Schicksals.

Die Lebensgeschichte wird immer identitätsstiftend und sinnstiftend innerhalb eines Gerüstes von Lebensveränderungen erzählt. Entscheidend für den Wert einer Biographie ist die Frage, was der Biograph mit dem beschriebenen Lebenslauf mitteilen will. Will er sich als eine außergewöhnliche Persönlichkeit ins Licht stellen oder über eine außergewöhnliche Lebensgeschichte berichten, will er sich gegenüber seinen Konkurrenten oder Feinden profilieren, will er sich wegen ihm vorgeworfener Taten oder Unterlassungen rechtfertigen, will er ein religiöses oder weltanschauliches Anliegen mit seinem Leben bezeugen oder möchte er als Vorbild pädagogisch wirken?

Trotz aller Einwände: Biographien können sich sehr wohl im Bemühen unterscheiden, das Leben kritisch und nüchtern zu reflektieren oder es idealisierend und großangeberisch zu verklären und durch Weglassen aller dunklen und abgründigen Ereignisse zu schönen.

Es widerstrebt mir, die Tendenz, einen Lebenslauf als sinnerfüllte Geschichte zu erzählen, unbesehen bloß als schönfärberische Erfindung abzutun. Diese Einstellung droht die Erzählung des Lebenslaufes zu entwerten. Neben der Neigung zur Schönfärberei gibt es echte, subjektive Lebenserfahrungen, die, im Durchgang durch schmerzhafte Lebenswenden, zu einer Sinnerfüllung geführt haben. Wie in diesem Buch dargestellt wird, werden Menschen in ihrem Leben oftmals von dem eingeholt, was sie in ihrem Leben lange nicht an sich herankommen ließen, bis dann eine wichtige Lebenswende eintrat.

Das in der Biographie dargestellte Leben soll ein abgerundetes Ganzes bilden. Effektiv *bleibt ein Leben aber nur lebendig, solange es unabgeschlossen, bruchstückhaft und ohne die erhoffte Stimmigkeit ist.* Die Ganzheit ist nur als erhoffte erstrebenswert, als etwas, auf das man sich zu bewegt, und nicht als etwas, bei dem man angekommen ist. Nur wenn man sich das Leben vom Tod her rückwärts denkt, kann es als Ganzheit in den Blick genommen werden.

Was hat man in früheren Jahren gedacht, was man erleben müßte, damit das Leben sich erfülle? Bleibt das Leben unerfüllt, weil wir wichtige Lebensmöglichkeiten ausklammern? Die Angst vor dem Leben kann umschlagen in die Angst vor dem Tod.

Die Angst vor dem Tode ist eine Angst vor dem Unerfüllten. Das zeigt sich deutlich bei Menschen, die an Carcinophobie (irrationale Krebsangst ohne körperlichen Befund) leiden. Ihre Angst vor dem Tode erweist sich als Angst vor dem Leben. Vielleicht ist die Angst vor dem Tode auch die Angst, nicht werden zu können, auf was man sich angelegt hat (Mercier 2004). Das Bild, das ich von mir mache, ist ja nicht einer launenhaften Willkür entsprungen, es ist mir nicht frei verfügbar für beliebige Veränderungen. Es ist in mir verankert und wächst aus dem Kräftespiel meines Fühlens, Denkens und Handelns.

2.6 Die postmoderne Fragmentierung des Lebenslaufs

Die Erfahrung des eigenen Lebenslaufs ist daran, sich in der postmodernen, globalisierten und liberalisierten Gesellschaft der letzten Jahrzehnte grundlegend zu verändern. Es wird immer schwieriger, den Verlauf des eigenen Lebens als ein stimmiges, sinnvoll ablaufendes Ganzes zu erfahren. Kann in einem Lebenslauf noch ein Sinn erkannt werden, wenn er in allen Lebensbereichen immer mehr an innerer Kontinuität verliert und immer mehr als eine Abfolge unzusammenhängender Ereignisse und Situationen erlebt wird? Rainer Funk (2005) äußert dazu: »Wir mutieren dauernd zu anderen Wesen, ohne Zusammenhang. Das Leben kann nicht mehr ein sinnvolles Geschehen sein, nur noch eine sinnlose Reihung.«

Einer der wichtigsten Aspekte der persönlichen Identität ist – zumindest bisher – in den westlichen Gesellschaften die *Berufskarriere*. Der Begriff ›Carrière‹ (französisch) bedeutet eine Straße für die Kutschen oder auf den Berufsbereich übertragen ›die Laufbahn‹. Der Begriff ist verbunden mit der Vorstellung, daß man sich mit der Berufswahl auf ein vorgegebenes Geleise setzt, auf welchem man in eine planbare und vorhersehbare Richtung losfährt. Innerhalb fester, hierarchischer Strukturen ist das Berufsleben meist verbunden mit Beförderungen und beruflichem Aufstieg, mit klaren Rollen, klaren Aufträgen und Erwartungen und einem definierten beruflichen und gesellschaftlichen Status. Die Berufskarriere wird so zu einem festen Bestandteil der Identität. Man wird sozial mit der Berufskarriere identifiziert. Lernen sich zwei Menschen kennen, so kommt sehr rasch die Frage:»Was machst Du?«, womit die berufliche Position gemeint ist, anhand welcher man den Menschen lokalisiert und einschätzt. Diese Frage steht für die Frage »Wer bist Du?«. Eine kontinuierlich sich entwickelnde Berufskarriere ergibt eine kontinuierliche Lebensgeschichte, an der man selbst und andere sich orientieren können. *Diese kontinuierliche Geschichte ergibt sich heute immer seltener.* Sennett (1998) beschreibt in »Der flexible Mensch«, daß Flexibilität keine Anleitung liefern kann, wie das Leben zu führen sei. Es gebe keine Karrieren im alten Sinne mehr, vielmehr müssen sich die Menschen auf immer wieder neuen, ihnen fremden Territorien bewegen (S. 202).

Der Neoliberalismus verpönt Werte, die auf Abhängigkeit, Beständigkeit und Bindung schließen lassen. Gefragt ist Flexibilität, Dynamik und Bereitschaft zu dauerndem inneren und äußeren Wandel. Nichts soll so bleiben, wie es gewesen ist. Die Berufskarriere wird immer mehr ersetzt durch den Job. Das Wort Job bedeutete im Englischen des 14. Jahrhunderts einen Klumpen oder eine Ladung, die man herumschieben kann (Sennett 1998, S. 10). Die geforderte Flexibilität erfordert also Menschen, die Arbeiten verrichten wie Klumpen, mal hier, mal da. Job meint eher eine vorübergehende Gelegenheitsarbeit, einen Auftrag, ein Projekt, einen zeitlich begrenzten Arbeitseinsatz, ohne innere und äußere Bindungen. Das Berufsleben entwickelt sich immer seltener nach einem Plan, sondern vielmehr nach sich bietenden Gelegenheiten, d.h. fragmentarisch und episodisch. Man läßt sich mit begrenztem beruflichen Engagement ein, aber immer unter Wahrung der inneren Unabhängigkeit, um schmerzliche Trennungen und Verlusterlebnisse zu vermeiden. Die Arbeit ist projektbezogen, man findet sich in Projektteams zusammen. Wenn der Auftrag erfüllt ist, entfällt oft die weitere Zusammenarbeit. Man arbeitet vernetzt und nicht in einer strukturierten Hierarchie. Die Vernetzungen beruhen auf persönlichen Kontakten und werden in beidseitiger Freiheit eingegangen. Es entstehen dabei zwar viele Bekanntschaften, aber kein Gefühl der Zugehörigkeit, keine Identifikation mit einem Betrieb oder einer Firma. Das Arbeitsfeld besteht aus Episoden, die sich kaum noch zu einer Lebensgeschichte bündeln lassen. Zu dieser Auftrags- und Projektorientierung gehören auch immer wieder Perioden von Arbeitslosigkeit. Diese sind jedoch nur selten frei gewählt, öfter sind sie einem aufgezwungen. Das erzeugt das Gefühl, das Leben nicht unter Kontrolle zu haben und allein für sich verantwortlich zu sein.

Man muß sich die Arbeit selbst beschaffen und fängt oftmals immer wieder am Nullpunkt an. Man muß seine Fähigkeiten täglich aufs neue unter Beweis stellen. Der Verweis auf Erfahrung zählt dabei wenig. Nadine Egli (2005), eine 25jährige Journalistin, hat die Generation der 20- bis 30jährigen folgendermaßen beschrieben: Diese Generation lebt in der Vorstellung, daß nichts mehr so bleibt, wie es gewesen ist. Das hinterläßt Einschnitte und Spuren. Wenn man in der Zukunft mit dem Schlimmsten zu rechnen hat, genießt man das Jetzt. Darin könnte die Erklärung liegen, daß diese sich immer hedonistischer gebärdende Generation sich zunehmend verschuldet. In Wirklichkeit ist diese Generation fast greisenhaft besonnen, illusionslos und realistisch. »Dieser Konservatismus steht in Kontrast zu Schlagworten wie Dynamik, Risikofreude und Flexibilität. Diese sind keine verheißungsvollen Versprechen für das eigene Vorankommen. Sie lösen eher Bedrohungs- und Trotzgefühle aus.« Die Generation der 20- bis 30jährigen sei aufgewachsen mit der Erfahrung, daß sich Engagement weder lohne noch auszahle. Es werde einem immer erklärt, daß man an dieser Situation ohnehin nichts verändern könnte. Deshalb könne man nicht desillusioniert werden, weil man gar nie Illusionen entwickelt hatte, aber auch keine Visionen. So suche man nach Sicherheit und Stabilität im Privaten. Die Sehnsucht nach einer intakten Familie zieht sich gemäß Nadine Egli als eine der wenigen Konstanten durch diese Generation hindurch.

Doch auch das ist ein sich oft nicht erfüllender Wunschtraum. Am stabilsten sind heute nach wie vor die Beziehungen zwischen Eltern und Kindern. Da aber Eltern immer häufiger geschieden und wiederverheiratet sind, entsteht oftmals eine Patchworkfamilie, die keine Erfahrung einer stabilen familiären Zugehörigkeit zu vermitteln vermag. Besonders labil sind heute Liebesbeziehungen. Obwohl die Sehnsucht nach einer stabilen und tragfähigen Liebe sehr stark ist, sind eheliche Verbindungen heute so anspruchsvoll und störungsanfällig wie noch nie. Die Scheidungszahlen steigen weiterhin. Das oft gehörte Ideal, man möchte miteinander alt werden, erfüllt sich immer seltener. Viele Menschen heiraten mehrmals, leben in seriellen Ehen oder mit Lebensabschnittspartnern. Sicher kann Trennung und Scheidung eine persönliche Entwicklung herausfordern. Sicher kann man darauf verweisen, daß auch eine äußerlich intakte Langzeitehe immer wieder in Krisen gerät, die einen Neuanfang erfordern, und man somit in einer dauerhaften Ehe ebenfalls in einer seriellen Lebensabschnittsehe lebe. Aber trotz allem besteht ein entscheidender Unterschied. Eine ungetrennte Langzeitehe hat eine gemeinsame Beziehungsgeschichte, *in welcher Krisen und Neuanfänge innerlich zusammenhängen und auseinander hervorgehen*. Sie stehen in einer kontinuierlichen Abfolge, in welcher sich die Zukunft aus der Herkunft entwickelt. Bei einer neuen Partnerschaft geht der geschichtliche Aspekt verloren. Wohl wird häufig – zumindest zu Beginn – beteuert, daß sich die neue Verbindung grundlegend von der vorangegangenen unterscheide und unvergleichlich reifer und zufriedenstellender sei. Aber die Vorgeschichte kann nicht erzählt werden, weil die Erinnerung an frühere Beziehungen meist nicht in die neue Beziehung eingebracht werden kann, und wenn doch, dann nur in ihren abschreckenden Aspekten, von denen sich die neue Beziehung vorteilhaft abhebt. Es entsteht also auch im partnerschaftlichen Bereich eine Fragmentierung und immer seltener eine identitätsstiftende, durchgängige Geschichte.

Die Fragmentierung des Lebenslaufes hat noch andere Aspekte. Dazu gehört auch der Verlust der Herleitung des eigenen Lebensplanes aus der familiären Generationenfolge. Wenn man in einer Patchworkfamilie aufwächst, wird es schwierig sein, die eigene Identität in einer familiären Tradition zu begründen. Man definiert sich nicht aus der Herkunftsfamilie. Das zeigt sich unter anderem im Verlust der Beziehung zu den Verstorbenen, denen in ursprünglichen Kulturen ein hoher Einfluß zugeschrieben wurde und deren hohe Verehrung mit Begräbnisritualen und Totenkult gefordert war. In unserer westlichen Kultur finden Begräbnisse immer mehr nur noch im engsten Familienkreise statt. Trauer zu zeigen wird meist peinlich vermieden, man möchte niemanden mit dem Anblick des Sarges belasten. Gräber in Friedhöfen zu errichten, die man über Jahrzehnte aufsuchen und pflegen sollte, paßt immer weniger in unsere Zeit. Besser scheint es, die Asche des Verstorbenen in alle Winde zu zerstreuen, wodurch kein Ort mehr besteht, wo man gemeinsam der Toten gedenkt.

So ist zunehmend jeder mit seinem Lebenslauf allein. Gesellschaftlich gefordert ist nicht die Reflexion der eigenen Entwicklung, sondern das Aufgehen im Moment. Es ist oftmals keine Umwelt mehr da, die hilft, sich an die eigene Geschichte zu erinnern. Die Spuren früherer Wirksamkeit werden möglichst gelöscht. Auch wenn sie noch sichtbar wären, ist niemand mehr da, der an ihnen interessiert ist oder sie zu deuten weiß. So droht die Erfahrung des Lebenslaufes als ein sich kontinuierlich entwickelndes Geschehen immer mehr verlorenzugehen. Damit verliert der Mensch jedoch eine der wichtigsten Quellen für die Erfahrung von Identität und Lebenssinn. *Der Lebenslauf besteht zunehmend hauptsächlich aus Wechseln. Doch: Sind das Lebenswenden, die auch innerlich zu einer Wende führen, so wie es das Thema dieses Buches sein soll?*

2.7 Die Notwendigkeit, in einer verstehbaren und konsistenten Welt zu leben

In der westlichen Gesellschaft ist heute jeder weitgehend frei in der Wahl seiner Leitbilder und wird in der Definition seiner Lebensvorstellungen auf sich selbst verwiesen. Der Preis ist der Verlust an Orientierungsmöglichkeiten, an Leitplanken, die die eigenen Lebensvorstellungen zu strukturieren und zu kanalisieren vermögen. In einer sich dauernd wandelnden Welt stellt man sich auf die Vorläufigkeit der eigenen Ansichten ein und hält das Gegenwärtige für den Übergang zum sich abzeichnenden Zukünftigen, von dem man sich mehr Struktur und Beständigkeit erhofft. In einer von wissenschaftlichem Fortschritt bestimmten Welt denkt man in Hypothesen und nicht in Überzeugungen und klaren Leitbildern. Das meiste bleibt flüchtig und undefinierbar.

Immer seltener verlaufen Biographien noch linear in traditioneller Weise, immer häufiger setzen sie sich zusammen aus Lebensabschnittskonditionen. Das geglückte Leben ist maßgeblich Jetztzeit-Leben: es erfüllt sich in der Gegenwart (Martin Meyer 2005). Der Homo oeconomicus bestimmt unsere Lebenswelt wie nie zuvor. Die vielfältigen raschen äußeren Umstellungen und Anpassungen, der Mangel an Nachhaltigkeit und Kontinuität gefährdet die Bildung einer persönlichen Identität und fördert eine unverpflichtete Einstellung auf das, was einem jetzt gerade abgefordert wird. Dabei geraten viele Menschen in eine Sinnkrise. Sie sehnen sich nach etwas, das ihrem Leben Festigkeit geben kann und sie das Momentane in eine es übersteigende Perspektive einordnen läßt. Die überraschende Hinwendung vieler Menschen zu religiösen und nationalen Traditionen und zu ideologischem Fundamentalismus dürfte teilweise eine Folge davon sein. Aber ebenso die deutliche Zunahme an depressiven Erkrankungen.

Heute sind Menschen nicht nur konfrontiert mit dauernden Wechseln, die dem gegenwärtigen Leben den Anschein des Provisorischen und Vorläufigen geben. Die von außen verordneten Wechsel sind zudem oft nicht vorhersehbar und nicht verstehbar. Viele hochqualifizierte Berufstätige setzen sich über Jahre bis zum Rand ihrer Kräfte für ihre Firma ein, sie nehmen alle Entbehrungen auf sich, lassen sich beliebig verschieben und umplazieren, verfügen über eine einmalige Berufserfahrung, sind bei ihrer Arbeit erfolgreich und angesehen, und dann wird ihnen von einer Stunde zur anderen gekündigt, oft ohne ausreichende Begründung, lediglich mit der Weisung, den Arbeitsplatz innert weniger Stunden zu räumen. Wie kann jemand mit einer derartigen Situation persönlich umgehen? Aron Antonovsky (1987) hat auf Grund eigener KZ-Erfahrungen das Konzept des »sense of coherence« entwickelt. Darunter versteht er die

Fähigkeit, großen Belastungen psychisch zu widerstehen, ohne zusammenzubrechen, indem man kohärent bleibt. Als maßgebliche Ressource für diese Widerstandskraft fand er folgende drei Kriterien: Ist ein Ereignis verstehbar, so ist es handhabbar (beeinflußbar) und kann als sinnhaft erlebt werden. Antonovsky hat der Medizin und der Psychotherapie mit dem Begriff der Salutogenese eine neue Perspektive eröffnet. Es wird dementsprechend nicht mehr in erster Linie gefragt, was krank macht, sondern was gesund erhält oder gesunden läßt. Diese gesund erhaltenden Voraussetzungen sind in der heutigen neoliberalen Wirtschaftswelt für viele Menschen nicht gegeben. Unverständliche Stellenkündigungen führen zu Selbstwertkrisen, Depressionen und zum Gefühl, nicht mehr gebraucht zu werden. In der Folge kann das zu innerer Kündigung führen und zum Rückzug auf sich selbst. Manche versuchen mit psychotherapeutischer Unterstützung zu lernen, loszulassen, sich in sich selbst zu zentrieren und sich von äußerem Erfolg unabhängig zu machen. Es gelingt aber nur wenigen, solch hohe Ansprüche echt zu verwirklichen.

2.8 Was ist ein Wendepunkt im Lebenslauf?

Die vorangegangenen Abschnitte haben gezeigt, daß der scheinbar selbstverständlich klingende Begriff des Lebenslaufs sehr komplex ist. Zum einen stellt sich die Frage, ob der Lebenslauf mehr ist als eine beliebig erzählbare, subjektiv erfundene Geschichte. Zum anderen aber auch, ob ein Wendepunkt im Lebenslauf einen kontinuierlich sich entwickelnden, in sich zusammenhängenden Prozeß voraussetzt. Menschen, die ihr Leben nicht mehr als eine Geschichte wahrnehmen, sondern nur noch als eine Aneinanderreihung von Events und Episoden, werden mit dem Begriff des Lebenslaufes, genauso wie mit dem Begriff des Wendepunktes, nichts anfangen können.

Was ein Wendepunkt im Lebenslauf ist, kann meist erst im nachhinein gesagt werden. Das Vorliegen einer Wende kann nur vom Subjekt definiert werden. Es gibt einschneidende Veränderungen wie etwa Ortswechsel, Berufswechsel, Krankheiten usw., denen subjektiv keine besondere Bedeutung für den Lebenslauf zugemessen wird und die deshalb im Erzählen des Lebenslaufes keinen Stellenwert haben. Andererseits können scheinbar belanglose Ereignisse, die von Außenstehenden kaum wahrgenommen werden, Anlaß zu einer Veränderung des Lebenslaufs geben, meist allerdings nur, wenn sie innerlich bereits vorbereitet war. Solche Ereignisse können persönliche Verletzungen sein oder kritische Bemerkungen von Personen, deren Meinung einem wichtig ist, so etwa von einem verehrten Chef oder von einer geliebten Person. *Ich verstehe unter einem Wendepunkt im Lebenslauf eine Weichenstellung, durch die der Lauf des Lebens in ein anderes Geleise geleitet wird.* Bei einem Wendepunkt kann es sich um eine plötzlich eintretende oder allmählich sich bildende Wende handeln. Man spricht beim Erzählen des Lebenslaufes dann von einem »Vorher« und »Nachher«. Ein Wendepunkt ist eine äußere und innere Wende. Meist ist er auch erkennbar an einer Veränderung in der Zusammensetzung des Freundeskreises, aber auch in grundsätzlichen beruflichen und partnerschaftlichen Neuorientierungen. Wie noch dargestellt werden soll, wird eine Wende oft durch eine Veränderung der Lebensumstände in Gang gesetzt.

Als ein Wendepunkt im Lebenslauf wird in diesem Buch also nicht einfach ein bloßer äußerer Wechsel gezählt, wie etwa Stellenwechsel, Wohnortswechsel, Scheidung oder Geburt eines Kindes, sondern eine vom Betroffenen als Wende wahrgenommene Veränderung, die dem Lebenslauf eine neue Richtung verleiht und ebenso ein Wendepunkt in der Persönlichkeitsentwicklung ist.

3 Der ökologische Ansatz: Die Person entwickelt sich in der Wechselwirkung mit ihrer persönlichen Umwelt

■ In diesem Kapitel wird die Theorie des ökologischen Therapieansatzes zusammengefaßt, welche die Entwicklung der Person in der Wechselwirkung mit der Entwicklung ihrer Lebensumstände sieht. Das Lesen dieses Kapitels ist anspruchsvoll, weil es sich um einen ungewohnten und neuen Ansatz handelt. Die Entwicklung der Person wird im tätigen Gestalten ihrer persönlichen Nische gesehen, also in der von ihr gestalteten Umwelt, bestehend aus ihren Bezugspersonen, ihrer Behausung, dem Besitz, aber auch in den Werken ihrer Arbeit. Durch die Elemente ihrer Nische erhält sie laufend Rückmeldungen, die ihre Selbstwahrnehmung festigen, ihre emotionalen und kognitiven Fähigkeiten stimulieren und die Handlungskompetenz entwickeln. Der Lebenslauf wird als wirkungsgeleiteter Lebenslauf dargestellt: Die Person ist laufend daran, ihre Umwelt zur persönlichen Nische zu gestalten. Sie wird durch das Beantwortetwerden ihrer Wirkungen in ihrem weiteren Wirken geleitet.

Wenn der ökologische Ansatz dem Wirken einer Person eine bisher ungewohnte Beachtung schenkt, so impliziert das u. a. zwei für das Menschenverständnis wichtige Aspekte: Zum einen wird damit deutlich, daß es verschiedene Grade von Wirklichkeit gibt. Die als Tatsachen geschaffene Wirklichkeit hat eine andere Qualität als Phantasien, Vorstellungen oder Wünsche. Es ist der Unterschied zwischen einem bloßen Gedanken und dessen Verbalisierung. Das Ausgesprochene kann nicht mehr ungeschehen gemacht werden. Als Tatsache hat es Folgen, über die die Person nicht verfügt. Aber diese Unmöglichkeit, eine Wirkung ungeschehen zu machen, macht eine Person an ihren Wirkungen auch für andere sichtbar und identifizierbar. Wir erkennen Menschen an ihrem Wirken. Geschaffene Tatsachen werden insbesondere von der Tiefenpsychologie und vielen anderen, auch systemischen Therapieansätzen zu wenig beachtet. Zum anderen kann die Person über die von ihr geschaffene Nische nicht frei verfügen. Sie muß vielmehr die Nische, insbesondere ihre Bezugsperson, dazu gewinnen, ihr das Wirken zu ermöglichen. Die Person ist also auf ihre Mitmenschen angewiesen, wie sie in Erscheinung tritt und von diesen wahrgenommen wird.

Das beantwortete Wirken ist anstrengend, weil für ein zufriedenstellendes Wirken die Bereitschaft der Nische genau berücksichtigt werden muß. Unter psychischen Störungen aller Art wird die Fähigkeit dazu beeinträchtigt, so daß das Wirken danebengerät und die Person durch die Reduktion positiver Rückmeldungen wichtige persönliche Unterstützungen verliert und dazu neigt, sich gekränkt auf sich zurückzuziehen. Die Kränkung wird ihren Hang zu streßbedingtem Egozentrismus erhöhen, wodurch sie zusätzlich an Fähigkeit zu kooperativem Wirken verliert. Eine Person muß auch damit zurechtkommen, daß sie an der Unverfügbarkeit über die Nische und an einem nur bedingten Zueinander-Passen leiden wird. Doch das Leiden am Nie-ganz-Passen von Person und Nische kann auch positiv gesehen werden als Herausforderung ihrer persönlichen Entwicklung durch Anerkennung einer klärungsbedürftigen Verschiedenheit.

Dieses Kapitel thematisiert zunächst, wie sich eine Person in ihrer Umwelt zu verwirklichen vermag. Welche Umweltbedingungen müssen vorliegen, damit eine Person sich äußerlich faßbar darstellen kann. Die reale Verwirklichung in ihrer Umwelt ist das, was die meisten Menschen zentral bewegt. Erstaunlicherweise haben sich die Psychologie und Psychotherapie aber weit mehr mit der Persönlichkeitsentwicklung befaßt. Zum Verständnis des Zusammenwirkens von Person und Umwelt wurde die beziehungsökologische Theorie (Willi 1996) entwickelt, die nun als erstes theoretisch dargestellt werden soll, wobei einige Begriffe erläutert werden.

Im vorangegangenen Kapitel wurde bereits darauf hingewiesen, daß sich die Person nie vollumfänglich in ihrem Lebenslauf abbildet, daß aber »die Tatsachen« des Lebenslaufes ein Gerüst bilden, innerhalb dessen die persönliche Entwicklung eines Menschen sichtbar wird. Die komplexe Wechselwirkung zwischen persönlicher Entwicklung und Manifestierung im Lebenslauf soll nun weiter geklärt werden. Es wird um die wichtige Frage gehen, was von einer Person überhaupt je konkret Gestalt annehmen kann und was keine Möglichkeit dazu findet.

Sich als wirksam zu erfahren und für sich und andere sichtbar und faßbar zu werden, ist ein Bestreben der gesamten lebenden Natur. Menschen möchten jedoch im Sichtbarwerden und im Wirken weit mehr erreichen als das bloße Überleben und das Gebären von Kindern.

3.1 Die Verwirklichung von persönlichem Potential im Gestalten der eigenen Umwelt

Die beziehungsökologische Theorie (Willi 1996) wurde abgeleitet von der Beobachtung, wie Tiere und Pflanzen ihr Potential für ihr Überleben nutzen. Tiere und Pflanzen streben nach einer möglichst guten Entfaltung und Verbreitung ihres genetisch angelegten Potentials. Dazu benötigen sie ein ihre Entfaltung begünstigendes Entgegenkommen der natürlichen Umwelt. Sie brauchen Raum, Licht, Sonne, Wasser, Nahrung, aber auch Schutz vor Feinden und vor schädlicher Witterung. Das Gedeihen eines Organismus bemißt sich bei Tieren und Pflanzen am Fortpflanzungserfolg. In der Regel ist es nicht notwendig, daß Organismen ideale Umweltbedingungen für das Überleben ihrer Art vorfinden. Es reicht, daß die Umweltbedingungen ausreichend zu den Entwicklungsmöglichkeiten eines Organismus passen. Organismen verfügen im Bereich ihrer genetisch bestimmten Reaktionsnorm über Möglichkeiten, die zu ihnen passende Umwelt für ihre Entfaltung zu nutzen.

Eine direkte Übertragung auf den Menschen wäre allerdings verfehlt. Unter den heutigen Zivilisationsbedingungen kann sich der Mensch jeder natürlichen Umwelt anpassen und darin überleben. Es wird auch der Fortpflanzungserfolg nicht als Maß der menschlichen Verwirklichung angesehen. Aber eine Analogie zu Tieren und Pflanzen besteht insofern, als auch der Mensch eine zu ihm passende Umwelt benötigt, um sein Potential zu verwirklichen. *Für eine optimale Verwirklichung seines Potentials sucht sich der Mensch eine soziale und ökonomische Umwelt, die seinen Gestaltungsmöglichkeiten entgegenkommt.*

Die Verwirklichung von persönlichem Potential 75

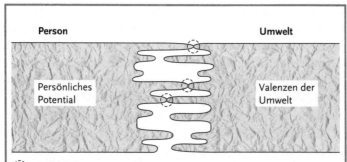

◯ = Projekt, dessen Verwirklichung ermöglicht wird durch die Passung von Potential und Valenzen

Abbildung 1: *Die Passung von Person und ihrer Umwelt*

Das persönliche Potential: Persönliche Bereitschaften und Befähigungen, die Umwelt zu gestalten und zu nutzen
Valenzen der Umwelt: Entgegenkommen der Umwelt zur Verwirklichung von Projekten
Projekt: das, was die Person in der Umwelt verwirklichen will

Das Profil des persönlichen Potentials und der Valenzen der Umwelt passen nie vollkommen zueinander. Meist genügt es, daß sie ausreichend zueinander passen (Interaktionspunkte mit Kreisen markiert). Die Passung kann verbessert werden durch Assimilation der Umwelt an die Pläne der Person oder durch Akkommodation der Pläne an das Angebot der Umwelt. Die Person wird ihr Wirken da mehr entfalten, wo die Umwelt ihr entgegenkommt und ihr persönliche Entfaltung ermöglicht. Daraus ergibt sich die Gestalt der persönlichen Nische und der wirkungsgeleitete Lebenslauf.

Der Mensch arbeitet dauerhaft an der zielgerichteten Verwirklichung seines Potentials in seinen Projekten. Projekte betreffen die verschiedensten Lebensbereiche wie berufliche Arbeit, Aufbau und Pflege von Freundschaften, die persönliche Verbesserung der sozialen Stellung oder das Engagement für weltanschauliche Anliegen. Es kann sich um Projekte handeln, die in erster Linie dem sozialen Überleben einer Person und ihrer Familie dienen, oder um Projekte der kreativen Verwirklichung des persönlichen Potentials, um damit der persönlichen Individualität Ausdruck zu verleihen. Die Person möchte mit ihren Wirkungen und Werken sich selbst und anderen sichtbar und faßbar werden. Was das inhaltlich bedeutet, wird in Abschnitt 4.2 über die »Selbstverwirklichung durch die tätige Verwirklichung des persönlichen Potentials« sowie in Abschnitt 5.4 über die »Motivationen, die zur Verwirklichung drängen«, behandelt.

Unter günstigen Bedingungen kann die Person eine ihren Gestaltungsbereitschaften entgegenkommende Umwelt finden und unter mehreren Optionen wählen. Die Person weist ein *Profil ihres Potentials*, d.h. ihrer Bereitschaften und Befähigungen zum Wirken auf. Die Umwelt ihrerseits weist ein *Profil ihrer Valenzen* auf, d.h. der Angebote, die sie der Person für ihr Wirken anbietet. Die beiden Profile müssen ausreichend korrespondieren, um Wirksamkeit zu ermöglichen. Es wird aber kein Schlüssel-Schloß-Phänomen idealer Entsprechungen vorliegen. Die Person wird nie eine Umwelt vorfinden, die vollkommen zu ihrem Potentialprofil paßt. Um wirksam zu sein, braucht es nicht eine vollkommene Korrespondenz von Potential und Valenz, es genügt eine ausreichende »Fitness« oder Passung.

3.2 Das Passen des persönlichen Wirkens mit den Angeboten der Umwelt

Im Unterschied zu Tieren und Pflanzen ist der Mensch weit weniger durch eine genetische Reaktionsnorm eingeschränkt und verfügt über bedeutend größere Möglichkeiten, passende Umweltbedingungen aufzuspüren und sich nutzbar zu machen, oder die Umwelt an seine Bereitschaften und Befähigungen anzupassen. Kennzeichnend für eine psychisch gesunde Person ist ihre Flexibilität im Aufspüren verschiedener Lösungswege und alternativer Passungen. Dabei geht es um die Assimilation und Akkommodation ihrer Pläne und Bereitschaften.

Assimilation und Akkommodation sind zwei Begriffe, die von Jean Piaget (1959) aus der Biologie übernommen wurden zur Darstellung zweier unterschiedlicher Anpassungen bei Wahrnehmungsprozessen: Assimilation liegt vor, wenn die Wahrnehmung eines Objekts in bereits vorliegenden Wahrnehmungsschemata der Person eingeordnet werden kann, Akkommodation dagegen, wenn die Wahrnehmungsschemata der Person an das wahrgenommene Objekt angepaßt werden müssen. In der ökologischen Theorie geht es aber nicht nur um Anpassung von Wahrnehmungen durch Assimilation und Akkommodation, sondern um Anpassung der Pläne und deren Verwirklichung an die Angebote und Bereitschaften der Umwelt. Um handeln zu können, versucht die Person zuerst, das zu bearbeitende Objekt an ihre Pläne anzupassen. Wenn das aber nicht möglich ist, wird sie ihre Pläne an das Objekt anpassen. Zuerst wird eine Person also versuchen, die Handlungsbereitschaften der Umwelt an ihre Intentionen zu assimilieren, d.h. die Umwelt für ihre Projekte zu gewinnen durch Überzeugung, Verführung oder Druckausübung. Läßt sich die Umwelt nicht für die Durchführung der Pläne gewinnen, so wird die Person ihre Pläne an die Bereitschaften der Umwelt akkommodieren. In der Alltagspraxis müssen für die Realisierung von Plänen meist Kompromisse geschlossen werden, d.h. oftmals wird die Person sich mit Lösungen zweiter Wahl zufriedengeben müssen, mit Berufsarbeiten zweiter Wahl, Problemlösungen zweiter Wahl oder einer Partnerbeziehung zweiter Wahl. In der gegenwärtigen gesellschaftlichen Organisation von Arbeit können viele junge Menschen sich nicht mehr in ihrem Traumberuf verwirklichen oder finden nicht die ihnen wirklich entsprechende Arbeitssituation. Ähnlich verhält es sich bei Partnerbeziehungen. Eine von uns durchgeführte Studie über das Verliebtsein in seiner Bedeutung für die Ehe ergab, daß mehr als ein Drittel der Ehen nicht mit der großen Liebe des Lebens geschlossen werden. Doch das braucht kein Unglück zu sein. Jene, die nicht mit der großen Liebe ihres Lebens verheiratet sind, bezeichnen sich fast ebenso häufig als glücklich, sofern sie je in ihren Lebenspartner verliebt waren (Willi 1997; Riehl-Emde & Willi 1997).

In der psychoanalytischen Theorie finden sich übrigens ähnliche Unterscheidungen wie die Begriffe von Assimilation und Akkommodation. Freud (1924e, S. 366) führte die Begriffe der alloplastischen und autoplastischen Anpassung ein, ohne sie weiter auszuarbeiten: Als alloplastisch wird eine Anpassung bezeichnet, die durch

Veränderung der Außenwelt zustande kommt, eine autoplastische Anpassung wird demgegenüber durch eine Veränderung der Innenwelt erreicht. Heinz Hartmann (1970) hat sich in »Ich-Psychologie und Anpassungsproblem« eingehend mit Anpassungsprozessen befaßt. Er ergänzt die Begriffsbildungen Freuds durch den Gesichtspunkt der »Suche nach der geeigneten Umwelt« und stellt sich die Frage, wie die Außenwelt aufgebaut sei, an die sich der menschliche Organismus anpasse. Der Theorie entsprechend wird Anpassung von verschiedenen psychoanalytischen Autoren aber vor allem als innerpersönlicher Vorgang verstanden, beispielsweise als regressive Anpassung durch Phantasieren, durch bildhaftes, symbolisches Denken, durch Regression im Dienste des Ichs (Kris 1934) oder durch innerpsychische Abwehrmechanismen (Anna Freud 1936). Die alloplastische Anpassung, d. h. die Frage, welche Möglichkeiten das Individuum hat, Anpassung durch aktive Umgestaltung der Umwelt, durch Anpassung der Umwelt an die eigenen Bedürfnisse zu erreichen, wird kaum bearbeitet.

Jeder Mensch phantasiert eine Vielfalt von Plänen, Visionen, Wünschen und Sehnsüchten. Teilweise leidet eine Person daran, daß ihre Pläne sich nicht verwirklichen lassen, teilweise kann sie auch die Tendenz haben, ihre Pläne nicht zu verwirklichen – aus Angst vor Mißerfolg oder Überforderung. *Phantasien sind oft auch ein Probehandeln.* Es wird in der Vorstellung die Durchführbarkeit eines Projekts ausgemalt und damit die reale Durchführung in der Phantasie vorweggenommen. Es ist wichtig, daß eine Person immer ausreichend nicht oder noch nicht erfüllte Wünsche hat, damit ihr Leben zukunftsorientiert bleibt und sie in einer vorwärtsdrängenden Spannung bleibt. Ein Teil des seelischen Lebens spielt sich in Tagträumereien und Sehnsüchten ab. Träume und Visionen sind oft wichtige Vorläufer von sich konkretisierenden Plänen.

Es gibt aber auch die Möglichkeit, Pläne, die nicht zu verwirklichen sind, kompensatorisch in der Phantasie auszuleben und damit eine Entlastung bei auferzwungenem Verzicht zu finden (halluzinatorische Wunscherfüllung). Ein typisches Beispiel dafür ist die unerwiderte Liebe, die bis zur krankhaften Erfüllung im Liebeswahn führen kann.

3.3 Die Person schafft sich ihre eigene Welt als persönliche Nische

Für das Verständnis der Wechselwirkung von Person und Umwelt schlage ich folgende Differenzierung der Umwelt vor:

a) Die persönliche Nische

Sie ist die von der Person gestaltete Umwelt. Sie wird in diesem Kapitel eingehend behandelt, weil die Entfaltung eigener Wirksamkeit für die persönliche Entwicklung von großer Bedeutung ist.

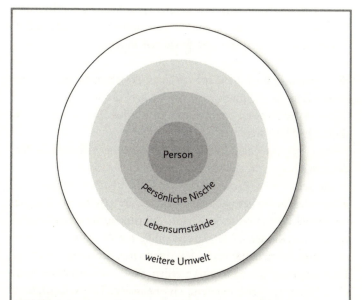

Abbildung 2: *Die Differenzierung der Umwelt einer Person*

Die Umwelt differenziert sich in:

a) Persönliche Nische: sie ist der selbstgestaltete Umweltausschnitt
b) Lebensumstände: sie sind die Rahmenbedingungen, die mit der Person eigenaktiv interagieren
c) Weitere Umwelt: die gesellschaftlichen, wirtschaftlichen und natürlichen Bedingungen, die nicht direkt mit der Person interagieren

b) Die Lebensumstände
Sie sind die Lebensverhältnisse, von denen die Person persönlich betroffen ist, mit denen sie sich austauscht, mit denen sie sich in Verbindung setzt oder die sich mit der Person in Beziehung setzen, die die Person ansprechen, etwas von ihr wollen, die schicksalhaft auf sie einwirken. Sie werden vor allem in Kapitel 6 eingehend behandelt.

c) Die weitere Umwelt als Rahmenbedingung
Die Welt, in der die Person lebt, soweit sie nicht direkt mit ihr interagiert, obwohl sie persönlich von ihr betroffen ist. Das sind die politischen, wirtschaftlichen und kulturellen Umwelten, die für die Person den Lebensrahmen abgeben und aus Umweltverhältnissen bestehen, welche von der Person weder direkt beeinflußt sind, noch die Person selbst direkt von ihnen.

Eine Person ist ihr Leben lang daran, in Projekten ihr persönliches Potential in ihrer Umwelt zu verwirklichen, um in ihrer Wirksamkeit von der Umwelt beantwortet zu werden. Das soll in Abbildung 3 erläutert werden.

Die Gesamtheit der Objekte, welche in das beantwortete Wirken einbezogen sind, bezeichnen wir als persönliche Nische.

Die *persönliche Nische* umfaßt die Gesamtheit der Objekte, auf welche die Person gestaltend einwirkt. Zu ihr gehören die belebten und unbelebten Objekte der Person. Zur persönlichen Nische gehören Partner, Kinder, die Herkunftsfamilie, die Wohnung, der Besitz, der Arbeitsbereich, das Team der Mitarbeiter, der Kundenkreis, die Projekte, die gerade bearbeitet werden. Die Elemente der persönlichen Nische sind nicht systemisch organisiert. Die Nische besteht nur in der Beziehung der Elemente zur Person (siehe ausführlicher in Willi 1996).

Weshalb ist die persönliche Nische so wichtig? Die Person erkennt und erfährt sich in ihrer Wirksamkeit auf die Objekte der persönlichen Nische. Sie steht zwar zu ihrer Nische immer in einem gewissen Spannungsverhältnis. Soweit es sich um Personen handelt, können diese nie vollständig bestimmt und definiert werden. Als belebte Objekte können sie lediglich zu einem Verhalten angeregt

Persönliche Nische als eigene Welt

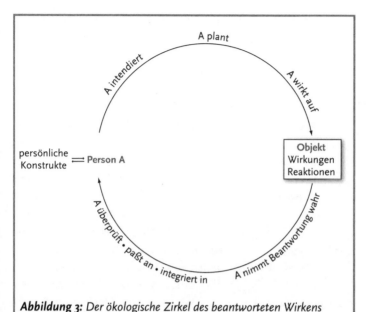

Abbildung 3: Der ökologische Zirkel des beantworteten Wirkens

Eine Person A entwickelt und entfaltet sich im Beantwortetwerden ihres Wirkens. Die tätige Auseinandersetzung mit den Objekten ihrer Nische ist ein wichtiger Teil ihres Lebenslaufes (wirkungsgeleiteter Lebenslauf) und der Persönlichkeitsentwicklung (Entwicklung von Ich-Funktionen, Realitätsprüfung, Selbstwertgefühl, Identität durch Tätigsein).

Die erzeugten Wirkungen können den ursprünglichen Plänen entsprechen oder auch nicht. Entsprechen sie den Erwartungen, so wird die Person sich in ihrem Wirken positiv beantwortet und in ihrem Tun bestärkt fühlen. Die positive Wirkung kann eine Bestätigung der Intentionen der Person sein, was sie motivieren wird, in ihrem Projekt fortzufahren. Sie wird dadurch in ihrem Selbstwertgefühl gestärkt und in ihren Ich-Funktionen und ihrer Realitätsprüfung bestätigt. Die Beantwortung kann aber auch negativ sein, so daß sie ihre Pläne modifizieren muß. Die negative Beantwortung kann verletzend erlebt werden und Anlaß sein, daß man verzagt und das Projekt aufgibt. Es kann aber auch sein, daß die Person an der Kritik lernt und in der Folge mit realistischeren Erwartungen und höherer Kompetenz ihr Projekt fortsetzen wird.

werden, über das sie letztlich selbst bestimmen. Die Person kann über die Objekte ihrer Nische nicht verfügen, sondern muß deren Bereitschaften und Ansprechbarkeiten berücksichtigen. Dennoch ist die Person mit den Objekten ihrer Nische vertraut, da sie diese über den ökologischen Zirkel des beantworteten Wirkens intensiv erfährt.

Dieses Verständnis des Verhältnisses von Menschen zu ihrem persönlichen Umfeld hat eine Reihe von Vorgängermodellen. Der ökologische Zirkel des beantworteten Wirkens unterscheidet sich aber von anderen, häufig benutzten Zirkeln zur Darstellung der Interaktion zwischen Person und Umwelt, so beispielsweise der Situationskreis bzw. Funktionskreis von Thure von Uexküll (1981) oder die Handlungstheorie bzw. das Reiz-Reaktions-Modell der Verhaltenstherapie. Bei diesen geht die primäre Aktion, der Reiz, von der Umwelt aus. Die Person reagiert auf den Außenreiz und ihre Reaktion wirkt ihrerseits auf die Wirkquelle zurück. Bei von Uexküll ist der Ausgangspunkt der Zirkularität die Wahrnehmung der Umgebung durch das Individuum. Rezeptorisch nimmt das Individuum einen Umweltreiz auf, der dann durch Bedeutungszumessung eine Aktion hervorruft, mit welcher die Merkmale der Umgebung genauer erfaßt und überprüft werden. Es handelt sich also um einen Wahrnehmungsmodus, bei welchem die gebildeten Konstrukte handelnd überprüft werden. Es geht nicht primär um ein intendiertes Wirken auf die Umwelt, um diese zur persönlichen Nische zu gestalten. Das Modell des Situationskreises kann beispielsweise zur Darstellung von Copingverhalten angewandt werden, um darzustellen, wie eine Person auf einen belastenden Umweltreiz reagiert.

Unser Modell hat eher Gemeinsamkeiten mit dem Handlungsmodell. Die Handlungstheorie (s. Werlen 1988) geht von einer primären Intention zum Handeln als zielgerichtetem Akt aus. Es soll intentional eine Veränderung bewirkt werden. Der Handlungsablauf zeigt sich in dieser Reihenfolge: In der Situation I bildet sich ein Handlungsentwurf (mit Zielorientierung, Mittelwahl, Entschluß) – daraus folgt eine Situationsdefinition – es kommt zur Handlungsverwirklichung – mit Handlungsfolgen (Handlungsresultat, beabsichtigte oder unbeabsichtigte Folgen – Folgen als bestandserhaltende oder gefährdende Komponente). Das Modell beginnt mit der Situation I und endet mit den Handlungsfolgen der Situation II. Im ökologischen Modell steht weniger die Effizienz der einzelnen Handlung im Zentrum des Interesses als das Gestalten der Nische, des persönlichen Lebensraums. Das Erzielen von Wirkungen wird in seiner Bedeutung für die persönliche Entwicklung sowie für die Gestaltung der persönlichen Lebensumstände beachtet. Derselbe Unterschied zum ökologischen Ansatz trifft für das Reiz-Reaktions-Modell der Verhaltenstherapie zu, insbesondere für das operante Konditionieren nach Skinner. Dieses dient als Erklärungsmodell, wie durch eskalierende Reaktionen auf an sich harmlose äußere Reize der Patient sich in ein Angstsymptom hineinsteigert, um dann in der Therapie durch Desensibilisierung diese Angst wieder zu »verlernen«.

3.4 Wie die persönliche Nische die Verwirklichung von Projekten ermöglicht

Die Wechselwirkung zwischen Person und ihrer Nische hat zwei Grundformen:

- Die Person gestaltet sich ihre Nische und wird in ihren Wirkungen von der Nische beantwortet, was als beantwortetes Wirken bezeichnet wird.
- Die Nische ist eigenaktiv und wirkt auf die Person ein, fragt sie an und spricht sie an. Die Person reagiert auf die Ansprache, ist auf das äußere Angegangenwerden ansprechbar oder nicht. Dies wird in Kapitel 6 und 7 behandelt.

Eine Person kann ihr Potential nur so weit verwirklichen, wie ihr die Nische das ermöglicht. Um das eigene Potential zu verwirklichen, genügt es nicht, selbstbestimmt und autonom zu sein, sich zu behaupten und durchzusetzen. Um nachhaltig wirksam zu sein, muß man die Ansprechbarkeit des Gegenübers immer wieder neu herstellen.

Andererseits ist die Person auch Adressat der Erwartungen der Nische. Sie wird von dieser angesprochen, zur Gestaltung herausgefordert, unterstützt und gefördert, es wird ihr Raum für die Entfaltung und Entwicklung gegeben.

Die Nische hat für die Entfaltung und Entwicklung der Person eine zentrale Bedeutung. Die Nische kann sich als unansprechbar und abweisend einem Projekt gegenüber verhalten, sie kann die Person in der Verwirklichung ihres Projekts einschränken und begrenzen. Sie kann aber die Person auch schonen, indem sie von ihr gar keine Projekte erwartet und sie in ihrer Entfaltung mittels Verwöhnung kleinhält. Es wird ihr dann alles abgenommen, sie lernt nicht, Verantwortung zu übernehmen und eigenständig zu denken

Abbildung 4: *Der Mensch begegnet sich in seinen Werken*

Besonders deutlich zeigt sich die Begegnung mit sich selbst in den eigenen Werken bei einem Maler. Der Maler kann seinen Werken gegenübertreten und sich in ihnen erkennen. Er möchte aber auch von anderen in seinen Werken wahrgenommen werden. Er wird anderen in seinen Werken sichtbar und erhält von ihnen Rückmeldungen, die ihn in seiner Selbstwahrnehmung, seinem Selbstwertgefühl und seiner Identität bestärken können. Menschen orientieren sich an ihren Wirkungen und geben sich in ihren Wirkungen anderen zu erkennen.

Die Verwirklichung von Projekten

und zu handeln. Bezugspersonen können die Verwirklichung eines Projektes aber auch mit ihrer Kritik im positiven wie negativen Sinn beeinflussen.

Ob die Nische die Entfaltung und Verwirklichung von Projekten unterstützt oder verhindert, liegt nicht allein im Zuständigkeitsbereich der Person. Es geht auch darum, ob man das Glück hat, auf eine Umwelt zu stoßen, die einen fördert. Ein Schriftsteller, bildender Künstler oder Wissenschaftler ist oft sehr frei in der Wahl seines Themas und der Gestaltung seines Werkes. Er muß dieses aber auch verkaufen können, d. h. er muß einen Verleger, einen Galeristen oder eine wissenschaftliche Zeitschrift finden, um das Werk zu veröffentlichen. Dafür sind die Marktbedingungen zu beachten. Der Künstler steht im Dilemma, ob er sich dem Publikumsgeschmack anpassen will oder ob er authentisch zu bleiben vermag und es ihm gelingt, das Publikum für die Besonderheit seiner Werke zu gewinnen.

Die Person ist ständig damit beschäftigt, in der Umwelt Wirkungen zu erzielen und von der Umwelt beantwortet zu werden. Die Rahmenbedingungen der Nische können zur Verwirklichung eines Projektes positiv-förderlich oder negativ-entwicklungshemmend sein.

Angebote der Nische, welche die Verwirklichung eines Projektes fördern:

- sie unterstützt die Verwirklichung des Projekts
- sie kanalisiert, strukturiert und leitet sie
- sie fordert die Verwirklichung heraus und benötigt sie
- sie fördert das Projekt mit konstruktiver Kritik

Angebote der Nische, welche die Verwirklichung eines Projektes behindern:

- sie entmutigt, entwertet und unterdrückt die Verwirklichung
- sie blockiert sie, engt sie ein, leitet sie fehl
- sie unterfordert oder überfordert die ausführenden Personen
- sie behindert die Verwirklichung mit destruktiver Kritik

Es sind also die Bedingungen der Nische wichtig, aber ebenso die Voraussetzungen der Persönlichkeit. Die Entwicklung der Persönlichkeit wird durch das Tätigsein differenziert und gefördert. Im Tätigsein ist die Person in einem Lernprozeß. Doch das Gelernte muß laufend geübt werden, um erhalten zu bleiben.

3.5 Wie die Nische die persönliche Entwicklung fördert oder untergräbt

Das Beantwortetwerden im eigenen Wirken hat für die Entwicklung und Festigung der Persönlichkeit eine zentrale Bedeutung, so etwa in folgenden Persönlichkeitsbereichen:

a) Entwicklung und Festigung der Ich-Funktionen: Das Wahrnehmen, Erkennen, Denken, Beurteilen und viele andere Ich-Funktionen werden im alltäglichen beantworteten Wirken laufend geübt, herausgefordert und differenziert. Hat ein Mensch nicht immer die Möglichkeiten, sich in seinem Wirken beantworten zu lassen, so kommt es rasch zu einem Abfall des Differenzierungsgrades seiner Ich-Funktionen. Das läßt sich etwa beobachten in Isolationshaft, aber auch in Alters- und Pflegeheimen, wo den Pensionären zu wenig geistige Anregung und Herausforderung geboten wird.

b) Realitätsprüfung: Der Mensch ist nicht in der Lage, die Wahrheit der Welt zu erkennen. Er kann sich lediglich eine »Wirklichkeit« konstruieren, mit der er sich im Leben zurechtfindet. Er empfindet seine Konstrukte als »wahr«, solange er mit diesen ohne Widerspruch leben kann. Wenn sie aber nicht mehr zu seiner Lebenswirklichkeit passen, muß er sie korrigieren. Er muß seine Konstrukte, d. h. die Vorstellungen und Wahrnehmungsschemata ständig überprüfen und neuen Erfahrungen anpassen. Die dauernde kritische Überprüfung seiner Lebensrealitäten ist nicht nur für seine Wirksamkeit Voraussetzung, sondern ist gleichzeitig ein persönlicher Lernprozeß.

c) Bildung von persönlicher Identität, Lebenssinn und positivem Selbstwertgefühl: Die Rückmeldung von den Objekten ist von zentraler

Bedeutung für die Bildung des Identitätsgefühls, d.h. der inneren Gewißheit, wer ich bin, woher ich komme und wohin ich gehe. Eng damit verbunden sind auch die Bildung eines positiven Selbstwertgefühls und das Finden von Lebenssinn. Ein positiver Selbstwert läßt sich nicht aus sich selbst heraus schaffen, sondern ist stark bestimmt von der Erfahrung, mit dem eigenen Wirken für andere wichtige und sinnvolle Werke zu vollbringen und von diesen gebraucht zu werden.

Nicht selten kommt es zu persönlichen Fehlentwicklungen unter neurotisierenden Entwicklungsangeboten der Nische. Dabei sind es insbesondere nahe Bezugspersonen, welche Verführbarkeit ausbeuten, Unsicherheiten bestätigen, Abhängigkeiten fördern, mit Drohung und Erpressung autonome Verhaltensweisen entmutigen oder ein entwicklungshemmendes Schonklima anbieten. Die Nische rechtfertigt ihr Verhalten mit dem Hinweis, sie meine es mit der Person ja nur gut. Dabei verdeckt sie ihre »wahren« Absichten und verbietet sich, diese zu benennen. Oft werden ambivalente Aufforderungen an die Person herangetragen, für deren Erfüllung sie in jedem Fall bestraft wird (double bind-Kommunikation). Am schädlichsten sind fehlende Transparenz und Widersprüche der Nische, die gleichzeitig von dieser bestritten werden oder deren Benennung der Person von der Nische verboten wird.

Neurotisierende Entwicklungsangebote der Nische sind vor allem dann wirksam, wenn sie bei der Person auf korrespondierende, kollusive Entwicklungsambivalenzen stoßen. Je mehr eine Person auf die dauernde, positive Bestätigung durch ihre Bezugspersonen angewiesen ist, desto mehr wird sie bemüht sein, nur jene persönlichen Möglichkeiten zu zeigen, die auf Anerkennung stoßen. Die Gefahr ist, daß sich dabei eine Pseudoperson, »Persona« (C.G. Jung) oder ein »falsches Selbst« (Ronald Laing) bildet. Wer mit seinem Wirken nicht ausdrücken kann, wie er sich fühlt, kann sich nicht echt verwirklichen. Jeder Mensch hat die Möglichkeit, seine Schattenseiten zu verbergen. Jeder schützt sich bis zu einem bestimmten Grad vor dem Zugriff anderer. *Je mehr das eigene Potential sich in Wirkungen und Werken verwirklichen kann, desto mehr fühlt man sich selbst.* Eine erfolgreiche Persönlichkeit kann sich freier zeigen als eine erfolglose, die deswegen unter stärkerem Anpassungsdruck steht. Leider geschieht es immer noch häufig in Psychotherapien, daß die Klienten bloß ermutigt werden, sich gegen die Umwelt zu behaupten, sich durchzusetzen und sich rücksichtslos zu verhalten. Sie werden mit ihrem Wirken danebengeraten, wenn es ihnen nicht gelingt, die Umwelt zu gewinnen, ihre Selbstdarstellung zu akzeptieren. Der Lebenslauf ist ein dauerndes Wechselspiel zwischen innerer Motivation und äußerer Verwirklichung, die sich wechselseitig beeinflussen, fördern oder blockieren.

Es kann auch sein, daß eine Person *gehemmt* ist, mit eigenem Wirken in Erscheinung zu treten. Solange sie nicht äußert, was sie denkt und phantasiert, sind ihre Gedanken ohne Folgen und bleiben ihr persönliches Geheimnis. Sie kann nicht darauf festgelegt werden, aber sie wird auch nicht beantwortet und bleibt mit ihren Gedanken allein. Alles, was man tut und ausspricht, setzt in der Umwelt Fakten, die nicht mehr rückgängig gemacht, die nicht gelöscht und nicht mehr zurückgenommen werden können (siehe Abschnitt 3.11).

3.6 Fördert der ökologische Therapieansatz nicht einfach bedingungslose Anpassung?

Der ökologische Therapieansatz steht quer zu den gegenwärtigen Leitbildern der westlichen Kultur und damit auch zum Mainstream der Psychotherapie, welche sich auf den zentralen Wert der individuellen Selbstverwirklichung ausrichtet. Am ökologischen Ansatz wird kritisiert, dass er den Partnern und der Beziehungsgestaltung ein zu großes Gewicht beimesse und den Individuen damit äußere Anpassung abfordere, anstatt den Widerstand dagegen zu stärken. Die Schwierigkeit der meisten Patienten und der Menschen ganz allgemein – so wird gesagt – liege im mangelnden Mut, zu sich selbst zu stehen und ihre Meinung nach außen zu vertreten, weil sie den anderen gefallen wollen, beliebt und bewundert sein möchten und sich somit von außen bestimmen lassen, statt von sich selbst. Was sie lernen müßten, sei, mehr sich selbst zu vertrauen, es zu wagen, sich nach außen zu vertreten, abweichende Meinungen zu haben und

Kritik

sich in ihrer Art den anderen zuzumuten. Sie müßten sich deshalb mehr auf ihre persönliche Wahrnehmung konzentrieren, müßten lernen, sich zu spüren – in Meditation, Körperübungen und geleiteten Tagträumen – oder die Botschaften ihres Selbst in ihren Träumen zu entschlüsseln. Sie bräuchten den abgeschirmten Rahmen einer Einzeltherapie, um sich mit ihren Ängsten vor Ablehnung und Einsamkeit zu befassen. Beziehungsgestaltung und interaktionelle Prozesse könnten erst sekundär folgen, wenn das Selbst genügend stark sei, um den Versuchungen, sich bedingungslos, gefällig und willfährig anzupassen, zu widerstehen.

Das sehe ich anders. Ich glaube, das Bestreben, sich in mitmenschlicher Abgrenzung und Isolation unabhängig von anderen zu entwickeln, erfordert einen unnötigen Kraftaufwand und kann nicht wirklich gelingen. Die Differenzierung des Selbst findet nicht im Leben als Einsiedler statt, sondern in der Liebesbeziehung. Der Mensch ist von Geburt bis zum Tode ein Beziehungswesen. Die Beziehungen sind das Medium, in welchem er sein Selbst spürt, differenziert und entwickelt; es sind die Beziehungen, in denen er wahrnimmt, inwiefern er sich von seinen Partnern unterscheidet, es sind die Beziehungen, die ihn herausfordern, sich selbst zu vertreten. Wie ich in diesem Buch noch eingehend darstellen werde, ist der Dialog das wichtigste Medium, in welchem Menschen zu sich finden. Es trifft nicht zu, daß man sich zuerst in der mitmenschlichen Abschirmung gefunden haben muß, bis man fähig ist, eine Liebesbeziehung einzugehen.

Die ökologische Sicht sieht das Ziel der persönlichen Entwicklung nicht in der Selbstbehauptung, sondern in der Förderung der Verhandlungskompetenz oder der Streitkultur. Es geht nicht einfach um die Alternative zwischen Anpassung und Opposition, sich aufzugeben oder sich durchzusetzen. Der Wille, sich gegen andere durchzusetzen, ist meistens nicht auf Dauer erfolgreich, wenn das Gegenüber den Eindruck bekommt, es gehe dabei nicht um die Sache, sondern um die persönliche Selbstbehauptung. Möglicherweise wird das Gegenüber zunächst nachgeben, sich aber sekundär zurückziehen, sich abgrenzen und die Kooperation verweigern. Verhandlungskompetenz heißt in seinen Anliegen in sich selbst verankert bleiben, aber bereit sein, die Anliegen des Gegenübers zu verstehen und zu klären, um dann flexibel einen Kompromiß zu suchen, der der Sache dient, ohne Sieger und Besiegte zu hinterlassen. Es geht um den Respekt vor der Meinung des anderen und um die Anerkennung, daß man von dessen Sichtweise etwas lernen könnte. Das Verankertbleiben in sich selbst sollte mit der Achtung vor dem Verankertbleiben des anderen einhergehen. Es geht um die Haltung der Anfrage an die anderen, um ein Bestreben, die anderen für das eigene Projekt zu gewinnen.

Wer dem bloßen Erfolg zuliebe sich aufgibt und äußerlich anpaßt, kann sich persönlich gerade nicht in seinen Werken verwirklichen. Er kann zwar Anerkennung des Establishments finden, seine innersten Anliegen vermag er aber nicht in seine Projekte einzubringen. So sieht man etwa in der gegenwärtigen medizinischen Forschung, daß häufig nicht das Forschungsthema von primärem Interesse ist, sondern das Einholen von Impactpunkten, welche zwar für Beförderung und Karriere wertvoll sind, es einem aber entscheidend erschweren, ein Forschungsthema zu finden, für das man sich wirklich interessiert und in das man sich auch persönlich einbringen könnte. Man ist dann in seiner Karriere erfolgreich, aber damit persönlich oft noch nicht wirksam.

3.7 Fehlerhaftes Wirken bei mangelnder Beachtung der Ansprechbarkeit der Nische

Um eine positive Beantwortung zu erreichen, muß die Person mit Aufmerksamkeit und Sorgfalt die Ansprechbarkeit und strukturelle Beschaffenheit der Nische beachten. *Diese Sorgfalt und Aufmerksamkeit aufzubringen erfordert viel Kraft und Konzentration.* In dem Ausmaß, wie eine Person in eigenen Problemen befangen ist, wird sie diese Aufmerksamkeit nicht aufbringen können. Psychische Störungen aller Art, seien sie neurotischer, suchtbedingter oder insbesondere psychotischer Art, werden die Sorgfalt im Umgang mit der Umwelt in negativer Weise beeinflussen. Meist kommt es dabei zu einem autistischen Rückzug von der Umwelt, zu ängstlicher Überanpassung oder zu paranoid verzerrter Wahrnehmung der Absichten der

Nische. Die Person steht im Wirken immer im *Dilemma zwischen Assimilation der Umwelt an die eigenen Pläne und Akkomodation ihrer Pläne an die Bereitschaften der Umwelt*, also zwischen dem Versuch, das Gegenüber für die eigenen Pläne zu gewinnen, und der Bereitschaft, die Pläne an die Erwartungen der Nische anzupassen. Zur Erreichung positiver Wirksamkeit ist es erforderlich, Spannungen und Konflikte zur Nische auszuhalten und konstruktiv damit umzugehen. Wer der Harmonie zuliebe seine Pläne vorschnell aufgibt, wird sein Potential nicht entfalten können. Wer aber der Versuchung zu regressiver Egozentrik erliegt, indem er beispielsweise in einem Wutanfall der Umwelt mal klar die Meinung sagt oder trotzig einfach das tut, was er für richtig erachtet, wird sich zwar im Moment eine persönliche Erleichterung und Befreiung verschaffen, eventuell sogar ein momentanes Entgegenkommen der Umwelt. Die längerfristigen Folgen sind jedoch meistens negativ. Durch den Knalleffekt wird die Situation eher schwieriger. Man kann versuchen, durch Entschuldigung alles wieder einzurenken, vielleicht sogar die Phantasie hegen, nach einer versöhnlichen Aussprache die Beziehung zu verbessern oder mit derartigen Ausbrüchen Vorteile zu erzielen. Leicht kommt es jedoch zu einer Eskalation, indem die Umwelt in gleicher Weise sich einem gegenüber behauptet und die Verhaltensweisen des einen die Verhaltensweisen des anderen in destruktiver Weise provozieren. Verhängnisvoll ist etwa der Teufelskreis, wie er sich oftmals bei gewalttätigen Alkoholikern einspielt: Unter Alkoholeinfluß schlägt der Mann die Frau. Die Frau droht mit Scheidung. Voller Schuldgefühle verspricht der Mann Besserung, bemüht sich in der Folge um Überanpassung an ihre Erwartungen, frißt alles, was ihn an der Frau stört, in sich hinein und weicht jeder verbalen Auseinandersetzung aus. Das dauert eine Weile, bis das Maß wieder voll ist. Ist dieser Punkt erreicht, versucht er seinen Ärger mit Alkohol zu besänftigen und sich Mut anzutrinken, um ihr einmal seine Meinung zu sagen. Unter Alkoholeinfluß verliert er dann aber die Kontrolle, so daß es zur nächsten Tätlichkeit kommt und das Spiel von vorne beginnt.

Wirksam zu sein, steht nicht im alleinigen Verfügungsbereich des Wirkenden. Um wirksam zu sein, muß man den Gegenstand seines

Wirkens genau anschauen und beachten. Man muß ihn gewinnen für das eigene Wirken, in ihm Bereitschaften herstellen und ihn vorbereiten. Das eigene Wirken erfordert die Bereitschaft des Gegenübers zur Mitwirkung.

Wirksamkeit ist kein Privileg, das man einmal erwirbt und dann besitzt. Wirksamkeit muß laufend neu hergestellt werden. Wer erfolgreich und effizient ist, läuft in besonderer Weise Gefahr, die Ansprechbarkeit der Beziehungsumwelt zu mißachten und die Sorgfalt im Wirken zu verlieren. Die eigenen Pläne müssen immerfort an die sich wandelnden Bereitschaften der Umwelt angepaßt werden, um mit Aussicht auf Erfolg verwirklicht werden zu können. Ob erfolgreich oder nicht – die Person schafft sich zu einem wesentlichen Teil selbst ihre Lebensumstände und gestaltet diese. Die Person ist nur bedingt Täter, aber auch nur bedingt Opfer ihrer Lebensumstände. Das dauernde Beachten der Ansprechbarkeit der Umwelt ist anstrengend und mühsam. Es ist naheliegend, daß Wünsche aufkommen, aus diesen einengenden Bedingungen auszubrechen und sich mal regressiv fallen- und gehenlassen zu dürfen. Man möchte einmal ohne Rücksicht auf andere das tun, was man will. Doch auch dann setzt sich das Leben als beantwortetes Wirken fort. *Wirken ohne Rücksicht auf die Ansprechbarkeit der Umwelt droht dann einfach danebenzugehen, nicht zu greifen, ins Leere zu stoßen, mit den daraus sich ergebenden Folgen.*

Das Aufbringen der geforderten Aufmerksamkeit und Geduld im Umgang mit der Umwelt ist vor allem dann erschwert, wenn charakterliche Schwächen oder psychische Störungen diesen Umgang erschweren. Zu nennen sind etwa erniedrigte Frustrationstoleranz, mangelnde Ausdauer, Neigung zu rascher Entmutigung, hohe Vulnerabilität (psychische Verletzbarkeit), Labilität, hohe Kränkbarkeit, mangelnde Fähigkeit, Befriedigungen aufzuschieben – alles Eigenschaften, die sich bei manchen Persönlichkeitsstörungen wie etwa bei emotional instabiler Persönlichkeitsstörung (Borderline-Persönlichkeitsstörung) oder dissozialer Persönlichkeitsstörung besonders ausgeprägt finden.

Auf der anderen Seite gibt es aber auch positive Charaktereigenschaften, wie etwa die Resilienz, d. h. eine besondere Ausdauer, Widerstandsfähigkeit, Zähigkeit und Befähigung, flexibel mit Rückschlägen und Einschränkungen durch die Umwelt umzugehen. Sie bildet eine Voraussetzung für die Entwicklung eines nachhaltig erfolgreichen Lebenslaufes.

3.8 Beeinträchtigte Wirksamkeit bei psychischen Störungen aller Art

Psychische Störungen aller Art führen zu einer Verkleinerung und Entdifferenzierung der persönlichen Nische. Die Kontakte werden spärlicher und unpersönlicher oder schränken sich auf das Thema »Krankheit« ein. Psychische Störungen beeinträchtigen das beantwortete Wirken, und eingeschränktes, vor allem negativ beantwortetes Wirken kann seinerseits Anlaß zu psychischen Störungen sein. Es besteht die Gefahr der Entwicklung eines circulus vitiosus, denn durch das beeinträchtigte Wirken fehlt der Person die Orientierungsmöglichkeit an der Umwelt, es fehlt ihr die Ich-Stärkung durch kompetentes Planen und Durchführen von Projekten, es mangelt an Möglichkeiten zur Realitätsprüfung durch Verarbeitung kritischer Hinweise der Umwelt und an Stärkung des Selbstwertgefühls durch den Erfolg ihres Wirkens. Bei psychischen Störungen benötigt die Person ihre Energien ganz für sich, um sich einigermaßen im Gleichgewicht zu halten. Sie wird deshalb dazu neigen, sich aus der Verwirklichung von Projekten zurückzuziehen oder unbedacht und unangepaßt auf die Umwelt einzuwirken und dadurch negative Beantwortungen zu provozieren.

In Krisen und Belastungssituationen kann es reaktiv zu schweren Entgleisungen des beantworteten Wirkens kommen. Die Person zieht sich auf sich zurück, verfällt einem Rückzug auf sich selbst, einem *Egozentrismus* (siehe Abschnitt 1.3), in welchem sie die Kräfte ganz zur Aufrechterhaltung ihres seelischen Gleichgewichts benötigt, sich gegen außen verschließt, um neue Verletzungen und Kränkungen abzuwehren, ihre Ängste verdrängt und sich in eine Weltkonstruktion zurückzieht, in welcher sie Selbstrechtfertigung und Kompensation aller Fehlhandlungen zu finden vermag. Das beantwortete

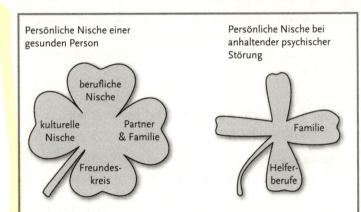

Abbildung 5: *Die Verarmung der persönlichen Nische bei psychischen Störungen*

Bei einer gesunden Person besteht die persönliche Nische aus einem reichhaltigen Beziehungsnetz, welches sie in ihrer persönlichen Entwicklung bestätigt und ihr laufend reichhaltige Beantwortungen ihres Wirkens gibt. Sie wird über die Fähigkeit verfügen, ihre Mitmenschen für sich einzunehmen und sie für ihre Projekte zu gewinnen. Bei psychischen Störungen aller Art, etwa bei chronischen Depressionen, Alkoholismus oder Persönlichkeitsstörungen, reduziert sich diese Fähigkeit, wodurch es zum Verlust an Beziehungen und zur Entdifferenzierung der persönlichen Nische kommt: So verliert etwa eine Person durch unpassendes Verhalten ihre Arbeitsstelle. Die daraus entstandene Arbeitslosigkeit hat den Verlust eines Großteils des Bekanntenkreises zur Folge. Sie belastet die Ehe und führt zum Verlust des Partners. Bei chronisch psychisch schwer Gestörten besteht die persönliche Nische oftmals nur noch aus dem Kontakt zu den Eltern und zu den Personen des Betreuungssystems (Ärzte, Pflegepersonen, Therapeuten). Mit der Verarmung der Nische entfallen die wichtigen ich-stärkenden Bestätigungen.

Wirken findet angesichts des sozialen Rückzugs vor allem in der Phantasie statt. In der Phantasie ist die Person im laufenden Gespräch mit ihrer verschmähten Beziehungsumwelt, klagt diese an, sagt ihr die Meinung, vertröstet sich auf eine spätere Genugtuung,

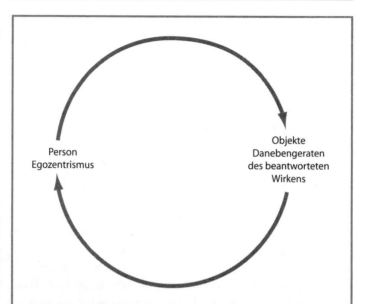

Abbildung 6: *Das Danebengeraten des beantworteten Wirkens im ökologischen Zirkel*

In einer Konfliktsituation verliert eine Person oft die Fähigkeit, sich in die Sichtweise ihres Konfliktpartners einzufühlen und ihr Verhalten mit den Augen des Gegenübers wahrzunehmen. Unter Streß und Kränkungen neigt sie dazu, sich auf sich selbst zurückzuziehen. Sie engt sich ein in einem Zustand von Egozentrismus. Ihr beantwortetes Wirken findet in der Phantasie statt, wo sie sich vorstellt, was sie ihren Widersachern alles sagen will und wie sie sich rechtfertigen und Genugtuung erwirken wird. Doch der Rückzug auf das Phantasieleben birgt die ernsthafte Gefahr in sich, daß das Verhalten noch mehr danebengerät. Es entwickelt sich ein sich verstärkender Teufelskreis zwischen Rückzug ins Phantasieleben und negativem Beantwortetwerden durch die Umwelt.

träumt vom Erkanntwerden erst nach dem Tod, von spätem Ruhm, Genugtuung oder von Rache an der bösen Umwelt. Sie redet sich ein, daß sie gar nicht auf die Beantwortung anderer angewiesen ist, daß diese ohnehin zu blöde sind, um sie zu erkennen, und daß sie für ihre Lieblosigkeit und Arroganz den gerechten Lohn beziehen werden. Das Tragische ist nun, daß dieser Egozentrismus sich nicht nur auf eine halluzinatorische Wunscherfüllung beschränkt, sondern gleichzeitig einen negativen Einfluß auf das soziale Verhalten hat. Die Person wird zu vorgefaßten Meinungen über die Beziehungsumwelt neigen, die diskussionslos festgeschrieben sind und weder einer Überprüfung noch einer Korrektur bedürfen. Die Wahrnehmung der Umwelt ist selektiv eingeschränkt, die Person beobachtet vor allem Aspekte, die scheinbar die eigenen Vorurteile beweisen und bestätigen. Aufgrund dieser Vorurteile kann die Person Intentionen und Pläne entwickeln, welche von vornherein zum Scheitern bestimmt sind oder danebengehen werden, weil sie nicht auf die Bereitschaften der Beziehungsumwelt ausgerichtet sind. Die Person möchte vielmehr der Umwelt etwas beibringen, ihr eins auswischen oder sie ihrer Schlechtigkeit überführen. Handeln wird zur »Self-fulfilling prophecy«, mit welcher sich eine Person bestätigt, was sie selbst durch ihre Erwartungen herbeiführt. Dementsprechend wird die Beantwortung tatsächlich negativ sein, was zur weiteren Verfestigung der Vorurteile der Person, zu verstärktem Egozentrismus, Rückzug und Fehlverhalten Anlaß geben wird, womit weitere Kränkungen und Verletzungen vorprogrammiert sind. Im Egozentrismus können die Betroffenen sich nicht in ihre Bezugspersonen einfühlen, ja, sie weigern sich sogar, auf eine derartige Zumutung einzugehen. Erst wenn die persönlichen Verletzungen etwas abgebaut sind, sind sie fähig, den eigenen Anteil an den destruktiven Beziehungen zu erkennen. Sie sind dann in der Lage, zu sehen, wie aus dem inadäquaten Verhalten neue Frustrationen und Kränkungen resultieren, die wiederum die Rückzugstendenzen verstärken und neue Enttäuschungen begünstigen.

Besonders bei Personen, die viele Liebesenttäuschungen erfahren haben, zeigt sich eine Tendenz zur Self fulfilling prophecy: Im Bestreben, eine neue Liebesenttäuschung dieses Mal um jeden Preis zu vermeiden, stürzt man sich kopfüber – scheinbar optimistisch und ohne Vorurteile – in die nächste Liebesaffäre. Im Anspruch, sich das Recht zu nehmen, die sich anbahnende Beziehung auszukosten, rafft man gierig, was zu erraffen ist. Lieber bricht man vorzeitig die Beziehung ab, als das Risiko einzugehen, am Ende sitzengelassen zu werden. Deshalb will man die Beziehung so rasch wie möglich zu einer Entscheidung führen, bevor Bindung und schmerzliche Enttäuschung entstehen könnten. Solcherart läßt man es an Zurückhaltung und Sorgfalt vermissen und provoziert damit genau das, was man scheinbar zu vermeiden trachtet. So etwa eine alleinstehende, geschiedene Frau mittleren Alters, die über das Internet einen attraktiven Mann aufspürte. Sie trafen sich an einem neutralen Ort, speisten in einem guten Restaurant, entschieden sich dann, in einem Hotel zu übernachten, wo es auch gleich schon zu sexuellen Beziehungen kam. Die Frau kostete diese rückhaltlos aus und wollte es voll genießen. Beim Frühstück kam heraus, daß der Mann verheiratet war und zwei kleine Kinder hatte. Sie verabschiedeten sich und hörten nichts mehr voneinander. Die Frau blieb mit einem Katzenjammer zurück und fühlte sich bestätigt in ihrer Meinung, aus unerfindlichen Gründen immer an die falschen Männer zu geraten und von diesen ausgebeutet zu werden.

3.9 Das Leiden am Nie-ganz-Passen von Person und ihrer Umwelt

Die Zürcher Daseinsanalytikerin Alice Holzhey-Kunz (2001 und 2002) hat sich, unter Berufung vor allem auf Heidegger, Sartre und Freud, mit dem Leiden am Dasein in philosophischer und therapeutischer Sicht befaßt. Das Leiden am Dasein ist ein Leiden an den Grundbedingungen des eigenen Existierens. Dazu gehört die grundsätzliche Ungeborgenheit des Menschen und die Unerfüllbarkeit des Wunsches nach Heimat. Der Mensch ist in das Dasein geworfen, das Dasein ist ihm aufgebürdet, ohne daß er gefragt worden ist. Er kennt weder das Woher noch das Wohin. Depressives Leiden kann verstanden werden als ein Sich-Verschließen vor der Zumutung, die Seinslast zu tragen. Zum Leiden am Dasein gehört das Leiden an der eigenen Geworfenheit (2002, S. 211 ff.). Ohne meine Zustimmung bin ich in die Welt gesetzt, in eine soziale Umwelt gestellt, ohne daß ein Sinngrund mitgeliefert wäre. Ich habe das Leben zu übernehmen, obwohl ich es nicht gewählt habe, und muß es unter Bedingungen führen und gestalten, an denen ich nichts zu verändern vermag. Keine noch so enge Symbiose mit einem Du oder Identifikation mit einer Gruppe kann das aufheben. Der andere bleibt auch in innigster Verbundenheit ein anderer, er bleibt geschieden und verschieden von mir. Der Mitmensch ist mir gegenüber gleichgültig, er ist mein Konkurrent und potentieller Feind. Die Welt hat weder auf mich gewartet noch sich auf mich eingestellt. Ich habe das Leben zu übernehmen, obwohl ich es nicht gewählt habe (Holzhey-Kunz 2001 und 2002).

Alice Holzhey versteht *psychische Pathologie nicht als Defizit und Mangel, sondern als eine besondere Sensibilität und Offenheit für das Leiden am Sein.* Eine Neurose hat ihren Ursprung in einer übermäßigen Hellhörigkeit für die Zumutung, das eigene Leben leben und führen zu müssen. Es fehlt die Möglichkeit, sich – wie andere Menschen – durch eine äußere oder innere Instanz, durch Gott, durch die Stimme des Gewissens oder durch die eigenen Gefühle sicher leiten zu lassen. Aber seelisch Leidenden fehlt nicht einfach etwas, sie haben vielmehr dem gesunden Menschenverstand auch etwas voraus, nämlich die Sensibilität für jene Grundwahrheiten, welche die abgründige Ungesichertheit menschlichen Seins eröffnen. Um diese Ungesichertheit zu wissen, zeichnet diese Menschen aus und überfordert sie zugleich.

Welche Wege bieten sich an, um dieses Leiden am Dasein zu bewältigen? Friedrich Nietzsche schreibt im »Lob der Oberflächlichkeit«: »Wer tief in die Welt gesehen hat, errät wohl, welche Weisheit darin liegt, daß die Menschen oberflächlich sind«. Alice Holzhey beschreibt, wie Alltagssorgen eine wichtige, entlastende Funktion haben und leichter zu ertragen sind als sorgenfreie Tage. Es kann versucht werden, dem eigenen Leben durch gelungene Leistung Sinn zu geben. Jeder agierende Umgang mit seelischem Leiden birgt jedoch auch die Gefahr, in Depression umzuschlagen, wenn die Einsicht aufdämmert, daß das Agieren ein unmögliches Unterfangen ist. Mit Agieren wird versucht, durch eigenes Tun ontologische Sicherheit und Schuldlosigkeit zu bewerkstelligen und sich solcherart vom Leiden am Sein zu erlösen. Fleiß, Pflichterfüllung und das hohe Ethos des eigenen Handelns sollen den Sinn des eigenen Lebens rechtfertigen. Ein weiterer Versuch, das Leiden zu bewältigen, liegt in der religiösen Sinnsuche. Der vormoderne Mensch war durch die religiös begründeten Ängste und Schuldgefühle vor dem Einbruch jener Angst, die allen Sinn fraglich werden läßt, geschützt. In der Postmoderne zeigt sich ein starkes Wiedererwachen religiöser und pseudoreligiöser Bedürfnisse. Die religiösen Lehren sind jedoch zu einem Konsumgut degradiert worden. Heute ist kein verpflichtendes Modell der Religion mehr verfügbar. Alice Holzhey sieht den sich anbietenden Weg eher in einer radikalen Desillusionierung, in der Erkenntnis, daß der Wunsch nach realer Aufhebung der Nichtigkeit des eigenen Seins unerfüllbar ist. Die Chance liegt in einer philosophischen »Ankehr« an das eigene Sein durch Trauerarbeit (2002, S. 201).

Das Leiden am Dasein zeigt sich dem *ökologischen Modell* gemäß im Leiden am »Nie-ganz-Passen von persönlichem Entwicklungspotential und dem Entgegenkommen der Umwelt«. Die Umwelt wird im besten Fall ausreichend zu den Intentionen und Plänen der Person passen. Die Person kann in der Umwelt höchstens eine Annäherung von dem verwirklichen, was sie intendiert hatte. Im besten Fall wird die Person sich eine Nische schaffen können, durch die sie sich als Person ausreichend beantwortet fühlt, um ihre psychischen Grundfunktionen zu gewährleisten und eine für das Selbstwertgefühl ausreichende Entfaltung eigener Wirksamkeit zu erreichen. Immer aber wird sie ihrer eigenen Nische, ihren Partnern, ihren Werken und ihrem Besitz letztlich auch fremd gegenüberstehen. Person und Nische stehen zueinander in einer Spannung des Nie-ganz-Passens. Das erzeugt ein Gefühl von Einsamkeit auch bei jenen, die in ihrem Wirken erfolgreich sind. So etwa kann man Jahrzehnte auf den Kauf eines eigenen Hauses hinsparen, doch wenn man es hat, ist es nicht ganz das, was man sich gewünscht hatte. Man strebt jahrelang eine berufliche Beförderung an; wenn man sie erreicht hat, kann man sich in der neuen Position nicht so entfalten, wie man es erwartet hatte. Man hofft auf die vollkommene Liebe, und wenn man den entsprechenden Partner gefunden hat, fühlt man sich dennoch nicht so verstanden, wie man es ersehnt hatte. Das Nie-ganz-Passen verursacht Leiden, und das nicht nur bei mangelndem Erfolg. Sich den eigenen Werken gegenüber fremd zu fühlen, das erlebt ein Künstler etwa beim Verkauf von Werken, die dadurch zur Ware geworden sind. Er wird durch den Verkauf enteignet, das Werk wird für einen anderen zu einem womöglich wertsteigernden Besitz. Der Schriftsteller entfremdet sich von seinem Werk, das von den Lesern anders erlebt wird als von ihm selbst und von den Kritikern in seiner wesentlichen Aussage oftmals gar nicht verstanden wird. Der Wissenschaftler wird erleben, daß seine Erfindungen und Forschungsresultate von anderen, oftmals ohne Hinweise auf seine Autorenschaft, übernommen und verfremdet werden. Ursprüngliche Verehrer werden zu Kopisten und zu Zerstörern des Eigenen, denn sie möchten ihr Potential durch Verwendung des Werkes, aber unter ihrem eigenen Namen, weiter entwickeln. Aber auch die Kinder, die man gezeugt und geboren hat, nehmen eine eigene Entwicklung, die eventuell wesentlich von dem abweicht, was man ihnen auf den Lebensweg mitgeben wollte.

Die Darstellung von Alice Holzhey scheint es mir nahezulegen, das beantwortete Wirken, dem wir eine so wichtige entwicklungsfördernde Bedeutung zumessen, dem Agieren zuzurechnen. Wie im Folgenden dargestellt, kann ich mich dieser Sichtweise nicht anschließen.

3.10 Die Herausforderung der persönlichen Entwicklung durch das Nie-ganz-Passen der Nische

Im allgemeinen geht die Psychotherapie mit der Frustration des Niemals-ganz-Passens von Person und Umwelt in der Weise um, daß sie die Person unterstützt, sich von ihrer konkreten Umwelt unabhängiger zu machen und sich klarer abzugrenzen. Die Person soll sich stärker in sich zentrieren und damit gegenüber dem Leiden an der Umwelt gelassener werden. Die Zentrierung in sich selbst wird angestrebt durch Stärkung der Selbstfindung, etwa durch Bearbeitung von Tagtraumphantasien, Körperwahrnehmung oder durch Meditation und kreative Tätigkeit.

Aus ökologischer Sicht bietet sich eine andere Sichtweise an: *Der Mensch entwickelt sich gerade nicht durch das harmonische Passen von persönlichem Entwicklungspotential und den Angeboten der Umwelt.* Erst das Nicht-ganz-Passen, z. B. in einer Liebesbeziehung, fordert ihn heraus, sich dem Liebespartner zu erklären und damit sich über sich selbst klarer zu werden (Willi 2002). Sie fordert ihn aber auch auf, sich zu bemühen, den Partner besser zu verstehen, so daß Partner und Person sich miteinander auf einen Suchprozeß einlassen, bei dem immer ein Rest von Nichtverstandensein und Geheimnis bleiben wird; gleichzeitig aber wird in diesem Suchprozeß die Entfaltung des eigenen Potentials und dessen Verwirklichung im Gespräch wesentlich herausgefordert. Auch in der Arbeit wächst die Person am Widerstand der Objekte. Objekte sind Gegenstände, die uns entgegenstehen. An ihnen kann sich unser Potential und unsere Wirksamkeit entfalten. Kritik, die wir von der Umwelt entgegennehmen, aber auch Mißerfolge, sind zwar schmerzlich, werden jedoch im positiven Fall bei uns zu weiterer Differenzierung und persönlicher Entwicklung Anlaß geben. Die Sehnsucht nach Harmonie, unbehinderter Verständigung und Korrespondenz mit der Umwelt wird zwar bleiben, ihre Unerfüllbarkeit wird Leiden verursachen, doch wir können erkennen, daß dieses Leiden unsere persönliche Entwicklung fördert und herausfordert. Das Ziel ist dann nicht so sehr, vermehrte Unabhängigkeit der Umwelt gegenüber zu gewinnen, als wachsam auf das hinzuhorchen, worauf wir von der Umwelt hingewiesen werden.

3.11 Haben Leiden und Nichtverfügenkönnen über die Lebensumstände einen Sinn?

Ob das Leben einen Sinn hat, ist eine kontrovers diskutierte Frage. Pessimistische Philosophen sind der Meinung, der Mensch ertrage ein Leben ohne Sinngebung nicht. Deshalb konstruiere er sich einen Lebenssinn und überspiele damit die Erfahrung, daß letztlich das Leben aus sich selbst heraus keinen Sinn erkennen lasse. Religiöse Begründungen von Lebenssinn seien Hilfskonstruktionen, um das Leben in seiner letztlichen Sinnlosigkeit besser zu ertragen.

So weist Gottfried Benn, geboren 1886, der als deutscher Militärarzt das Elend des Lebens kennenlernte, die Frage nach dem Sinn des Lebens in radikaler Weise ab, ja, er bezeichnet sie als eine Kinderfrage in folgendem Gedicht:

> Nur zwei Dinge
>
> Durch so viel Formen geschritten,
> durch Ich und Wir und Du,
> doch alles blieb erlitten
> durch die ewige Frage: wozu?
>
> Das ist eine Kinderfrage.
> Dir wurde erst spät bewußt,
> es gibt nur eines: ertrage
> – ob Sinn, ob Sucht, ob Sage –
> dein fernbestimmtes: Du mußt.
>
> Ob Rosen, ob Schnee, ob Meere,
> was alles erblühte, verblich,
> es gibt nur zwei Dinge: die Leere
> und das gezeichnete Ich.

Die Kinderfrage des »wozu?« kann Benn nur so beantworten, daß es darum gehe, das Leben zu ertragen, ohne Antwort auf die Sinnfrage, einfach aus einem fernbestimmten »Du mußt«. Gemäß der Interpretation des deutschen Philosophen Gernot Böhme (2003) ist alles vergänglich, nur zwei Dinge vom Leben bleiben: ein gezeichnetes Ich und die Leere. Benn weist eine Antwort ab, die erklären will, wie das Leben begreiflich gemacht werden könnte. Allgemein wird ein Worum-Willen des Lebens abgelehnt. Es gibt keine Vorbestimmung. Es ist kindisch und unreif, vom Leben einen Sinn zu erwarten (Böhme 2003). Das Leben wird nicht getan, es wird erlitten. Das Leben ist als Last hinzunehmen und zu ertragen. Alle Ideologien und Mythen, welche versuchen, das Lebensgeschick in Sinn einzubetten, seien Strategien, die verdecken, daß schließlich alles darauf hinausläuft, das Leben zu ertragen. Was du mußt, kannst du dir nicht selbst aussuchen. Das Leben stellt sich als bedingungslose und unausweichliche

Forderung. Gemäß Böhme muß in der Therapie der Patient erkennen, daß er im Leid, wie kaum sonst im Leben, als Betroffener sich selbst gegeben ist. Leiden, Kränkungen und Niederlagen machen dabei aus dem Ich ein gezeichnetes Ich. Psychotherapie ist eine Begleitung bei diesem Reifungsprozeß.

Demgegenüber möchte ich einwenden, daß die Annahme der Sinnlosigkeit von Leben und Leiden genauso eine Konstruktion ist. Daß der Mensch in letzter Konsequenz lediglich bereit sein könne, die Sinnlosigkeit des Lebens zu ertragen, kann auch als heroische Arroganz gewertet werden. Man kann sich darin gefallen, zu den wenigen wirklich wahrhaftigen Menschen zu gehören, die den Mut haben, sich vorbehaltlos mit der Sinnlosigkeit des Lebens zu konfrontieren.

Am anderen Ende des Spektrums steht Viktor Frankl, der Begründer der Logotherapie. Auch er ist ein von den Leiden des Krieges Gezeichneter. Er hatte viele Jahre in deutschen Konzentrationslagern, u. a. in Auschwitz, verbracht. Er hat das Leben im Konzentrationslager aus eigener Erfahrung, aber auch aus der Distanz eines Wissenschaftlers beschrieben (Frankl 2003). Konfrontiert mit dem sinnlos erscheinenden Leiden und der Willkür, mit der über Leben und Tod entschieden wurde, hat er erfahren, daß das Leben Sinn behält, auch wenn es kaum eine Chance zum Überleben bietet. Als letzte Möglichkeit, das Leben sinnvoll zu erfahren, bleibt immer die persönliche Einstellung zu einer äußerlich aufgezwungenen Daseinsform. Leiden, Not und Tod gehören zu einem ganzheitlich gelebten Leben. Auch in der schwierigsten Situation und bis zur letzten Minute des Lebens sah Frankl eine Fülle von Möglichkeiten, das Leben sinnvoll zu gestalten. Es ging ihm darum, aus dem bloßen Leidenszustand eine innere Leistung zu gestalten und eine vorbildliche äußere Haltung von Mut, Tapferkeit, Würde und Selbstlosigkeit aufrechtzuerhalten. Leiden bietet gemäß Frankl die Gelegenheit, über sich selbst hinauszuwachsen. Leben heißt letztlich nichts anderes, als Verantwortung zu tragen für die rechte Beantwortung der Lebensfragen, für die Erfüllung der Aufgaben, die das Leben jedem Einzelnen als Forderung der Stunde stellt. Der Sinn des Daseins wechselt von Mensch zu Mensch, von Augenblick zu Augenblick. Die Sinnfrage kann nur konkret vom Einzelnen in seiner gegenwärtigen Situation beantwortet werden. Kein Mensch und kein Schicksal läßt sich mit dem anderen vergleichen. Frankl sagte (zit. in Riemeyer 2002): »Es ist das Leben selbst, das dem Menschen die Fragen stellt. Er hat nichts zu fragen, er ist vielmehr der vom Leben Befragte, der dem Leben zu antworten hat.«

Der Sinn des Leidens läßt sich nur erfüllen, indem wir den in jeder einzelnen Situation verborgenen Sinn erfüllen und verwirklichen. Der Sinn liegt – hier ein Unterschied zu Gottfried Benn – gerade nicht in der Welt oder in uns selbst. Selbstverwirklichung soll nicht um ihrer selbst willen angestrebt werden. Sie ist nach Frankl nur erreichbar auf dem Wege der Selbsttranszendenz, nämlich darin, daß das Menschsein immer über sich selbst hinaus auf etwas verweist, das nicht wieder es selbst ist, auf etwas oder jemanden, dem er da begegnet. Der Mensch verwirklicht sich selbst im Dienst an einer Sache, in der Hingabe an eine Aufgabe oder in der Liebe zu einer anderen Person. Frankl sagt: Der Mensch kann nur überleben, wenn er auf etwas hin lebt. Seiner Meinung nach hat zu seinem Überleben im Konzentrationslager beigetragen, daß er als Arzt tätig sein konnte für kranke Kameraden. Er gab nie auf und versuchte auch, anderen ein Vorbild von Standhaftigkeit zu sein. Wichtig war aber wohl auch, daß seine Lebensaufgabe noch der Erfüllung harrte. Es ging ihm auf dem Transport ins Konzentrationslager sein Manuskript über die ärztliche Seelsorge verloren. Dabei wurde der Inhalt dieses Buchmanuskripts durch seine Konzentrationslagererfahrungen vertieft, so daß ein starker Wille blieb, dieses Buch neu zu schreiben und damit eine wichtige Berufung zu erfüllen. Mit seiner Logotherapie wollte er den Menschen helfen, ihr kleines Selbst zu überwinden und sich geistig zu öffnen gegenüber der Welt, ihren Aufgaben und ihrem Sinn.

Was immer unsere Einstellung ist, ob wir meinen, das Leben werde den Menschen ohne Sinn zugemutet, oder ob wir meinen, es habe einen verborgenen Sinn, in jedem Fall wird unsere Meinung eine Konstruktion sein, die sich nicht als Wahrheit gegen die Gegenmeinung beweisen läßt. Letztlich bildet sich in diesen Meinungsäußerungen die persönliche Lebenserfahrung und Einstellung der Autoren als Grundlage jeder Begründung ab.

Ich sehe in dem, was Frankl als Selbsttranszendenz beschreibt, viele Parallelen zum ökologischen Ansatz (Willi 1996). Der ökologische Therapieansatz sieht die Person als *Teil von sie übergreifenden Prozessen, die sie nicht kontrollieren kann, die ihr aber eine auf Mitmenschen ausgerichtete Lebensperspektive vermitteln.* Ein wichtiger Unterschied liegt darin, daß ich diese Selbsttranszendenz nicht so sehr in ethischer Hinsicht beachte, sondern sie begründet sehe in der Beschaffenheit des Menschen als Beziehungswesen. *Die menschliche Persönlichkeit braucht das Beantwortetwerden durch ihre Umwelt, um lebendig zu bleiben und persönlich zu wachsen.* Wirken, das beantwortet wird durch die persönliche Nische, ist auch eine Form von Selbsttranszendenz. Die These Frankls, daß sich auch im extremsten Leiden ein Sinn finden läßt, scheint mir allerdings für viele Menschen eine Überforderung zu sein, die leicht in die moralische Forderung einmünden könnte, man vermöge diese Leistung zu erbringen, wenn man nur wirklich wollte.

Wie sehr die Extreme einander berühren, zeigt sich darin, daß eigenartigerweise sowohl die Annahme, daß sich kein Lebenssinn finden läßt (vgl. Alice Holzhey-Kunz 2001, 2002), wie die Annahme, daß sich immer ein Sinn finden läßt (Viktor Frankl 2003), am Beispiel der Psychotherapie von Depressionen dargestellt wurde. Ein Lebenssinn läßt sich meistens nicht aus sich selbst erkennen und schaffen. Voraussetzung für eine Sinnfindung sind mitmenschliche Beziehungen. Größte Not und Leiden führen oft zu großer Solidarität und außergewöhnlichen Leistungen in mitmenschlichen Beziehungen, die nicht nur die Bewältigung des Leidens unterstützen, sondern auch menschliche Erfahrungen ermöglichen, die außerhalb dieser Extremsituation undenkbar wären.

3.12 Persönliche Entwicklung im »wirkungsgeleiteten Lebenslauf«

Im Wirken wird die Person für sich und andere sichtbar und faßbar. Die Beziehungsumwelt macht sich daraus ein Bild vom Wesen der Person. Dementsprechend tritt sie mit Erwartungen an die Person heran, beantwortet sie in ihrem Wirken und setzt sich mit ihr in Beziehung. Das Wirken hat also eine starke Rückwirkung auf das Selbstverständnis der Person, aber auch auf die Weiterentwicklung ihrer Wahrnehmungen, Motivationen und Pläne. Es ergibt sich daraus der »wirkungsgeleitete Lebenslauf« (Willi 1996).

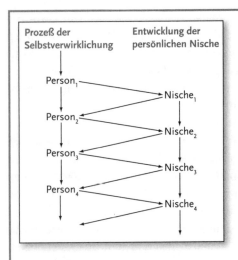

Abbildung 7:
Die Entwicklung der Person im »wirkungsgeleiteten Lebenslauf«

Der »wirkungsgeleitete Lebenslauf« (Willi 1996): Die Person wirkt gestaltend auf die Objekte ihrer Nische ein, die ihrerseits die Wirkung der Person beantworten und damit bestätigend oder korrigierend, fördernd oder hemmend die Motivationen zu weiterem Wirken der Person beeinflussen. Bezugspersonen als Objekte der Nische können ihrerseits aktiv auf die Person einwirken, die auf diese Einwirkung bestätigend oder ablehnend reagiert. Dieses Wechselspiel in der Zeitachse ergibt den wirkungsgeleiteten Lebenslauf. Die Person entwickelt und verwirklicht sich in der Wechselwirkung mit der Entwicklung ihrer Nische.

Die Person entwickelt sich somit nicht nur aus sich selbst heraus unter der Verarbeitung ihrer Lebenserfahrungen, sondern generell mehr da, wo ihr in der tätigen Interaktion mit der Umwelt persönliche Entwicklung ermöglicht und abgefordert wird. Es ist die Nische, welche die Wirkungen zurückspiegelt und bestätigt; es ist die Nische, die von der Person ein Fortschreiten oder eine Korrektur in ihrer tätigen Entwicklung erwartet; es ist die Nische, welche eine eingegangene Entwicklung in den eingeschlagenen Bahnen festigt und davon abweichende, an sich mögliche Entwicklungen unwahrscheinlicher macht; es ist die Nische, welche der Person Grenzen setzt und über ihre Verwirklichung mitentscheidet.

Ist es also die Umwelt, welche über die Entwicklung einer Person entscheidet? Wird damit nicht der Fremdbestimmung und dem falschen Selbst das Wort geredet? Wer sich so verhält, wie die Umwelt es von ihm erwartet, wird zunächst erfolgreich, beliebt und pflegeleicht sein. Aber dieser Erfolg wird nur ein äußerlicher sein. Wer primär auf den Erfolg schielt, neigt dazu, die Erwartungen der Umwelt erfüllen zu wollen, und vermag damit sich selbst und seine eigentlichen Anliegen nicht zu verwirklichen. Aber genausowenig kann ein Mensch das ihm Wichtige im Leben verwirklichen, der sich über die Ansprechbarkeit der Umwelt hinwegsetzt. Der Lebenslauf entwickelt sich in jedem Fall – ob positiv oder negativ – als wirkungsgeleiteter Lebenslauf. Die negative Beantwortung durch die Nische wird ihrerseits die Motivationen, Ideen und Pläne der Person beeinflussen.

Nun gibt es Beobachtungen, die scheinbar im Widerspruch zu der These stehen, daß die persönliche Entwicklung durch das Beantwortetwerden der Umwelt geleitet wird bzw. daß sich die Person generell da mehr entwickelt, wo sie positive Beantwortung erfährt. Es gibt nämlich auch die Möglichkeit, daß eine Person trotz negativer Beurteilung durch die Umwelt eine hohe Festigkeit (Resilienz) in ihren Plänen bewahrt, weil sie eine innere Überzeugung hat, damit auf dem rechten Weg zu sein, und daran glaubt, daß sich ihre Ideen früher oder später realisieren lassen werden. Diese Art von Zähigkeit und Widerstandskraft findet sich besonders deutlich bei der Durchsetzung neuer, sozial und politisch noch nicht akzeptierter Meinungen, aber auch in der künstlerischen und wissenschaftlichen Kreativität. Die negative Beurteilung durch die Umwelt kann bei einer Person auch eine Ich-Stärkung durch Widerstand hervorrufen. Die Person läßt sich durch das beantwortete Wirken nicht beliebig manipulieren. Besonders kreative Menschen tragen in sich oft ein Lebensthema, das sie in ihrem Leben verwirklichen möchten. Sie sind auf der Suche nach einer dazu passenden Gelegenheit, werden an ihrem Lebensthema jedoch nicht irre, wenn sich diese nicht anbietet. Das negative Beantwortetwerden stimuliert die kritische Auseinandersetzung der Person mit ihren Motiven, Plänen und Wirkungen. Letztlich liegt es an der Person zu entscheiden, wie weit sie sich durch das erfolgreiche Beantwortetwerden beeinflussen lassen will. Kreative Menschen haben meist eine Vision, was sie verwirklichen möchten, und sind bereit, dafür zu leiden, erfolglos zu bleiben und sich mit einem bescheidenen Leben zufriedenzugeben. Sie sind nicht auf eine unmittelbare Gratifikation angewiesen, sondern sehen sich als Einzelkämpfer, die sich am Widerstand der anderen persönlich stärker spüren (»was mich nicht umbringt, macht mich stark«) oder die in Zurückgezogenheit ihre Ideen reifen lassen wollen und dabei die Fähigkeit bewahren, zu warten und den erhofften Erfolg aufzuschieben. Auf der anderen Seite gibt es Menschen, die in opportunistischer Weise allen Modetrends aufsitzen und eventuell als Trittbrettfahrer kurzfristig große Erfolge feiern, meist aber rasch wieder in Vergessenheit geraten bzw. sich wieder anderen Trends anschließen.

Von dem, was eine Person zu entwickeln vermag, wird also immer nur ein Teil abgerufen. Weite Bereiche potentieller persönlicher Entwicklungen bleiben in der Latenz. Ob wir in einer Liebesbeziehung zu Eifersucht neigen, können wir nicht wissen, solange der Partner uns dazu keinen Anlaß gibt. Ob wir unter einer Krebskrankheit menschliche Größe zeigen werden, wird sich erst zeigen, wenn wir von dieser Krankheit befallen sind. Ob jemand als politischer Führer die in ihn gesetzten Erwartungen enttäuschen oder übertreffen wird, zeigt sich oftmals erst nach seiner Wahl. Wie jemand den Tod seines Partners verarbeiten wird, ob sich trotz schwerer Betroffenheit daraus eine positive Lebenswende ergeben wird, kann er selbst nicht voraussehen. Es stellt sich somit immer die Frage, *wie-*

viel Entwicklung und Entfaltung die Nische zuläßt und wieviel an persönlichen Entwicklungsmöglichkeiten, an Intentionen und Plänen einer Person nicht zugestanden oder nicht abgefordert werden. Manche ihrer Möglichkeiten entwickeln sich erst in späteren Jahren, manche überhaupt nie. Konkret heißt das: Wären die Lebensumstände anders gewesen, hätte sich ein anderer Lebenslauf und damit auch eine andere persönliche Entwicklung ergeben. Die Bandbreite möglicher Entwicklungen des Lebenslaufes ist schwer bestimmbar. Manches verklärt sich unter dem Hinweis »Hätte ich damals ..., dann wäre ich ...«.

3.13 Zweierlei Wirklichkeit: die phantasierte und die realisierte Wirklichkeit einer Person

Es sind aber nicht nur die Lebensumstände, welche die Verwirklichung unseres Potentials im Lebenslauf beschränken, es ist die Person selbst, welche die Verwirklichung ihrer Möglichkeiten zurückhält. Wir leben in zweierlei Wirklichkeiten, in der phantasierten und in der realisierten.

Die *phantasierte Wirklichkeit* ist die private Wirklichkeit. Sie gehört ganz der Person und wird von dieser verwaltet. Sie ist die Welt der Träume und Phantasien, die sich im Moment, in dem sie erlebt werden, oft nicht vom Erleben von Alltagswirklichkeit unterscheiden, und doch ist ihr eine unterschiedliche Wirklichkeit eigen. Oftmals ist man erleichtert, wenn man aus einem bösen Traum erwacht und feststellen kann: »Es ist ja nur ein Traum gewesen«. Die phantasierte Wirklichkeit schafft keine realisierte Wirklichkeit und bleibt deshalb in der Regel ohne Folgen. Wir können nicht für unsere Träume und Phantasien verantwortlich gemacht werden. In der Welt der Phantasie und Gedanken können wir die schlimmsten Taten begehen, sie bleiben ohne Folgen, solange sie nicht in Handlungen umgesetzt werden. Harmlos sind sie deswegen nicht, denn der Gedanke ist oft der Vater der Tat. Phantasien können den Hintergrund bilden für die realisierte Wirklichkeit.

Die Psychoanalyse und die tiefenpsychologische Psychotherapie befassen sich stark mit den Phantasien, insbesondere mit den unbewußten Phantasien. Diese manifestieren sich in Schlaf- und Wachträumen. Sie können als gefährliche und beschämende Vorstellungen verdrängt werden, sie können sich aber auch manifestieren in der Bildung von krankhaften Symptomen oder Fehlverhalten. Die unbewußten Phantasien können somit durchaus Wirkung haben. Sie sind sehr wohl eine ernstzunehmende Wirklichkeit. Dennoch unterscheiden sie sich grundlegend von der realisierten Wirklichkeit.

Ganz anders verhält es sich mit *der realisierten Wirklichkeit*. Sie betrifft den Ausschnitt unserer Vorstellungen und Phantasien, die sich Ausdruck verschaffen in Wort und Tat. Damit entsteht eine völlig andere Wirklichkeit. Es wird mit der Tat etwas in die Welt gesetzt, das nicht mehr unsere private Wirklichkeit ist, sondern als Tatsache Spuren hinterläßt, die wir nicht mehr löschen können. Was in diese Welt gesetzt wird, ist eine Realität mit Folgen, über die wir nicht mehr verfügen. Sie können uns als Taten zugeschrieben werden, wir können für sie zur Verantwortung gezogen werden. Wir haben uns zur Tat entschieden, deren Folgen wir nicht bedacht und vorausgesehen hatten.

Es ist also zu unterscheiden zwischen bewußten und unbewußten Phantasien und Vorstellungen sowie zwischen phantasiertem und geplantem Handeln und vollendeten Taten. Diese Unterscheidung zeigt sich besonders deutlich im verbalen Austausch. Eine Person kann vieles, was an sich artikulierbar ist, nie aussprechen. Sie kann es zurückhalten aus Angst, vom Zuhörenden auf das Ausgesprochene festgelegt zu werden, bezugsweise aus der Befürchtung, daß der Zuhörende das Ausgesprochene gegen sie verwenden könnte. Es gibt bei jedem Menschen schamhaft tabuisierte Phantasiebereiche, insbesondere Phantasien und Sehnsüchte im Bereich von Liebe, Sexualität, Neid, Haß und Religiosität. Mit jedem gesprochenen Wort wird etwas in die Welt gesetzt, das nicht mehr ungeschehen gemacht werden kann. Durch das Aussprechen entsteht eine andere Wirklichkeit. Besonders deutlich zeigt sich dieses Problem mit dem Ja-Wort am Traualtar. Viele Menschen haben eine panische Angst vor den Folgen dieses einzigen Wortes, von dessen Verbindlichkeit sie sich überfordert fühlen. Bei Paaren sehen wir nicht selten deutliche Unterschiede zwischen Männern und Frauen: Frauen möchten Transparenz schaffen, indem sie heikle, intime Fragen mit dem Partner besprechen. Das Aussprechen vermittelt ihnen das Gefühl erhöhter Sicherheit durch Offenheit. Männer dagegen haben oft Angst, sich durch das Aussprechen intimer Gefühle ihrer Frau auszuliefern, auf das Ausgesprochene behaftet zu werden und von der Frau, der sie eine höhere emotionale Sicherheit zubilligen, manipuliert zu werden. Frauen sind oft stark durch das Aussprechen emotionaler Inhalte, Männer dagegen durch deren Verschweigen.

Zwischen Menschen gibt es keine totale Offenheit, schon deshalb nicht, weil den Betreffenden viele Aspekte ihrer Beziehung nicht bewußt oder nur vorbewußt sind. Offenheit setzt eine hohe Reflexionsfähigkeit voraus, aber auch die Rücksichtnahme auf die Ansprechbarkeit des Partners und das Vertrauen, daß der Empfänger die Botschaft nicht mißbrauchen und mißverstehen wird. Offenheit setzt beim Empfangenden die Bereitschaft voraus, hinzuhören, was die Botschaft des sich Mitteilenden ist, ohne die Botschaft nach eigenem Geschmack zu interpretieren und zu entstellen oder als Kampfmittel zu verwenden. Offenheit kann nur soweit gelingen, wie sie von beiden Seiten durch Fairneß und Vertrauen ermöglicht wird. Sandor Márai (2004) stellt dieses Problem sehr anschaulich in seinem Roman »Die Nacht vor der Scheidung« dar. Der Arzt Imre Greiner hat eben seine von ihm über alles geliebte Frau Anna getötet, oder saß vielmehr untätig neben ihr, nachdem sie eine tödliche Dosis eines Gifts eingenommen hatte. Anna war ihm immer ein Geheimnis geblieben, sie hatte ihr Geheimnis auch vor sich selbst bewahrt, bis sie ihm gestand, innerlich während der ganzen Zeit ihrer Bekanntschaft einen anderen geliebt zu haben, nämlich den Freund, den Imre Greiner nach Annas Tod aufsucht. Er stellt die Frage: »Wie weit vermag man eigentlich jemanden zu ›kennen‹? Bis wohin kann man einer fremden Seele folgen? Auch in den Traum? … Und wohin geht der Andere, wenn er die Augen schließt und mir gute Nacht sagt und sich in den Schlaf zurückzieht? Denn es gibt eine zweite Welt, die außerhalb der uns bekannten Vorstellung liegt. Vielleicht ist diese wirklicher als unsere, an Raum und Zeit gebundenen Tage. Ich weiß nun schon lange, daß es ein Gebiet gibt, das nur einem selbst gehört, jeder Mensch hat es für sich …« Gerade das Eindringen-Wollen in den intimsten Bereich macht offensichtlich, daß eine letzte Verständigung nicht möglich ist und jeder allein und einsam bleibt. Imre Greiner wollte seine Frau ohne Geheimnisse lieben, bedingungslos und schrankenlos. Er mußte die Erfahrung machen, daß das nicht möglich ist.

Dieses Problem zeigt sich auch in der Paartherapie besonders deutlich. Im Unterschied zur Einzeltherapie, wo das Ausgesprochene auf den therapeutischen Raum beschränkt bleibt, hat alles, was in der Paarsitzung gesagt wird, auch seine Gültigkeit außerhalb der Sitzung. Es löst im Anschluß an die Sitzung oftmals intensive Diskussionen und Streitigkeiten zwischen den Partnern aus. Psychotherapeuten, die der Meinung sind, in der Paartherapie sei größtmögliche Offenheit zu fordern, bedenken oftmals zuwenig, was deren destruktive Folgen sein können. Was bewußt ist, erhält durch das Aussprechen eine andere Wirklichkeit. Das Ausgesprochene wird vom Zuhörenden in seiner Weise gehört und interpretiert. Über diese Interpretation kann der seine Geheimnisse Offenbarende nicht bestimmen.

Wie verhält es sich mit der averbalen Kommunikation? Wird nicht vieles, was uns bewegt, der Umwelt mitgeteilt durch Mimik und Gestik? Wenn Mimik und Gestik nicht im Einklang stehen mit der verbalen Kommunikation, kann beim Empfänger eine schwierige Situation entstehen. Wenn er darauf sensibilisiert ist, wird er der averbalen Kommunikation mehr trauen als der verbalen Vermittlung von Inhalten. Oft wird der Sender sich jedoch eine Klärung dieser Frage verbieten. Der Empfänger kann versuchen, die averbale Kommunikation zu interpretieren und zu deuten, er kann den Sender jedoch nicht auf diese Kommunikation festlegen. Noch deutlicher wird das Problem bei verbalen Fehlleistungen, bei Versprechern, wie sie Sigmund Freud bereits 1901 (»Zur Psychopathologie des Alltagslebens«) beschrieben hatte. Die Fehlleistung mag dem Sender peinlich sein, er wird jedoch vom Empfänger erwarten, daß er diese als Unaufmerksamkeit und Zufälligkeit interpretiert.

Die Psychotherapie hat bisher die Unterscheidung zwischen ausgesprochen und unausgesprochen wenig thematisiert. Der Grund dürfte darin liegen, daß die Einzeltherapie sich meist nur auf die Frage von bewußt versus unbewußt konzentriert und davon ausgeht, daß, was bewußt ist, in der Einzeltherapie auch ausgesprochen werden kann. Das trifft aber nur zu, wenn der Patient dem Therapeuten bedingungslos vertraut. Was dem Therapeuten mitgeteilt wird, soll außerhalb des Therapieraumes keine Realität mehr sein. Eine derart künstliche Realitätskonstruktion gibt es jedoch außerhalb der Psychotherapie in dieser strikten Weise kaum.

Damit kommen wir zu der interessanten Frage, was von einer Person im Lebenslauf überhaupt sichtbar wird, oder was von ihr im verborgenen gehalten bleibt. Welche Umwelt läßt welche persönliche Manifestation zu oder ermöglicht sie?

Die phantasierte Wirklichkeit ist der Privatbereich der Person, die realisierte Wirklichkeit ist der Bereich des Lebenslaufes. Alles, was eine Person von sich in die Welt setzt, kann zum Baustein ihrer Lebensgeschichte werden. Was von ihr geäußert wird, schafft eine wirklichere Wirklichkeit, weil sie bestätigt wird von der Nische, also von den dadurch entstehenden Lebensumständen und den Reaktionen der Bezugspersonen. Es entsteht dadurch ein historisches Faktum, das nicht mehr rückgängig zu machen ist. Es bildet sich ein Gerüst, in welchem sich die Person bewegt, an welchem sie sich orientiert, in das sie eingebunden ist und das zur Basis ihres Fortschreitens im Wirken wird. Das historische Faktum besteht auch ohne Mitwirkung der Person weiter, sie kann nicht mehr darüber verfügen. Der sich aus den Fakten bildende Lebenslauf ist zwar der Lebenslauf der Person, aber er steht unter der Deutungshoheit ihrer Umwelt.

3.14 Im Lebenslauf nimmt nur ein Teil der Person Gestalt an

Das bisher Beschriebene läßt sich wie folgt zusammenfassen:

Eine Persönlichkeit wird immer nur einen Teil ihrer persönlichen Möglichkeiten verwirklichen:

- weil die Nische ihr eine Entwicklung nur im Bereich korrespondierender Entwicklungsbereitschaften anbietet;
- weil die Person immer nur einen Teil von ihren Möglichkeiten in Interaktionsprozesse eingibt, einen wesentlichen Teil aber bewußt oder unbewußt zurückhält.

Was von einer Person Teil des Lebenslaufes wird, ist also immer nur ein Ausschnitt ihrer möglichen Manifestationen. Wenn wir bedenken, daß wir eine Person nur an ihren Lebensäußerungen erkennen können, und wenn wir gleichzeitig bedenken, daß sie von dem, was in ihr abläuft, nur einen kleinen Teil nach außen kommuniziert und dieser Teil oftmals eine relativ situative Auswahl möglicher Äußerungen ist, dann wird klar, daß wir nur sehr bedingt sagen können, wer diese Person ist. Wenn eine Person sich nach außen immer wieder ähnlich zeigt, ist das noch kein Beweis, daß dies auf Charaktereigenschaften (traits) beruht. Es könnte ebenso daran liegen, daß sie in einer relativ stabilen Nische lebt, die ihr immer wieder ähnliche Verhaltensweisen und Einstellungen ermöglicht und abfordert.

Das Manifestwerden wird einer Person erleichtert durch eine Rollenzuschreibung. Mit einer sozialen Rolle werden einer Person bestimmte Aufgaben erteilt, welche mit Erwartungen an ihr Verhalten einhergehen. Ihre Rolle ist abgestimmt auf die Rollen ihrer Bezugspersonen. Mögliche Rollen sind etwa die Rolle des Partners, des Vaters, des Chefs, des Therapeuten usw. Mit der Rolle wird ein bestimmtes Verhalten erwartet und begrenzt. Die Rolle bietet einen bestimmten Freiraum, innerhalb dessen eine Person ihren Gedanken und Phantasien Ausdruck verleihen kann. Die psychischen Kräfte werden durch eine Rolle eingebunden und strukturiert.

Aber es gibt auch Menschen, denen jene Rolle nie zugeschrieben wurde, die für ihre persönliche Entfaltung notwendig gewesen wäre, und die somit nie die Gelegenheit fanden, ihre Talente zur Entfaltung zu bringen. Oder sie leben in einer Kultur mit strenger Begrenzung persönlicher Entwicklungsmöglichkeiten.

Im Laufe des Lebens wechselt jeder Mensch seine sozialen Rollen und Aufgaben. Die Folge davon ist, daß eine Person in verschiedenen Situationen und von verschiedenen Menschen ganz unterschiedlich wahrgenommen wird.

Das kann man etwa an Begräbnissen erleben, wenn bei der Trauerfeier verschiedene Menschen sich darüber äußern, wie sie den Verstorbenen gekannt hatten. Es entstehen dabei ganz verschiedene, einander oft widersprechende Persönlichkeitsbilder, je nachdem, ob der

Verstorbene eher in der Kindheit erlebt worden war oder als Erwachsener ganz zuletzt, eher bei der Arbeit oder in der Freizeit, eher in der Familie oder am Arbeitsplatz. Oder man erlebt Menschen, die sich, seit sie verheiratet oder geschieden sind, deutlich verändert haben, im positiven wie negativen Sinne. Oder man erlebt Vorgesetzte, vor deren Wahl zum Chef viele Mitarbeiter gezittert hatten und die dann dieselbe Person als Chef viel positiver sich entwickeln sehen, als sie erwartet hatten. Wer von diesen verschiedenen Persönlichkeiten ist nun die eigentliche und die echte?

Manche persönliche Eigenheiten bleiben zeitlebens unverändert, so gewisse Charakterzüge wie Introversion bzw. Extraversion, Temperament, Intelligenz und andere Eigenschaften. Aber die Art, wie eine Person in Erscheinung tritt und wie sie sozial wahrgenommen wird, kann sich stark wandeln, und das bis ins höchste Alter. Wer sind wir nun? Daß die Person unterschiedlich je nach Situation in Erscheinung tritt, habe ich bereits 1975 als Interaktionspersönlichkeit (siehe in »Die Zweierbeziehung«) bezeichnet.

Wie weit neigen wir selbst dazu, uns an unseren Erscheinungen zu erkennen, wie weit aber haben wir den Eindruck, das, was von außen wahrgenommen wird, sei nicht das Eigentliche unserer Person? Was geschieht mit all den persönlichen Möglichkeiten, die wir im Laufe des Lebens nicht zu verwirklichen vermögen und die, brachliegend, zu gegebener Zeit mit uns zu Grabe getragen werden? *Wir leben immer nur einen kleinen Teil unserer Möglichkeiten, nämlich jene, die durch die Interaktion mit unserer spezifischen Umwelt zur Erscheinung gebracht werden.* Wer kann daran erkennen, wer wir wirklich sind? Vielleicht können nicht einmal wir selbst das wissen.

4 Drei Formen der Selbstverwirklichung: durch Selbsterkenntnis, in der Begegnung und als tätige Verwirklichung

▄▄ Wenn Selbstverwirklichung heute nicht mehr mit revolutionärem Pathos eingefordert wird, bestimmt dieser Begriff doch weiterhin das persönliche Streben der Menschen, zumindest in der westlichen Kultur. Was mit Selbstverwirklichung gemeint ist, läßt sich leichter durch ihr Gegenteil bestimmen: Wie wirkt ein Mensch, dem seine Selbstverwirklichung noch nicht ausreichend gelungen ist? Er ist ein Mensch, der nicht authentisch wirkt, der eine Fassade zur Schau trägt, der eine Pseudoperson darstellt, weil er entweder noch gar nicht spürt, was seine persönlichen Ansichten und Gefühle sein könnten, oder es nicht wagt, sich persönlich gegen außen zu vertreten; jemand, der vielmehr die Anschauungen und das Verhalten seiner Umwelt übernimmt, sich fremdbestimmen läßt und sich nach dem wechselnden Wind von Trends und gesellschaftlichen Meinungen richtet. Das zeigt sich auch in der Gestaltung seines Lebenslaufes, der seine Handschrift nicht spüren läßt, dem er noch nicht seinen Stempel aufgedrückt hat, der sich vielmehr nach Konventionen und allgemeinen Normen entwickelt, im einseitigen Streben nach Reichtum und Prestige. Eine schmerzhafte Veränderung der Lebensumstände kann zum Anlaß für eine Wende zu mehr Eigentlichkeit werden.

Die Selbstverwirklichung wird hier in drei unterschiedlichen Formen der Realisierung dargestellt. Historisch lag der Schwerpunkt besonders in den letzten Jahrzehnten auf der abgrenzenden Selbstverwirklichung. Man versuchte, Selbsterkenntnis und Bewußtheit zu erreichen durch Konzentration auf sich selbst, man erforschte die Träume, Phantasien und Gefühle, man war bestrebt zu lernen, sich anderen Menschen gegenüber zu behaupten und sich nicht fremdbestimmen zu lassen. Der Schwachpunkt dieses Bestrebens lag oftmals in der Gestaltung von Beziehungen, insbesondere von Liebesbeziehungen. Man glaubte sich in einer Liebesbeziehung selbst

Drei Formen der Selbstverwirklichung

aufgeben zu müssen oder unter den Einfluß des Partners zu geraten. Man erkannte zu wenig, daß gerade in der Unterscheidung zum Partner man sich seiner selbst bewußter wird. Es werden deshalb zusätzlich zwei andere Aspekte von Selbstverwirklichung beschrieben: Das eine ist die Selbstverwirklichung in der mitmenschlichen Begegnung, insbesondere in einer Liebesbeziehung. Im Sich-Einlassen in einen dialogischen Prozeß wird vieles, was bisher nicht bewußt war, durch die Begegnung mit dem Partner hervorgerufen und ins Leben hineingeholt. Es gibt aber noch eine dritte Form von Selbstverwirklichung, die in der Verwirklichung von Werken liegt, mit welchen eine Person fruchtbar wird.

Die Aussage des vorangegangenen Kapitels, daß wir selbst nicht eindeutig wissen, wer wir sind, steht in krassem Gegensatz zum Streben nach Selbstfindung und Selbstverwirklichung, mit dem sich die westliche Kultur seit Jahrhunderten intensiv beschäftigt und das auch Ziel und Thema verschiedener psychotherapeutischer Schulen ist.

Der Begriff der Selbstverwirklichung spielt in unserer Kultur seit dem Altertum eine zentrale Rolle und hat unter dem Einfluß der analytischen Psychologie C.G. Jungs und der humanistischen Psychologie in der zweiten Hälfte des letzten Jahrhunderts zunehmend an Bedeutung gewonnen. Sie bildet die Grundlage des von diesen Richtungen vertretenen Menschenbildes. Sie hat sich aber einseitig auf Selbsterkenntnis und Bewußtwerdung als einem Weg zu Unabhängigkeit und Selbstbestimmung konzentriert und hat m.E. den Aspekt der tätigen Verwirklichung durch das Gestalten seiner eigenen Welt – in der Arbeit, im Beruf, in der Familie und Partnerschaft – vernachlässigt. Diese spielen jedoch im alltäglichen Leben, aber auch als Thema in der Psychotherapie eine zentrale Rolle.

Im Folgenden möchte ich zuerst der Frage nachgehen, weshalb in der westlichen Kultur die Hervorhebung des Individuums eine so hervorragende Bedeutung zugewiesen bekam, dann aber auch, weshalb die tätige Selbstverwirklichung in der westlichen Philosophie und Psychotherapie so wenig und eine so ambivalente Beachtung gefunden hat, obwohl sie etwa als Berufskarriere das Thema ist, das die meisten Menschen am intensivsten beschäftigt.

4.1 Selbstverwirklichung durch Selbsterkenntnis

Mit dem Begriff »Selbstverwirklichung« wurde in den 60er und 70er Jahren des letzten Jahrhunderts eine kulturelle Revolution ausgelöst. Sie stand im Einklang mit den damals ausbrechenden 68er-Revolutionen, durch die die autoritären Strukturen der Gesellschaft geschleift werden sollten, eine Befreiung von Repression und Hierarchie angesagt war und der Unterdrückung und kapitalistischen Ausbeutung der sozial Benachteiligten ein Ende bereitet werden sollte. Es war ein Aufbruch von Emanzipationsbewegungen in allen sozialen Lebensbereichen. Jeder Mensch sollte als freies, selbstbestimmtes und autonomes Individuum respektiert werden. Diese Bewegungen wurden von der humanistischen Psychologie (Abraham H. Maslow 1973, Carl R. Rogers 2004, Fritz S. Perls 2006 u. v. a.) aufgenommen und gleichzeitig maßgeblich gefördert. Im Rahmen der Autonomie- und Emanzipationsentwicklung sollten die Menschen lernen »ich« und »nein« zu sagen, um sich damit aus der Abhängigkeit gegenüber Institutionen, Familien und Partnerschaft zu lösen und sich einer Einordnung zu verweigern. Ich habe mich mit den inflationären Aspekten der damaligen Selbstverwirklichungsideologie in meinem Buch »Ko-evolution – die Kunst gemeinsamen Wachsens« (1985) kritisch auseinandergesetzt. Inzwischen haben diese Bewegungen ihre revolutionäre und teilweise destruktive Stoßkraft verloren. Hier geht es mir um eine weitere Vertiefung der damals vorgestellten beziehungsökologisch orientierten Selbstverwirklichung. Ich möchte mich zuerst mit der Selbstverwirklichung als Individuation in der analytischen Psychologie von C. G. Jung befassen und dann allgemeiner mit der historischen Entwicklung der Heraushebung des Individuums und deren Folgen.

4.1.1 Selbstwerdung als Individuation in der analytischen Psychologie C. G. Jungs

Im Unterschied zur humanistischen Psychologie, deren Thesen vor allem kulturpolitischer Natur waren, ist das Individuationskonzept C. G. Jungs wesentlich differenzierter und reichhaltiger. Es ist auch weit weniger modischen Trends unterworfen. Jungs Konzept liegt historisch auf der Entwicklungslinie der Hervorhebung des Individuums, aber es schließt weit mehr als dasjenige von Freud oder der humanistischen Psychologie die Beziehung zum überpersönlichen Ganzen mit ein. Zu dieser Ganzheit des Selbst gehören auch die mitmenschlichen Beziehungen. Diese werden von C. G. Jung jedoch wenig thematisiert und ausdifferenziert.

Das Selbst ist in der analytischen Psychologie C. G. Jungs ein zentraler Begriff, der allerdings so komplex und weit formuliert wird, daß er kaum definierbar, d. h. begrenzbar ist. Das wird auch von C. G. Jung selbst eingestanden, wenn er schreibt, daß das Selbst ein hypothetischer Begriff sei, als Versuch, über eine symbolische Annäherung einen vorhandenen, aber unbekannten Sachverhalt zu umkreisen. Das Selbst sei eine Konstruktion, die unser Fassungsvermögen übersteige (Jung, G. W. 7, § 399).

In Anlehnung an zwei Wörterbücher zur analytischen Psychologie C. G. Jungs (Müller & Müller 2003, Hark 1988) läßt sich das Selbst beschreiben als die Einheit und Ganzheit der menschlichen Existenz, aus der heraus sich die individuelle Existenz entwickelt. Als sich selbst regulierendes, personimmanentes Entwicklungsprinzip organisiert und strukturiert das Selbst alle Entwicklungsprozesse des Individuums. Das Selbst ist der Mittelpunkt und das Zentrum der Persönlichkeit und steuert die psychische Ganzheit. Es ist der anordnende Faktor in der Bilderwelt der Seele. Der Begriff des Selbst verweist auch auf bewußtseinstranszendente Einswerdung mit dem Kosmos, mit Gott, dem Sein und allem Seienden. Das Selbst tritt in Erscheinung in Träumen, Mythen, Märchen, in der Figur der übergeordneten Persönlichkeit oder in Symbolen der Ganzheit (z. B. als Mandala oder Symbole, die einen Mittelpunkt haben). Das seelische Leben scheint aus diesem Mittelpunkt zu entspringen und auf diesen Mittelpunkt hinzulaufen.

Mit der Individuation ist die Selbstwerdung oder Selbstentfaltung der menschlichen Persönlichkeit gemeint. Dabei geht es um die Bewußtwerdung möglichst vieler unbewußter und bewußtseinsfähiger Anteile, die die Persönlichkeit konstituieren. Selbstwerdung wird als Ganzwerdung verstanden, als Vollständigkeit der Persönlichkeit. Läßt sich ein Mensch auf einen Individuationsprozeß ein, kommt er in Kontakt mit der Quelle des schöpferischen Lebens. Es wird ihm Lebensfülle und Lebenssinn zuteil. Die individuierte Persönlichkeit unterscheidet sich von ihren Mitmenschen durch die größere Bewußtheit, vor allem auch was ihre Schattenseiten betrifft.

Die Individuation ist vorwiegend ein innerer, ja, mystischer Weg der Selbstwerdung, den ich in seinem Wert nicht in Frage stellen möchte. Dennoch halte ich es zumindest als Ergänzung für notwendig, diesem Weg die tätige Selbstverwirklichung der ökologischen Psychotherapie beizufügen.

4.1.2 Die historische Besonderung des Individuums in der westlichen Kultur

Wie ist es zu verstehen, daß die Selbstverwirklichung in der westlichen Welt in den 60er und 70er Jahren einen derartigen Boom auslöste? Im Grunde handelt es sich nicht um eine Zeiterscheinung der neuesten Gegenwart, sondern lediglich um eine weitere Stufe in der westlichen Kulturgeschichte mit ihrer Tendenz zur zunehmenden Heraushebung der Besonderheit des Individuums. In der Geschichte des westlichen Bewußtseins kam es schon weit vor Christi Geburt zu einer Aufwertung des Individuums durch Förderung der Selbsterkenntnis – »erkenne dich selbst« als »gnothi seauton« stand auf dem Apollotempel in Ephesos um 500 v. Chr. und wurde von den Römern übernommen als »nosce te ipsum«. Zu einer wesentlichen Aufwertung der Person kam es dann durch die Aufforderung von Jesus an den einzelnen Menschen, sich frei für oder gegen ihn zu entscheiden. Religiöser Glaube war fortan nicht mehr – wie bisher im Judentum – identisch mit der Zugehörigkeit zum Volk Israel, als dem auserwählten Volk Gottes. Der Einzelne wurde durch Jesus eigenverantwortlich für seine Lebensentscheidungen und sollte einmal gerichtet werden für seine persönliche Bewährung in diesem einmaligen Leben. Der Aufruf zu dieser persönlichen Entscheidungsfreiheit setzte sich jedoch im Abendland während des Mittelalters noch wenig durch. Zu einem weiteren Individualisierungsschub kam es erst in der Renaissance des 15. und 16. Jahrhunderts. Die Reformation forderte, daß der einzelne Gläubige Gott unmittelbar begegne und ihm in der Freiheit seines Gewissens verantwortlich sei. Der Humanismus entwickelte in Kunst und Literatur ein starkes Interesse für den Einzelnen in seinem individuellen Charakter. Weitere entscheidende Schritte in Richtung Selbstverantwortung und Freiheit des Individuums erfolgten mit der Aufklärung des 18. Jahrhunderts, etwa mit dem Wahlspruch »sapere aude!« (wage zu wissen, habe den Mut, dich deines Verstandes zu bedienen). Der deutsche Philosoph Immanuel Kant (1724–1804) rief zur Mündigkeit des Menschen durch seine Vernunft auf. Die Aufklärung bildete dann das Rückgrat der modernen westlichen Kultur. Die Französische und die Amerikanische Revolution formulierten die Menschenrechte und propagierten die Prinzipien der Religions-, Gedanken- und Redefreiheit, aber auch die Prinzipien von Gleichheit und sozialer Gerechtigkeit. Gegen Ende des 18. Jahrhunderts befaßte sich zudem die Romantik mit der Einzigartigkeit des Individuums. Hinter der sichtbaren Natur wurden die Geheimnisse ihres Grundes gesucht, zu dem auch das Fundament der menschlichen Seele gehört. Die Romantik entwickelte ein großes Interesse an den Manifestationen des Unbewußten, der Träume, der Volksmärchen, der Nachtseite der Natur und der Geisteskrankheiten. Sie bildete damit den kulturellen Boden, auf welchem sich dann Sigmund Freud und C. G. Jung mit der Erforschung des Unbewußten befassen konnten.

Die Heraushebung des Individuums bekam durch die Existenzphilosophie weitere wichtige Anstöße. Der Einzelne geht ein Verhältnis zu sich selbst ein (Kierkegaard). Er ist als Existierender herausgehoben und ist sich selbst gegenüber verantwortlich. Diese Heraushebung geht aber auch mit einer Vereinzelung und einem Gefühl von Einsamkeit einher. Schon der englische Philosoph Thomas Hobbes (1588–1679) sprach von »Homo homini lupus« (Der Mensch ist dem Menschen ein Wolf). Damit, daß der Einzelne sich so stark auf sich selbst zentriert, eröffnet der Mensch den Krieg aller gegen alle. Der französische Existentialist Jean-Paul Sartre (1905–1980) formulierte in ähnlicher Weise: »L'enfer, c'est les autres« (Die Hölle, das sind die Anderen).

Die Individualisierung erhielt nun mit den Emanzipations- und

Selbstverwirklichungsbewegungen nach 1968 nochmals einen kräftigen Impuls. Die humanistische Psychologie war sowohl Ausdruck dieser Kulturrevolution wie Mittel zu ihrer Verwirklichung. Es ging um die Befreiung von Repressionen in der Gesellschaft, im Staat, in der Kirche, in den Geschlechtsrollen, im Sexualleben, bei der Kindererziehung, in den autoritären Strukturen von Schule und Arbeit. Der humanistischen Psychologie ging es um die Befreiung des Individuums aus der mitmenschlichen Abhängigkeit und den gesellschaftlichen Konventionen. Der Mensch sollte das falsche Selbst ablegen und zu seinem wahren Selbst finden, zum Mut, zu sich selbst zu stehen, sich seiner bewußt zu werden und seinen eigenen Erfahrungen zu vertrauen. Die psychologische Selbstverwirklichungsbewegung war stark von amerikanischem Optimismus und Machbarkeitsvorstellungen geprägt und nahm kaum Bezug auf den Pessimismus vieler europäischer Existenzphilosophen.

Insbesondere die Gestalttherapie Fritz Perls' und die klientenzentrierte Psychologie Carl Rogers' nehmen an, daß es eine dem Menschen natürlicherweise innewohnende Kraft zu Wachstum und Verwirklichung der ganzen Person gibt und daß man auf die Selbstregulation dieses Wachstums durch die bewußte Wahrnehmung persönlicher Erfahrungen vertrauen darf. Die Selbstregulation der Person – so die Annahme – funktioniert aus ihr selbst heraus, wenn sie nicht durch mitmenschliche und gesellschaftliche Normen und Konventionen eingeengt, unterdrückt und verzerrt wird. Es geht darum, »das Selbst zu sein, das man in Wahrheit ist« (Rogers 2004).

Der wesentliche Schwachpunkt der Selbstverwirklichungsbewegung lag jedoch in der Schwierigkeit, den autonomen und unabhängigen Menschen als Beziehungswesen zu sehen.

4.1.3 Die Schwierigkeit, den Menschen als Beziehungswesen zu konzeptualisieren

Diese Schwierigkeit entstand nicht erst mit der Individualisierung der letzten Jahrzehnte. Die Problematik zeigte sich schon im analytischen Denken von Descartes. Mit dem »cogito ergo sum« postulierte er, daß das einzige, dessen sich ein Mensch sicher sein kann, die Gewißheit seiner selbst als Denkender ist, und dieses Denkende ist das Individuum selbst. Das cartesianische Denken führte die Beschreibung des Verhältnisses von Menschen zueinander in eine Sackgasse. Descartes rettete sich in die Analogieschlußlehre: Sicher bin ich lediglich meines Selbstbewußtseins. Nun nehme ich bei anderen Menschen gleiche Ausdrucksbewegungen wahr wie bei mir selbst. Also kann ich daraus folgern, daß der andere auch ein Selbstbewußtsein hat. Der Mitmensch wird als »alter ego«, als anderes Ich gesehen, das in seinem Körper ebenso eingeschlossen ist wie ich in dem meinigen. Dies führte zu Beginn des 20. Jahrhunderts bei Edmund Husserl zu der These, daß das Cogito eine Monade sei, die den Fremden als »alter ego« konstituiert. Es gibt keine reale Verbindung zwischen den Monaden, die der Fremde und ich bilden. Das Innere der anderen ist mir nicht zugänglich. Wir leben wie Monaden nebeneinander.

4.1.4 Folgen für das Menschenbild der Psychotherapie des ausgehenden 20. Jahrhunderts

Im Zuge der damaligen Zeit richteten sich die Interessen Sigmund Freuds und C. G. Jungs auf das Innenleben des Menschen. Das konkrete Beziehungsverhalten, die Handlungen und zwischenmenschlichen Interaktionen wurden wenig beachtet oder wurden auf Projektionen innerer Vorgänge reduziert. Als therapeutisch wirksam galt die Einsicht in die unbewußten inneren Zusammenhänge. Für Freud lag das therapeutische Bestreben in der Vermittlung im Konflikt zwischen den triebhaften Bedürfnissen, der Gewissensinstanz und den Erfordernissen der äußeren Realität. Die äußere Realität und damit insbesondere die nahen Bezugspersonen wurden vor allem in ihren repressiven und traumatisierenden Qualitäten beachtet.

Ein wesentliches Ziel lag in der Förderung der Autonomie des Individuums gegenüber seiner Beziehungsumwelt. Die Einflüsse der Beziehungsumwelt wurden überwiegend negativ gesehen, weil damit andere Personen Einfluß auf das freie Gedeihen der Person nehmen, an sie Erwartungen stellen, sie zu Abhängigkeit verführen, ihr Anpassung abfordern und sie durch Einbindung in Gewohnheiten lähmen. Am besten und freiesten entwickle sich eine Person für sich allein, in der Zentrierung in sich selbst. Ziel des kulturrevolutionären Anspruches auf Selbstverwirklichung der Nach-68er-Jahre war mitmenschliche Unabhängigkeit. Man wollte lernen, auf eigenen Füßen zu stehen, niemanden zu brauchen und sich gegenüber den Erwartungen der mitmenschlichen Umwelt abzugrenzen. Insbesondere gegenüber den Eltern wurde eine ausgesprochen feindselige Haltung eingenommen. Es wurde ihnen die Schuld zugewiesen, für alle Mängel, Neurosen und unlösbaren Schwierigkeiten. Die Bezugspersonen, insbesondere die Eltern oder Partner, wurden aus der Behandlung ausgeschlossen wegen ihres störenden Einflusses auf den therapeutischen Prozeß. Die Therapeuten nahmen gegenüber den Angehörigen eine ausgrenzende, oft feindselige und ablehnende Haltung ein.

Die größten Probleme traten jedoch in der Gestaltung von Liebesbeziehungen auf. Das Verliebtsein stand diametral den Idealen der Autonomie und Unabhängigkeit entgegen. Die Liebe will sich verschenken, sie will das Geben und Nehmen nicht abmessen und abwägen, sie will bedingungslos für den anderen da sein (Retzer 2002, Riehl-Emde 2003, Willi 2005). Und so bleibt es, wenn auch weniger leidenschaftlich, in späteren Phasen einer Liebesbeziehung. Wo bleibt da die Abgrenzung, wo die Unabhängigkeit, wo die Ablehnung von Anpassung, wo die Bewahrung davor, sich aufzugeben und an den Partner zu verlieren? Quälende Kämpfe in der Realisierung dieser Utopien und Schuldzuweisungen in all den Ambivalenzen vergifteten oft das Zusammenleben. Partnerbeziehungen wurden die Vollzugsstätten und Experimentierfelder für revolutionäre Utopien von Freiheit, Unabhängigkeit und Gleichheit in der Liebe. An ihnen sollte die mögliche radikale Veränderung der Geschlechtsrollen, des Familienlebens und des Liebeslebens demonstriert werden. Jahrtausendalte Rollenvorgaben und Beziehungsmodelle von Mann und Frau wurden innert weniger Jahre auf den Kopf gestellt. Gegen das Verhaftetsein im Traditionellen wurden utopische Modelle neuer Beziehungen propagiert, die sich oft als nicht lebbar erwiesen, aber den Partnern Anlaß gaben, sich wechselseitig für das Nichtgelingen zu beschuldigen. Von der Radikalität des Umbaus der Geschlechtsrollen, der Partnerschaft und der Familie waren oft beide Seiten, trotz ehrlichem Bemühen, überfordert. Die eigene Ambivalenz gegenüber all diesen Neuerungen förderte die Schuldprojektion auf Partner, Eltern oder kirchliche Instanzen, die dann als rückständige Sündenböcke herzuhalten hatten. Gegenwärtig befinden wir uns in einer ruhigeren Phase, in der die bisher gemachten Erfahrungen kritisch gesichtet werden mit der persönlichen Frage, was von den postulierten Veränderungen dem entspricht, was man will, und was den eigenen Bedürfnissen zuwiderläuft.

Bindung galt in den Nach-68er-Jahren als Abhängigkeit. Dementsprechend richtete sich die revolutionäre Bewegung speziell gegen die Ehe, insbesondere die Langzeitehe. Eine stabile Partnerbeziehung wurde als Ausdruck der Abhängigkeit, spießiger Gewohnheit und tödlicher Langeweile verhöhnt. Die revolutionären Tendenzen ebbten dann im Laufe der 90er Jahre ab, stillschweigend, ohne öffentliche Debatte. Ohne spezielle Begründung gewann die Bindungstheorie von John Bowlby ein immenses Interesse, eine Theorie, die bereits mehr als 30 Jahre früher ausgearbeitet worden war – und zwar an Säuglingen und Kleinkindern und nicht an Erwachsenen. Damit wurden die zuvor dominierenden revolutionären Unabhängigkeitsforderungen stillschweigend verlassen, mit der wissenschaftlich begründeten Erkenntnis, daß jeder Mensch tiefe Bedürfnisse nach dauerhaften Bindungen habe. Der Wert der Liebesbeziehung wurde erneut anerkannt (Willi 2002, Riehl-Emde 2003), obwohl Heiraten weiterhin eine abnehmende, Scheidungen eine zunehmende Tendenz aufweisen. Auch wenn heute Liebesbeziehungen zutiefst ersehnt und in ihrem Wert nicht mehr in Frage gestellt werden, treten oft unüberwindbare Schwierigkeiten auf, sobald es um Verbindlichkeit und Entscheidungen geht.

Die feindselige Haltung gegenüber den Angehörigen, die seit Freud die Haltung vieler Psychotherapeuten prägte, wurde vor allem unter dem Einfluß der Paar- und Familientherapie auf pragmatischer Ebene korrigiert. Inwiefern der Mensch aber grundsätzlich ein Beziehungswesen ist und sich nicht nur aus sich selbst entwickelt, wurde bisher auch von der systemischen Paar- und Familientherapie theoretisch noch wenig durchdacht.

4.2 Selbstverwirklichung in der mitmenschlichen Begegnung

Die Abwendung des Interesses von der abgrenzenden Selbstverwirklichung und die Hinwendung zur Liebesbeziehung sind nicht nur mit einem gesellschaftlichen Trend zu begründen, der einmal in diese Richtung, einmal in die Gegenrichtung gehen kann. Ich glaube, daß es sich dabei um einen umfassenderen kulturellen Einstellungswandel zum Leben und zu mitmenschlichen Beziehungen handelt. Die Hervorhebung des Individuums hat in den Nach-68er-Jahren mit manchen theoretischen Annahmen und radikalen Forderungen einen Höhepunkt erreicht, der sich nicht als lebbar erwiesen hatte oder zumindest die Menschen nicht glücklich machte (s. Willi 2002, S. 59 ff.). Viele litten unter der übermäßigen Abgrenzung und wurden einsam unter den Vorbehalten gegenüber einer Liebesbeziehung. Manche Befreiungspsychologen postulierten ein Ausmaß an Autonomie und Unabhängigkeit, das nicht hilfreich war.

So wird auch heute noch gelegentlich an der Psychoanalyse und anderen tiefenpsychologisch orientierten Therapien kritisiert, sie würden sehr wohl den Menschen zur Selbsterkenntnis verhelfen, aber oft ohne faßbare Auswirkung auf die praktische Lebensgestaltung. Die tiefenpsychologisch orientierte Einzeltherapie mit ihrer Ausrichtung auf die Innenwelt der Person, auf die inneren Bilder, Phantasien und Träume vernachlässigt die Gegenseitigkeit mitmenschlicher Beziehungen. Manche Therapeuten nehmen an, eine Klärung unbewußter Motive und Ängste in Beziehungen werde sich automatisch positiv auf die Beziehungsgestaltung auswirken. Das ist häufig nicht der Fall. Die Gestaltung konkreter Beziehungen erfolgt oft in defensiver Weise mit dem bloßen Anliegen, sich der Bezugsperson gegenüber abzugrenzen und durchzusetzen. Angehörige beklagen sich, der Patient habe zwar gelernt, unaufhörlich über sich selbst zu sprechen, aber in seinem Verhalten habe sich wenig Faßbares geändert. Derartige Ergebnisse sind nicht einfach eine Folge der angewandten therapeutischen Technik, sondern vielmehr des therapeutischen Menschenbildes.

Psychotherapie kann als angewandte Philosophie verstanden werden. Während die westliche Philosophie sich, wie in Abschnitt 4.1.2 dargestellt, immer stärker auf die Besonderung und Würde des Individuums konzentrierte, vernachlässigte sie den Beziehungs- und Gemeinschaftsaspekt der Person. Die jüdisch-christliche Religionsphilosophie nimmt hier eine ganz andere Position ein und befaßt sich mit dem Menschen als Beziehungswesen, wie am Beispiel der Dialogik von Martin Buber dargestellt werden soll. Dementsprechend kann Selbstverwirklichung nicht nur durch Selbsterkenntnis und Bewußtwerdung gewonnen werden, sondern bedarf der Verwirklichung in den alltäglichen Beziehungen.

4.2.1 Die Dialogik von Martin Buber

Martin Buber (1878 in Wien geboren, 1965 in Jerusalem gestorben) war jüdischer Religionsphilosoph und verfaßte in seiner zweiten Lebenshälfte bedeutsame Schriften über das dialogische Prinzip. Insbesondere sein Werk »Ich und Du«, das 1923 erstmals erschien, verhalf der Dialogik zum Durchbruch.

Buber wendet sich mit Schärfe gegen eine abgrenzende Selbstverwirklichung, etwa in folgenden Passagen von »Ich und Du« (1973): »Das Eigenwesen wird sich seiner selbst als eines so-und-nicht-anders-seienden bewußt. Die Person sagt: »Ich bin«, das Eigenwesen: »So bin ich«. »Erkenne Dich selbst« bedeutet der Person: Erkenne Dich als Sein, dem Eigenwesen: Erkenne Dein Sosein. Indem das Eigenwesen sich gegen andere absetzt, entfernt es sich vom Sein« (S. 66). Es entfernt sich vom Leben und von der eigentlichen Wirklichkeit. »Das Eigenwesen nimmt an keiner Wirklichkeit teil und gewinnt keine. Es setzt sich gegen das Andere ab und sucht soviel davon, als es kann, in Besitz zu nehmen, durch Erfahren und Gebrauchen« (S. 67). Nach Buber entsteht erst aus einer personalen Beziehung Wirklichkeit. Die Abgrenzung schafft keine lebendige Wirklichkeit. Aber ebenso wie das Abgrenzen, Besitzen und Bewahrenwollen seiner selbst lehnt Buber das scheinbare Gegenteil ab, nämlich die Einswerdung mit einem im Transzendenten gründenden Selbst. Er wirft der Mystik die Neigung vor, das Ich aufgeben zu wollen zugunsten des Einswerdens des Selbst mit Gott, dem

Kosmos oder dem Sein. Dadurch werde das Eigentliche einer Beziehung verloren. Eine Beziehung besteht nach Buber nicht aus einer Einheit des Seins, sondern im Gegenteil aus der Begegnung von Zweien.

Für Buber steht im Zentrum nicht das Selbst, sondern das Leben, nicht das Einzelwesen, sondern das Existieren in der Beziehung zu einem anderen. Der Mensch verwirklicht seine Lebensgeschichte im Dialog. Wirkliches Leben ist nur, wo Gegenseitigkeit ist. »Ich werdend, spreche Ich Du.« Für Buber ist das »Dazwischen« der wirkliche Ort und Träger des Lebens. Im Zentrum seines Interesses steht nicht das Selbst und dessen Verwirklichung, sondern die Verwirklichung von Leben. »Alles wirkliche Leben ist Begegnung« (S. 15). Die Distanz, die die Andersheit des anderen begründet, gibt das Kraftfeld der Beziehung. Die beiden Pole sind Ich und Du, durch Distanz auseinandergebracht, durch Beziehung einander zugeordnet. Die Person ist also nicht in sich zentriert, sondern ist auf ein Du da, genauso wie das Du auf die Person da ist. Damit wird der Mensch als ein Beziehungswesen erfaßt. Selbstverwirklichung findet in der Begegnung statt.

Martin Buber hat die Teilhabe an einer gemeinsamen Wirklichkeit treffend beschrieben als Dialogik, als eine Begegnung, in der jeder zu sich selbst zu kommen vermag, wo jeder durch die eigene Selbstfindung dem anderen zur Selbstfindung zu verhelfen vermag und jeder als Teil eines gemeinsamen Prozesses sich seiner bewußt wird. Das 1923 erstmals erschienene Werk »Ich und Du« ist sehr dicht geschrieben. Seine Sätze sind oftmals schwierig zu verstehen, bedingen eine Interpretation mit dem Risiko, daß diese nicht zutreffend ist. Im Folgenden werden wörtliche Formulierungen von Martin Buber *in Kursivschrift* gedruckt, meine Zusammenfassungen, Interpretationen und Kommentare in gewöhnlicher Schrift. Für Buber wird das Ich erst wirklich durch die Teilhabe an der gemeinsamen Wirklichkeit (S. 66). Die Person wird sich ihrer selbst als einer am Sein teilnehmenden, als Mitseiender bewußt. In der gelebten Wirklichkeit gibt es keine Einheit des Seins. Wirklichkeit besteht nur im Wirken (S. 90).

Die Liebe zwischen Ich und Du ist für Buber das eigentliche Beziehungsmodell. Die Liebe geschieht. Sie haftet nicht dem Ich an, so daß sie nur das Du zum Inhalt oder zum Gegenstand hätte. Die Liebe ist vielmehr zwischen Ich und Du (S. 18). Eine Beziehung ist Gegenseitigkeit. »*Mein Du wirkt an mir, wie ich an ihm wirke*« (S. 19). Mein Gegenüber wirkt an mir, wie ich an ihm wirke, aber mein Gegenüber wirkt auch auf das Du, das ich ihm anbiete, und ich selbst löse aus ihm das Du heraus, das er mir anbietet. Wir nehmen beide teil an einer gemeinsam geschaffenen Wirklichkeit, einer Wirklichkeit, die sich zwischen uns im Dialog bildet. Im eigentlichen Dialog läßt mich der andere zu mir kommen. Er löst in mir eine persönliche Verwirklichung aus, die mir allein nicht zukäme, die er mir vielmehr ermöglicht und zugesteht. In Bubers Formulierung: »*Wer in Beziehung steht, nimmt an einer Wirklichkeit teil, d. h. an einem Sein, das nicht bloß an ihm und nicht bloß außer ihm ist. Alle Wirklichkeit ist ein Wirken, an dem ich teilnehme, ohne es mir eignen zu können ... der Zweck der Beziehung ist die Berührung des Du*« (S. 65). Der Dialog ist also die Teilhabe an einer gemeinsamen und lebendigen Wirklichkeit, die sich zwischen Ich und Du ereignet, die man nicht besitzen und festhalten kann; man kann sie nicht einfordern, nicht machen, sie ereignet sich in der Gegenwart der Begegnung. Dabei kommen die sich begegnenden Personen zu sich selbst, sie werden durch die Begegnung eigentlich, im Du-Werden kommen sie zu sich, sie finden und erfahren sich in neuer Weise, die durch das Du freigesetzt und ermöglicht wurde. »*Der Mensch wird am Du zum Ich*« (S. 32).

Der Jesuit und Naturforscher Pierre Teilhard de Chardin (zit. in Krenski, S. 123) beschrieb, wie er im Laufe der eigenen Lebensgeschichte zur Überzeugung gelangte, daß die wechselseitige Anziehung der Geschlechter die unergründlichen, noch schlafenden geistigen Kräfte von Mann und Frau weckt. Nicht in Monaden, sondern in Dyaden entsteht Geistigkeit. Die beiden Partner ermöglichen sich gegenseitig die Verwirklichung persönlicher Aspekte, die sie für sich allein nicht zu entwickeln imstande sind.

Wie ich in meinem Buch »Psychologie der Liebe« (2002) beschrieben habe, gibt es Aspekte der Selbstverwirklichung, die wir nicht aus uns selbst allein verwirklichen können, sondern die sich in der Begegnung mit einem Liebespartner in uns erst bilden und ins Licht des Bewußtseins rücken.

Für Martin Buber gibt es nicht nur das Ich und das Du im Dialog, sondern er spricht von einem Dritten, *von einem Dazwischen*. Er sieht in diesem Dazwischen die Präsenz und Teilhabe Gottes am Dialog. Gott ist der Dritte im Bund, der sich in den Dialogpartnern artikuliert. Aus psychologischer Sicht sehe ich in diesem Dazwischen das verbindende Thema, das sich zwischen den Gesprächspartnern bildet, um das herum sie sich in einer polaren Spannung miteinander auseinandersetzen. Ob sich ein gemeinsames Thema in der Begegnung bildet, kann nicht vorausgesehen werden. Es läßt sich nicht herbeizwingen. Wir können oft nicht wissen, ob bei einem Zusammentreffen ein fruchtbares Gespräch aufkommen wird. Mit der einen Person wird das gelingen, mit einer anderen nicht, aber auch mit derselben Person wird es einmal gelingen, ein anderes Mal nicht. Entscheidend für das Gelingen eines echten Dialogs ist eine untergründig bereitgestellte Frage, eine latente Bereitschaft, sich von den Suchbewegungen des anderen ansprechen zu lassen und mit ihm aus dem latent im Untergrund Bereitgestellten ein Thema zu bilden, zunächst nur abtastend, dann plötzlich hervorbrechend als eine Frage, zu deren Bewußtwerdung und Lösung man den Widerpart des anderen benötigt. Solche Themen können die Lebensthemen sein, auf die ich im Abschnitt 5.2 näher eingehen werde. Ein Dialog ist nicht machbar, er entsteht situativ, ohne Absicht, ohne Verfügbarkeit, er ist ein Geschenk.

Eine Liebesbeziehung ist zunächst, im Unterschied etwa zu einer Arbeitsbeziehung, eine Beziehung, bei der es den beiden Partnern um das Ich und das Du geht. Sie sprechen sich an in ihren personalen Aspekten, in ihren Gefühlen, Sehnsüchten, Ängsten und persönlichen Beunruhigungen. Sie treten durch die Ansprache als Personen in Erscheinung, sie beantworten sich in ihren Wahrnehmungen und wirken formend auf den anderen durch Unterstützung, Widerstand und Herausforderung. Jeder kann sich in den Reaktionen des anderen spüren und wahrnehmen, er sieht sich im anderen wie in einem Spiegel.

Im Verliebtsein als dem Beginn einer dauerhaften Liebesbeziehung bildet sich das Dritte als Vision der Partner für eine miteinander zu schaffende Welt, als Beginn eines neuen Lebens, oftmals wie eine Wiedergeburt, Beginn einer neuen Lebensgeschichte und Wendepunkt eines gemeinsam zu gestaltenden Lebenslaufes. Die gemeinsame Vision beinhaltet die Themen, welche die Partner miteinander bewältigen möchten, die Rollen und Aufgaben, die sie einander stellen und deren Erfüllung sie voneinander erwarten. Neben den alltagspraktischen Aufgaben geht es auch um persönliche Lebensthemen, zu deren Lösung der Partner seine Ansprechbarkeit anbietet. Es kann dabei um Vorstellungen über die Liebe gehen, Liebe als Fürsorge und Zärtlichkeit, Liebe als Sicherheit und feste Bindung, Liebe als Gewinn von sozialem Prestige oder Liebe als Einswerden. Der einmal gebildete gemeinsame Boden der Beziehung wird durch die Beziehungsgeschichte fortwährend angereichert und gefestigt.

Für Martin Buber ist die Beziehung zum Menschen das eigentliche Gleichnis der Beziehung zu Gott (S. 104). Gott begegnet der Person im Du einer anderen Person, und die Person begegnet Gott im Mitmenschen. Das Ereignishafte ist das Eigentliche der Beziehung zum personalen Gott, als Zwiesprache zwischen Ich und Du, mit all den Eigenheiten, die wir als kennzeichnend für die Begegnung beschrieben haben. »*Jedes einzelne Du ist ein Durchblick auf das ewige Du. In der Ich-Du-Beziehung verwirklicht sich die Gottesbegegnung. Der Mensch wird durch das, was mit ihm geschieht, durch sein Schicksal angeredet. Durch sein eigenes Tun und Lassen vermag er auf die Anrede zu antworten.*«

4.2.2 Von den Schwierigkeiten, in einer Liebesbeziehung man selbst zu bleiben

Die Bewährungsprobe der Selbstverwirklichung ist die Liebesbeziehung. Von Martin Buber läßt sich das Persönlichkeitsmodell ableiten, daß der Mensch ein Beziehungswesen ist, das auf ein Du ausgerichtet ist und sich in der Begegnung mit diesem Du selbst findet und sich verwirklicht. Diese Selbstfindung in der Begegnung setzt eine starke Verankerung im Selbst voraus. Diese kann jedoch nicht einfach vorausgesetzt werden, sondern sie wird oft erst herausgefordert und entwickelt in der Begegnung mit dem anderen. Eine zentrale Schwierigkeit ist die Frage, ob ich in einer Liebesbeziehung ich selbst bleiben kann oder ob der Partner von mir erwartet, daß ich ihm zuliebe mich seinen Wünschen unterordne und mich für die Liebe zu ihm aufgebe. Ein Großteil der Menschen, die eine Psychotherapie aufsuchen, präsentiert dieses Problem. Es ist deshalb oft richtig und notwendig, daß sie sich in einem ersten Schritt klarer von ihrem Partner abgrenzen, um besser zu hören, was ihre eigenen inneren Stimmen sagen und was sie eigentlich selbst wollen. Wichtig scheint mir allerdings, daß diese abgrenzende Selbstfindung nicht als therapeutische Zielsetzung genügt, sondern lediglich Voraussetzung ist, um sich in der Auseinandersetzung mit dem Partner bewußter zu werden. Eine Liebesbeziehung kann eine Vielfalt von Ängsten erzeugen, wie etwa (siehe ausführlich in Willi 2002, S. 141 ff.):

- die Angst, sich für den Liebespartner aufzugeben, ihm zu verfallen, ihm hörig zu werden, die persönliche Freiheit und Selbständigkeit aufzugeben;
- die Angst, abhängig zu werden und sich zu sehr an den anderen zu gewöhnen;
- die Angst, verletzt, gekränkt und entwertet zu werden, sich ausbeuten zu lassen;
- die Angst, dem anderen nicht gewachsen zu sein und sich als unterlegen zu erweisen.

Solche Ängste können übermächtig sein und Anlaß geben, sich von einer Beziehung überfordert zu fühlen. Sie können aber ebenso in spezieller Weise die Selbstwerdung der Person herausfordern. Es handelt sich etwa um die Schwierigkeit, dem Druck des anderen standzuhalten und der Versuchung zu widerstehen, dem Frieden zuliebe oder aus »Liebe« die eigenen Überzeugungen aufzugeben. Die Auseinandersetzung anzunehmen bietet aber die Chance, die eigenen Meinungen und Haltungen zu profilieren und zu festigen. Es kann eine Schwierigkeit darin bestehen, dem anderen zuzuhören, ohne sich vereinnahmen und verpflichten zu lassen, sich dem anderen im Gespräch anzuvertrauen, ohne übermäßige Angst, sich ihm damit auszuliefern. Es kann ein besonderer Gewinn darin liegen, sich selbst im Anderssein zum Partner zu spüren und den Mut zu finden, sich dem anderen so zuzumuten, wie man ist (s. dazu ganz ähnliche Beobachtungen des amerikanischen Sexualpsychologen David Schnarch 2006). Es besteht eine ich-stärkende Chance, sich in der Verschiedenheit treu zu bleiben, selbst wenn das Risiko besteht, daß die Beziehung sich deswegen auflöst. Im Grunde hat man gar keine andere Wahl, als zu sich selbst zu stehen. Wichtig ist, die Fähigkeit zu entwickeln, vom anderen Kritik entgegenzunehmen, ohne übermäßig gekränkt zu reagieren. Die Chance besteht darin, daß man aus der Kritik für sich lernt und auf blinde Flecken aufmerksam gemacht wird.

Dem Partner kritischen Widerstand zu geben heißt nicht starre Selbstbehauptung. Was die Selbstfindung in einer Liebesbeziehung in besonderem Maße fördert, ist die Fähigkeit, in sich selbst verankert zu bleiben und so ein ernstzunehmender Mitspieler im gemeinsamen Prozeß der Beziehung zu sein.

4.3 Selbstverwirklichung als tätige Verwirklichung

Im Abschnitt 3.1 wurde die Frage, wie der Mensch sein Potential zur Gestaltung seiner Umwelt nutzt, behandelt. Hier geht es um die Frage der Selbstverwirklichung, die nicht nur ein Bewußtwerden seiner selbst meint und nicht allein die dialogische Verwirklichung des Menschen betrifft, sondern gleichzeitig die Selbstverwirklichung durch gestaltende Verwirklichung des persönlichen Potentials. Das persönliche Potential wird gebildet durch die persönlichen Bereitschaften und Befähigungen zur Gestaltung der Umwelt. Es geht hier also um die Frage: »Was habe ich aus meinem Leben gemacht? Wie habe ich meine Talente verwirklicht? Worum ist es mir dabei gegangen? Was ist aus meinen Wirkungen geworden? Bin ich fruchtbar geworden?«

Wie jedes Lebewesen will der Mensch mit seinem genetisch angelegten Potential wirksam und fruchtbar werden, d.h. sein Potential sichtbar und faßbar verwirklichen (siehe Abschnitt 3.1). Er möchte reale Wirkungen erzeugen, etwas schaffen und gestalten, das Bestand hat und Sinn macht, in dem er sich selbst begegnen und für andere fruchtbar werden kann, indem er Spuren setzt, die ins Schaffen anderer aufgenommen werden. Es genügt ihm nicht, sich seiner selbst bewußt zu werden, es genügt ihm nicht, in intimen Beziehungen vom Partner gesehen und beantwortet zu werden, er möchte etwas Materielles in die Welt setzen, einen Beitrag leisten, der für andere wertvoll ist.

4.3.1 Das Wirken aus dem wahren und dem falschen Selbst

Die Begriffe Selbstverwirklichung oder Selbstfindung sind in die Volkssprache übergegangen. Es befällt mich immer ein Unbehagen, wenn ich Leute sprechen höre, sie hätten ihr Selbst gefunden, sie wüßten jetzt, wer sie seien, sie hätten gelernt, ganz sie selbst zu sein. Ist das Selbst etwas, das man wie einen verborgenen Schatz suchen, finden und besitzen kann? Vielleicht verhält es sich ähnlich wie mit den Begriffen Gesundheit und Krankheit. Es ist leichter zu sagen, was eine Krankheit ist, als Gesundheit zu definieren. Genauso verhält es sich mit der Bestimmung dessen, was das Selbst ist: Es ist leichter festzustellen, ob jemand *nicht* bei sich selbst ist, sich noch *nicht* gefunden hat, fremdbestimmt oder fassadenhaft, unecht und uneigentlich wirkt. Qualitäten wie Echtheit, Offenheit, Authentizität wurden von der humanistischen Psychologie, insbesondere von Carl Rogers, herausgearbeitet. Es ging dabei um den Erwerb grundlegender Lebenshaltungen, nämlich um den Mut, zu sich selbst zu stehen, sich selbst den anderen in seinem Sosein zuzumuten und seine Gefühle in angemessener Weise anderen Menschen zu zeigen und ihnen gegenüber zu vertreten. Der Gewinn dieser Haltung wird durch Bewußtwerdung seines Selbst gefördert. Der Ort, wo diese Authentizität am spürbarsten wird, ist neben der Liebesbeziehung die Arbeit, sowohl als Zusammenarbeit im Team wie in der Art, wie eine Aufgabe oder ein Werk ausgeführt wird.

Das Problem des wahren und falschen Selbst (Winnicott 1960; Laing 1972, 1973) zeigt sich im Berufsleben in besonderer Schärfe. Die Verführung zu fremdbestimmtem Verhalten ist besonders groß. Oftmals wird einem Unterordnung und fraglose Anpassung abverlangt. Kurzfristig hat mehr Erfolg, wer sich an die Verhältnisse anpaßt, niemandem Schwierigkeiten bereitet, die geltenden Spielregeln rasch erkennt und zum eigenen Nutzen einzusetzen versteht. Eigene Ideen und Meinungen in die Arbeit einzubringen ist der Anerkennung und Beliebtheit oftmals eher abträglich. Es besteht jedoch die Gefahr, daß man im Bemühen, sich anzupassen, sich selbst verliert und in der Identifikation mit dem daraus entstehenden Erfolg ein falsches Selbst entwickelt, d. h. eine Fassadenhaltung oder eine Pseudopersönlichkeit. Viele Geschäftsleute sind dermaßen gewohnt, sich ganz für die Kundenwünsche und Konventionen aufzugeben, daß sie auch im privaten Kontakt langweilig wirken. Manche Menschen haben einen beeindruckenden Anfangserfolg. Sie können in kürzester Zeit die Beförderung oder Wahl in eine Spitzenposition erreichen oder mit ihrer Arbeit hohe Anerkennung finden. Doch für viele gilt, daß je steiler der Aufstieg, desto steiler auch der Abstieg ist. Viele sind vom raschen Erfolg überfordert, weil sie diesen nicht breit genug zu verankern vermögen. Man muß demütig sein, um nachhaltig erfolgreich zu bleiben. Manche verlieren den Boden unter den Füßen, wenn sie über Nacht plötzlich im Zentrum der öffentlichen Aufmerksamkeit stehen und ihnen dabei das Gefühl abhanden kommt, wo ihr wahrer Platz sein könnte. Am gefährlichsten ist es vor allem in kreativen Berufen, bei Künstlern, Schriftstellern oder Forschern, wenn diese sich nicht von der Kreation ihres Werkes leiten lassen, sondern sich ganz nach dem Urteil von Kritikern, Experten oder Kunden richten. Worum geht es ihnen eigentlich? Ist es das Werk oder der öffentliche Erfolg? Was wollen sie eigentlich mit ihrem Werk bewirken?

4.3.2 Persönliche Läuterung durch die Arbeit und das Werk

Die Bewährung der Selbstverwirklichung im Tätigsein halte ich für so wichtig, weil das Tätigsein der Person Qualitäten der Reife abfordert und sie einem persönlichen Lernprozeß unterzieht. Zwar werden die Taten immer auch unvollkommen bleiben und durchkreuzt sein von persönlichen Widersprüchen, fremdbestimmtem Erfolgsstreben und uneigentlichen Motivationen. Dennoch wird, wer langfristig erfolgreich sein will, auch schwere Mißerfolge ertragen müssen, wie Kränkungen und Entwertungen, aber auch Anfeindungen durch Rivalen und Neider. Die Konfrontation mit der eigenen Unvollkommenheit und dem eigenen Ungenügen ist eine unausweichliche Erfahrung des Wirkens. Durch die kritische Auseinandersetzung mit dem eigenen Ungenügen kann die Einstellung zu sich und anderen geläutert werden. Die Person wird mit ihrer Motivation konfrontiert, mit der Frage, worum es ihr eigentlich geht. Im Wirken finden die Selbsterkenntnis und Selbstbewußtheit ihre Bewährungsprobe. Das Wirken schließt persönliche Erfahrungen ein, die wichtige Qualitäten der Selbstverwirklichung sind.

Die Arbeit vermittelt Orientierung, gibt Rückmeldung, nicht nur über das Produkt, sondern auch über die Art der geleisteten Arbeit und die Haltungen, die sich darin zeigen. Langfristig bewähren sich Tricks und das Vorgaukeln falscher Effekte nicht. Es bewährt sich im eigenen Interesse, mit Kollegen und Kunden ehrlich, transparent, fair und gerecht umzugehen und ihre Kritik und ihr Nachfragen ernst zu nehmen. Die vielfältigen Rückmeldungen des beantworteten Wirkens fördern nicht nur die Selbstwahrnehmung und Selbsteinschätzung, sondern korrigieren viele Fehlhaltungen. Viele negative Veränderungen bei Menschen im höheren Alter führe ich auf den Verlust einer ernstzunehmenden Arbeit zurück, der auch ein Verlust all der »erzieherischen« Qualitäten der Arbeit ist.

Man hat die Hoffnung, daß mit dem Werk etwas in die Welt gesetzt wird, das einem dauerhaft Anerkennung und Einfluß einbringt oder gar ewigen Ruhm. Doch dann macht man die Erfahrung, daß einen das Werk nicht mehr anspricht, sobald die Arbeit vollendet ist und das Werk dasteht. Man wird des Werks durch den Verkauf enteignet. Handelt es sich um ein künstlerisches oder kulturelles Werk, so wird es von den Kritikern oft mißverstanden, von den Bewunderern kopiert und demontiert. Damit erfährt man, daß nicht das Werk das Eigentliche ist, sondern der Weg, der zur Schaffung des Werkes hinführte, d.h. das Leben des Tuns und nicht das Bewahrenwollen des Ergebnisses, obwohl während des Tuns alles Streben nur auf das Ergebnis ausgerichtet war.

Bei Meister Eckhart finde ich viele aus seiner christlichen Mystik heraus entwickelte Gedanken, die sich mit den pragmatischen Beobachtungen über das beantwortete Wirken, wie ich sie in Kapitel 3 beschrieben habe, decken. Meister Eckhart spricht von der tätigen Seinsverwirklichung im rechten Wirken. Das Werk ist im Wirken bei sich selbst und nicht im Ergebnis, nicht im geschaffenen Werk, das in Besitz genommen werden kann. Es kommt im Wirken nicht auf den Effekt an, sondern auf die Wirkung im Menschen, der es tut. »Das Werk ist als Werk nichts. Sobald es entstanden ist, wird es zunichte. Denn der Geist hat an diesem Werk nichts mehr zu tun« (1983, S. 206–215).

Die Person wird dadurch, daß sie über ihre Werke und deren Folgen nicht verfügen kann, einen wichtigen Reifungsprozeß durchlaufen:

a) Sie kann ihr persönliches Potential nicht nach eigenem Belieben verwirklichen, sondern ist immer auf die Ansprechbarkeit der Umwelt angewiesen, die ihr das Wirken zugesteht. Sie stößt an Grenzen, die ihr von anderen gesetzt werden, oftmals aus Unverständnis und unsachlichen Widerständen.

b) Sie muß die anderen für das eigene Wirken gewinnen, sie muß in der Zusammenarbeit eine Dosierung von Engagement und Loslassen, ein bestimmtes Verhältnis von Überzeugenwollen und Gewährenlassenwollen finden.

c) Sie ist im Wirken immer nur ein Mitwirkender, in Prozessen, auf die andere Personen Einfluß nehmen. Meist kann sie ein Werk nicht sich allein zuschreiben. Das Ergebnis und der Erfolg sind mit anderen zu teilen.

d) Das getane Werk wird ihr aus den Händen genommen, entfremdet und entzogen. Sie kann nicht darüber bestimmen, was mit dem Werk in die Welt gesetzt wird und was andere daraus machen. Manchmal wird das Werk von anderen in deren eigenem Namen übernommen und fortgeführt.

e) Sie muß bereit sein, aus der Kritik am Werk zu lernen, ohne dabei die Verankerung in sich selbst zu verlieren.

f) Sie muß damit leben, daß die Halbwertzeit von Erfolg kurz ist und der Einsatz, der für ein Werk geleistet wurde, rasch in Vergessenheit gerät.

Der Reifeprozeß, dem eine Person im Wirken unterzogen wird, betrifft vor allem den Umgang mit der narzißtischen Besetzung ihres Tuns und mit dessen Ergebnis, also all den Kränkungen über mangelnde Anerkennung oder Verkennung, Mißverständnissen, Intrigen, mit dem Streitigmachen ihres Erfolges, dem Neid und der Eifersucht auf die Konkurrenten, dem Besitzanspruch, den erlittenen Ungerechtigkeiten. Ist das Streben auf das Bewahren des Erfolgs ausgerichtet, dann ist es schwierig, mit all diesen destruktiven Nebeneffekten zurechtzukommen. Ist das Streben jedoch im Tun verankert, so ist es leichter, Gelassenheit zu bewahren.

4.3.3 Die tätige Seinsverwirklichung bei Meister Eckhart

Meister Eckhart gilt als der bedeutendste deutsche Mystiker des Mittelalters. Er ist um 1260 in Hochheim bei Gotha geboren und wahrscheinlich 1328 in Avignon gestorben. Seine Lehre kann als spirituelle Grundlage der ökologischen Psychotherapie dienen. In seinen Reden schreibt er: Alles Seiende hat sein Sein von einem anderen über sich, nach dem es sich sehnt. Das Sein ist das, wonach alles dürstet, hungert, sucht und verlangt (1983, S. 228). Alles geschaffene Seiende hat sein Sein von Gott und in Gott, nicht in sich selbst als geschaffenes Seiendes (S. 234). So hungert es, weil es nie aus sich ist, sondern immer von einem anderen. Gott ist allen Dingen zuinnerst als Sein. Gleichzeitig ist er zuäußerst, weil über allem und außer allem. Das Sein ist nicht ein fester Besitz, vielmehr wird es ununterbrochen empfangen. Das Vermögen des Seienden ist nur ein Vermögen zum Sein; dieses Vermögen bleibt aber Verlangen und Durst nach dem Sein und ist nie gestillt oder gesättigt. Hungernd empfängt das Seiende das Sein und hungert dennoch weiter. So geht jedes Seiende von Gott als dem Sein aus. Lebendig ist nur das Werden, nicht das Gewordensein.

Meister Eckhart sieht Gott als einen allzeit Wirkenden (S. 51). Außerhalb des Wirkens können wir nichts erfahren, denn nur im

Selbstverwirklichung als tätige Verwirklichung

Wirken steht Gott mit seiner Schöpfung in Beziehung. Alles, was von Gott ausgeht, wird uns faßbar in seinem lauteren Wirken. Diese Aussagen könnten leicht zu Mißverständnissen führen. Es geht Eckhart nicht um eine Verherrlichung des Machens oder der Effizienz. Er sieht vielmehr in der Aktion das begleitende und vorbereitende Element der tiefen Erfahrung des Glaubens. Darin liegt scheinbar eine Paradoxie, denn Eckhart fordert andererseits ja radikal die Abgeschiedenheit, Armut, Loslösung und Gelassenheit. Der Mensch muß aller Dinge leer sein, um Gottes voll zu sein. Hier zeigen sich viele Parallelen zum Buddhismus. Es geht Eckhart um das rechte Wirken, das weniger fragt nach dem »Wozu?«, als nach dem »Woraus?«. Wie schon erwähnt: Das Werk ist im Wirken bei sich selbst und nicht im Ergebnis, nicht im geschaffenen Werk, das in Besitz genommen wird. Es kommt im Wirken nicht auf den Effekt im Werk an, sondern auf die Wirkung im Menschen, der es tut. »Das Werk ist als Werk nichts. Sobald es entstanden ist, wird es zunichte. Denn der Geist hat an diesem Werk nichts mehr zu tun. Der Mensch ist im Wirken bei sich selbst, nicht im Ergebnis.« Es geht um ein Einüben in das schöpferische und heilsspendende Wirken Gottes. Es kommt auf den Grund des Wirkens an. Sachgerechtes Wirken ist eingebettet in das göttliche Wirken. Menschliches Dasein ist ein Wirken aus Gott in der Zeit. Der Mensch soll im Wirken Gottes mitwirken.

Für den Begriff Gott können wir auch als Teilaspekt Gottes den Begriff »das Allumfassende« setzen. Wie ich im Buch »Ko-evolution – die Kunst gemeinsamen Wachsens« (1985) ausgeführt habe, sind wir als Personen Teil eines uns übergreifenden Ganzen. Es ist von großer Bedeutung, sich als Teil in das Ganze eingebettet zu erfahren. Die menschliche Gesellschaft steht in einer gewaltigen soziokulturellen Evolution. Diese ist mit vielen Unvollkommenheiten und Fehlern behaftet. Doch trotz aller Rückschläge scheint sie gesamthaft positiv voranzuschreiten. Der Einzelne kann sich als Teil einer menschlichen Gesellschaft sehen, die sich trotz aller Rückschläge vorwärtsbewegt in Richtung zu mehr Differenzierung, Gerechtigkeit und Achtung vor dem Individuum.

Diese Erkenntnis ermöglicht die Einstellung, seine persönliche Existenz als Teil und Beitrag zur Entwicklung des Ganzen zu sehen – »mit Gottes Wirken mitwirken«. Nach Eckhart geht es darum, daß Gott im Menschen eine Stätte findet, in der er wirken kann. So wirkt Gott im Menschen sein eigenes Werk und so erfährt der Mensch Gott in sich.

Diese Gelassenheit im Wirken wird allerdings da zum Problem, wo es um die persönliche Zuschreibung des Wirkens und der Werke und die damit verbundenen Konkurrenzgefühle, um Neid und Eifersucht geht. Philosophisch gesehen kann der Mensch erkennen, daß er ein Teil eines ihn übergreifenden Ganzen ist. So kann auch die eigene Existenz als Beitrag in diesem personübergreifenden Entwicklungsprozeß gesehen werden (Willi 1985). Wie erwähnt, kann das Wirken des Einzelnen nur bedingt den persönlichen Verdiensten zugeschrieben werden. Oft ist es rein zufällig, ob der eine oder der andere in seiner Wirksamkeit erfolgreich ist. Aus einer übergreifenden, gesellschaftlichen Warte ist das auch belanglos. Eckhart ist der Meinung, daß Gott durch den einen oder durch den anderen wirken könne (Meister Eckhart 1983, S. 339). Das Sein ist im einen kein anderes als im anderen. So empfängt jeder die göttlichen Gaben in sich oder im anderen. An dem, was er nicht in sich empfängt, freut er sich, da er es in einem anderen empfängt, weil er doch den anderen ganz wie sich selbst liebt. Das Auge sieht dann nicht eher für sich als für einen anderen. Seiner Natur nach sieht es aber zuerst für das Ganze, zu dem es gehört (S. 99): »In allem, wo Gott wirken wollte, sollte mir sein Wille so lieb sein, daß mir das nicht weniger bedeutet, als wenn er mir diese Gabe gäbe oder dies in mir wirkte. Gibt Gott es Dir, so nimm's. Gibt er's Dir nicht, so sollst Du's willig entbehren. Wer rechten Sinnes ist, empfängt im Darben ebenso wie im Haben.« »Darum klage nicht, klage vielmehr nur darüber, daß du noch klagst und kein Genügen findest; darüber allein magst du klagen, daß du noch zuviel hast« (S. 99).

5 Was leitet und bahnt den Lebenslauf?

▪ Im vorangegangenen Kapitel ging es um die Entwicklung der Person, hier geht es um die Entwicklung des Lebenslaufs mit der Frage, was diese Entwicklung beeinflußt und leitet.

Bevor wir zum eigentlichen Wandel kommen, soll auf Faktoren hingewiesen werden, die dem Lebenslauf eine Ausrichtung und Konsistenz verleihen, welche den Eindruck entstehen lassen, das Leben sei eine sinnvolle Geschichte, die geleitet, gesteuert, geführt oder gebahnt werde. Die Gestaltung des Lebenslaufs erhält eine Stabilisierung durch die Strukturen der Persönlichkeit, aber auch durch die Strukturen der Lebensumstände und der persönlichen Nische. Es ist für die Orientierung am eigenen Lebenslauf für die Person oft ein Gewinn, wenn sie in der Abfolge der einzelnen Entwicklungsschritte einen sinnvollen Zusammenhang erkennen kann. Die Bahnung des Lebenslaufes wird sie als Macht der Gewohnheit erleben. Aber all diese Bahnungen sind nicht zwingend. Die Person hat immer die Möglichkeit, aus den Gewohnheiten auszusteigen, nur erfordert das eventuell erhebliche Anstrengungen und die Bereitschaft, Risiken einzugehen. Zu den bahnenden Faktoren gehören die Entwicklungsaufgaben, die auf die Person in Zusammenhang mit ihren Lebensphasen zukommen, dann die Lebensthemen, die zur Verwirklichung drängen, aber auch die Lebensumstände und die persönliche Nische, welche stabilisierend oder labilisierend auf die Person einwirken können. Die Konsistenz des Lebenslaufes wird neben dem persönlichen Gedächtnis auch erhöht durch die in der Nische enthaltenen Erinnerungsspuren. Es gibt eine Art Lebenslauf-Karma, gemäß welchem die Wirkungen unserer Taten auf uns zurückfallen und wir ernten, was wir gesät haben, im Guten wie im Schlechten. Schließlich wird auf religiöse Erfahrungen des Geführtwerdens hingewiesen, und diese werden psychologisch in Beziehung gesetzt mit dem Konzept des Selbst von C.G. Jung als übergeordnetem Organisator des Lebens. ▪

Gibt es identifizierbare Faktoren, die den Lebenslauf leiten, oder entwickelt sich der Lebenslauf zufällig, je nachdem, was situativ an die Person herantritt oder mit ihr geschieht? Wenn es Bedingungen gibt, die den Lebenslauf leiten und steuern, wie zwingend wird die Person in der Gestaltung ihres Lebenslaufs von diesen Bedingungen bestimmt? Entwickelt sich der Lebenslauf unausweichlich in seinen Bahnen oder vermag die Person aus diesen Bahnen der Gewohnheit auszusteigen? Kann das Festgefahrensein in diesen Bahnen zur inneren Vorbereitung eines Wandels Anlaß geben? Es ist zu unterscheiden zwischen unbeeinflußbaren Gegebenheiten, die schon als biologische, psychologische und soziale Bedingungen in der Schwangerschaft, nach der Geburt und in der frühen Kindheit vorliegen und die das ganze Leben hindurch Rahmenbedingungen setzen, welche den Spielraum für die persönliche Gestaltung des Lebenslaufes einschränken. Aber es gibt auch beeinflußbare Bedingungen, die den Lebenslauf leiten, von denen hier einige, ohne Anspruch auf Vollständigkeit, besprochen werden sollen.

Einflußfaktoren auf den Lebenslauf können sein:

a) Motivationen, die auf die anstehende Gestaltung des Lebenslaufes ausgerichtet sind
   - den Lebensphasen immanente Entwicklungsaufgaben
   - Lebensthemen, die zur Verwirklichung drängen
   - Stabilisierung durch persönliche Strukturen und Strukturen der Nische
b) nachwirkende Einflüsse der Vergangenheit
   - Eigendynamik des wirkungsgeleiteten Lebenslaufes
   - Nachwirkung der in der persönlichen Nische erhaltenen Spuren der Vergangenheit
   - das Lebenslauf-Karma
c) transzendente Erfahrungen des Geführtwerdens.

5.1 Den Lebensphasen immanente Entwicklungsaufgaben

Der Sichtweise, daß sich der Lebenslauf nach einem dem Menschen eingegebenen Plan entwickle, hängt die *Entwicklungspsychologie* an, soweit sie der Vorstellung folgt, daß der Mensch von Geburt bis ins Alter verschiedene bio-psycho-sozial begründete Lebensphasen durchschreitet, von denen ihm jede bestimmte Entwicklungsaufgaben stellt, deren Erfüllung die Grundlage zum Fortschreiten ins nächste Stadium bildet. So hat Erik Erikson (2005) acht aufeinander aufbauende Entwicklungsphasen von der Kindheit bis ins Alter beschrieben. Zum ersten Lebensjahr gehört der Erwerb des Urvertrauens, der, wenn es scheitert, lebenslang ein Urmißtrauen hinterlassen kann. Es folgt die Phase des 2.–3. Lebensjahres, in welcher es um die Bildung von Autonomie geht, wie sie sich u. a. in der Trotzphase darstellt. Das Scheitern dieser Phase hinterläßt die Neigung zu Scham und Zweifel. Es folgt die sogenannte ödipale Phase, in welcher bei ungenügendem Bestehen die Bildung von Initiative durch Schuldgefühle behindert ist. Im Schulalter stellt sich die Aufgabe von Leistung; das Scheitern daran hinterläßt Minderwertigkeitsgefühle. In der Pubertät und Adoleszenz geht es um Identität gegen Rollenkonfusion, im frühen Erwachsenenalter um Intimität gegen Isolierung, im Erwachsenenalter um zeugende Fähigkeit gegen Stagnation und in der Reife um Ich-Integrität und Sinnerfüllung gegen Verzweiflung. Gegen diese Aufstellung von typischen Lebensstufen ist wissenschaftlich Kritik erhoben worden, weil das Schema zu normativ ist und es zuwenig die Kulturabhängigkeit, die Bedeutung der gesellschaftlichen Lebensumstände und die individuelle Variabilität berücksichtigt. Es ist hier nicht der Ort, um vertiefend darauf einzugehen. Für mich ist der Hinweis von Bedeutung, daß der Mensch als gesellschaftliches Wesen konfrontiert ist mit Lebensphasen, die ihn nicht nur in Kindheit und Jugend, sondern auch im Erwachsenenalter mit Entwicklungsaufgaben konfrontieren. Ich habe selbst in meinen Büchern »Was hält Paare zusammen?« (1991) und »Psychologie der Liebe« (2002) die Entwicklungsphasen einer dauerhaften Liebesbeziehung beschrieben, mit ihren Herausforderungen an

Tabelle 2: *Entwicklungsaufgaben im Prozeß einer Liebesbeziehung*

PHASEN DER LIEBE	ENTWICKLUNGSAUFGABE	ÄNGSTE UND ABWEHRMASSNAHMEN
1. Liebessehnsucht	Eigene Liebesbedürftigkeit anerkennen	Angst, sich der Liebesdynamik auszusetzen; Abwehr durch Verleugnung von Liebessehnsucht oder durch Übersteigerung ins Unerfüllbare
2. Partnerwahl	Hoffnung auf Korrektur bisheriger Beziehungserfahrungen und persönlicher und familiärer Fehlentwicklungen	Angst vor Wiederholung früheren Scheiterns; Abwehr durch Wahl eines (scheinbar) kontrollierbaren Partners
3. Sich verlieben	Sich der Verwirklichung neuer Lebensperspektiven öffnen	Angst, die Kontrolle zu verlieren, zu regredieren, zu verschmelzen; Abwehr durch abweisendes Verhalten oder kontrolliertes Verlieben in unerreichbare Partner
4. Liebesenttäuschung und Einsamkeit in der Liebe	Begrenzungen der Liebesbeziehung zur Entfaltung von Autonomie akzeptieren	Angst, sich unglücklich zu binden oder verlassen zu werden; Abwehr durch Idealisierung von Glück und Harmonie in der Liebe. Flucht aus der Beziehung bei aufkommender Enttäuschung
5. Kompensationen der Begrenzungen der Liebe	Pragmatisches Gestalten kompensatorischer Beziehungen unter Wahrung des Primates der Liebesbeziehung	Angst, den Partner aus den an ihn gestellten Erwartungen zu entlassen; Eifersucht auf kompensatorische Beziehungen; Kompromißlosigkeit in den Ansprüchen an den Partner
6. Das Gestalten einer gemeinsamen Welt	Sein Potential verbindlich investieren	Angst vor Verlust der Freiheit und Eigenständigkeit; Abwehr durch Offenhalten von Fluchtwegen, durch Heiratsphobie oder kontraphobische Flucht nach vorn mit Abbrechen aller hinter einem

Immanente Entwicklungsaufgaben 145

	werden. Verantwortung für andere übernehmen. Flexible Abstimmung der Ansprüche für sich selbst, das Paar und die Kinder	eigenen Kindern suchen oder kontraphobische totale Hingabe an das Kind
8. Gelockerte Koordination der Lebensläufe in der zweiten Lebenshälfte	Nachholen bisher hintangestellter Entwicklungen, vermehrte Eigenständigkeit	Angst vor Auseinanderentwicklung; Angst vor der Freiheit des Partners; Abwehr durch Behinderung der Freiheit des Partners; Angst vor Endgültigkeit verpaßter Chancen
9. Pensionierung und Großelternschaft	Umstrukturierung zu mehr Zweisamkeit unter Wahrung ausreichender Autonomie; Klugheit im Erfüllen der Großelternrolle	Angst vor exklusiver Zweisamkeit; Abwehr durch Gehässigkeit und Machtkämpfe
10. Altersehe	Sich versöhnen, füreinander da sein bei gleichzeitiger Bereitschaft, loszulassen und Abschied zu nehmen	Angst vor Gebrechlichkeit, oder diese nicht wahrnehmen wollen; Angst vor Tod des Partners, sich an ihn klammern
11. Witwenschaft	Elemente der gemeinsamen Welt in persönliche Welt integrieren, freigesetzte persönliche Entwicklungsmöglichkeiten wahrnehmen	Verlust des Lebenssinnes, Verharren in der Konservierung der früheren gemeinsamen Welt; Vermeidung des Schmerzes durch vorschnellen Partnerersatz
Trennung und Scheidung	Verarbeitung der Verletzungen; Analyse begangener Fehler; Konsequenzen für neue Partnerschaft	Feindseligkeit und Rache am anderen Geschlecht, Angst vor Wiederholung, Flucht nach vorn in neue Partnerbeziehung, Idealisierung der neuen Beziehung und Konfliktvermeidung

die persönliche Entwicklung, aber auch mit ihren Möglichkeiten, an diesen Aufgaben zu scheitern. Es ist nicht klar zu definieren, was an diesen Lebensphasen einem inneren Entwicklungsplan folgt und was sich aus der gesellschaftlichen Situation und der Eigendynamik von Beziehungen ergibt (siehe Tab. 2).

Die Abfolge der sich stellenden Aufgaben folgt einer inneren Logik. Ich habe sie in elf Phasen beschrieben, wobei die Liebesbeziehung auf jeder Stufe beendet werden kann und sich in einer neuen Beziehung in ähnlicher Weise wiederholt, wobei nach Scheidung und Wiederverheiratung komplexe Interaktionen zwischen der gegenwärtigen und der vergangenen Beziehung entstehen können. Die Entwicklungsaufgabe, die sich etwa bei der Partnerwahl stellt, besteht darin, einen Liebespartner zu wählen, der eine gesunde persönliche Entwicklung herausfordert und einem hilft, fehlgeleitete Entwicklungen der Herkunftsfamilie durch das Zusammenleben mit ihm zu korrigieren. Die Angst bei der Partnerwahl kann sein, den falschen Partner gewählt zu haben und das erst im späteren Verlauf zu erkennen. Die Entwicklungsaufgabe des Verliebtseins kann sein, sich einer neuen Lebensvision zu öffnen, trotz der damit verbundenen Angst, sich an den Partner zu verlieren und enttäuscht zu werden. Die Entwicklungsaufgabe der Liebesenttäuschung liegt in der Bereitschaft, die idealisierten Erwartungen des Verliebtseins auf ein realistisches Maß zurückzuschrauben und den Partner nicht verantwortlich zu machen für das Liebesglück, sondern das Leben in einer Partnerschaft in die eigenen Hände zu nehmen. Die Angst in der Phase der Liebesenttäuschung kann sein, vom Partner verlassen zu werden, wenn man sich ihm so zumuten will, wie man sich fühlt. Die Schwierigkeiten, diese phasentypischen Aufgaben zu bewältigen, sind wichtige Themen der Paartherapie.

Die Übergänge zur nächstfolgenden Phase einer Liebesbeziehung gehen mit einem Wandel des Lebenslaufes einher. Lebensphasen werden nicht nur individuell, sondern auch biologisch und gesellschaftlich strukturiert. Auch wenn die Aufstellung typischer Lebensphasen normativ wirkt und diese bis zu einem gewissen Grad kultur- und zeitabhängig sind, sind gewisse phasentypische Lebensaufgaben ubiquitär. So etwa ist die Zeit, in welcher eine Frau natürlicherweise

Kinder kriegen kann, deutlich begrenzt. Auch wenn sie auf Kinder verzichten will, wird sie sich in der Zeit, in welcher sie Kinder kriegen könnte, mit dieser Lebensaufgabe auseinandersetzen.

5.2 Lebensthemen, die zur Verwirklichung drängen

Die Frage, wie eine Person sich verwirklichen und was sie aus ihrem Leben machen möchte, ist bei den meisten Menschen relativ offen. Ihre Lebensthemen sind ihnen relativ wenig bewußt. Die Interessenlage gibt vielleicht eine bestimmte Richtung an, die lebensthematische Begründung konkreter Pläne aber bleibt diffus. *Es hängt stark von den Gelegenheiten ab, ob sich Lebensmotivationen in konkrete Pläne umsetzen lassen.* Der Plan etwa, sich in seinem Leben für mehr Gerechtigkeit einzusetzen, kann ganz verschiedene Formen annehmen: ein politisches Engagement mit Einsatz für die Minderheiten und Benachteiligten, eine soziale oder therapeutische Berufstätigkeit oder eine journalistische und publizistische Tätigkeit. Der Stachel im Fleisch, der einen zu einer bestimmten Tätigkeit drängt, kann in frühen traumatisierenden Lebenserfahrungen begründet sein. Es kann sein, daß man in einer persönlichen Geschichte schmerzhafte Hintansetzungen erfahren mußte, die man mit seinem späteren Leben überwinden und wettmachen will. Es kann sein, daß die Familie, aus der man stammt, Kränkungen und Benachteiligungen erfahren hatte, die man mit seinem späteren Leben rächen oder für die man Genugtuung einfordern will. Es kann sein – wie es etwa bei Migranten oder Asylbewerbern der Fall ist –, daß man einer Volksgruppe zugehörig ist, die viel Unrecht erleiden muß, und man sich deshalb für die Bekämpfung ihrer Not und für ihr gesellschaftliches Ansehen einsetzen will. Doch nicht jede persönliche familiäre oder gesellschaftliche Hintansetzung bewirkt eine Motivation zum Kampf für mehr Gerechtigkeit und Anerkennung. Ebenso ist es möglich, daß jemand, der Ungerechtigkeit erfahren mußte, versucht, spätere ähnliche Erfahrungen zu vermeiden durch Überanpassung an die Lebensumwelt, von der er geliebt und geachtet werden möchte. Oder er zieht sich aus jedem politischen Engagement zurück und setzt sich nur für seinen persönlichen Profit ein. Es kann sogar sein, daß er überkompensatorisch eine Machtstellung anstrebt, aus welcher er Untergebene in ähnlicher Weise demütigen kann, wie er es früher selbst erfahren hatte. Es hängt stark von den Gelegenheiten und dem Beantwortetwerden durch die Bezugsgruppe ab, in welche Richtung man sich bewegen wird.

Im Bestreben, aus dem Leben etwas zu machen, eine Aufgabe zu finden, für die zu leben sich lohnt, eine Funktion in Gesellschaft oder Familie zu erfüllen und sich gebraucht, geliebt und respektiert zu fühlen, finden sich wichtige Grundlagen von Lebensthemen, die ihren Inhalt oft in früheren persönlichen Lebenserfahrungen haben und die einen in besonderer Weise ansprechbar machen auf Gelegenheiten, die einem von der Umwelt entgegengebracht werden. Die Ansprechbarkeit auf Gelegenheiten kann in kulturellen, familiären oder persönlichen unabgeschlossenen Transaktionen (unfinished business) liegen.

5.2.1 Gesellschaftliche Begründungen der Lebensthemen

Die gesellschaftliche Situation wird in der Regel vor allem dann zum Thema, wenn man selbst oder die eigene Herkunftsfamilie unter ihr zu leiden hatte. Zum Lebensthema wird die gesellschaftliche Situation, wenn man sich aufgefordert fühlt, für ihre Veränderung und Verbesserung zu kämpfen, sei es in der Stellung eines Bürgers oder in der beruflichen Situation. Lebensthemen können sich einem aufdrängen in der Gesellschaft, in der man aufgewachsen ist und heute noch lebt. Es geht dann etwa um den Kampf um soziale Gerechtigkeit – aus der linken oder rechten politischen Perspektive –, um den Kampf um die gesellschaftliche Wettbewerbsfähigkeit und Bewältigung des sozialen Wandels, aber auch um den Kampf für das gesellschaftliche Leitbild und gegen die Kräfte, die dieses bedrohen. Es kann sich auch um weltanschauliche und religiöse Themen handeln. Die Mittel der Verwirklichung sind das Engagement in einer politischen Partei oder einer weltanschaulichen Gemeinschaft, publizistische oder journalistische Tätigkeit oder öffentliche Vorträge und Debatten. Oft viel persönlicher und tiefgründiger ist die Betroffenheit von Migranten, Asylbewerbern oder Flüchtlingen, die schwere politisch bedingte Traumatisierungen erlebt haben und sich nun in der Gesellschaft ihres Gastlandes fremd fühlen, auf der untersten Stufe der gesellschaftlichen Hierarchie keine Anerkennung und kein Verständnis finden und erfüllt sind von Frustration und Wut auf die ihnen fremde Gesellschaft. Sie müssen sich ihren Platz erkämpfen, wobei sie bedacht sein müssen, nicht negativ aufzufallen und sich möglichst perfekt anzupassen. Es stellt sich für sie persönlich die Frage: Was von dem, das die Volksgruppe, mit der ich identifiziert bin, erlitten hat, sucht in meinem Leben nach einer Gelegenheit zur Korrektur und Einforderung von Gerechtigkeit, was in mir unterdrückt und vermeidet eine derartiges Engagement aus Angst vor negativen Konsequenzen und erneuten Verletzungen? Wie finde ich einen Mittelweg, ohne mich mit dem Migrantenschicksal gegen das Gastland überzuidentifizieren, aber auch ohne mich schuldig zu fühlen, weil ich mich feige um Überanpassung bemühe?

5.2.2 Familiäre Begründungen der Lebensthemen

Wichtige Beweggründe, die eine Person für ein Lebensereignis besonders ansprechbar machen, bilden sich aus der Familiengeschichte. Ich habe diesen Gesichtspunkt eingehend als familiäre Koevolution (Willi 1985 und 1996) beschrieben. Kinder machen ihre ersten prägenden Erfahrungen im Kreise ihrer Familie und nehmen dabei implizit, aber auch explizit – d. h. durch die direkten Erziehungsanweisungen der Eltern – Werthaltungen, Lebensziele und Vorstellungen über den Sinn des Lebens auf. Es kann sein, daß sie die familiären Leitlinien relativ unbesehen übernehmen und weiterzuführen suchen. Häufig aber werden sie sich in der Pubertät kritisch mit dem familiären Ideengut (Willi 1985) auseinandersetzen. Es entstehen Motivationen, die Familiengeschichte mit dem eigenen Leben zu korrigieren, um Fehler oder Extremhaltungen der Eltern auszugleichen. Dies wird vor allem dann der Fall sein, wenn die Eltern sehr einseitige weltanschauliche Haltungen vertreten, vor allem in religiöser, weltanschaulicher oder politischer Hinsicht. Es kann aber auch sein, daß man jene Entwicklungen, welche den Eltern versagt geblieben sind, stellvertretend für sie verwirklichen und erfüllen will, wozu man sich besonders gedrängt fühlen kann, wenn die Eltern große Entbehrungen auf sich genommen hatten, um einem die von ihnen selbst ersehnte Karriere zu ermöglichen. Gelegenheiten zur Korrektur der Familiengeschichte bieten sich vor allem in der konkreten Gestaltung von Beziehungen und der persönlichen Nische an, sei es in der Berufswahl, Partnerwahl oder Erziehung eigener Kinder. Die Berufswahl kann in der Fortführung von beruflichen Vorbildern der Eltern erfolgen oder in der Gegenwahl, mit welcher man sich die Eigenständigkeit der getroffenen Berufswahl bestätigen will. Eventuell will man eine Korrektur setzen zu einer verfehlten Berufswahl der Eltern. So etwa schildert C. G. Jung (Jaffé 1975) eindrücklich in seinen Lebenserinnerungen, wie das abschreckende Beispiel des Pastorenberufes seines Vaters eine wichtige Grundlage für die Wahl seiner psychologisch-psychotherapeutischen Tätigkeit war. Sein eigener beruflicher Werdegang blieb zwar dem religiösen Thema seines Vaters nahe, konkretisierte sich aber in einer deutlich vom Vater unterschiedenen Verwirklichung. Fehlentwicklungen der Familiengeschichte bestimmen auch häufig die Wahl eines Lebenspartners, mit welchem eine Korrektur der familiär gebahnten persönlichen Geschichte erwirkt werden soll. Das sind dann in den Augen der Eltern die Mesalliancen, die Wahl eines Partners, der ihr Kind unter einen schlechten Einfluß bringt und der nicht in ihre Familie paßt. Der Druck der Eltern bewirkt dann meist das Gegenteil vom Intendierten und bestärkt das Festhalten an der abweichenden Partnerwahl. Fehlentwicklungen in der Herkunftsfamilie beeinflussen aber auch die Erziehung der eigenen Kinder. Mit deren Erziehung wird häufig versucht, eigene kindliche Prägungen über die Erziehung eigener Kinder zu korrigieren. Das Kind soll sich völlig verschieden von einem selbst entwickeln können. Bei all diesen Korrekturversuchen besteht die Gefahr, von einem Extrem ins andere zu geraten (ausführlicher siehe Willi 1996).

Es gibt leider immer noch vor allem tiefenpsychologisch orientierte Psychotherapeuten, welche ihre Klienten in der Meinung unterstützen, sie seien das Opfer der schädigenden Einflüsse ihrer Eltern. Alles, was im Leben schiefläuft, ob in der Liebe, in den Beziehungen oder im Beruf, wird auf die Eltern zurückgeführt. Ich halte eine derartige Sichtweise für wenig hilfreich. Die Frage, die man dem Klienten stellen sollte, ist nicht »was haben die Eltern aus Ihnen gemacht?«, sondern »was haben Sie in Ihrem Leben aus dem gemacht, was Sie von den Eltern aufgenommen haben?«. Es kann sein, daß gewisse Einflüsse der Eltern schädlich waren, aber anstatt das zu beklagen, gibt es im Verlaufe des Lebens die Möglichkeit, sich diese schädlichen Einflüsse zum Lebensthema zu machen und sich für deren Korrektur in der Ehe, in der Erziehung der Kinder oder im Beruf einzusetzen. Das Leben wird nie vollkommen sein. Das wäre auch gar nicht erstrebenswert, wird doch ein Großteil der positiven Lebensthemen aus negativen Erfahrungen entwickelt.

Aber auch die Beziehungserfahrungen mit den Geschwistern können von großer Bedeutung zur Bildung von Lebensthemen sein (Geschwister-Koevolution; Willi 1996). Jedes Kind möchte bei seinen Eltern einen besonderen Platz einnehmen. Es möchte sich von seinen Geschwistern unterscheiden und etwas Besonderes sein. Das trägt wesentlich dazu bei, daß Geschwister charakterlich unterschiedlicher sind als der Durchschnitt gleichaltriger Kinder. Eines ist das Intelligenteste, ein anderes das Tüchtigste, eines das Schönste und wiederum ein anderes das Liebste. Und oft nimmt noch eines die Rolle eines familiären Gegenspielers ein und profiliert sich als schwarzes Schaf gegen übermächtige familiäre Leitbilder. Rivalitäten zwischen den Geschwistern finden nicht selten im Erwachsenenalter ihre Fortsetzung in Partnerwahl, Familiengründung oder in beruflichen Rivalitäten. Manchen gelingt es im Erwachsenenalter, sich den ersehnten Platz in der Herkunftsfamilie zu erkämpfen oder sich ihren Geschwistern ebenbürtig zu fühlen, sei es durch eigene berufliche Leistungen, sei es durch das Prestige des Ehepartners oder die Schulleistungen der eigenen Kinder.

5.2.3 Persönliche Begründungen von Lebensthemen

Innerhalb gesellschaftlicher und familiärer Rahmenbedingungen bildet jeder Mensch auch seine persönlichen Lebensthemen, seine ihm eigenen Vorstellungen darüber, was ihm im Leben wichtig und erstrebenswert ist und welche Entwicklungsmöglichkeiten er für sich ablehnt. Kindheitserinnerungen können von prägendem Einfluß sein, insbesondere Erfahrungen mit der Peer-Group und in der Schulklasse. Manche Kinder werden zum Objekt des Spotts, weil sie körperlich ungeschickt und im Sport den anderen unterlegen oder körperlich retardiert sind, insbesondere, was Zeichen körperlicher Entfaltung in der Pubertät betrifft, wie Bartwuchs, Stimmbruch, Brustwachstum, Ausbildung eines männlichen oder weiblichen Habitus. Die Angst vor Blamage kann zu Rückzug führen oder zu überkompensatorischem Geltungsdrang.

Zu den Motivationen aus der persönlichen Lebensgeschichte gehört gemäß psychoanalytischer Lehre auch all das, was aus der frühen Kindheit an sogenannten neurotischen Fixierungen zurückbleibt, bzw. was als innere Objekte, als innere Stimmen in uns wirksam bleibt und einen hemmenden und einengenden Einfluß ausübt, aber gleichzeitig auch zu korrigierendem oder wiederholendem Handeln im Erwachsenenleben aufruft.

Gesellschaftliche, familiär oder persönlich begründete Lebensthemen liegen aber jedem positiven menschlichen Engagement zu Grunde. Sie bilden die Motivation zum Aufsuchen einer Gelegenheit zu ihrer Verwirklichung. Sie können aber auch zu einer spezifischen Ansprechbarkeit auf gewisse Lebensereignisse führen, an denen sich ein übertriebener Ehrgeiz, Geltungsdrang oder ein Streben nach Macht und Geld entzünden kann.

5.3 Stabilisierung durch persönliche Strukturen

Der Lebenslauf ist eine Geschichte, die festgemacht wird an gewissen objektivierbaren Tatsachen. Für diese Geschichte müssen immer wieder Sinnzusammenhänge hergestellt werden, aus denen heraus die gegenwärtige Befindlichkeit verstanden und begründet werden kann. Die Geschichte läßt die Gegenwart verstehen als Ergebnis der Vergangenheit, welches sie auf eine Zukunft ausrichtet. Um derartige Sinnzusammenhänge zu ermöglichen, muß die Geschichte eine innere und äußere Konsistenz aufweisen.

Wie wird diese Stabilität und dieser Sinnzusammenhang immer wieder hergestellt? Es spielen dabei persönlichkeitseigene Faktoren mit umweltbezogenen Faktoren zusammen. Unter den persönlichkeitsstabilisierenden Faktoren sind in erster Linie die Schemata (Piaget 1959) bzw. personalen Konstrukte (Kelly 1955) zu nennen. Von Geburt an bildet die Person kognitive Strukturen, mit welchen Ereignisse wahrgenommen, interpretiert und abstrahiert werden, um sie in den Schatz des Erlebten und Erinnerten einzureihen. Diese Schemata dienen der Person zur Wahrnehmung und Orientierung im Umgang mit ihrer Umwelt. In immer wieder neuen Situationen könnte die Person nichts wahrnehmen, wenn sie nicht ihre Erfahrungen zu Schemata gebündelt hätte, welche ihr ermöglichen, aus der Komplexität der Situation das Neue in die Strukturen des Bekannten zu integrieren und Bedeutsames von Belanglosem zu unterscheiden. In einer neuen Situation wird eine Person zunächst das Bekannte erkennen und die Situation nach den gewohnten Bewertungen einordnen. Sekundär wird die Person dann eventuell sehen, daß mit den bisherigen Schemata wesentliche situative Aspekte nicht erfaßt werden können. Das weckt ihre Neugier und motiviert sie, ihre Schemata so zu erweitern, daß das Wesentliche der Situation erfaßt und interpretiert werden kann. Die Schemata bilden also einen Raster, welcher der Person behilflich ist, das Wahrgenommene in Bekanntes einzuordnen, zu interpretieren und ihm Bedeutung zuzumessen. Das Wahrgenommene kann so im Gedächtnis gespeichert und Neues dazugelernt werden.

Auch die motivationalen Schemata, welche hinter dem Wirken der Person stehen (s. Abschnitt 5.4), benötigen eine gewisse Konstanz, um zu einer den Lebenslauf gestaltenden Kraft zu werden. Der Lebenslauf und die persönliche Entwicklung bauen in der Regel auf dem bereits Erworbenen auf und führen es weiter. Alles, was neu dazukommt, muß in das Ganze des bisher Erreichten eingeordnet werden können. Ebenso verhält es sich mit dem Identitätsgefühl, also dem Konzept »wer bin ich?, woher komme ich?, wohin gehe ich?«. Auch dieses muß eine Konsistenz bewahren, genauso wie die Wertvorstellungen und die Sinnvorstellungen, um der Person in immer wieder neuen Lebenssituationen eine Orientierung zu ermöglichen.

Aber nicht nur die Persönlichkeit, auch ihre persönliche Nische muß Konsistenz aufweisen, um der Person ein Gefühl von Vertrautheit und Geborgenheit zu vermitteln. Die Person kennt sich in ihrer Nische aus, da sie diese ja selbst ausgewählt, geschaffen und mitgestaltet hat. Die Vertrautheit erleichtert viele interaktionelle Austauschprozesse, die zur Routine werden, um nicht immer wieder neu erworben werden zu müssen. Auch in persönlichen Beziehungen, in der Partnerschaft, Familie und am Arbeitsplatz wächst mit zunehmender Dauer in der Regel Vertrautheit mit den Bezugspersonen und leitet die Interaktionen in gewohnte Bahnen.

Die Person ordnet die Bezugspersonen in ein Bild ein, das sie sich von ihnen macht, das den Umgang mit ihnen kanalisiert und sie vor Überraschungen schützt. Aber auch die Bezugspersonen machen sich ein festes Bild von ihr, aus dem sie oft nicht entlassen wird. Veränderungen der Person werden dann oft nicht wahrgenommen, aber auch nicht zugelassen, weil damit das vertraute Bild korrigiert werden müßte. Besonders Eltern neigen dazu, ihre heranwachsenden Kinder auf das Bild ihrer Kindheit zu fixieren. Wenn der Person Wachstum und Entwicklung zugestanden werden oder sie darin sogar gefördert wird, so in der Regel in den gewohnten Bahnen als Fortsetzung des bisher Erreichten und Anerkannten.

Doch wie passen diese Ausführungen zum heutigen Trend, alles einem steten Wechsel zu unterwerfen? Es wird vom heutigen Menschen ein Höchstmaß an Flexibilität erwartet, die Bereitschaft, immer wieder angefangene Projekte abzubrechen, alles zu verändern und neu zu beginnen. Ist der Mensch von dieser Entwicklung nicht zunehmend überfordert? Der Mensch hat sich immer wieder als sehr anpassungsfähig erwiesen. Es kann sein, daß immer mehr die einzige Konstanz des Lebens im dauernden Wechsel liegt. Wenn alles einem steten und raschen Wandel unterworfen ist, so kann darin die neue Form von Stabilität liegen. Der rasche äußere Wechsel braucht aber noch keine Lebenswende zu sein. Der Mensch ist fähig, zum äußeren Geschehen einen inneren Abstand zu schaffen und die Wechsel nicht mehr persönlich an sich herankommen zu lassen. Er kann sich daran gewöhnen, daß in gewissen Lebensbereichen Stabilität nicht mehr herzustellen ist. Das heißt aber noch nicht, daß im gleichen Tempo auch ein innerer Wandel der Einstellungen, der Werthaltungen und Lebenspläne stattfindet. Mit Wandel im Lebenslauf sind nicht alltägliche Lebensveränderungen gemeint, sondern Lebenswenden, welche die innere und äußere Entwicklung von Lebenslauf und Persönlichkeitsentwicklung betreffen.

Viele, auch einschneidende Veränderungen im Leben führen nicht zu einer Veränderung der Schemata/persönlichen Konstrukte, also nicht zu einer tiefergehenden Erfahrung, die sich in der Umstrukturierung des Konstruktsystems auswirkt. Die Schemata und Konstrukte müssen, um brauchbar zu sein, einen Widerstand gegen beliebig viele Veränderungen setzen. Wann immer möglich, wird zuerst versucht, mit den bewährten Schemata neue Wahrnehmungen ins bisherige System zu assimilieren und die Wahrnehmungen erst dann als neue Erfahrungen zu akkommodieren, wenn die bisherigen Schemata nicht mehr genügen (s. Kapitel 3).

Ein Wendepunkt im Lebenslauf tritt erst dann ein, wenn es gleichzeitig zu einer Veränderung der Schemata und der Strukturen der Nische kommt, die sich üblicherweise wechselseitig stabilisieren.

5.4 Eigendynamik des wirkungsgeleiteten Lebenslaufs

Die inneren Motivationen und Pläne sind, wie bereits in Abschnitt 3.10 dargelegt, für ihre Realisierung auf das Entgegenkommen der Umwelt angewiesen. Dabei kommt es zu einem komplexen Prozeß, in welchem die Lebensumstände von entscheidender Bedeutung sind: Die Lebensumstände ermöglichen gewisse Verwirklichungen der Motivationen und Pläne, die ihrerseits wiederum Lebensumstände schaffen, welche weitere Verwirklichungen stimulieren. Die Person wird sich da stärker entwickeln, wo die thematischen Motivationen zu den Angeboten der Umwelt passen und eine Verwirklichung der darin enthaltenen Aufgaben und Intentionen ermöglichen. In Abschnitt 3.10 ging es darum, aufzuzeigen, daß im *wirkungsgeleiteten Lebenslauf* eine Person aus einer Auswahl immer nur bestimmte persönliche Möglichkeiten zu verwirklichen vermag. Hier geht es nun um die Frage, *wie erzielte Wirkungen die Entwicklung des Wirkens im zeitlichen Längsschnitt bahnen.*

Die Person entwickelt und verwirklicht ihren Lebenslauf weitgehend als wirkungsgeleiteten Lebenslauf, d. h. in der Wechselwirkung mit ihren äußeren Wirkungen. Sie wählt und gestaltet die Objekte ihrer Umwelt und nimmt die dabei wahrgenommenen Wirkungen wahr, die ihrerseits auf die Person zurückwirken und ihre Motivationen, Intentionen und Pläne modifizieren, bestätigen oder in Frage stellen.

Es verhält sich dabei ähnlich wie zwischen dem Fluß und seinem Bett: Bestimmt das fließende Wasser den Lauf des Bettes oder das Flußbett den Lauf des Wassers? Das Wasser wird da, wo es stärker fließt, im Boden Spuren setzen, die sich eigendynamisch vertiefen, so daß sich eine Rinne bildet, die sich mit dem durchfließenden Wasser vertieft und das fließende Wasser kanalisiert.

Bestimmen die geschaffenen äußeren Strukturen des Lebens, insbesondere die Struktur der persönlichen Nische, die Fortentwicklung des weiteren Wirkens oder bestimmt die Fortentwicklung des Wirkens die Strukturen der persönlichen Nische? Der Gang des Lebenslaufs entwickelt eine Eigendynamik, die aus sich heraus den weiteren Verlauf beeinflußt. So verfestigt sich auch die Bahn des Lebenslaufs. Die meisten Menschen haben zunächst keine klare Vorstellung, wohin die Reise gehen soll. Selbst die wichtigsten Entscheidungen wie Berufswahl, Heirat und Familiengründung beruhen oft nicht auf reflektierten Entschlüssen, sondern ergeben sich relativ zufällig aus sich bietenden Gelegenheiten und dem sich daraus entwickelnden Lebenslauf. Doch die ersten, scheinbar zufälligen Entscheidungen können Ausgangspunkt von wichtigen Folgen sein. Erst im Fließen des Lebens werden die Spuren gesetzt, die ihrerseits den weiteren Verlauf begünstigen und verfestigen. An sich ist dieser Verlauf nicht zwingend festgelegt, aber *es braucht eine Anstrengung und den Mut zum Risiko, die gewohnte Bahn zu verlassen*. Mit zunehmender Dauer wird es immer unwahrscheinlicher, daß sich eine grundlegende Veränderung ergibt. Wie beim Flußlauf sind die Kraft des Wassers – die Motivation der Person – und die Beschaffenheit des Bodens – die Beschaffenheit der Nische – entscheidend für die Chance einer Veränderung.

Die Person kann sich zwar den Einflüssen der Nische entziehen, sich von ihr freisagen und eine neue Nische suchen. Solange sie von der Nische jedoch ausreichend positive Bestätigung und Anregung erhält, wird sie das nicht voreilig tun, um so mehr, wenn sich dazu keine verlockende Alternative anbietet.

Lebenspläne entstehen oft aus einer relativ diffusen Motivationslage. Das, was als zielgerichtete Berufskarriere erscheint, ist oft eine retrospektive Konstruktion eines Prozesses, zu dessen Beginn ziemlich zufällig eine bestimmte Tätigkeit angefangen worden war. Wenn die Person ein Wirkungsfeld vorfindet, in dem sie sich in ihrem Wirken entfalten kann, und wenn dieses Wirken zu ihrer Motivationslage ausreichend paßt, bzw. sie keine passendere Alternative vorfindet, werden sich aus den Rückmeldungen ihres Wirkens zunehmend konkretere Pläne bilden, die ihrerseits nun zu einem Anstreben spezifischer Wirkungen führen. Eine relativ offene Motivationslage gewinnt ihre Konturen aus der Beantwortung des beginnenden Wirkens. Eine Fortsetzung des beantworteten Wirkens in der eingeschlagenen Richtung wird durch die Beantwortung der Nische begünstigt, *und dadurch werden andere Wege unwahrscheinlicher.* Das bedeutet allerdings nicht, daß die sich aus dem beantworteten Wirken ergebende Karriere wirklich den ursprünglichen und eigentlichen Lebensthemen entspricht.

Oftmals weicht die Entwicklung des Lebenslaufs durch die Lebensumstände immer mehr von den ursprünglichen Plänen ab, bis man merkt, daß man auf dem falschen Dampfer in die falsche Richtung fährt und sich die Frage stellt, ob sich die Reise noch korrigieren läßt oder ob man sich abfinden will mit dem, wie es nun mal so läuft.

So haben etwa manche akademische Lehrer zunächst kaum Intentionen zu einer akademischen Karriere gehabt. Doch dann geraten sie in einen eigendynamischen Prozeß. Sie möchten die wissenschaftlichen Erwartungen ihrer Vorgesetzen erfüllen, sie möchten sich gegenüber ihren Konkurrenten behaupten, es wird ihnen die Zugehörigkeit zu einer akademischen Subkultur angeboten, in welcher sie nicht als jemand dastehen möchten, der es im Leben nicht weiterbringt. Besonders bei dem hohen Konkurrenzdruck in der heutigen globalisierten Gesellschaft zwingt diese Eigendynamik den Betreffenden eine Lebens- und Arbeitsweise auf, durch die sie sich eventuell immer mehr von ihren ursprünglichen Lebensthemen entfernen. So erleben manche Ärzte, die aus Interesse an der ärztlichen Tätigkeit diesen Beruf gewählt hatten, daß sie als Chefärzte oder Professoren kaum noch Zeit für ihre Patienten finden und ihre Energien immer mehr der Organisation und Administration ihres Betriebs, der Arbeit in Kommissionen und den wissenschaftlichen Publikationen zur Verfügung stellen müssen.

Bei Paaren, die entschlossen waren, die Haus- und Kinderarbeit paritätisch zu teilen, kommt es nicht selten zu folgender Entwicklung: Der Mann gerät in den Karrieresog und legitimiert den immer größeren Anteil der ihm zur Verfügung stehenden Zeit für seine Berufstätigkeit mit den daraus sich ergebenden verbesserten ökonomischen Bedingungen für die Familie. Gleichzeitig erweist sich eines der Kinder unerwartet als lernbehindert oder kränklich, so daß es vermehrte elterliche Betreuung benötigt. Umständehalber wird das von der Frau übernommen. Die Frau fühlt sich jedoch dadurch in der Verwirklichung ihrer mit dem Mann vereinbarten Lebensvorstellungen betrogen und in ihren beruflichen Entwicklungsmöglichkeiten benachteiligt. Zunehmend entwickelt sie Wut und Ressentiments gegen die Karriere des Mannes. Die Partner entfernen sich immer mehr voneinander. Die Ehe gerät in eine Krise. Der Mann scheidet von der Betreuung der Kinder aus und merkt das eheliche Zerwürfnis oft erst, wenn es zu spät ist.

Oder eine Frau wird von ihrem Mann auf Händen getragen und verwöhnt. Er nimmt ihr alle Schwierigkeiten ab und bietet ihr allen erdenklichen Luxus. Doch immer mehr wird die Frau unzufrieden. Sie fühlt sich in der scheinbar so idealen Ehe wie in einem goldenen Käfig. Ursprünglich entsprach es ihrem Lebenswunsch, von einem Mann verwöhnt zu werden, jetzt fühlt sie sich in einer Falle gefangen, in der sie sich persönlich nicht entfalten kann.

Oft gerät man durch den Erfolg mit dem sich gerade Anbietenden immer mehr auf Abwege und verliert die Kontrolle über das Geschehen. Unter der Macht der Gewohnheit verpaßt man, was einem eigentlich wichtig gewesen wäre. Selbst wenn der Lebenslauf sich scheinbar geradlinig entwickelt, kommt es zu Problemen des Nieganz-Passens von Intendiertem und Bewirktem. Hier liegt in vielen

Fällen die Wurzel der sogenannten Midlife-crisis. Das Erreichen äußerer Lebensziele legt einen auf ein Geleise fest, das weitere oder neue persönliche Entwicklungen erschwert. Zu lange hatte man sich nicht mit der Frage befaßt, worum es einem im Leben eigentlich gehen könnte.

5.5 Die in der persönlichen Nische erhaltenen Spuren der Vergangenheit

Eine bahnende Wirkung auf den Lebenslauf hat aber nicht nur die Gegenwart des wirkungsgeleiteten Lebenslaufs, sondern auch das, was dieser vorangegangen ist, die nachwirkende Vergangenheit. Die Vergangenheit hat eine prägende Wirkung. Sie beeinflußt allerdings die Lebensgestaltung nicht zwingend, sondern begünstigt lediglich gewisse Lebensoptionen und macht andere unwahrscheinlicher. Die Nachwirkung der Vergangenheit auf die Person wird zusätzlich verfestigt durch die äußeren, materialisierten Spuren, welche die Vergangenheit in den Objekten der Nische hinterläßt, besonders wenn die Person diesen im Alltag andauernd begegnet. Ebenso, wie die Struktur und Dynamik einer Person durch die Erfahrungen der Vergangenheit verfestigt werden, ist die Nische angefüllt mit den Zeugen und Spuren früherer Zeiten. Wenn versucht wird, diese Spuren der Vergangenheit auszumerzen, verliert die Nische an Substanz, Fülle und Differenzierung.

Das persönliche Gedächtnis wird ergänzt durch die Erinnerungsspuren in der Nische. Sie beeinflussen den Erinnerungsprozeß einer Person maßgeblich. Wie die Person hat auch die Nische ihre Geschichte. Man begegnet seinem früheren Leben in der Nische, materialisiert etwa in Fotos, in Gegenständen, erhaltenen Geschenken, in der Wohnungseinrichtung, vor allem aber in den Mitmenschen, die einen an frühere Zeiten erinnern. Auch der Körper kann sichtbare Spuren von früheren Lebensereignissen aufweisen. Derartige Erinnerungsspuren können erfreulich sein, einer Person Identität vermitteln und ihrer persönlichen Geschichte Konsistenz geben. Das Gefühl der Kontinuität des Lebens, das auf einer reichhaltigen Vergangenheit aufbaut, ist eine wichtige Ressource für das Gefühl, ein sinnerfülltes Leben zu führen. Aber solche Spuren können auch peinlich und schmerzlich sein, so daß man darüber hinwegsehen möchte, um nicht an frühere Zeiten erinnert zu werden. Es kann sein, daß man Orte oder Personen, die einen an frühere Zeiten erinnern, meidet, daß man Träger früherer Erinnerungen zerstört oder »entsorgt« oder Personen daran hindert, einen an Früheres zu erinnern.

Aber nicht selten holen einen Erinnerungsträger wieder ein. Insbesondere Spitzenpolitiker werden oft in peinlicher Weise konfrontiert mit den »Sünden« ihrer Vorgeschichte, die von den Medien und den politischen Gegenspielern aufgespürt und aufgebauscht werden. Manchmal sind es weniger die Tatsachen, welche zum Skandal führen, als die Art und Weise, wie versucht wird, diese Tatsachen zu vertuschen oder abzustreiten. Manchmal möchte man Spuren, die an Früheres erinnern, löschen und ungeschehen machen, auch weil man glaubt, heute ein anderer Mensch zu sein als damals. Man möchte ein neues Leben beginnen, indem man das frühere Leben hinter sich läßt. Man zieht an einen anderen Ort, tritt in ein neues Beziehungsfeld oder Arbeitsfeld ein und will in einem neuen Kontext ein neues Leben beginnen. Doch das gelingt immer nur bedingt. Oft hat man nicht die Spuren unter Kontrolle, welche das eigene Wirken hinterlassen hat. Sie entwickeln ihre eigene Dynamik.

Zukunft braucht Herkunft. *Wenn das frühere Leben nicht in das gegenwärtige Leben einbezogen werden kann, wird es schwierig sein, dieses zum Blühen zu bringen.* Es ist bekannt, wie nach dem Zweiten Weltkrieg überlebende Nazis ihre Erinnerungen auszulöschen versuchten und das Vorgefallene verleugneten, aber oft um den Preis, daß sie ihren Kindern fremd blieben und sie nicht an ihrer Vergangenheit teilnehmen lassen konnten.

Alltäglicher zeigt sich heute die Schwierigkeit, die Spuren der Vergangenheit bei einer neuen Partnerschaft nach Scheidung zu löschen. Man möchte ein neues Leben beginnen, das im Gegensatz zum früheren steht. Nicht selten muß dauernd betont werden, wie positiv sich die neue Partnerschaft von der früheren unterscheidet, was manchmal auf das Verhaftetbleiben im Früheren hinweist. Die verleugnete und verschwiegene Vergangenheit kann als Gegensatz in die Gegenwart und Zukunft hineinwirken. Sie bleibt ohnehin präsent in den materialisierten Spuren der früheren Ehe, insbesondere in den Kindern, aber auch in der Wohnungseinrichtung, die aus der früheren Ehe übernommen worden ist.

Die Psychoanalyse beschäftigt sich seit Freud mit den persönlichen Reminiszenzen, mit den Ablagerungen von frühkindlichen traumatischen Erfahrungen, die das Individuum zu verdrängen sucht, die sich dann aber im aktuellen Leben in verzerrter Form widerspiegeln. Nicht selten wird eine Verdrängung aufgehoben durch eine unverhoffte Begegnung mit Bezugspersonen und Objekten, welche die Spuren der Vergangenheit tragen oder einen an diese erinnern. Unbewältigte Konflikte und Fixierungen haben sich oft materialisiert in Spuren, die nicht gelöscht werden können und sich dadurch wirksam erhalten oder im Leben wieder aufscheinen. Dementsprechend bezieht sich das von Bert Hellinger (1994) entwickelte Familienstellen auf die Beobachtung, daß Hemmungen von persönlichen Entwicklungen oder gar Symptombildungen in Zusammenhang stehen können mit der Nachwirkung unerledigter familiärer Ungerechtigkeiten, durch die gewisse Familienmitglieder ausgeschlossen worden waren und keinen ihnen angemessenen Platz zugewiesen bekamen. In der Familienaufstellung stellt der Protagonist die Teilnehmer der Gruppe als Stellvertreter der Angehörigen so auf, daß die Beziehungen zwischen den Familienmitgliedern und die Position der Ausgeschlossenen offensichtlich werden. Gemeinsam mit dem Protagonisten korrigiert der Leiter dann die Aufstellung so, daß schließlich jeder seinen ihm angemessenen Platz einnehmen kann. Dabei finden Szenen der Versöhnung und Vergebung statt über begangenes, oft Generationen zurückreichendes, aber untergründig in die Gegenwart nachwirkendes Unrecht. Diese Szenen sind emotional sehr anrührend. Es wird allerdings dabei leicht vergessen, daß nur der Protagonist an der Aufstellung teilnimmt und nicht seine realen Familienmitglieder und daß die Versöhnung nur in dieser Gruppe und nicht in der realen Familie stattfindet. Zuhause muß der Protagonist sich mit den unveränderten Beziehungen auseinandersetzen, in denen Veränderungen bei weitem nicht so leicht gelingen wie im Familienstellen.

Frühere Erfahrungen stellen eine Matrix mit materialisierten

Erinnerungsspuren dar, welche gegenwärtige Handlungsentwürfe beeinflussen. Wenn versucht wird, unangenehme Erfahrungen akzeptabler zu machen durch Uminterpretation und Bagatellisierung, kann einem ein Strich durch die Rechnung gemacht werden durch die *Begegnung mit Zeitzeugen*, die von den früheren Ereignissen betroffen waren, einen wieder einholen und den Spiegel vorhalten von dem, was früher »tatsächlich« passiert ist. Die Angst vor dem Entdecktwerden und das damit einhergehende Vermeidungsverhalten können die Planung der Zukunft blockieren und die Gestaltung einer neuen Umwelt lähmen. Bevor man etwas im Lebenslauf verändern kann, ist es oft notwendig, offenzulegen und bewußt wahrzunehmen, was bisher im Leben passiert ist.

5.6 Das Lebenslauf-Karma – man erntet, was man gesät hat

Mit dem Begriff des Karma wurden in der indischen Philosophie Gedanken ausgearbeitet, die in vielerlei Hinsicht übereinstimmen mit unserem Konzept des wirkungsgeleiteten Lebenslaufes. Ich kann hier das Konzept von Karma und Dharma nur ansatzweise berühren.

Es geht beim Karma um die Eigendynamik der Werke. Karma ist ein Wort aus dem Sanskrit und bedeutet Tat, Aktion, Handeln. Das Gesetz des Karma ist ein Gesetz von Ursache und Wirkung unseres Handelns. Man erntet, was man gesät hat. Jede willentliche Handlung führt zu einem bestimmten Ergebnis, das Folgen hat und der Samen für weitere Wirkungen ist. So fallen die Folgen von Denken und Handeln auf den Menschen zurück (Goldstein in Hanson 1972). Diese Erkenntnis ist dem christlichen Denken nicht fremd, schreibt doch der Apostel Paulus an die Galater »Jeder wird ernten, was er gesät hat« (Gal 6,7).

Was sind die Konsequenzen der Karma-Lehre für den einzelnen Menschen? Da jede Handlung Folgen hat, ist es sehr wichtig, genau darauf zu achten, was man tut. Der Impuls der Handlung setzt sich fort. Wenn unser Handeln von Gier, Haß oder Verblendung bestimmt ist, pflanzen wir den Samen des Leidens; ist es hingegen von Groß-

Das Lebenslauf-Karma

mut, Liebe und Weisheit bestimmt, so schaffen wir damit die karmischen Voraussetzungen für inneren Reichtum und Glück (Goldstein, S. 75). Die Folgen des Handelns und Denkens eines Menschen fallen auf ihn zurück, und zwar mit derselben Kraft, mit der er sie in Bewegung gesetzt hat.

Wie weit führen wir selbst herbei, was mit uns geschieht? Alles, was uns widerfährt, geschieht gemäß der Karma-Lehre durch den geheimen Willen unseres Selbst. *Weil uns nicht bewußt ist, daß wir alles selbst herbeigeführt haben, gewinnen wir den Eindruck, daß die Ursachen von außen wirken.* Aber die Ursachen liegen in uns selbst, während die Spuren unseres Handelns in den Sachen verweilen. Jede Tat hinterläßt einen Abdruck in der Welt und bildet eine Tendenz zur Wiederholung. Die äußeren Spuren können wir nicht löschen.

Worin liegt die Verantwortung des Einzelnen für sein eigenes Leben? Wenn wir anderen schaden, so schaden wir uns selbst. Sogar was wir denken, wirkt sich auf andere aus. Alles, was wir jetzt denken, sprechen und tun, wird unsere Zukunft prägen. Was jemand vermeidet und überspielt, holt ihn im späteren Leben wieder ein. Jeder bestimmt selbst sein Leben durch seine Taten. Gemäß der Karma-Lehre können die Taten auch in vergangenen Leben geschehen sein. Kein Ereignis ist dem Zufall überlassen, sondern alles, was mit uns geschieht, ist Folge unserer eigenen Verhaltensweisen. Das Karma bleibt in seinen gewohnten Bahnen und verfestigt sich durch unsere früheren Erfahrungen.

Kann man sein Karma beeinflussen? Dies ist die Funktion von Dharma. Dharma ist das Gesetz der Tugend und des rechten Lebens. Dharma durchbricht das Karma, die ausgetretenen Pfade der Gewohnheit und sprengt handelnd die Grenzen der karmischen Bedingtheit des Lebens. Auch wenn wir durch unsere Vergangenheit, durch das Karma bedingt sind, tragen wir die Verantwortung für die Umstände unserer Gegenwart. Dharma ist das Evolutive, verantwortlich für alle dramatischen Wendepunkte in der Geschichte des Einzelnen und der Welt. Der Schlüssel zum spirituellen Leben besteht in der Umwandlung von Karma in Dharma, in der *Fähigkeit, aus der Vergangenheit ein Vorspiel für die Zukunft zu machen.* Die Zukunft braucht die Vergangenheit, damit sie etwas zu überwinden hat. Karma ist das, was dem Neugeborenen aufgrund seiner früheren Lebenserfahrungen möglich ist. Sein Dharma definiert sich durch die Erfordernisse seiner aktuellen Lebenssituation und seiner Zukunft. Das Dharma verlangt von einem Menschen, das, was aufgrund seines besonderen Karmas erforderlich ist, jetzt auszuführen. Das Dharma bezieht sich also auf unsere aktuelle Daseinssituation und deren Erfordernisse.

Der indische Philosoph Radhakrishnan (1929) befaßt sich mit der Überwindung des Karma. Seine Aussagen stimmen mit unserem Konzept des beantworteten Wirkens und den Spuren, die unser Wirken in der materiellen Welt hinterläßt, überein. Nach seiner Darstellung sind wir nicht verantwortlich für die Folgen unserer Taten, aber für deren Ursachen. Wenn wir verstehen, daß Handlungen Folgen haben, so entsteht in uns ein zwingendes Interesse an dem, was wir tun. Wir beginnen, genau auf unser Tun zu achten. Damit beginnt unser Erwachen. Karma ist nicht ein moralisches Gesetz. Es gleicht nur die Folgen unseres Wirkens aus. Wir sind heute und jetzt das Produkt unseres gesamten vergangenen Tuns. Handlungen tendieren dazu, unbewußte Gewohnheiten zu werden. So entstehen unbewußte Neigungen zu fortgesetztem Handeln und das Karma wird zum unbewußten Prinzip, das die Welt in festen Bahnen steuert. Doch das Karma ist nicht zwingend. Es besagt lediglich, daß jeder Akt die unausweichliche Folge der vorangegangenen Bedingungen ist. Wenn der Geist die Möglichkeit zur Freiheit nutzt, werden früheres Verhalten und die aktuelle Umwelt das jetzige Handeln nicht zwangsläufig bestimmen. Der Mensch kann über dem Karma stehen. Das Gesetz des Karma bestimmt die niedrigere Natur des Menschen. Es kann der geistigen Freiheit unterstellt werden. Nach Radhakrishnan gibt es die Möglichkeit, das Leiden und das Karma zu überwinden durch Nichtanhaften am Dasein, durch Abkehr vom Egoismus als Ursache allen Leidens. Die Überwindung des Karma, der Eigendynamik unseres Wirkens, kann als Vorbereitung oder als In-die-Wege-Leiten eines Wendepunktes im Leben gesehen werden.

In meiner Sicht geht es weniger um das Nichthaften am Dasein, sondern, im Gegenteil, um ein Sich-Einlassen auf die Interdependenz mit der Beziehungsumwelt und damit um die *Bereitschaft, sich mit anderen auseinanderzusetzen,* um die an uns gerichtete Botschaft herauszuhören. In den folgenden Kapiteln werde ich den Hinweis übernehmen, daß alles, was wir im Leben tun, Folgen für uns und unsere Beziehungsumwelt hat und wir im Laufe des Lebens von den Folgen unserer Taten und unserer Unterlassungen eingeholt werden.

5.7 Transzendente Erfahrungen des Geführtwerdens

Manche Menschen erfahren, wie sie in ihrem Leben geleitet und zu einem Sinn hingeführt werden. Über derartige Erfahrungen berichten vor allem ältere Menschen, die den Eindruck haben, ihr Leben habe sich erfüllt. So äußerte etwa der 1998 gestorbene deutsche Schriftsteller Ernst Jünger (zit. Heidrich 2002, S. 399), er habe zeitlebens die Heilsgewißheit gehabt, im Leben geleitet zu werden. »Immer, ob Krieg oder Frieden, war jemand da.« Er war erst spät in seinem Leben zum Katholizismus konvertiert, während er zuvor allgemein als kirchenfern gegolten hatte. Er sprach von einer Ordnung, die dem einzelnen vorausliegt, ihn umgreift und überdauert. Diese Ordnung sei nicht nur ein kosmisches Prinzip, sie sei persönlich, ein »Jemand ist da«, ein Schöpfer. Manche Menschen erfahren auch in jüngeren Jahren bei lebenswichtigen Entscheidungen eine Art Führung, die als solche allerdings oft erst im nachhinein erkennbar wird. Manche schreiben diese Führung einer höheren Macht zu, die sie leite und beschütze. Manche rufen göttliche Hilfe an, wenn sie vor lebenswichtigen Entscheidungen stehen. Sie versuchen sich göttlichen Eingebungen zu öffnen und sich dem Willen Gottes anheimzustellen.

Allgemein anerkannt ist die Leitung durch die Stimme des Gewissens. Gemäß christlicher Glaubenslehre (Katechismus der kath. Kirche, 1993, S. 472 ff.) ist das Gewissen der verborgenste Kern des Menschen, in dem er allein ist mit Gott, dessen Stimme in seinem Innersten widerhallt. Der Mensch muß dem sicheren Urteil seines Gewissens folgen. Der Mensch hat das Recht, sich in Freiheit seinem Gewissen entsprechend zu entscheiden und zu handeln. Um die

Stimme des Gewissens zu erkennen und ihr folgen zu können, muß er in sich gehen. »Halte Einkehr in dein Gewissen, dieses befrage! Und in allem, was ihr tut, schaut, daß Gott euer Zeuge ist«, sagte Augustinus. Die Gewissensstimme kann dabei durchaus im Widerspruch mit den kirchlichen Moralvorschriften stehen.

Die Gewissensbildung ist nicht an Religiosität gebunden. Auch Menschen, die keinen Bezug zu einer Gottesvorstellung haben, hören ihre Gewissensstimme. Diese zeichnet sich oft aus durch eine erstaunliche Autonomie gegenüber gesellschaftlichen Moralvorstellungen. So habe ich in Paartherapien immer wieder Frauen kennengelernt, die nach einer viele Jahre zurückliegenden, umständebedingten Abtreibung Gewissenskonflikte haben und darunter leiden, daß sie mit ihrem Mann nicht darüber sprechen können. Diese Gewissenskonflikte stehen in Widerspruch zu einer die Abtreibung moralisch befürwortenden gesellschaftlichen Einstellung, wie sie etwa in der Schweiz mit der Volksabstimmung zur Fristenlösung zum Ausdruck gebracht worden war. Die Gewissenskonflikte dieser Frauen wurden nicht durch Einflüsse anderer Personen hervorgerufen. Die Betroffenen gaben an, sie kämen nicht darüber hinweg, daß sie einem Kind die Chance zum Leben zerstört hätten. Die Gewissenskonflikte schienen mir Ausdruck einer persönlichen Gewissensbildung der betroffenen Frauen. Woher kommt diese Gewißheit des Gewissens? Wer spricht da zu ihnen? Offensichtlich muß man mit seinem Tun und Lassen vor sich selbst bestehen können. Das Gewissen erweist sich als untrüglich und unbestechlich. Menschen geraten in Lebenssituationen, in denen sie so oder so schuldig werden. Vielleicht geht es vor allem darum, zu dieser Schuld zu stehen und die Stimme des Gewissens überhaupt zuzulassen.

Erfahrungen einer göttlichen Führung werden in der Bibel anhand vieler Situationen geschildert, in denen Menschen in Träumen göttliche Handlungshinweise bekamen, so etwa – in enger Abfolge – im Matthäusevangelium:

- Josef, der mit Maria verlobt war, vernahm, daß sie vom heiligen Geiste empfangen hatte. Noch bevor er mit ihr zusammengekommen war, wollte er sich von ihr trennen. Aber während er dies erwog, erschien ihm *im Traume* ein Engel des Herrn und sprach zu ihm: »Josef, scheue Dich nicht, Deine Frau zu Dir zu nehmen...«. Als Josef vom Schlafe erwachte, nahm er Maria zu sich, ohne sich ihr ehelich zu nahen, bis sie ihren Sohn geboren hatte (Matth. 1, 19).

- Die Weisen aus dem Morgenlande erkundigten sich in Jerusalem, wo der neugeborene König der Juden zu finden sei. Als König Herodes davon erfuhr, war er bestürzt und beunruhigt und bat die Weisen, wenn sie das Kind gefunden hätten, zu ihm zurückzukehren, um ihn zu informieren. *Im Traume* erhielten die Weisen dann aber die Weisung, nicht zu Herodes zurückzukehren, und zogen auf einem anderen Weg in ihr Land zurück (Matth. 2, 12).
- Als sie fortgezogen waren, erschien Josef ein Engel *im Traum* und sprach: »Steh auf, nimm das Kind und seine Mutter, flieh nach Ägypten und bleibe dort, bis ich es Dir sage. Denn Herodes ist daran, nach dem Kinde zu fahnden, um es umzubringen.« Daraufhin floh er mit Maria und dem Kind nach Ägypten (Matth. 2, 13).
- Als Herodes gestorben war, erschien Josef in Ägypten *im Traum* ein Engel und wies ihn an, wieder nach Israel zurückzukehren. »Nachdem er im Traume Bescheid erhalten hatte, zog er wieder in das Gebiet von Galiläa, wo er sich in einer Stadt namens Nazareth niederließ« (Matth. 2, 23; Hervorh. durch den Verf.).

Gläubige Christen bauen auf die Vorstellung, daß Gott am Leben eines jeden Einzelnen teilnimmt und mit ihm ist in allem Leid, das er zu ertragen hat. Der Glaube bietet manchen die Möglichkeit an, im größten Leid einen Sinn zu finden und die Liebe Gottes zu erfahren. Wenn eine gläubige Person etwa von einer tödlichen Krebskrankheit befallen wird, so wird sie zwar auf Heilung hoffen und Gott bitten, ihr diese zu gewähren. Sie wird aber für die Möglichkeit offen sein, daß ihr nicht mit körperlicher Genesung geholfen wird, sondern durch ein schwer zu beschreibendes Gefühl, im Unabänderlichen in Gott aufgehoben zu sein und im Leid seine Zärtlichkeit zu erfahren. Das sind religiöse Erfahrungen, die psychologisch und rational nicht ausreichend verstanden werden können.

Der Sichtweise der transzendenten Führung im Lebenslauf steht aus psychologischer Sicht am nächsten das Verständnis des Selbst bei C.G. Jung. Nach seiner Meinung tut sich das in der Transzendenz gründende Selbst *in den Träumen* kund. Nach C.G. Jung (s. Abschn. 4.1) ist das Selbst der Mittelpunkt der Persönlichkeit. Es strukturiert und organisiert alle Entwicklungsprozesse des Individuums und vermittelt dem Individuum eine innere Führung. Im Selbst artikulieren sich bewußtseinstranszendente Beziehungen zu Gott. Das seelische Leben entspringt diesem Mittelpunkt und läuft gleichzeitig auf diesen Mittelpunkt hin.

Rational gesehen läßt sich nicht beweisen, ob es transzendente, den Lebenslauf steuernde und auf einen Lebenssinn hinzielende Einflüsse gibt, aber es läßt sich auch nicht widerlegen. Menschen aus allen Kulturen haben zu allen Zeiten über die Erfahrung von transzendentem Geleitetwerden berichtet. Diese Vorstellung ist besonders auch in der christlichen Religiosität von zentraler Bedeutung.

Wer andererseits in Zweifel zieht, ob das Leben einen Sinn haben kann, wird auch im Lebenslauf keinen Sinn oder inneren Plan suchen. Gemäß der Existenzphilosophie (zit. in Holzhey-Kunz 2002) ist der Mensch ins Dasein geworfen, ohne Sinn und Ziel. Ohne Identität und Orientierung muß er sein Leben führen. Die Suche nach Sinngebung wird als Illusion verworfen. Sie sei den Menschen dienlich, die Sinnlosigkeit des Alltags besser zu ertragen (siehe dazu Abschnitt 2.5). Es gibt die Meinung, das Leben entwickle sich rein zufällig, willkürlich und planlos. Menschen werden in sehr ungleichem Maße von Schicksalsschlägen getroffen, in scheinbar ungerechter und sinnloser Zufälligkeit. Die Einwirkung eines planenden oder gar liebenden Gottes, dessen Hilfe angerufen werden kann, wird ausgeschlossen. Besonders nach dem Zweiten Weltkrieg und dem Holocaust verstärkt sich das Fragen nach der Theodizee, der Selbstrechtfertigung Gottes, der solches Unrecht in unbegreiflicher, sinnlos erscheinender Zufälligkeit zulassen konnte. Dementsprechend wird eine ehrliche und illusionslose Haltung gesucht, um diesen ernüchternden Umständen offen in die Augen zu blicken und das Leben ohne tröstende Konstruktionen zu ertragen und zu bestehen.

Rein psychologisch kann nicht erkannt werden, ob die heroische

Haltung der Illusionslosigkeit oder die sinnspendende religiöse Haltung dem Menschen mehr entspricht. Es ist eine Glaubensfrage, ob das Wirken einer transzendenten Lenkung angenommen wird oder darin lediglich eine tröstliche Selbsttäuschung zu sehen ist. Der Glaube, der dem Christen abgefordert wird, besagt, daß er das, was er glaubt, nicht wissen und nicht beweisen kann. »Selig sind, die nicht sehen und doch glauben«, sagt Jesus zu Thomas.

6 Wie kommt es zu einer Wende im Lebenslauf?

▄ Eine innere Vorbereitung allein genügt meist nicht, um eine Lebenswende zu verwirklichen; meist braucht eine Person ein Entgegenkommen durch Veränderungen der Lebensumstände. Durch Veränderung der Lebensumstände können neue Entwicklungen des Lebenslaufes ermöglicht oder freigesetzt werden, sie können aber auch notwendig und einem abgefordert werden. Oftmals wurden überfällige Entwicklungen nicht vollzogen, weil die Lebensumstände einen bisher davor verschont hatten. Die Person kann andererseits das Herbeiführen lebensverändernder Ereignisse begünstigen oder die Umstände unbewußt so konstellieren, daß sich eine Lebenswende ergibt, für die sie nicht verantwortlich gemacht wird, ja, in der sie eventuell sogar als Opfer der Umstände oder der Aktivitäten anderer Personen erscheint. Es gibt aber auch unerwünscht auftretende Veränderungen der Lebensumstände, wie schwere Krankheiten oder Verlust der Arbeit, die als Schicksal neben allem Leiden auch Chancen für neue, unerwartete Lebens- und Beziehungserfahrungen in sich bergen können. ▄

6.1 Menschen ändern sich meist erst nach einer Veränderung ihrer Lebensumstände

Eine Person neigt dazu, ihren Lebenslauf in gewissen Bahnen zu verfestigen, um damit eine innere Konsistenz zu gewinnen. Eine Lebenswende in Gang zu setzen braucht die Überwindung eines gewissen Widerstandes. Meist ist für einen Wendepunkt ein Entgegenkommen der Umwelt Voraussetzung.

Die Möglichkeit, eine Vielzahl von Lebensläufen im Rahmen meiner psychiatrisch-psychotherapeutischen Tätigkeit kennenzulernen, hat mich zu einer wichtigen Erfahrung geführt: Klärende psychotherapeutische Gespräche können zu Einsicht und Bewußtwerdung von Sachverhalten führen, die bisher vermieden worden waren.

Aber – wie auch die psychoanalytische Praxis betont – hat auf Einsicht ein längerdauerndes, oft mühsames Durcharbeiten zu folgen. In unserer Sichtweise verleiht die Einsicht den Anstoß zu einer Wende, realisiert wird die Wende aber erst durch die Veränderung der entsprechenden Lebensumstände. Persönliche Lebenswenden werden relativ häufig intendiert, aber nicht realisiert, bis sich dann eine Veränderung der Lebensumstände ergibt, die deren Vollzug notwendig macht, ermöglicht oder freisetzt. Viele Menschen leben über Jahrzehnte unter Lebensbedingungen, die im Grunde schon längst eine Veränderung erfordern, aber trotz der bewußten Erkenntnis bleiben sie lieber weiterhin in den vertrauten Verhältnissen, auch wenn diese nicht befriedigend sind. Oft sind diese Lebensumstände nicht wirklich schlecht. Sie bieten Sicherheit und einen gewohnten Rahmen. So verharrt man eventuell lieber in vertrautem Unglück, als das Risiko einer Veränderung mit ungewissen Folgen auf sich zu nehmen. Insbesondere in Langzeitehen ist oftmals die Beziehung zum Partner leblos geworden, aber man ändert nichts, weil es doch viele Aspekte gibt, welche die Ehe erhaltenswert erscheinen lassen, so etwa die Kinder, das Zuhause, die gewohnte Umgebung, der miteinander erworbene Besitz, der Freundeskreis. Es kann auch sein, daß der Partner oder die Partnerin sich um einen verdient gemacht hat, so daß man aus Loyalität eine Trennung nicht ins Auge faßt. Man vermißt einzig die lebendige Liebesbeziehung. Die überfällige Auseinandersetzung mit dem Partner traut man sich oder dem Partner nicht zu. So wird die Beziehung immer leerer. Man fühlt sich in einem goldenen Käfig gehalten und beklagt die eheliche Langeweile. Und dann – oft völlig unerwartet – tritt eine Veränderung der Lebensbedingungen ein, die die Auseinandersetzung mit dem Partner unumgänglich werden läßt. Am häufigsten handelt es sich dabei um das Eingehen einer anderen Liebesbeziehung.

Wie in Abschnitt 2.8 beschrieben, wird unter einem Wendepunkt eine Bruchstelle im Lebenslauf verstanden, welche zu einer inneren und äußeren Umorientierung der Person führt. Eine Lebenswende kann immer nur gelingen, wenn sich dabei sowohl die Person als auch ihre persönliche Nische ändern. Es braucht meist ein Entgegenkommen der Umwelt.

Das lebensverändernde Ereignis, welches den Wendepunkt im Lebenslauf herbeiführt, kann

- bewußt herbeigeführt
- schicksalhaft eingetreten
- unbewußt konstelliert sein.

6.2 Herbeiführung von Ereignissen, die eine Lebenswende notwendig machen oder freisetzen

Das veränderungswirksame äußere Ereignis oder die passende Gelegenheit kann bewußt herbeigeführt und intendiert werden. Meist besteht bereits über längere Zeit ein diffuses Unbehagen und ein Gefühl, im Lebenslauf festgelegt zu sein. Möglicherweise wurde schon längere Zeit auf eine sich bietende Gelegenheit zur Veränderung des Lebenslaufes gewartet. Wenn sich jetzt eine Gelegenheit bietet, wird sie ergriffen. Die äußere Veränderung wird als Gelegenheit benutzt, um die Wende im Lebenslauf zu realisieren. Für eine Wende muß man sich meist gegen eigene Widerstände oder Widerstände der Nische durchsetzen. Widerstände entstehen aus Angst vor dem Risiko, vor den unberechenbaren Folgen einer Veränderung, aber häufig auch aus Schuldgefühlen und Loyalitätsgefühlen gegenüber Partnern, Angehörigen oder Berufskollegen. Das beste ist, wenn man das Umfeld für die Wende gewinnen kann. Manche stellen aber einfach die Partner vor vollendete Tatsachen und sehen dann zu, was sich daraus entwickelt. In Partnerbeziehungen werden vollendete Tatsachen insbesondere geschaffen durch das Eingehen einer Außenbeziehung, durch den heimlichen Kauf oder Verkauf eines Hauses, durch eine Schwangerschaft oder einen intendierten Stellenwechsel.

Es sind nicht in erster Linie Einsichten und Erkenntnisse, welche zu Veränderungen im Lebenslauf führen, sondern Veränderungen der äußeren Umstände. Dadurch können bereitgestellte, bisher nicht genutzte Lebensmöglichkeiten ins Leben hineingeholt werden. Sie fordern Entwicklungen heraus, die bisher in Latenz schlummerten oder vor denen man bisher verschont geblieben war.

Ein äußeres Ereignis kann einer Person eine bisher hintangestellte persönliche Entwicklung und eine Veränderung des Lebenslaufes abfordern, von der sie sich bisher dispensiert hatte oder die ihr bisher nicht zugestanden wurde. Äußere Ereignisse oder Veränderungen der Lebensumstände können auch gegen die Intention der Betroffenen eine Lebenswende notwendig machen. Häufig werden persönliche Entwicklungen nicht vollzogen, weil sie nicht notwendig sind oder weil niemand da ist, der sie einem abverlangt. Häufig richtet sich eine Person ihre Nische so ein, daß sie von dieser vor allen Unannehmlichkeiten verschont wird. Oder sie richtet sich ihre Nische so ein, daß die Nische ihr eine Vermeidung von Entwicklung abverlangt bzw. ihr keine Möglichkeiten für persönliche Entwicklung zugesteht.

Aus einem lang eingeschliffenen Vermeidungsverhalten können durch veränderte Lebensumstände *ungelebte Lebensentwürfe belebt* werden und den Mut vermitteln, sie jetzt in die Tat umzusetzen. Manche Menschen fühlen sich jahrelang eingesperrt in einer Lebensform, die sie zuinnerst ablehnen, die ihnen aber keine Alternative eröffnet. Sie sind frustriert und unzufrieden, aber sie können sich nicht aufraffen, die Auseinandersetzung mit der Umwelt auf sich zu nehmen, um etwas zu verändern. Das betrifft neben dem Leben in einer unbefriedigenden Partner- oder Familienbeziehung vor allem auch das Verharren in einer nicht zufriedenstellenden Arbeitssituation. Es sind dann oft *äußere Ereignisse*, die alles zusammenbrechen lassen und die Stunde der Wahrheit herbeiführen. Manche Menschen, die sich im Beruf bis zum letzten verausgaben, sich für unentbehrlich halten und von einem Burnout-Syndrom bedroht sind, finden die Kraft zu einer Einschränkung ihres beruflichen Überengagements oft erst, wenn ihre Ehe unter diesen Bedingungen in eine ernsthafte Krise geraten ist, die eine Lebenswende notwendig macht, sei es, daß es zur Trennung kommt, sei es, daß die Partner durch die Krise neu zueinander finden.

Äußere Ereignisse *können einem aber auch anstehende Entwicklungen verbauen*, die sich ohne diese Veränderung voraussichtlich ergeben hätten. Die veränderten Umstände entziehen einer sich anbahnenden Entwicklung die Unterstützung, aber vielleicht auch die

Notwendigkeit. Man hat jetzt gute Gründe, sich dieser Entwicklung zu entziehen. Es kann sein, daß man die Entwicklungsaufgaben an eine andere Person delegiert. Es kann aber auch sein, daß der konkrete Bedarf zur Erfüllung einer Aufgabe nicht mehr gegeben ist.

Fallbeispiel 1
Das Fallbeispiel zeigt, wie sich durch Psychotherapie die Lebensumstände in einer Familie verändern können, so daß neue, bisher blockierte persönliche Entwicklungen der Familienmitglieder freigesetzt und ermöglicht werden.

Die beiden Eltern stammen aus streng katholischen Familien aus dem Libanon. Der über 60jährige Vater ist vor mehr als 30 Jahren in die Schweiz gezogen. Die Ehe war durch Angehörige vermittelt worden und war von Anfang an, stark familienzentriert. Die Eltern haben miteinander drei Kinder im Alter von 15 bis 29 Jahren. Anlaß zur Psychotherapie waren unerträgliche eheliche Verhältnisse. Die Mutter ist fast dauernd emotional erregt, schreit herum, schimpft und sucht Streit. Der Vater andererseits weicht jedem Streit so gut wie möglich aus, was die Mutter erst recht in Rage versetzt. Die älteste Tochter Ruth versucht zwischen den Eltern zu vermitteln. Sie hat aber selbst ein stark gespanntes Verhältnis zur Mutter, welche sie zum Sündenbock für die Streitigkeiten macht. Die Tochter hat zum Vater eine enge Beziehung. Sie bildet mit ihm eine Koalition gegen die Mutter. Ruth ist seit 5 Jahren verheiratet. Sie kann sich innerlich aber nicht wirklich auf die Ehe oder gar auf eine Mutterrolle einstellen, da sie glaubt, sich ganz für die Familie zur Verfügung halten zu müssen. Dazu kommt, daß sie die Erziehung ihrer zwei jüngeren Brüder übernommen hat und von diesen in ihrer Mutterfunktion mehr anerkannt wird als die herumschimpfende Mutter.

Die zerstrittene familiäre Situation blockierte die persönliche Entwicklung aller Familienmitglieder. Die Therapie wurde teilweise in Paar- und Familiensitzungen, teilweise als Einzeltherapie von Vater, Mutter und Tochter geführt. Sie brachte folgende Veränderungen:

Die Mutter litt unter einem schlechten Selbstwertgefühl, das sie mit einem Verhalten aufzuwerten versuchte, das die Situation nur immer verschlechterte. Sie fühlte sich nicht ernst genommen und

Herbeiführung von Ereignissen

glaubte, sich mit Schreien Gehör verschaffen zu müssen. Sie erreichte damit aber immer nur das Gegenteil, was sie schwer frustrierte.

Der Vater hatte Mühe, mit den emotionalen Ausbrüchen der Mutter zurechtzukommen. Wiederholt spürte er in sich die Versuchung, die Mutter mit Brachialgewalt zum Schweigen zu bringen. Er konnte sich vor Tätlichkeiten nur zurückhalten, indem er sich zurückzog und jedem direkten Streit auswich. Er war froh, daß die Tochter Ruth sich als Vermittlerin anbot. Beiden Eltern war eine intakte Familie das höchste Ziel des Lebens. Sie waren verzweifelt darüber, daß ihnen das nicht gelingen wollte.

Die Tochter Ruth fühlte sich unentbehrlich in ihrer Rolle als Vermittlerin und als Unterstützung ihres Vaters, aber auch als Erzieherin ihrer jüngeren Brüder, die an der Mutter keinen Halt finden konnten. Sie hatte als einzige der Familie eine qualifizierte Ausbildung absolviert und war beruflich sehr tüchtig. Der eine Bruder war arbeitslos, der andere war aus verschiedenen Lehrstellen entlassen worden. Das Gefühl, ganz der Familie zur Verfügung stehen zu müssen, verhinderte, daß Ruth sich mit ihrer persönlichen Entwicklung befaßte. Im Grunde hatte sie Angst vor einer intimen Beziehung zu ihrem Mann und war innerlich noch gar nicht auf ein eigenverantwortliches Leben eingestellt.

Unter anderem legte der Therapeut Wert darauf, daß in der Familie klare Generationengrenzen hergestellt wurden und Ruth ihre parentifizierte Stellung als »Mutter ihrer eigenen Eltern und Geschwister« aufgab und auf ihre Vermittlungsfunktionen verzichtete. Das ermöglichte in der Therapie erstaunliche Veränderungen. Die Mutter lernte, daß sie mehr gehört wird, wenn sie ruhig und überlegt argumentiert, als wenn sie schreit. Sie gewann durch den Erfolg dieser Verhaltensänderung mehr Selbstvertrauen und fühlte sich in ihren Anliegen ernster genommen. Der Vater wurde angehalten, eheliche Probleme nicht mehr mit der Tochter zu besprechen und sie nicht mehr als Vermittlerin in Anspruch zu nehmen. Er gewann an Mut, sich mit der Frau auseinanderzusetzen. Es wurde ihm auch klar, daß er sich mit seinem Rückzugsverhalten nicht nur vor dem Ausbruch eigener Aggressionen geschützt, sondern auch die Mutter in ihren Anliegen entwertet hatte.

Ruth gab ihre Rolle als familiäre Vermittlerin und Erzieherin auf, um sich nun vermehrt mit ihrer eigenen Entwicklung zu befassen. Sie war mit ihren 29 Jahren im Grunde noch ein Kind geblieben und hatte Angst, eine erwachsene Frau zu werden und sich mit ihrem Mann in eine intime Beziehung einzulassen. Dieser war dankbar, daß sie sich nun persönlich näher kamen und Ruth sich klarer gegen die Herkunftsfamilie abgrenzte. Ein Jahr später war Ruth schwanger und freute sich auf das Kind.

6.3 Schicksalshafte Lebenswenden durch kritische Lebensereignisse

Über schicksalhaft eintretende Lebensereignisse gibt es eine große Life Event-Forschung. Studiert wurden die Streß erzeugenden und krankmachenden Folgen von Krankheiten (z. B. Krebs, Herzinfarkt, Morbus Alzheimer), von Unfällen, Verlust des Partners, eines Kindes, einer Arbeitsstelle, einer beruflichen Position, Verlust der Heimat durch Migration, Krieg, Naturkatastrophen u. v. a. m.

Life Events wurden vor allem als belastende Lebensereignisse erforscht, mit besonderer Beachtung der pathogenen Folgen. Es wurden die Copingstrategien studiert, nämlich die Art und Weise, wie die betroffene Person ein belastendes Lebensereignis bewältigen kann. Lange Zeit wurde aber zuwenig beachtet, daß *das gleiche lebensverändernde Ereignis von Person zu Person und von Situation zu Situation eine unterschiedliche Bedeutung haben kann*. Scheidung kann als Katastrophe erlebt werden, aber genauso als Befreiung und Erleichterung. Es muß also die gesamte personelle und interpersonelle Situation berücksichtigt werden. Die Life Event-Forschung konzentrierte sich fast ausschließlich auf belastende Lebensereignisse, bei denen es darum ging, die Copingstrategie (Bewältigungsstrategie) einer Person zu erfassen und zu verbessern. Dazu gehört auch die Fähigkeit, persönliche und systemische Ressourcen zu mobilisieren.

Nur zögerlich setzte sich eine Erweiterung des Begriffs vom kritischen oder belastenden Lebensereignis zum »*bedeutsamen Lebensereignis*« (Ursula Lehr 1976) durch, als Erklärungsprinzip für positive

Veränderungen der Person in Zusammenhang mit Lebensereignissen. Es sind nicht die Lebensereignisse als solche für die Entwicklung entscheidend, sondern die Bedeutung, die ihnen zugemessen wird, und die Art der Auseinandersetzung mit ihnen. Es muß die Einbettung des Ereignisses in die biographische Gesamtsituation beachtet werden. Gemeisterte kritische Lebenssituationen tragen zur Persönlichkeitsentwicklung bei. Positiv erlebte Ereignisse verlangen genauso eine Anpassungsleistung der Person wie negative.

Lebensverändernde Ereignisse können als *Eustreß* oder als *Disstreß* erfahren werden. Eustreßerfahrungen sind Herausforderungen, die erfolgreich bewältigt werden können, da sie die Bewältigungsfähigkeit des Individuums nicht übersteigen, sondern seine Kräfte herausfordern und damit ein Erfolgserlebnis und eine Stärkung des Selbstwertgefühls vermitteln. Disstreß dagegen sind oft langdauernde, als negativ erlebte Belastungen, die ein Gefühl von Ohnmacht, Hilflosigkeit und Hoffnungslosigkeit erzeugen und als bedrohlich und negativ erlebt werden. Ein Ereignis wird vor allem dann negativ beurteilt, wenn es nicht vorhersehbar war, die davon betroffene Person sich dadurch fremdbestimmt fühlt, keine Kontrolle über das Geschehen hat, sondern sich einer Situation ausgesetzt fühlt, die sich als destruktiv, unbeeinflußbar und unveränderbar erweist.

Oft wird ein belastendes Lebensereignis zunächst als belastendes *Schicksal* erlebt. Man fühlt sich als Opfer eines *Zufalls*. Beide Begriffe beinhalten die Vorstellung, daß einem das veränderungswirksame Ereignis »von außen« geschickt bzw. zugefallen ist. Schicksal meint meist ein leidvolles Geschick, eine Fügung, seltener ein Geschenk. Schicksal ist bereits eine Deutung eines Ereignisses als etwas, das man nicht selbst gewählt oder herbeigeführt hat. Zufall meint etwas, das einem ohne erkennbare Begründung zufällt. Zufall kann gedeutet werden als etwas, das einem durch glückliche Fügung zu-fällt. Zufall betrifft nicht durchwegs einschneidende Ereignisse. So sagt man etwa »Welch ein Zufall!«, wenn man jemandem unerwartet auf der Straße begegnet.

Den Begriffen Schicksal und Zufall gemeinsam ist, daß die Person betroffen wird von einem Ereignis, das von außen kommend erfahren wird. Die Person hat das Ereignis nicht bewußt herbeigeführt und fühlt sich für dieses auch nicht verantwortlich. Sie ist vom Ereignis überrascht worden. Es wird dadurch eine Auseinandersetzung herausgefordert, die häufig folgenden Ablauf hat: zunächst ein Schock, dann eine Reaktion von Aufbegehren, Wut und Trotz, dann Zurückgewinnen der inneren Fassung und Einsetzen von Coping-Strategien: das Ereignis genau ansehen, wenn nötig, sich eingehender über dieses Ereignis informieren, Strategien entwerfen, wie es bewältigt werden kann, usw. Nicht selten kann in einem zunächst negativ erfahrenen Ereignis sekundär ein tieferer Sinn gefunden werden. Manche Menschen bleiben jedoch skeptisch gegen die Vorstellung, in zufälligen Lebensereignissen einen tieferen Sinn zu suchen oder die Vermutung zu hegen, daß dieses Ereignis einem als Reifungsmöglichkeit geschickt worden sei. Andere, besonders esoterische Kreise, aber auch die indische Karma-Lehre lehnen dagegen die Vorstellung eines sinnlosen Zufalls generell ab.

Veränderungswirksame Lebensereignisse lösen aber keineswegs immer positive Lebensentwicklungen aus. Nicht selten verliert eine Person durch eine ereignishafte Veränderung der Nische ihren Halt oder es kommen bei ihr vorbestehende destruktive Lebensmöglichkeiten zum Vorschein, die zuvor, eingebunden in eine soziale Ordnung, latent gehalten werden konnten.

Dazu zwei Beispiele aus der Belletristik:

Joseph Roths »Die Rebellion«: Das Buch zeigt, wie bei einem Mann, der fest in der kleinbürgerlichen Ordnung verankert ist, durch ein Ereignis eine latent vorhandene Bereitschaft zu einer selbstdestruktiven Entwicklung ausgelöst wird:

Andreas kehrte aus dem Ersten Weltkrieg nur noch mit einem Bein zurück. Doch er fühlte sich aufgehoben in der festen und verläßlichen deutsch-österreichischen Weltordnung mit ihren Werten von Pünktlichkeit, Staatsgläubigkeit und Befürsorgung. Er war mit einem Orden ausgezeichnet worden und hatte eine Lizenz erhalten, die ihn berechtigte, auf öffentlichen Plätzen seine Drehorgel zu spielen. Er hatte einen Esel Muli, der ihm die Musikorgel zog, und einen Papagei, der die Kinder faszinierte. Er fand ein ausreichendes Einkommen. Die Invalidität gereichte ihm sogar zum Vorteil. Er fand eine Witwe mit einem kleinen Kind. So führte er ein kleinbürgerliches und zufriedenes Leben.

Doch dann trat ein Ereignis ein, das sein ganzes kleines Glück zum Einsturz brachte. In der Straßenbahn versperrte ihm ein wohlhabender, aber mißgestimmter Mann den Eintritt und gab Andreas, der mit einer Krücke einstieg, den ihm zustehenden Platz nicht frei. Andreas machte ihn höflich auf sein Anrecht auf den für Behinderte reservierten Platz aufmerksam, doch der reiche Herr wurde gleich ausfällig und bezeichnete alle Invaliden als Simulanten, Bolschewiken und Aufwiegler. Es kam zu einer großen Aufregung in der Straßenbahn, in welcher der Schaffner für den reichen Herrn Partei ergriff. Es kam ein Polizist dazu, doch auch dieser stellte sich nicht, wie von Andreas erwartet, auf seine Seite, so daß er seine Fassung verlor, den Ordnungshüter beleidigte und gar bedrohte. Dieser nahm ihm die Lizenz weg und kündigte ihm an, er werde noch vor Gericht zur Rechenschaft gezogen werden. Nun brach für Andreas die bisher so festgefügte Welt zusammen. Er wurde vor Gericht aufgeboten und zuvor von der Polizei befragt. Doch niemand schien an der Wahrheit interessiert zu sein. Andreas wurde ausfällig gegen den Verhörpolizisten, dieser erregte sich zunehmend und nahm ihm schließlich seine Lizenz endgültig weg und steckte ihn für 6 Wochen ins Gefängnis. Doch dabei kam es zu einem Wandel von Andreas. Er hatte das Gefühl, wie wenn er erst jetzt zu sich selber finde und sein eigenes Leben führe. Er entwickelte einen bisher nicht gekannten Trotz, ja, sogar eine innere Rebellion, die er sich bisher nicht eingestanden hätte. Seine Frau ließ ihn im Stich mit einem anderen. Andreas endete als Toilettenaufseher in trostloser Einsamkeit. Er hatte den Kontakt zur Außenwelt verloren. Er zog sich in sein Traumleben zurück, das fließend in seinen Tod überging und in dem er Gott für die zugelassene Ungerechtigkeit bitter anklagte. Er hatte sich seine Nische, die ihm den entscheidenden Halt gegeben hatte, zerstört. Er hatte sich eine Situation konstelliert, in welcher in der Latenz gehaltene destruktive Lebenseinstellungen übermächtig wurden und ihn in den Abgrund rissen.

Georges Simenon: Der Mann mit dem kleinen Hund

Diese Geschichte zeigt, wie ein vielversprechender junger Mann einen Freund, dem er zu sehr vertraut hatte und von dem er sowohl in der Ehe wie im Geschäft betrogen worden war, erschießt und nach Absitzen der Gefängnisstrafe nicht mehr in der Lage ist, sich eine neue Nische aufzubauen, von der er in seinem Wirken herausgefordert und positiv beantwortet würde. Sein Leben verliert den letzten Rest an Inhalt und Sinn, bis es durch einen Unfall sein Ende findet.

Der 48jährige Felix arbeitete in einer Buchhandlung, wo er ohne innere Beteiligung seinen Job verrichtete. Ansonsten lebte er völlig isoliert in Paris. Sein einziger Kontakt war sein kleiner Hund, mit dem er täglich seine Spaziergänge machte. Der Grund für seine Isolation, seinen tiefen Lebensüberdruß und seine Suizidalität war, daß er vor 15 Jahren einen Mord begangen hatte, für den er eine fünfjährige Gefängnisstrafe absitzen mußte. Doch nach der Entlassung fand er sich im Leben nicht mehr zurecht. Er fühlte sich außerhalb der Gesellschaft. Er merkte, daß die Menschen und die Welt für ihn nicht mehr dieselbe Bedeutung hatten. Es ging ihn alles nichts mehr an.

Dabei hatte alles so hoffnungsfroh begonnen. Sein Vater war ein erfolgreicher Bauunternehmer gewesen. Felix war ein guter Schüler, der viel las. Doch dann verunglückte sein Vater tödlich und Felix übernahm auf Wunsch seiner Mutter das Bauunternehmen, obwohl er darauf nicht vorbereitet war und lieber sein Literatur- und Philosophiestudium an der Sorbonne fortgesetzt hätte. Er entwickelte sich zu einem seriösen Geschäftsmann und heiratete Anne-Marie. Er neigte zu Eifersucht. Sie befreundeten sich mit Monique und Cornille. Cornille war ein eleganter und geistreicher Pariser, der sich Felix als Freund und Berater anbot und dessen Geschäfte er immer mehr in seine Hände nahm. Felix und Anne-Marie eiferten diesem Freundespaar nach und wollten ein ebenso hochstaplerisches Luxusleben führen. Sie bekamen zwei Kinder und lebten auf großem Fuß. Felix verlor aber den Überblick über die Finanzen seines Geschäfts. Cornille verstand es, immer wieder alles zurechtzubiegen. Dann kam es zu einer amtlichen Finanzprüfung, die beunruhigende Unregelmäßigkeiten aufdeckte. Felix beobachtete, daß Cornille mit seiner Frau flirtete, und schließlich ertappte er die beiden auf frischer Tat. Er erschoß

Cornille. Kurz zuvor hatte er vernommen, daß sich Cornille anderen Personen gegenüber abschätzig über ihn geäußert hatte und ihn als einen Dummkopf und Schwächling bezeichnete, den er beliebig zu manipulieren verstehe. Felix rechtfertigte seinen Mord mit der Bemerkung: »Cornille hatte nicht das Recht, mir meine Würde und Selbstachtung zu nehmen. Niemand hat das Recht dazu, denn ohne diese Selbstachtung hört der Mensch auf, Mensch zu sein.«

Felix hatte seine Nische, in welcher er erfolgreich war und Anerkennung fand, völlig verloren. Er verbrachte seine Freizeit damit, seine zwei Kinder und die zwei Kinder von Monique, der Witwe von Cornille, auf dem Schulweg verstohlen zu beobachten, um so an ihrer Entwicklung teilzunehmen. Monique beklagte sich deswegen auf dem Polizeikommissariat. Felix wurde angewiesen, das zu unterlassen. Damit verlor er seinen letzten Lebensinhalt. Er war seines Lebens müde geworden und wurde auf der Straße von einem Auto zermalmt, nachdem er in einem Schwindelanfall aus dem Bus gefallen war.

6.4 Wende in der Berufskarriere: Erst gefeiert, dann gefeuert

Während noch vor wenigen Jahren die Mehrzahl der Berufstätigen ihr Leben im gleichen Beruf und oft sogar an derselben Stelle verbrachte, in derselben Ehe und Familie lebte und am gleichen Ort wohnte, wird das heutzutage immer mehr zur Ausnahme. Wendepunkte in der Berufskarriere sind heute ein zentrales psychologisches Thema. Ich möchte dieses umfassende Gebiet nur kurz anhand des Beispiels hochqualifizierter Führungskräfte streifen. Es häufen sich Fallbeispiele von erfolgreichen Managern, die trotz beruflichem Erfolg, ohne einleuchtende Begründung, fristlos entlassen wurden. So fährt ein erfolgreicher Manager in die Ferien. Abends, nach 21 Uhr, erhält er einen Anruf von seinem Chef, der ihm mitteilt: »Wenn Sie dann ins Büro zurückkehren, möchte ich Sie bitten, Ihr Pult zu räumen. Wir mußten Sie umgehend entlassen. Trotzdem noch schöne Ferien.«

Manche erfolgsverwöhnte, gefeierte Kaderleute werden von einem Moment zum anderen gefeuert. Sie sind von Erfolg zu Erfolg geeilt, haben sich regelmäßig weitergebildet, hielten sich selbst dank ihrer ausgezeichneten Qualifikationen für einen sicheren Wert auf dem Stellenmarkt, haben sich mit ihrer ganzen Arbeitskraft über viele Jahre für die Firma verausgabt, haben deshalb ihre Familie vernachlässigt, nur für das Geschäft gelebt, sich nichts gegönnt, und jetzt werden sie von einer Minute zur andern, ohne die geringste menschliche Anteilnahme, auf die Straße gesetzt. Oder es kehrt einer aus dem Urlaub zurück, da sitzt bereits ein anderer an seinem Pult. »26 Jahre hab ich nur für die Firma gelebt und bin jetzt entlassen, ohne ein Wort der Anerkennung und des Danks. Nie hätte ich gedacht, daß mir so etwas passieren kann. Von einem Moment zum anderen bin ich ins Nichts abgestürzt, bin nichts mehr wert, finde trotz intensiver Bemühung keine Stelle mehr, fühle mich nur noch als Ausschußware, reif für die Entsorgung.«

Wie kann ein Mensch ein derartiges Schicksal verkraften? Dazu werden Kurse, Coaching oder Outplacement-Beratung angeboten. Dort lernt man, wie man sich fit zu halten hat, wie man positiv zu denken hat, wie man das Verlorene hinter sich läßt und den Blick optimistisch in die Zukunft richtet, auch dann noch, wenn die vielen Stellenabsagen einem längst klargemacht haben, daß dieser zur Schau gestellte Optimismus mit der Realität nicht mehr in Einklang zu bringen ist. Es kommt immer häufiger zur Entwicklung eines falschen Selbst: Die Art, wie man sich äußerlich zu zeigen versucht, steht in krassem Widerspruch zum inneren Befinden. Man ist erfüllt von schwersten Selbstzweifeln, Wut und Depression, man soll sich aber so benehmen, als ob man das alles leichtnehmen könnte, man ausgeglichen wäre und alles Belastende wegstecken könnte. Wie kann ein Mensch nach einer derartigen Verletzung des Selbstwertgefühls sich überhaupt noch einmal beruflich engagieren, ohne laufend Schutzmauern aufzubauen, um eine erneute Verletzung abzuwehren, ohne sich ein unechtes und überangepaßtes Verhalten anzueignen, ohne seine Ängste hinter einer Maske zu verbergen?

Häufig ist die erlebte Katastrophe dann Ausgangspunkt für weitere persönliche Erniedrigungen. Nicht selten gerät die Ehe in eine Krise. War zuvor die Klage der Frau, daß der Mann seine Familie vernachlässige, sie gezwungenermaßen den ganzen Haushalt zu übernehmen habe und sich ausgebeutet fühle, so ist jetzt ihre Klage, daß er nicht einmal in der Lage sei, eine Familie zu ernähren. Hatte die Familie zuvor in einem gewissen Luxus gelebt, müssen eventuell jetzt das Haus und der teure Wagen verkauft werden. Man hat sich auf eine bescheidenere Lebensform zu beschränken. Damit ist zusätzlich der soziale Status bedroht. Manche versuchen zunächst, sich mit Krediten auf dem bisherigen sozialen Niveau zu halten. Die Dauerpräsenz des zuhause sitzenden, tagsüber im Internet sich erfolglos um eine Stelle bemühenden Mannes nervt die Frau. Wenn diese dann eventuell mit eigener Berufstätigkeit die Familie finanziell über Wasser zu halten hat, trägt das weder zur Hebung des Selbstwertgefühls des Mannes bei noch zur Ausbalancierung des ehelichen Gleichgewichts.

Fallbeispiel 2
In einer Paarbeziehung ist eine schwere Krise aufgetreten, nachdem beide Partner fast gleichzeitig ihre erfolgreiche Arbeit verloren hatten:

Margrit und Rolf, beide im mittleren Alter, waren bisher ausgesprochen erfolgreich und schienen alle Lebensprobleme leicht zu bewältigen. Sie haben zwei Kinder, wovon eines noch im Vorschulalter steht. Nachdem sie während neun Jahren eine glückliche Ehe geführt hatten, gerieten sie im Laufe des letzten Jahres in eine schwere Ehekrise. Margrit war in einem Medienkonzern in leitender Position tätig und wurde dort fristlos entlassen, weil dem neuen Chef ihre persönliche Eigenart nicht paßte. Die Chemie zwischen den beiden Personen stimmte nicht. Sie mußte sich einen Anwalt nehmen, um ein korrektes Kündigungsverfahren einzufordern und die ihr zustehende Abgangsentschädigung zu erhalten. Von der Arbeit freigestellt, begann sie ein neues Studium. Während sie zuvor tagsüber im Büro gearbeitet hatte, verbrachte sie jetzt den ganzen Tag zuhause.

Rolf war Texter in einer Werbefirma. Er wurde entlassen mangels Aufträgen in der gegenwärtigen Rezession. Er hatte sich jetzt zuhause sein Büro eingerichtet und versuchte, als selbständiger Texter sein Brot zu verdienen. Es gingen aber nur wenige Aufträge ein. Die Familie lebte vom Arbeitslosengeld.

Neu war, daß Rolf und Margrit den Tag nicht mehr am Arbeitsplatz verbrachten, sondern auf engstem Raum daheim arbeiteten. Die dauernde physische Präsenz von Rolf störte Margrit. Sie war wegen der finanziellen Probleme sehr beunruhigt. Sie wollte dringend, daß Rolf endlich Versicherungen abschließe, eine Unfallversicherung, eine Taggeldversicherung und eine Lebensversicherung. Rolf wich diesen Fragen schon seit Jahren aus, was Margrit sehr belastete. Rolf und Margrit gerieten in die Eskalationsspirale wechselseitiger Entwertungen. Margrit warf Rolf vor, er sei zu passiv, er ziehe sich einfach auf sich zurück, weiche allen Problemen aus, er nehme nicht ernst, was sie ihm vorhalte, und höre gar nicht hin. Er seinerseits wurde vertrotzt, schwieg sich aus, vermied jedes Gespräch und verfiel in passiven Widerstand. Sie waren nicht mehr in der Lage, irgendeine Sachfrage konstruktiv miteinander zu besprechen.

Margrit war eine emanzipierte, tüchtige und aktive Frau. Doch in der jetzigen Situation war sie erstaunt, wie sehr sie sich nach einem starken Mann sehnte, an den sie sich anlehnen konnte und der in der Lage war, ihr finanzielle Sicherheit und Geborgenheit zu bieten. Rolf seinerseits sehnte sich in seiner verzweifelten Situation nach einer mütterlichen Frau, die ihn bedingungslos umsorgen und unterstützen würde. Beide wünschten sich Liebe und Anerkennung, die sie einander gleichzeitig verweigerten.

Die wenigen Paargespräche, die wir durchgeführt hatten, trugen dazu bei, mehr Struktur in die äußere Situation zu bringen. Rolf nahm sich ein Büro in einem Nebenhaus, so daß er während der Arbeitszeit nicht gleichzeitig mit seiner Frau zuhause war. Er regelte auch die Versicherungsfragen. Zu einer vertieften Bearbeitung der ehelichen Schwierigkeiten war Rolf jedoch nicht bereit. Er befürchtete, dadurch noch mehr in seinem Selbstwertgefühl in Frage gestellt zu werden. Er wollte selbst mit seinen Problemen zurechtkommen und keine weitere Hilfe beanspruchen. Der einzige Lichtblick in der gegenwärtigen Krise waren die Kinder, die zufrieden darüber waren, daß die Eltern nun mehr präsent waren.

Ein Großteil der Betroffenen mag sich nicht in einer Psychotherapie mit seiner Situation vertieft auseinandersetzen (s. Abschnitt 9.4 über die Klärung der therapeutischen Bereitschaften). Zu groß ist die Angst, dadurch noch stärkere Selbstwerteinbußen hinnehmen zu müssen und durch den Verlust des aufgesetzten Optimismus die Chancen auf dem Stellenmarkt noch weiter zu schmälern. Manche kommen eher über eine Paartherapie zum Psychotherapeuten. Eher selten führt diese Krise zu einer vertieften kritischen Auseinandersetzung mit der gegenwärtigen persönlichen und gesellschaftlichen Situation oder zu einer Infragestellung der bisher gelebten Werte mit der Überbetonung des beruflichen Strebens nach Erfolg und Reichtum. Die berufliche Tätigkeit und der berufliche Status haben in unserer Gesellschaft einen immensen Wert, so daß es fast übermenschliche Kräfte braucht, um bei ausbleibender äußerer Bestätigung die Achtung vor sich selbst nicht zu verlieren und mit dem Leben zufrieden zu sein.

6.5 Unbewußtes Konstellieren lebensverändernder Ereignisse

In diesem Abschnitt soll dargestellt werden, wie Lebensveränderungen entscheidend von den Gelegenheiten und Möglichkeiten ihrer Realisierung abhängen. Dazu soll eine Reihe von Möglichkeiten, veränderungswirksame Ereignisse unbewußt zu konstellieren, aufgeführt werden:

6.5.1 Die Person läßt es zu, daß sich eine ängstlich vermiedene Versuchungssituation entwickelt

Das unbewußte Herbeiführen eines einschneidenden, lebensverändernden Ereignisses hat häufig folgenden Ablauf – so etwa bei der sich bietenden Möglichkeit zum Eingehen einer sexuellen Außenbeziehung: Zunächst ist man auf Gelegenheiten, welche die Stabilität der eigenen Lebensumstände gefährden, nicht ansprechbar. Man fürchtet, sich in ein unkontrollierbares Chaos einzulassen. Entsprechende Versuchungen werden abgewehrt. Man schließt sich eventuell sogar mit den Bezugspersonen gegen das drohende Lebensereignis zusammen. Doch dann gerät man unter dem Einfluß einer zunächst abgewehrten Gelegenheit in eine untergründig sich ausbreitende Krise. Geheime Phantasien, ob die sich abzeichnende Gelegenheit nicht doch ergriffen werden könnte, melden sich. Es kommt zum Probehandeln in der Phantasievorstellung. Allmählich erscheint die Verwirklichung des Befürchteten nicht mehr so negativ. Man konstelliert sich eine Gelegenheit, in der das ersehnte, aber angsterweckende Ereignis sich entwickeln kann, ohne daß man dafür verantwortlich gemacht werden könnte, ja, eventuell sogar so, daß man als Opfer eines Ereignisses dastehen kann, das man zu vermeiden getrachtet hatte.

Fallbeispiel 3
Das Beispiel zeigt, wie eine uneingestandene Unzufriedenheit mit einer Liebesbeziehung durch das Zulassen einer bisher vermiedenen Außenbeziehung zu einer tiefen Beziehungskrise führte:

Thomas meldete sich in heller Verzweiflung, es sei etwas völlig Unverständliches passiert. Seine Frau Priska, mit der er seit über zehn Jahren in überglücklicher Ehe zusammenlebe, habe sich Hals über Kopf in einen anderen Mann verliebt. Sie selbst könne das nicht verstehen, hätten sie es doch immer sehr gut miteinander gehabt, in jeder Hinsicht bestens miteinander harmoniert und ohne Streit zusammengelebt. Sie seien von allen Freunden und Bekannten als Idealpaar beneidet worden. Nun fühlte er sich am Boden zerstört. Priska beteuerte ihm gegenüber, sie liebe ihn weiterhin und wolle vom Freund loskommen. Doch sobald sie seinen Augen entschwunden war, telefonierte sie mit dem Freund, schickte ihm wiederholt SMS, traf ihn und verbrachte die Nacht mit ihm. Da er das Zusammenleben mit ihr nicht mehr ertrug, nahm Thomas sich eine andere Wohnung. Doch allein konnte er es ebenfalls nicht aushalten. Er fühlte sich wie besessen vom Drang, Priska nachzuspionieren, sie zu überwachen und zu beobachten, wobei er, wenn er feststellen mußte, daß das Auto des Freundes vor ihrem Haus stand oder wenn er Priska mit dem Freund auf der Straße eng umschlungen erblickte, innerlich fast zerrissen wurde. Priska hatte ihn mehrmals angelogen und bestritten, den Freund getroffen zu haben, obwohl er die beiden kurz zuvor miteinander beobachtet hatte. Er wußte, daß er Priska erst recht nicht zurückzugewinnen vermochte, wenn er sie der Lüge überführte, aber er konnte nicht ohne sie sein. Er hatte keine Hobbys, fühlte sich kaum noch arbeitsfähig, grübelte dauernd seinem Schicksal nach, das er nicht verstehen und nicht akzeptieren konnte. Er hatte allzeit seine Frau auf Händen getragen, sie verwöhnt und ihr alles abgenommen, er besorgte das Einkaufen, Kochen und Waschen. Ihre Freizeit hatten sie immer gemeinsam verbracht, meist abends vor dem Fernseher, bei einem Glas Wein. Er lebte nur für den Beruf und für Priska. Durch seine klaren Prinzipien gab er ihr einen Halt.

Priska nahm dann an den Gesprächen ebenfalls teil. Es war ihr selbst unerklärlich, weshalb sie sich so intensiv in einen anderen Mann verlieben konnte. Doch allmählich klärten sich die Beweggründe auf. Zwar hatte sie die Ehe als frei von Spannungen und Streit erlebt, aber nicht als so glücklich, wie es Thomas dargestellt hatte. Früher hatte sie viel gelesen, kulturelle Anlässe besucht und war viel gereist. Für all das zeigte Thomas wenig Interesse. Sie spürte, daß es aussichtslos wäre, ihm das aufdrängen zu wollen. Da sie im übrigen nichts zu beklagen hatte und er für sie einen übergroßen Einsatz zeigte, fühlte sie sich verpflichtet, ihre Lebensweise der seinigen anzupassen, und erlebte sich dabei nicht unglücklich.

Vom Freund war Priska fasziniert durch seine Freiheit, Dynamik und Reiselust. Er war vielseitig interessiert und ging gerne mit ihr wandern. Er wäre für sie aber als Lebenspartner nicht in Frage gekommen. Dennoch merkte sie erst jetzt, daß sie Thomas zuliebe viel zurückgesteckt hatte. Sie hatte das aus Liebe zu ihm gerne getan, aber nun wurde ihr klar, wie stark eingeengt sie sich gefühlt hatte, ohne es sich bis dahin jemals eingestanden zu haben. Priska war in einer Midlifecrisis. Sie hatte den Eindruck, sie stagniere, sie brauche einen Wechsel, sei es im Beruf oder in der Beziehung. Sie ließ sich von ihrem Freund sehr bedrängen und konnte sich von ihm nicht lösen. Aber ebensowenig konnte sie sich von Thomas lösen. Wenn sie beim Freund war, sandte sie SMS an Thomas, in denen sie beteuerte, wie sehr sie sich nach ihm sehne, nach ihm Heimweh habe und ihn allein liebe. Kaum war sie bei ihm, sandte sie ähnliche SMS an ihren Freund. Sie ließ sich von außen herumdrängen, hatte aber nicht die Kraft, den Wandel, den sie ersehnte, aus eigenem Antrieb durchzuführen.

Thomas hatte an eine Therapie das Anliegen, daß alles wieder so werde, wie zuvor. Er sah weder die Möglichkeit noch das Bedürfnis, die aktuelle Krise als Hinweis auf eine notwendige Veränderung der Beziehung anzuerkennen. Er wäre wohl bereit gewesen, Priska mehr Freiheit für Reisen und kulturelle Anlässe zu gewähren, aber sie wollte dazu nicht selbst die Initiative ergreifen. Priska fühlte sich von Thomas zur Harmonie gedrängt und vermißte die Entwicklung einer positiven Streitkultur. Immer wieder versuchte sie, die Kontakte zum Freund abzubrechen und wieder mit Thomas zusammenzuleben. Doch sie wurde dabei von einer Depression befallen und glaubte, daß das nicht die Lösung des Problems sein könnte. Die Paargespräche führten nicht weiter. Priska begab sich in eine Einzeltherapie, um einen Weg aus ihrer dauernden Ambivalenz zu finden. Ein persönliches Problem ist, daß sie sich generell stark von außen bestimmen läßt und oftmals gar nicht klar spürt, was sie selbst möchte. Sie wollte keinem von beiden Männern wehtun und tat damit beiden weh.

Ohne ihr Dazutun war der Freund in ihr Leben getreten, sie ließ es zu, von ihm bedrängt zu werden, und fühlte sich außerstande, sich für den einen oder den anderen Mann zu entscheiden. Es hatte sich alles so ergeben, ohne daß sie selbst aktiv gewesen wäre. Es waren die Umstände, die sie darauf verwiesen, daß etwas in ihrem Leben nicht mehr stimmte.

Eine Person kann unbewußt ein Ereignis inszenieren, mit dessen Hilfe sie sich gegen die Hindernisse der Umwelt durchsetzt. Sie spürt die Notwendigkeit eines Entwicklungsschrittes im Gestalten ihrer Beziehung, findet aber die Kraft nicht, um sich gegen den Widerstand der anderen durchzusetzen. Es kann dann sein, daß sie unbewußt ein Ereignis herbeiführt, das alles, was sich an inneren und äußeren Strukturen als hinderlich erweist, zum Einsturz bringt. Durch das Ereignis werden nun neue, bisher verbaute Entwicklungen möglich oder der Person sogar abgefordert. Möglicherweise ist sie sich nicht bewußt, daß sie dieses Ereignis selbst herbeigeführt hat. Sie wird sich gegen Unterstellungen von Bezugspersonen, dieses Ereignis nicht verhindert zu haben, zur Wehr setzen. Das Ereignis diente ihr aber, um sich gegen die Hindernisse der Umwelt durchzusetzen.

Eine Person kann auch unbewußt ein Ereignis inszenieren, mit dem sie sich selbst unter Druck setzt, eine bisher vermiedene, aber notwendige Veränderung durchzuführen. Eine notwendige persönliche Entwicklung war über lange Zeit ängstlich vermieden worden, doch dann wird ein Ereignis konstelliert, das Lebensumstände entstehen läßt, die einem die vermiedene Entwicklung abfordern.

Antonio Tabucchi: **Erklärt Pereira:**
Beispiel aus der Belletristik, das zeigt, wie der Protagonist Pereira sich mit einer selbst konstellierten Beziehungssituation Sachzwänge schafft, die ihm eine innerlich längst als notwendig erkannte Lebensentwicklung abfordern.

Der Roman spielt in Portugal in der Zeit des beginnenden Spanischen Bürgerkrieges. Pereira ist Kulturredakteur einer regimetreuen Lissabonner Abendzeitung. Er ist in die Jahre gekommen und bequem geworden. Er kümmert sich nicht um die Politik. Rein zufällig blättert er in einer Zeitschrift und stößt dabei auf einen Artikel über den Tod, verfaßt von einem Francesco Monteiro Rossi. Er bleibt an dem Satz hängen: »Die Beziehung, die den Sinn unseres Daseins am feinsten und umfassendsten bestimmt, ist jene von Leben und Tod, denn die Begrenzung unserer Existenz durch den Tod ist entscheidend für das Verständnis und die Wertschätzung des Lebens.« Pereira sucht daraufhin Kontakt zu Monteiro Rossi und stellt diesen an, um Nachrufe von bekannten Persönlichkeiten im voraus auszuarbeiten. Diese sind jedoch unbrauchbar. Dennoch ist Pereira vom jungen Mann und dessen Freundin fasziniert und bezahlt die Artikel aus eigener Tasche. Monteiro Rossi ist auf dieses Geld angewiesen. Die bloße Anwesenheit des jungen Paares löst bei Pereira einen ihm selbst nicht verständlichen Prozeß aus. Er beginnt sich zu fragen, welcher Art die Welt sei, in der er sein Leben verbringe. Lebe ich überhaupt noch oder bin ich bereits tot? Ist mein Leben nicht eher ein Überleben, die Illusion eines Lebens? Im Gegensatz zu ihm scheinen die beiden jungen Leute politisch engagiert zu sein und haben sich auf gefährliche Abenteuer eingelassen, ohne daß Pereira Genaueres darüber weiß.

Pereira begibt sich zur Kur, wo er mit dem leitenden Arzt, Dr. Cardoso, ins Gespräch kommt. Cardoso spürt, daß Pereira etwas beunruhigt. Er stellt ihm die Frage, ob es in den letzten Monaten ein Ereignis gegeben habe, einen konkreten Vorfall, der seine Überzeugungen in Frage gestellt und sein Gleichgewicht gestört habe. Pereira erwähnt die beiden jungen Menschen. Pereira sagt, er habe zu zweifeln begonnen, ob die beiden mit ihrem politischem Engagement recht hätten. »Wenn sie recht hätten, hätte mein Leben keinen Sinn.« Bisher habe er in seinen eigenen Artikeln im Kulturteil der Abendzeitung seine persönliche Meinung nie zum Ausdruck gebracht, als ob er sich selbst verleugnen müßte. So sei er eigentlich nie er selbst gewesen. Cardoso verweist ihn darauf, daß jetzt ein anderes Ich die Führung seines Seelenbündnisses übernehme und an die Oberfläche trete. Er sagt zu Pereira: »Wenn Sie zu glauben beginnen, daß die jungen Leute recht haben und daß Ihr Leben bis jetzt umsonst war, denken Sie es ruhig, vielleicht wird Ihnen Ihr Leben von nun an nicht mehr als umsonst erscheinen...« (S. 120). Pereira hat den Eindruck, sein führendes Ich werde ausgewechselt, so wie Schlangen sich häuten. Sein Leben beginne sich zu verändern, ohne daß er wisse wie. Er stellt fest, daß er Dinge denkt, die er zuvor nie gedacht hat, und Dinge macht, die er zuvor nie gemacht hätte. Er steht nicht unter dem direkten Einfluß der beiden jungen Leute, und doch sind sie der Anlaß für seinen Wandel. Pereira denkt: Was bleibt denn von mir übrig, wenn ich jetzt mein Leben ändere? Dr. Cardoso sagt dazu: »Es bleibt Trauerarbeit. Sie müssen Trauerarbeit leisten, Sie müssen sich von Ihrem vergangenen Leben verabschieden. Sie müssen in der Gegenwart leben... Ihre Erinnerungen würden nur Erinnerungen bleiben« (S. 154). Pereira ist beunruhigt und erfüllt von der großen Sehnsucht nach einem zukünftigen Leben.

Doch dann kommt es zum dramatischen Ereignis. Pereira wird von Monteiro Rossi aufgesucht, atemlos, schwitzend und stotternd. Er ist verschmutzt und übermüdet. Pereira bietet ihm eine Schlafgelegenheit an. Der junge Mann fällt in einen tiefen Schlaf, aus dem er auch nach Stunden kaum zu wecken ist. Er wirkt beunruhigt und verängstigt. Er stürzt sich auf das Essen, das Pereira ihm anbietet. Dann erzählt er Pereira, daß sein Cousin verhaftet worden sei, er selbst sei wie durch ein Wunder entkommen. Jetzt sei er auf der Flucht. Er werde in ganz Portugal gesucht. Pereira bietet ihm an, bei ihm zu bleiben.

Er weiß selbst nicht, weshalb er sich mit der Beherbergung des jungen Mannes in Gefahr begibt, warum er sich in diese Geschichte eingelassen hat, warum er Monteiro Rossi bei sich aufgenommen hat. Nach einigen Tagen wird Pereira in seiner Wohnung von drei Männern in Zivil aufgesucht, die Pistolen tragen. Sie sagen, sie seien von der Geheimpolizei und müßten die Wohnung durchsuchen, da sie jemanden suchten. Pereira will sich zur Wehr setzen, wird dann aber von einem der Männer mit einer Pistole bedroht. Monteiro Rossi wird von den Männern im Nebenzimmer gefunden und verhört. Da er Aussagen verweigert, wird er zusammengeschlagen und getötet. Das ist der Wendepunkt im Leben Pereiras. Er erfindet eine List. Er verfaßt einen Artikel, in welchem er den eben erlebten Sachverhalt genau schildert, und will diesen im Kulturteil seiner Zeitung publizieren. Um die Zensur zu überlisten, bringt er den Artikel erst im allerletzten Moment zum Drucker. Dieser lehnte es ab, den Artikel ohne Zensur abzudrucken. Pereira läßt ihn deshalb mit dem Zensor telefonieren, was der Drucker dann auch tut. Doch die Telefonnummer, die ihm Pereira angibt, ist nicht jene des Zensors, sondern die von Dr. Cardoso. In der Rolle des scheinbaren Zensors bewilligt dieser die Publikation. So wird dieser Artikel an der Zensur vorbeigeschmuggelt und kommt zur Veröffentlichung. Pereira ist nun im reinen mit sich selbst, muß aber nach Frankreich fliehen.

Der Roman zeigt sehr schön, wie Pereira ein diffuses Unbehagen über sein Leben empfindet, das ihm sinnlos und leer vorkommt. Ohne recht zu wissen wozu, stellt er zwei junge Schriftsteller bei sich ein, deren Arbeit unbrauchbar ist. Er ist aber zunehmend fasziniert von den beiden jungen Menschen, die offensichtlich politisch sehr riskante Verbindungen pflegen. Im Kontakt mit den Jungen spürt er, daß er gar nicht sein Leben lebt. Der Tod des jungen Mannes gibt ihm dann Anlaß zu einer mutigen Tat, die sein Leben endgültig verändert.

6.5.2 Die Person benutzt andere Personen, um ein veränderungswirksames Ereignis herbeizuführen

Oft steht die Person bezüglich einer anstehenden Wende in einer konflikthaften Ambivalenz. Es kann sein, daß sie einerseits eine Veränderung herbeiführen möchte, andererseits Angst vor dem Risiko des Scheiterns oder vor unberechenbaren Folgen hat. Sie fürchtet, durch die Veränderung mit ihren Bezugspersonen in Konflikt zu geraten, welche sie der Illoyalität und Untreue bezichtigen und sie mit Schuldgefühlen zu belasten versuchen. Die Person kann ihre Wünsche scheinbar zurücknehmen, gleichzeitig aber andere Personen dazu veranlassen, die Erfüllung der herbeigesehnten Wende für sie zu erkämpfen, ohne daß sie selbst dafür aktiv werden muß.

Manchmal steckt eine Person in einer tiefen Ambivalenz, die sie in ihrer Entschlußfähigkeit lähmt, aus der sie aber keinen Ausweg zu finden vermag. Sie kann unbewußt eine andere Person dazu veranlassen, vollendete Tatsachen zu schaffen, die sie aus ihrer Unentschiedenheit hinausführen. Dies zeigt sich in folgendem Fallbeispiel:

Fallbeispiel 4
Eine unwissentlich durch einen neuen Partner herbeigeführte Schwangerschaft ermöglicht einen Ausweg aus einer unlösbaren Beziehungsambivalenz:

Martha, eine junge Ärztin, meldete sich, weil sie in einer langjährigen Beziehung mit ihrem Freund Beat weder zueinander noch voneinander finden konnte. Sie hatten miteinander das Studium absolviert und sehr schöne Zeiten in vollkommener Harmonie erlebt. Nachdem sie ihr Sudium abgeschlossen hatte, bot sich die Gelegenheit zur Heirat. Doch wenige Wochen vor dem abgemachten Heiratstermin und nachdem die vorgesehene Heirat schon offiziell angekündigt war, verfiel Martha in schwere Zweifel und zog die Heirat zurück. Beat war darüber sehr verletzt, zog sich nun seinerseits von ihr zurück und ließ sich mit einer anderen Kollegin ein. Von dem Moment an kämpfte Martha mit allen Mitteln darum, ihren Freund zurückzugewinnen. Es gab nun ein jahrelanges intensives Hin und Her. Martha, gewohnt, ihren Willen durchzusetzen, war verzweifelt darüber, daß

Beat sich nicht mehr von ihr gewinnen ließ. Andererseits kam aber auch Beat nicht von ihr los. Sobald sie sich klarer von ihm abzugrenzen versuchte, äußerte er wieder Interesse an der Fortsetzung der Beziehung. Es blieb unklar, ob Beat die Beziehung zur neuen Freundin Daniela nur als Ersatz und Abgrenzungsversuch gegen die ihn bestürmende Martha aufrechterhalten wollte oder ob ihm an Daniela wirklich etwas lag. Martha fühlte sich Daniela weit überlegen. Die Therapie mit Martha zog sich über drei Jahre ergebnislos hin. Beat blieb allzeit ambivalent und entscheidungsunfähig. Martha blieb wild entschlossen, ihn zurückzugewinnen, aber erfolglos. Dann lernte sie Christian kennen. Christian war ein eher nüchterner, aber liebenswürdiger junger Mann. Sie gewann Sympathien für ihn, war aber nicht tiefer in ihn verliebt, sondern weiterhin an Beat gebunden. Doch dann geschah etwas Unerwartetes und Ungeplantes: Martha wurde von Christian schwanger. Eine Abtreibung kam für sie nicht in Frage. In Martha kamen Pläne auf, mit Christian zusammenzuleben. Gleichzeitig war sie aber über mehrere Monate hinweg ihm gegenüber äußerst gereizt und aggressiv. Die Schwangerschaft konfrontierte sie jedoch zunehmend mit der Frage, ob sie mit Christian eine Lebensgemeinschaft eingehen solle. Beat merkte das und begann in dem Moment wieder mehr Interesse an ihr zu zeigen und deutete an, daß er auch das von Christian gezeugte Kind akzeptieren würde. Christian verhielt sich Martha gegenüber sehr klug. Er setzte sie nicht unter Druck, sondern ließ ihre Entscheidung reifen. Martha merkte, daß sie mit Beat eine symbiotische Beziehung hatte, mit einem Gefühl des Verschmelzens und Zueinandergehörens. Sie verstanden sich, ohne miteinander zu sprechen. Doch auf der realen Ebene hatten sie sich wenig zu sagen, die Beziehung war eher langweilig und leer, eine wirkliche Auseinandersetzung zwischen ihnen war nicht möglich. Das stand ganz im Gegensatz zur Beziehung zu Christian, mit dem sich Martha zwar oft heftig stritt, der sich aber als belastbar erwies und ohne Bedingungen zu ihr stand. Zunächst eher rational, zunehmend aber auch emotional spürte sie, daß Christian ein realistischer Lebenspartner für sie sei, im Unterschied zu Beat, mit dem sie paradiesische Träume verbanden. Als dann die Geburt bevorstand, kam es bei Martha zu einem Wandel zu Eindeutigkeit. Sie konnte sich jetzt vorbehaltlos für eine Lebensgemeinschaft und auch Heirat mit Christian entscheiden. Sie blieb jedoch Beat freundschaftlich verbunden als ihrer großen, wenn auch unerfüllten Liebe des Lebens. Christian konnte gut damit umgehen. Das Beispiel zeigt, wie in einer unlösbaren emotionalen Ambivalenz durch die ungeplante Schwangerschaft unbewußt eine Lösung herbeigeführt werden konnte. Eine solche Lösung ist natürlich nicht zu empfehlen. Sie muß aber nicht unbedingt scheitern. Sie zeigt vielmehr, wie in einer aussichtslos erscheinenden Konfliktsituation durch Konstellierung von äußeren Veränderungen ein innerer Wandel gelingen konnte. Die Ehe von Martha verlief glücklich. Beat seinerseits heiratete Daniela und war, wie er mir bei einer zufälligen Begegnung versicherte, mit ihr glücklich.

Eine Person kann mit einer anderen eine heimliche, uneingestandene Komplizenschaft eingehen, oft als unbewußtes Zusammenspiel, das ich in meinem Buch »Die Zweierbeziehung« (1975) als *Kollusion* eingehend beschrieben habe. Die Partner konstellieren sich in uneingestandener Komplizenschaft zu einem Verhalten, das sie angeblich ablehnen oder abwehren. Sie konstellieren sich wechselseitig zu einem Verhalten, das sie bewußt nicht anzustreben wagen würden. Beispiele dazu sind häufig sich anbahnende Liebesbeziehungen. In einer scheinbar sachbezogenen oder beruflichen Absicht beginnen die Partner miteinander zu interagieren, bis dann ein Ereignis es offenbar macht, daß der sich anbahnende Kontakt nicht einem Sachproblem dient, sondern der Anbahnung einer persönlichen Beziehung. Nicht selten sind es Fehlleistungen oder scheinbare Zufälle, die das bisher verschleierte Verhalten als Liebeswerben entlarven.

Ian McEwan: Abbitte
Ein weiteres Beispiel aus der Romanliteratur zeigt, wie eine Fehlhandlung einen unbewußten Wunsch zur Erfüllung bringt, wobei eine eingeschaltete Drittperson gegen ihren Willen die Fehlhandlung unwiderrufbar macht.

Von diesem Buch möchte ich nur die Schlüsselszene als veränderungswirksames, unbewußt inszeniertes Ereignis besprechen. Das Ereignis veränderte das Leben aller Beteiligten für immer. Robbie ist der Sohn des Dienerehepaars einer adligen Familie in England, die in einem Schloß wohnt. Er wurde vom Patron gefördert und ist jetzt daran, mit dessen finanzieller Unterstützung Medizin zu studieren. Von klein auf hatte er einen engen Kontakt mit der gleichaltrigen Tochter Cecilia aus der adligen Familie. Doch in letzter Zeit ist zwischen ihnen alles anders. Cecilia verhält sich ihm gegenüber sehr abweisend und aggressiv. Er hat ihr am Teich eine Blumenvase kaputtgemacht, indem er den Rand abgebrochen hatte. Cecilia war darüber sehr wütend. Sie entkleidete sich, um im Wasser die Scherben zusammenzulesen und die Vase wieder zu kleben. Danach war sie noch abweisender ihm gegenüber. Robbie war darüber verzweifelt. In einer gelangweilten Stimmung schrieb er ihr einen Brief, in welchem er sie um Verzeihung bat und beteuerte, er fühle sich ihr gegenüber so tolpatschig. Aus einer Blödellaune heraus schrieb er noch in einem zweiten Brief: »In meinen Träumen küsse ich Deine Möse, Deine süße, feuchte Möse. In Gedanken lieb ich Dich von früh bis spät.«

Nun war Robbie in der Adligenfamilie zum Nachtessen eingeladen. Er wollte den ersten Brief Cecilia überreichen, wußte aber nicht, wie er das anstellen sollte. Er traf auf ihre jüngere Schwester Brioni und gab ihr den Brief für Cecilia. Diese rannte schnurstracks ins Schloß. Kurz darauf bemerkte Robbie, daß er irrtümlicherweise Brioni den falschen Brief überreicht hatte, nämlich den obszönen. Das war ihm äußerst peinlich, auch weil er nicht wußte, ob Brioni den Brief öffnen werde, was sie damit tun werde und was Cecilia davon erfahren werde. Es blieb ihm aber nichts anderes übrig, als zur vereinbarten Zeit zum Nachtessen in der Herrschaftsfamilie zu erscheinen. Er klingelte an der Türe, diese wurde von Cecilia geöffnet. Robbie sagte: »Es war ein Versehen.« Cecilia erwiderte nur: »Ein Versehen?« Sie gibt die Türe frei und begibt sich durch die Halle in die dunkle Bibliothek, ohne ein weiteres Wort zu sagen. Robbie folgt ihr zögernd. Cecilia macht in der Bibliothek das Licht einer Taschenlampe an. Robbie schließt die Tür. Cecilia begibt sich in eine dunkle Ecke. Er sagt, es tue ihm leid. Allmählich fragt sich Robbie, ob Cecilia gar nicht so sehr vor ihm zurückweiche, sondern ihn eher zu sich ins Dunkle locke. Schließlich kommt er ihr immer näher, sie küssen sich, umarmen sich, bis sie sich schließlich einander ganz hingeben. Plötzlich bemerken sie, daß jemand in die Bibliothek gekommen ist. Es ist Brioni, die Schwester von Cecilia, die den Brief gelesen hatte und Cecilia vor Robbie beschützen will. Dazu ist es aber bereits zu spät. Robbie hatte unbewußt mit dem obszönen Brief etwas inszeniert, das jetzt zur Lebenswende für ihn und Cecilia, aber auch für Brioni geworden war. Sein Versehen war von Cecilia benützt worden, um etwas in Gang zu bringen, was sie ängstlich abgewehrt hatte. Doch der gemeinsame Weg, den sie miteinander eingingen, war von den Eltern Cecilias begünstigt worden.

Bei kollusiven Inszenierungen mißbrauchen die Partner einander unbewußt als Vorwand, um nicht dazu stehen zu müssen, daß sie zur Inszenierung der Beziehung selbst die Fäden ziehen. Jeder will die Verantwortung für das Eintreten der beziehungskonstellierenden Ereignisse dem anderen zuschieben.

6.6 Überraschende, sich erst nach langem Warten ergebende Lebenswenden

Nicht selten stecken Menschen in einer hoffnungslos erscheinenden Lebens- und Beziehungssituation, aus der sie keinen Ausweg finden. Sie leiden und sind verzweifelt, sie haben vieles versucht, doch es öffnet sich keine Tür. Alles scheint festgefahren, sie verzweifeln an der Aussichtslosigkeit aller Versuche. Sie hatten versucht, die Lösung zu erzwingen. Sie sind gekränkt über das Unverständnis der Bezugspersonen und wütend auf die Lebensumstände, die ihnen die anstehende Entfaltung nicht ermöglichen. Sie möchten sich nicht mit einer Lösung zweiter Wahl zufriedengeben. Sie wissen genau, was sie möchten, aber die Lebensumstände lassen die Verwirklichung nicht zu. Oftmals müssen sie über Jahre auf eine sich bietende Gelegenheit warten. Eventuell ergibt sich die Gelegenheit nie. Vieles, was im Leben zur Verwirklichung drängt, bleibt Vision und Sehnsucht.

Welche Lösungswege werden in derartigen Situationen gewählt? Häufig, wenn auch wenig hilfreich, ist der gekränkte Rückzug auf sich selbst. Man verfällt in Depression und Ressentiments gegen alle, die in dieser Gesellschaft erfolgreich sind, die sich besser an die Verhältnisse anzupassen verstehen und durch Liebedienerei zum Erfolg kommen. Der Rückzug auf sich selbst gibt einem den Trost, die Achtung vor sich selbst nicht verloren zu haben, indem man sich nicht nach den Erwartungen der anderen gerichtet hat. Man tröstet sich mit der Phantasie, wonach das, was wirklich gut ist, früher oder später, vielleicht auch erst nach dem Tod, sich durchsetzen wird. Man findet Bestätigung im Lebenslauf berühmter Künstler und Geisteswissenschafter, die erst nach ihrem Tod die gerechte Anerkennung fanden. Noch radikaler sind Reaktionen, in denen man sich ganz aus der kreativen Tätigkeit zurückzieht, weil man die Leute für zu dumm erachtet zu erkennen, was man ihnen vorlegt, und es sich somit gar nicht lohnt, sich um ihre Anerkennung zu bemühen.

Ein anderer Weg ist, daß man sich an die Erwartungen der anderen anpaßt und versucht, seine eigenen Werke gefällig, ganz nach dem Publikumsgeschmack, zu gestalten. Man erntet auf diese Weise vielleicht Beifall, aber man bleibt dabei unbefriedigt, weil man nicht wirklich das Eigene zu verwirklichen vermag und sich selbst verleugnen muß.

Manche versuchen über Meditation zu einer gelassenen Haltung zu finden und ersehnen sich die Fähigkeit, loszulassen. Dies wäre wohl der beste Weg, aber er gelingt nicht allen, und manche bleiben stecken in moralischen Überforderungen wie »ich sollte ...« oder überkompensierenden Selbstzuschreibungen wie »ich brauche das alles gar nicht mehr...«.

Wenn sich eine ersehnte Wende nicht ergibt, so kann das liegen:

- an den äußeren Umständen, die eine Entwicklung nicht ermöglichen, oder
- an der persönlichen Einstellung, die eine sich anbietende Entwicklung nicht wahrzunehmen vermag.

Dennoch kann im langen Warten auch eine Chance liegen. Oft reift im Warten nicht nur die Fähigkeit, eine anstehende Aufgabe kompetent auszuführen, sondern auch eine gelassenere und flexiblere

Einstellung zu vielem, was man ursprünglich zu erzwingen oder trotzig abzuweisen suchte.

Dazu ein Fallbeispiel:

Annette, eine Malerin, war in ihrer Tätigkeit außergewöhnlich erfolgreich. Sie erhielt große staatliche Aufträge und konnte in renommierten Kunsthäusern ausstellen. Sie stammte aus einfachen Verhältnissen und hatte in ihrer Verwandtschaft kein Vorbild, an dem sie sich in ihrer Karriere hätte orientieren können. So verlor sie in ihrem Erfolg den Boden unter den Füßen. Sie verstieg sich in unerfüllbaren Forderungen an ihre Auftraggeber, die dann von den Medien kolportiert wurden. Fast von einem Tag zum andern verlor sie die Aufträge, von denen sie bisher überschwemmt worden war. In der Presse wurde das mit Häme ausgeweidet. Sie zog sich gekränkt auf sich selbst zurück und sprach sich Trost zu, indem sie dauernd beteuerte, wie sie persönlich keineswegs auf Erfolg angewiesen sei und schon gar nicht mehr daran denke, weiterhin künstlerisch tätig zu sein. Sie beteuerte, sie fühle sich so frei wie nie zuvor und sei unbeschwert von allen Erwartungen, und überhaupt werde sie sich an niemanden anpassen und ganz als sie selbst leben. Sie zog sich völlig aus der Kunstszene zurück und drohte in Vergessenheit zu geraten. Sie lebte sehr einsam und mied den Kontakt zu Freunden. Sie verdiente kein Geld mehr und hatte ihre Ersparnisse bald aufgezehrt, so daß sie vor dem Nichts stand und keinen Weg mehr sah, wie sie sich über Wasser halten konnte. Es drohte der Verkauf ihres Hauses mit Atelier und damit das Ende ihrer künstlerischen Tätigkeit. Sie war aber zu keinerlei Kompromissen oder Eigenwerbung bereit und war überzeugt, ihre Kunst werde sich so oder so durchsetzen.

Da ergab sich eine unerwartete Wende. Eine junge Frau namens Bernadette meldete sich bei ihr. Sie steckte nach einer eben durchgeführten Scheidung in einer Orientierungskrise, weil sie den Eindruck hatte, nicht wirklich ihr Leben zu leben. Sie war tief beeindruckt von den Bildern, die sie von Annette in einer Kunstsammlung gesehen hatte, und wollte sie kennenlernen. Sie suchte sie in ihrer Einsamkeit auf. Sie verstanden sich gut, und Bernadette blieb bei ihr. Sie lebten miteinander, aber doch jede für sich. Bernadette hatte weiterhin ihr berufliches Auskommen und finanzierte fortan das gemeinsame Leben. Für Bernadette war es ein ideales Milieu, um mehr ihren eigenen Weg zu finden, für Annette die Rettung aus ihrer finanziellen Misere. Dank Bernadette hatte sich ihr ein Ausweg angeboten, der ihr keine künstlerischen Kompromisse abforderte. Unter Bernadettes geduldigem Zuhören und bedingungslosem Anteilnehmen weichte sich Annettes vertrotzte Haltung auf. Durch die Wende zu einer realitätsbezogeneren und bescheideneren Haltung fand sie zu ihrer Kreativität und ihrem Erfolg zurück. Sie war tief beeindruckt, wie im Leben nach langem und verzweifeltem Warten unerwartet eine Tür aufgehen kann und sich eine Wende anbietet, an die sie nie gedacht hätte.

Das kommt zum Ausdruck in einer kürzlich in der Neuen Zürcher Zeitung erschienenen Todesanzeige. Es handelt sich um den Tod eines 16jährigen Jungen, der mir persönlich nicht bekannt ist. In der Anzeige steht: »L.C.V. durfte für immer von seiner lebenslangen, angeborenen schweren Krankheit und seinen Schmerzen erlöst werden. Wir sind sehr stolz auf Dich, was Du mit Deiner so belastenden Krankheit mit positivem Denken, viel Durchsetzungskraft, viel Humor und Deiner großen Weisheit alles erreicht hast. Wenn wir nicht Deine Eltern und Geschwister hätten sein dürfen, dann hätten wir viele Werte des Lebens nie erfahren. Deine Schmerzen, Dein Leiden und Deine Tapferkeit sollten Vorbild sein für die gesunden Menschen, denn diese wissen meist nicht, wie gut es ihnen geht. Es gelingt nur ganz wenigen Menschen, solche Ziele zu erreichen. Das zu wissen hat es Dir erleichtert, von uns zu gehen. Du hinterläßt nicht nur bei uns eine große Lücke. Unterzeichnet von Eltern, Geschwistern, Freunden und Deinen vielen Fans.«

7 Der Ereignischarakter des Lebens

▌ Von der kontinuierlichen persönlichen Entwicklung, wie sie im Zentrum vieler therapeutischer Ansätze steht, unterscheidet sich der Lebenslauf durch den Ereignischarakter des Lebens, dessen Lebendigkeit in seiner Unvorhersagbarkeit und seinen Überraschungen besteht. Nach Martin Buber wird der Mensch durch das, was mit ihm geschieht. In der christlichen und jüdischen Religiosität geht es um die Bereitschaft, sich durch das Ereignishafte des Lebens ansprechen zu lassen, auf das, was jetzt gerade mit einem geschehen will. Das können unerwünschte Ereignisse wie schwere Krankheiten sein, durch welche die Lebenspläne durchkreuzt werden. Wenn ein Mensch sich der Ansprache durch sein Schicksal zu öffnen vermag, kann er erfahren, daß sich sein Leben zu einer neuen Geschichte wandelt. In Zusammenhang damit wird sich ein neues Beziehungsnetz bilden, das ihn im Leiden unterstützt und ihm neue Lebenserfahrungen ermöglicht. ▌

7.1 Die Gefahr, durch psychiatrische Diagnostik den Ereignischarakter des Lebens zu verpassen

In Kapitel 6 wurde beschrieben, wie Lebenswenden häufig in Zusammenhang mit äußeren Ereignissen stehen, welche neue Entwicklungen ermöglichen oder freisetzen. Es wurde aufgezeigt, wie die äußeren Ereignisse benutzt werden können, um eine sonst nicht mögliche Wende zu realisieren. Aber es gibt auch das Umgekehrte, nämlich die Frage, ob eine Person ansprechbar ist für eine an sie herantretende Aufforderung zu einem Wandel.

Ereignisse werden in der Psychotherapie oft als bloße Katalysatoren interpretiert, als akzidentelle, zufällige Auslöser eines in Latenz gehaltenen Zustandes oder einer vorbereiteten psychischen Konstellation. Ich sehe Ereignisse eher als Weichenstellungen, die eine neue Erfahrung und damit die Entwicklung in eine neue Richtung ermöglichen können.

Der Lebenslauf ist eine einmalige, im subjektiven Erfahrungsgehalt unvergleichliche und unvorhersagbare Geschichte, eine Geschichte, die sich relativ kontinuierlich entwickeln kann, aber Bruchstellen und Neuausrichtungen aufweist. Diese Nahtstellen korrelieren zeitlich und kausal mit gewissen Lebensereignissen. Sie machen den Ereignischarakter des Lebens aus. Sie sind das, was die Patienten von ihrer Lebensgeschichte spontan erzählen und als das Maßgebliche betrachten. So wird etwa in der Paartherapie von den Klienten die Geschichte ihrer Paarbeziehung erzählt, mit besonderer Beachtung der Ausgangssituation bei der Partnerwahl über die Vision im Verliebtsein, über die Festigung der Beziehung, über besondere Vorkommnisse im Laufe des Zusammenlebens, die als Wendepunkte wahrgenommen werden, bis zur heutigen Konfliktsituation. Die berichteten Ereignisse sind Wendepunkte, an denen die bisherige Konstruktion der Paargeschichte in eine Krise geraten ist; sie ermöglichen eine neue Entwicklung. Die eingetretenen veränderungswirksamen Ereignisse wurden von den Klienten keineswegs vorausgesehen, sondern traten oft unerwartet und überraschend ein. Auch wenn die Hintergründe der Krise nicht bewußt sind, so ist doch beiden Partnern klar: »so wie bisher kann es nicht mehr weitergehen«.

Die psychologische Forschung hat sich intensiv mit der Voraussagbarkeit von Verhalten befaßt und zielt damit eher auf stabiles, berechenbares Verhalten als auf unerwartete Veränderungen. Dementsprechend wird den unerwarteten Veränderungen im Lebenslauf oft wenig Beachtung geschenkt. Aber die Entwicklung des Verhaltens variiert meist mehr als erwartet. Das Verhalten korreliert keineswegs eng mit der Persönlichkeitsstruktur. Psychiatrische Prognosen treffen immer nur statistisch zu, nicht aber im Einzelfall. Jeder langjährig tätige Kliniker kann bestätigen, daß einem nicht selten Fälle begegnen, bei denen es zu einer völlig unerwarteten Besserung oder gar Heilung gekommen ist. Aus eigener Erfahrung tritt mir da eine junge Frau mit einer chronifizierten Schizophrenie vor Augen, die ich über Jahre in der damaligen Schwerkrankenabteilung der Psychiatrischen Universitätsklinik betreute und die mit ihren Inszenierungen das Pflegepersonal und die Mitpatienten zur Verzweiflung gebracht hatte. Zehn Jahre später begegnete ich ihr zufällig auf der

Straße. Sie sprach mich an, weil ich sie wegen ihrer stark veränderten Erscheinung zunächst nicht erkannt hatte. Sie war jetzt eine ausgeglichen wirkende, berufstätige Frau, die in fester Partnerschaft lebt. Auf meine Frage, wie es zu dieser unerwarteten Wende gekommen sei, sagte sie: »Ich hab einfach eine Zeit gebraucht, wo ich mich einmal völlig unkontrolliert verhalten mußte. Ich hab das gar nicht anders gewollt. Dann aber hab ich genug davon gehabt und bin wieder normal geworden.« Auch wenn ich Zweifel hege, wie weit die Patientin diesen Prozeß willentlich steuern konnte, gab mir diese Äußerung doch zu denken. Oder eine Frau, die an chronifizierter schwerer Anorexia nervosa litt und uns auf Trab hielt durch ihre Selbstverletzungen mit brennenden Zigaretten oder Messern, begegnete mir nach Jahrzehnten zufällig als verheiratete Mutter von vier Kindern. Sie zeigte ein völlig unauffälliges Verhalten und wies keine Zeichen einer Magersucht mehr auf. Sie sprach natürlich und warmherzig von ihren Kindern und schien im Leben gut zurechtzukommen. Sicher ist eine differenzierte psychiatrische Diagnostik für die Klärung mancher Fragen nützlich. Aber eine Diagnose ist immer auch die Festschreibung des Patienten auf ein bestimmtes Bild. Die Tendenz besteht, ihn immer wieder an diesem Bild zu messen mit der Frage, wie weit der jetzige Zustand diesem Bild noch entspricht oder nicht. Es ist schwierig, den Patienten aus diesem Bild zu entlassen und seine neuen Entwicklungen und neuen Lebenserfahrungen wahrzunehmen. Als Therapeuten sollten wir immer offen bleiben für überraschende Veränderungen, die sich übrigens oft auch ohne therapeutisches Zutun einstellen. Die Überschätzung der Bedeutung unserer Therapie zeigt sich u.a. darin, daß Therapeuten bei unerwarteten Besserungen im Befinden ihrer Patienten von »Spontanheilungen« sprechen, was zum Ausdruck bringt, daß sie sich eine kompetente Selbstheilungsarbeit des Patienten außerhalb des therapeutischen Rahmens nicht vorstellen können. Das psychologische und psychotherapeutische Denken hat sich bisher viel mit der Persönlichkeit, aber wenig mit dem ereignishaften Verlauf des Lebens befaßt. Diagnosen, Persönlichkeitsstruktur, typische Verhaltensweisen (traits), aber auch der Erwerb von Kompetenzen wie Beziehungsfähigkeit, Bindungsfähigkeit, Arbeitsfähigkeit, Genußfähigkeit usw.

bilden zentrale Themen psychiatrischer und verhaltensorientierter Fachdiskussionen. *Dabei droht das Leben in seiner Lebendigkeit verpaßt zu werden.*

7.2 Der Ereignischarakter christlicher und jüdischer Religiosität

Mit der Zentrierung auf den Lebenslauf mit seinen Überraschungen, seiner Unberechenbarkeit und seinen Wendepunkten hat sich die Psychotherapie bisher wenig befaßt, im Unterschied etwa zur christlichen und jüdischen Religionswissenschaft. Diese hat den Ereignischarakter des Lebens thematisiert. Sie befaßt sich mit dem *Kairos, dem richtigen Zeitpunkt für den Wandel*, dem Moment der Entscheidung. Die Bedeutung dieses schon in der vorchristlichen Antike verwendeten Begriffs zeigte sich bei den Griechen, wo Kairos der Gott des günstigen Augenblicks war. In der Existenzphilosophie steht Kairos für die Bewußtwerdung der Schicksalsstunde. Da das christliche Denken eine wichtige Grundlage der westlichen Kulturgeschichte bildet, möchte ich hier etwas ausführlicher auf die Bedeutung unerwarteter Ereignisse im Lebenslauf eingehen.

Die Bibel ist eine Sammlung von Geschichten, in denen, als Zeichen des persönlichen Einwirkens Gottes, immer wieder völlig Unerwartetes und für die Betroffenen Unverständliches passiert. Dafür sei auf zwei bekannte Szenen hingewiesen:

Abraham und Isaak: Gott sagte zu Abraham, er werde ihm durch seine Frau Sara einen Sohn schenken, sie werde Mutter ganzer Völker werden und Könige sollen von ihr abstammen. Abraham neigte sein Gesicht zur Erde und lachte in sich hinein. »Ich bin hundert Jahre alt und Sara ist neunzig, wie sollen wir da noch ein Kind bekommen?« Gott sagte zu ihm: »Du sollst ihn Isaak nennen. Ihm und seinen Nachkommen gilt meine Zusage für alle Zeiten.« Als Sara davon erfuhr, lachte sie lautlos in sich hinein. Sara wußte, daß sie keine Kinder mehr bekommen konnte. »Aus den Jahren bin ich heraus«, dachte sie, »und mein Mann ist auch zu alt. Die Zeit der Liebe ist vorbei.« Doch übers Jahr hatte sie einen Sohn geboren... Als Isaak herangewachsen war, wollte Gott Abraham auf die Probe stellen. »Abraham«, rief er. »Ja, ich höre«, erwiderte Abraham. »Nimm deinen Sohn«, sagte Gott, »deinen einzigen, der dir ans Herz gewachsen ist, den Isaak! Gehe hin ins Land Moriya, auf einen Berg, den ich dir nennen werde, und bringe ihn mir dort als Brandopfer dar.« Abraham ging mit Isaak und einem Esel, den er mit Holz beladen hatte, und einem Messer auf den Berg. Dort fesselte er Isaak und legte ihn auf den Altar, oben auf den Holzstoß. Schon faßte er nach dem Messer, um seinen Sohn zu schlachten, da rief der Engel des Herrn vom Himmel her: »Abraham, Abraham!« »Ich höre«, antwortete er. »Halte ein, tu dem Jungen nichts zuleide. Jetzt weiß ich, daß du Gott gehorsam bist« (Gen 17–21).

Aus dem Neuen Testament sei als zentrales Ereignis *die Verkündigung Marias* angeführt: Als Elisabeth im sechsten Monat schwanger war, sandte Gott den Engel Gabriel nach Nazareth in Galiläa, zu einem jungen Mädchen namens Maria. Sie war verlobt mit einem Mann namens Josef. Der Engel kam zu Maria und sagte: »Sei gegrüßt, Maria, der Herr ist mit dir. Er hat dich zu Großem ausersehen.« Maria erschrak über diesen Gruß und überlegte, was er bedeuten sollte. Da sagte der Engel zu ihr: »Hab keine Angst, du hast Gnade bei Gott gefunden. Du wirst schwanger werden und einen Sohn zur Welt bringen. Dem sollst du den Namen Jesus geben. Er wird groß sein und wird Sohn des Höchsten genannt werden.« Maria fragte den Engel: »Wie soll das geschehen? Ich hab doch mit keinem Mann zu tun!« Er antwortete: »Gottes Geist wird über dich kommen, seine Kraft wird es bewirken. Deshalb wird man das Kind, das du zur Welt bringst, Sohn Gottes nennen.« Sie antwortete: »Siehe, ich bin die Magd des Herrn. Mir geschehe nach deinem Wort!« Darauf verließ sie der Engel (Luk. 1).

Diesen beiden Szenen ist gemeinsam, daß die Betroffenen vom Ereignis völlig überrascht werden und die Ansprache in ihrer Absurdität nicht verstehen können, daß sie jedoch bedingungslos, ohne Wenn und Aber, Folge leisten. Auch im Leben Jesu häufen sich unerwartete und paradox wirkende Ereignisse. Als Sohn Gottes und

Welterlöser stirbt er verlassen und verachtet am Kreuz, womit die Geschichte eigentlich ihr Ende hätte. Die von ihm auserwählten Jünger sind einfache Fischer, völlig ungeeignet, um die Botschaft in die Welt hinauszutragen. Daß daraus eine Weltreligion entstanden ist und daß diese zweitausend Jahre überlebt hat, immer wieder totgesagt, immer wieder dem Untergang nahe, immer wieder schwer belastet durch Mißstände, ist vor allem darauf zurückzuführen, daß es immer wieder Menschen gab, die ein religiöses Ereignis erlebten, dem sie bedingungslos folgten und das ihrem Leben und in der Folge dem Leben vieler anderer eine neue Richtung gab. Auch wenn es heute schwierig ist, Fakten und mythologische Ausschmückungen all dieser Geschichten zu unterscheiden, verfolgen die biblischen Geschichten den eindeutigen Sinn, das Wirken Gottes im Menschen sichtbar und gegenwärtig zu machen, ein Wirken, das laufend alle Wahrscheinlichkeit und Berechnungen sprengt und dem Unerwarteten Raum schafft. Dabei stellt sich die Frage, weshalb die Darstellung des Unerwarteten in der biblischen Botschaft so wichtig ist. Es wäre ja auch denkbar, daß der Erlöser ein großer Weiser gewesen wäre, der den Menschen Selbsterkenntnis gelehrt hätte oder die Überwindung des Leidens durch Lösung aus dem Verhaftetsein des Daseins.

Der große Raum, der dem Einbrechen überraschender und oft unverständlicher Ereignisse gewährt wird, stellt das persönliche Einwirken Gottes in das Leben der einzelnen Menschen besonders eindrücklich dar. Es wird den Betroffenen eine Bereitschaft abgefordert, sich dem Aufruf gerade in seiner ganzen Unverständlichkeit zur Verfügung zu stellen. Vom Ereignischarakter biblischen Lebens leitet sich eine charakteristische religiöse Haltung ab, eine Haltung des Horchens, wie sie sich besonders eindrücklich in der religiösen Kunst, insbesondere in romanischen Skulpturen von Heiligen darstellt. Diese stehen da mit weit aufgerissenen Augen und nach außen gekehrten Handflächen, ein Ausdruck des Staunens, der Behutsamkeit und der größtmöglichen Offenheit für das Angesprochenwerden. Es ist eine Haltung der Bereitschaft, sich zur Verfügung zu halten für das, was jetzt gerade mit ihnen geschehen will, einer Bereitschaft, bedingungslos dem Anruf zu folgen. Die Haltung der Bereitschaft, sich dem zu unterwerfen, was mit einem gerade geschehen will, hat auch außerhalb christlichen Glaubens nichts von ihrer Aktualität verloren. Es geht um die Frage, *wie weit wir bereit sind, uns ansprechen zu lassen von dem, was jetzt gerade mit uns geschehen will.* Wie weit sind wir bereit, bedingungslos Folge zu leisten, uns in Anspruch nehmen zu lassen von dem, was an uns herantritt, auch wenn das mit persönlichem Verzicht und mit Leiden verbunden ist? Es ginge dann darum, sein persönliches Leben einzugliedern in ein die Person übergreifendes Ganzes, oder, mit Meister Eckhart gesprochen, um ein »mit Gottes Wirken Wirken.«

Die biblischen Geschichten sind Heilsgeschichten, welche das unerwartete Einwirken Gottes darstellen, aber andererseits auch von Menschen handeln, die zu unbedingtem Gehorsam bereit waren. Sie stellten sich fraglos zur Verfügung, für das, was jetzt gerade mit ihnen geschehen wollte. Auch in einer säkularisierten Zeit, in der diese Geschichten eher als Geschichten denn als Tatsachenberichte verstanden werden, verweisen sie auf eine allgemeingültige Lebenshaltung.

Der jüdische Religionsphilosoph Martin Buber äußert sich in ähnlicher Weise zu dieser Lebenshaltung: »Der Mensch wird durch das, was mit ihm geschieht. Er wird durch sein Schicksal angeredet. Durch sein Tun und Lassen vermag er auf die Anrede zu antworten.« Der Mensch steht in der Freiheit, auf die Anrede, die an ihn ergeht, die Lebensantwort zu geben oder diese zu verwerfen. Buber sieht den Menschen als einen Angeredeten. Angeredet wird er durch das konkrete Du, das ihm gerade gegenübersteht. Durch dieses spricht ihn das ewige Du an. Ihm soll er antwortend standhalten. Die Begegnung mit dem Du ist reines Ereignis. Die Begegnung ist nicht programmierbar, nicht vorhersehbar, sie ereignet sich oder sie ereignet sich nicht. Oder, wie der katholische Theologe Hans Urs von Balthasar es ausdrückte: »Lebendiges Leben ist, das Unerwartete zuzulassen, sich dem Moment zur Verfügung zu halten, bereit sein für das, was mit einem geschehen will« (mdl. Mitteilung).

Das Leben in seinem Ereignischarakter zu leben ist ein wichtiger Gehalt christlichen Lebens, beschränkt sich jedoch keineswegs auf den christlichen Glauben. Ich möchte dazu Simone Weil (1909–1943), eine jung verstorbene, christliche Sucherin jüdischer Herkunft anführen, die davor warnte, im christlichen Glauben die Vermittlung eines billigen Trostes zu erwarten. Religion als Quelle des Trostes zu suchen ist ihrer Meinung nach ein Hindernis für den wahren Glauben. Den wahren Glauben kann man sich nicht selbst verschaffen. Gott kann sich nur selbst dem Geschöpf erschließen. »Wer mit Gott nicht eines seiner Wunschbilder empfangen will, der muß warten können – in gänzlicher Aufmerksamkeit« (zit. in Heidrich 2002, S. 286). Die Aufmerksamkeit ist der aktive, höchst anspruchsvolle Teil des Wartens. Darin sieht sie das eigentliche Wesen des Gebets. Das Gebet kann jedoch keine Zuflucht zu Wundern und Vorsehung geben. Es existiert kein Eingreifen Gottes zu Sonderzwecken. Gottes Anwesenheit ist seine vollkommene Abwesenheit. Das Schweigen Gottes ist sein eigentliches Wort. Es zeugt von einem oberflächlichen Verständnis von Religiosität, denen, die Gott erfahren haben, einen uneinholbaren Vorsprung zu attestieren gegenüber den gewöhnlichen Suchenden. Religiosität ist nicht eine billige Ausflucht, ein Ausweichen in himmlische Sphären. Vielmehr sprechen christliche Mystiker von der geistlichen Dürre der dunklen Nacht, von den schweren und immer wiederkehrenden Glaubensanfechtungen. Religion kann keinen Trost und keine Linderung bieten, sie kann im besten Fall darauf vorbereiten, die Seele auf Gott auszurichten und diese Bewegung aufrechtzuerhalten.

Ob die Anrede durch das Schicksal eine göttliche Anrede ist oder eine Anrede, die sich aus den Lebensumständen konstelliert, macht aus psychologischer Sicht keinen entscheidenden Unterschied. In jedem Fall wird das menschliche Leben von Ereignissen bestimmt, bei denen es darum geht, sich ansprechen zu lassen. Auf die Psychologie und Psychotherapie des Lebenslaufes übertragen würde das bedeuten: *den Ereignischarakter des offenen Lebenslaufes wahrzunehmen, die Ansprechbarkeit und Disponibilität des Menschen zu unterstützen, ihm zu helfen bereit zu sein, jene Entwicklungsschritte zu vollziehen, die das aktuelle Ereignis ihm jetzt gerade abfordert; ihn zu sensibilisieren, dem Ereignis als Stimme seines Schicksals zu begegnen, in seinem einzigartigen, von jeder Norm abweichenden Lebenslauf.*

7.3 Der Mensch wird durch sein Schicksal angeredet

Den Anruf einer christlich begründeten Philosophie sehe ich in der Aufforderung, sich auf die Zufälligkeiten des Lebens einzustellen und sein Schicksal zu leben. Es geht nicht um ein bloßes Loslassen und Freiwerden von Leiden, sondern um ein Sich-Hineinbegeben in das, was jetzt ansteht. Das Leben ist nicht da am intensivsten, wo alles in geordneten Bahnen abläuft. Die Person ist nur begrenzt Steuermann ihres Lebens. Immer wieder treten Situationen und Ereignisse auf, die von ihr nicht erwünscht sind und auf die sie in sehr unterschiedlicher Weise antworten kann. Angenommen, eine Person wird von einer Krebskrankheit befallen, die voraussichtlich in einigen Monaten zum Tode führen wird. Sie und ihre Angehörigen werden von diesem Ereignis zutiefst erschüttert und sie werden in einen Prozeß eintreten, der ähnlich den von der Sterbeforscherin Elisabeth Kübler-Ross beschriebenen Mustern ablaufen kann: Sie kann mit ihrem Schicksal hadern, über die Ungerechtigkeit des Lebens klagen, sie kann versuchen, den Krebs als lebensbelastendes Ereignis zu bewältigen, sie kann versuchen loszulassen und Distanz zu gewinnen. Nachdem sie sich wieder zu fassen begonnen hat, kann sie sich auch fragen: »Was spricht mich mit dieser Krankheit an? Wenn die Krankheit eine Schicksalsstimme hätte, was würde sie mir sagen wollen?« *Es gilt ansprechbar zu sein für das, was jetzt gerade mit einem geschehen will.* Der von der Krankheit Befallene kann eventuell ganz neue Erfahrungen machen, die ihm wertvoll sind. Er lernt mit der Unverfügbarkeit über sein Schicksal umzugehen, er lernt, daß die absolute Lebenszeit nicht bedeutsam ist gegenüber der gelebten Lebenszeit, er erfährt, daß er in den drei Monaten der Krankheit intensiver gelebt hat als in den dreißig Jahren zuvor. Seine Werte und Lebensziele verändern sich, Erfolg, Reichtum und Macht treten in den Hintergrund, Liebe, menschliche Nähe und Aufgehobensein in der Natur werden wichtiger. Er macht neue Beziehungserfahrungen mit Menschen, die jetzt auf ihn zukommen können, weil er für Nähe offener ist und besser zuhören kann. Schicksalhafte Ereignisse können durch das mit großem Einsatz aufgebaute Leben einen Strich ziehen. Alles, was aufgebaut wurde, ist nun zerstört. Man steht mit nichts in den Händen da. Das eröffnet Chancen für neue Lebenserfahrungen.

Wie der österreichische Psychotherapeut Viktor Frankl eindrücklich beschrieben hat, gelingt es Menschen auch in der äußersten Not, in größtem Schmerz und tiefster Verzweiflung menschliche Größe zu entfalten, die ohne dieses Leiden nicht möglich gewesen wäre. Lebendiges Leben liegt darin, das Unerwartete zuzulassen, ansprechbar zu sein auf das, was jetzt gerade mit einem geschehen will. Sich vom unverfügbaren Schicksal auf neue Lebensmöglichkeiten verweisen zu lassen, entspricht allerdings nicht dem heutigen Bestreben, die Kontrolle über alle Bereiche des Lebens in den Händen zu halten.

7.4 Wie sich in leidvollen Situationen unerwartet ein neues Beziehungsnetz bildet

Schwerstes Leiden geht mit einem Gefühl der Unverfügbarkeit über sich und sein Leben einher. Wenn ein Mensch alles verloren hat, geht es um das bloße Überleben. Zunächst fühlt man sich außerhalb der menschlichen Gesellschaft, außerhalb des Räderwerks, wo jeder funktioniert und ängstlich bestrebt ist, seine Position nicht zu verlieren. Nicht selten ergeben sich aus einem derartigen Verlust jedoch neue Erfahrungen an mitmenschlicher Solidarität und echter Liebe, wie man sie zuvor nicht kennenlernen konnte, weil man seinen Bezugspersonen die Verwirklichung solcher Möglichkeiten nicht anbot. Das Zusammenbrechen des bisherigen Beziehungssystems öffnet die Freiheit zu neuen Beziehungen, setzt neue Kräfte frei, läßt neue koevolutive Entwicklungen entstehen, veranlaßt Menschen, aufeinander zuzugehen oder einander anzusprechen.

Henning Mankell (2002) beschreibt in seinem Buch »Der Chronist der Winde« in sehr eindrücklicher Weise das Leben von Straßenkindern irgendwo in Afrika. Es sind Kinder, die alles verloren haben, ihre Eltern, ihr Heimatdorf, ihre Verwandten. Sie sind alleine in die Stadt gezogen, wo sie sich zu Banden zusammenschließen. Innerhalb dieser Banden entsteht eine Art neuer Familie, eine hierarchisch gegliederte Gruppe mit strengen Kodizes, aber auch mit erschütternder mitmenschlicher Solidarität, wie man sie im alltäglichen gesellschaftlichen Leben nur selten erfahren kann. Bekannt sind auch Erfahrungen mitmenschlicher Solidarität aus dem Krieg und aus Konzentrationslagern, die angesichts der gemeinsamen Angst und Not einen speziellen Tiefgang erreichten. Bekannt sind auch Beispiele von Menschen, die durch einen Unfall eine körperliche Invalidität erlitten haben und die in mancher Hinsicht durch die Beschränkung ihrer Lebensmöglichkeiten bewußter und erfüllter leben.

Heute verbreitet sich allerdings eine gesellschaftliche Einstellung, die im Leiden lediglich eine negative Erfahrung sieht und Anweisungen gibt, wie man sich selbst durch positives Denken und Autosuggestion ein Leben in fortwährendem Glück gestalten kann. Alle Probleme gelten als lösbar, Glück oder Unglück ist eine Einstellungsfrage, wer unglücklich ist, ist selbst schuld, negatives Denken kann in positives umformuliert werden, Unglück kann man kontrollieren, man kann sein düsteres Unbewußtes umprogrammieren. Der Paartherapeut Michael Mary (2003) hat diesen missionarischen Machbarkeitswahn in seinem Buch »Die Glückslüge. Vom Glauben an die Machbarkeit des Lebens« treffend beschrieben.

Meine Einstellung steht im Gegensatz zu diesem Positivismus. Wie soll man leben, ohne sich zu sorgen? Freilich kann man sich zuviel Sorgen machen oder untätig in seinem Unglück verharren. Aber Leiden und Unverfügbarkeit über das, was einem das Leben zumutet, ist meines Erachtens ein zentraler Bestandteil des Lebens. Gelebtes Leben ist unvereinbar mit der Negierung von Leiden und Unglück, gelebtes Leben ist, sich dem Leben voll zu öffnen, in all seinen Dimensionen, Widersprüchen und Hintergründen, im Vertrauen darauf, daß sich einem immer wieder neue Wege zeigen werden.

Um einen Menschen herum, der alles verloren hat und von einem schweren Unglück oder Leiden betroffen ist, entsteht nicht selten eine unerwartete Beziehungsdynamik. Früher war er gewohnt, aktiv sein Beziehungsnetz zu gestalten und immer wieder neu auf Leute zuzugehen. Jetzt, wo er von einem Moment zum anderen in einer geschwächten, hilflosen Position und äußerlich zu Passivität verurteilt ist, geht die Initiative und aktive Beziehungsgestaltung an die anderen über. Es entsteht ein Vakuum, das andere mit ihren Beziehungsangeboten ausfüllen können. Es kann zu einer Neugestaltung der Beziehungsnische kommen. Neue Menschen gehen aktiv auf den Betroffenen zu, suchen ihn auf, kümmern sich um ihn. Häufig handelt es sich um Menschen, deren Beziehungsbereitschaft bisher in Latenz gehalten wurde, weil ihre Aktivierung nicht notwendig war. Bisherige Bezugspersonen gehen teilweise verloren, weil in der Beziehung neue Themen den gemeinsamen Boden legen. Ob und wie viele Menschen sich dem passiv hilflosen und jetzt Entmachteten zuwenden, läßt sich nicht voraussagen und ist oft überraschend und unerwartet. Dennoch wird der Betroffene nicht völlig hilflos und passiv sein. Die Art und Weise, wie er auf das Entgegenkommen der Bezugspersonen anspricht, ihre Hilfe entgegennimmt und Freude und Dankbarkeit zeigen kann, wird die Hilfsbereitschaft der anderen und das Aufrechterhalten des Kontakts stark beeinflussen. Für Menschen, die unter einer langdauernden, tödlichen Krankheit leiden, ist es entscheidend für ihr Gefühl des Lebenssinns, ob sie sich durch Bezugspersonen getragen fühlen und diesen etwas bedeuten.

Nicht selten taucht aus dem scheinbaren Nichts heraus eine Person auf, die sich die Betreuung zur Aufgabe macht. Manchmal handelt es sich um Personen, die sich keine Beziehung mit einem gesunden und starken Partner zutrauen. Eine Helferkollusion (Willi 1975) aber bildet sich erst, wenn man für die Beziehungsgestaltung auf die Überlegenheit gegenüber einem sozial Schwächeren angewiesen ist. Es kann aber auch sein, daß der sozial Schwächere einen anspricht in einer Art und Weise, wie man es mit einem Gesunden nicht erfahren kann, nämlich in seiner besonderen Zärtlichkeit, Sensibilität und einer Form von Liebe, die fast nur einem Menschen, der sehr viel durchgemacht hat, möglich ist.

7.5 Angesprochenwerden und Berufenwerden

Es sind die Lebensumstände, die sich so konstellieren, daß eine Situation sich ergeben kann, in welcher ein persönliches Zeugnis, ein Engagement für sozial Benachteiligte oder gegen soziale Ungerechtigkeit notwendig werden. Es wird der Mut zum Widerstand herausgefordert, oder es wird eine Aufgabe an einen herangetragen, die der Betroffene als einen Anruf erleben kann, eine ihm angebotene Rolle und Aufgabe zu übernehmen, vor der er bisher zurückgewichen wäre. Es kann sein, daß jetzt der Moment ist, wo ein weiteres Ausweichen als unerträgliche Feigheit erlebt würde. Derartiges Angesprochenwerden ereignet sich vor allem unter politisch mißlichen Bedingungen, unter autoritären Unrechtsregimes, bei Unterdrückung von Meinungsäußerungen und Kritik, Drohung mit Gefängnis und Folter oder gar mit dem Tod. Man kann sich aufgerufen fühlen, aktiven Widerstand zu leisten und dabei Risiken für sein eigenes Leben einzugehen.

Angesprochen und berufen zu werden, sind psychologische Phänomene, die im Alten und Neuen Testament große Bedeutung haben. Wenn Gott in der Welt heute wie früher anwesend und wirksam ist, werden Menschen nicht nur in biblischen Zeiten berufen. So sagt Meister Eckhart: »Laß Gott in Dir wirken, ihm erkenne das Werk zu und kümmere Dich nicht darum, ob er mit der Natur oder übernatürlich wirke... er soll wirken, wie oder wo oder in welcher Weise es ihm paßt« (Haas 1995, S. 32). Ähnlich äußert der katholische Theologe Hans Urs von Balthasar (1978, Seite 2, 4, 3), daß Gottes Wirken nicht auf den Raum der sichtbaren Kirche beschränkt ist, sondern auch den außerkirchlichen Bereich einschließt und damit die Berufung von nichtgläubigen Personen und Gruppen ermöglicht. Den Unterschied zur christlichen Berufung sieht er darin, daß sie ihren Standort bei Christus nimmt und von ihm den Auftrag empfängt, sein Werk fortzusetzen. Berufung und Sendung sind in der Bibel heilsgeschichtlich zu verstehen. Es läßt sich aber auch rein psychologisch verstehen, wenn sich jemand durch den Handlungsbedarf einer sozialen Situation zu einer bestimmten Rolle oder Aufgabe aufgerufen fühlt.

In der Bibel werden die Berufenen zu irgendeinem Zeitpunkt ihres Lebens angesprochen und gesendet. Sie sind unvorbereitet auf die Aufgabe, sie werden aus ihrem Alltag herausgerissen und mit einer Rolle betraut. Die Paradoxie liegt darin, daß gerade der scheinbar Ungeeignetste, der, an den niemand gedacht hat, das Objekt der Berufung wird (von Balthasar 1978, S. 2, 4, 1).

Ungeeignet wirken etwa die unfruchtbaren Frauen, welche die Söhne der Verheißung oder Propheten empfangen und gebären: Sara, Elisabeth, Anna, die Mutter von Maria. Ungeeignet fühlt sich der mühsam sprechende Moses, ein Volk anzuführen, ungeeignet fühlt sich der stotternde Jeremiah, oder Salomo, der im Ehebruch gezeugte Sohn, der anstelle vieler anderer Söhne Davids Nachfolger wird. Ferner gibt es Mutlose oder Widerspenstige wie Jona, oder Davonlaufende, die von der überstarken Berufung wieder eingeholt werden und sich fügen. Und ebenso unvermutet sind die Berufungen der Jünger Jesu, die beim Fischen, beim Netzeflicken, an der Zollschranke oder anderswo das unwiderstehliche »Folge mir« vernehmen.

Christen glauben, daß Gott weiterhin in seiner Schöpfung wirkt. Auch außerhalb einer Konfessionszugehörigkeit vernehmen viele Menschen den Aufruf für ihr persönliches Engagement. Natürlich kann man einwenden, eine Berufung müsse, um göttlich genannt zu werden, als etwas Außergewöhnliches dastehen. Wenn man mit Meister Eckhart jedoch davon ausgeht, daß Gott seinen Sohn in jedem Menschen gebären kann und es die Aufgabe jedes Menschen ist, »mit Gottes Wirken zu wirken«, dann können solche Berufungen auch in alltäglicher und unspektakulärer Form stattfinden und eventuell nur für den Betroffenen eine einschneidende Lebenswende sein. Besonders an Politikern, aber auch an anderen Personen mit Führungsverantwortung läßt sich nicht selten beobachten, wie die Übernahme ihres Amtes und ihrer Rolle aus ihnen einen anderen Menschen macht, daß die Rolle ihnen andere Qualitäten, Kompetenzen oder Charakterhaltungen abfordert, die erst jetzt in ihrem Amt zur Entfaltung und Verwirklichung kommen. Beispiele dazu sind etwa Papst Johannes XXIII., der erst im Alter von über achtzig Jahren gewählt und zunächst lediglich als Übergangspapst betrachtet wurde, dann aber ein unerwartet eindrückliches Pontifikat führte, u. a. mit der Initiierung und Durchführung des zweiten vatikanischen Konzils. Oder der König Juan Carlos von Spanien, der als Protegé von Franco galt und der ein blasser, überangepaßter junger Mann zu sein schien, bis er dann als König durch seine Tatkraft den Respekt und die Liebe seines Volkes zu gewinnen verstand.

8 Wenden durch menschliche Begegnungen

▨ Menschliche Beziehungen sind das Medium, in welchem sich eine Wende im Lebenslauf vollzieht. Unter Bezugnahme auf Martin Buber wird die Begegnung von Ich und Du idealtypisch beschrieben. Doch wie sieht die Alltagsrealität in langjährigen Partnerbeziehungen aus? Bei aller Neigung, in Gewohnheit zu erstarren und unangenehmen Anforderungen auszuweichen, bleibt eindrücklich, wie sehr Partner miteinander um eine konstruktive Beziehung ringen. Mit ihrer wechselseitigen Kritik verweisen sie einander auf anstehende, oftmals vermiedene persönliche Entwicklungen und auf notwendige Veränderungen in ihrer Lebensgestaltung. Die Fähigkeit, auf diese wechselseitigen Hinweise hinzuhören und sich damit auseinanderzusetzen, erweist sich als eine grundlegende Voraussetzung für eine konstruktive persönliche und partnerschaftliche Entwicklung. Anhand von Beispielen aus der Belletristik und der Psychotherapie wird gezeigt, wie sich persönlicher Wandel auch durch komplexe Mehrpersonenbeziehungen ergeben kann, wo jeder in seiner Art einen persönlichen Wandel durch die Teilhabe an diesen koevolutiven Prozessen vollzieht. ▨

8.1 Die Begegnung von Ich und Du als Ereignis

In Abschnitt 4.2.1 habe ich die Dialogik Martin Bubers als eine Form von Selbstverwirklichung beschrieben, wo der Gesprächspartner mein Selbst in einer Art anspricht, die mir – auf mich selbst gestellt – nicht zugänglich wäre. Hier führe ich diese Gedanken weiter, unter dem Gesichtspunkt der Begegnung als lebensveränderndes Ereignis. Gemäß Martin Buber (1973) ist die Begegnung mit einem Du das eigentliche Leben, sie ist das Leben als reines Ereignis. Wirkliches Leben ist nur präsent, wo eine Ich-Du-Beziehung sich verwirklicht. Im Zentrum steht dann nicht das Einzelwesen, sondern das Existieren in der Beziehung zu einem andern. Mein Ich ist auf ein Du hin da, das Du ist auf mich zu da. So verwirklicht sich die Lebensgeschichte und der Lebenslauf im Dialog. Dieser läßt sich weder vorausplanen noch kontrollieren. Wirkliches Leben ereignet sich, wo Gegenseitigkeit vorhanden ist. Es ist diese Gegenseitigkeit, welche eine Begegnung so lebendig, aber auch so unberechenbar macht. Unsere Untersuchung über die Schwierigkeitsgrade von Beziehungen (Willi, Toygar-Zurmühle & Frei 1999) zeigt, daß die Gegenseitigkeit eine Beziehung erschwert und deshalb bei Menschen mit Beziehungsunsicherheiten auch möglichst vermieden wird. Sie fühlen sich sicherer in klar definierten Rollenbeziehungen, bei denen das zu erwartende Verhalten und die Rangordnung und Hierarchie vorgegeben sind, man sein Verhalten durch den Auftrag legitimieren kann und sich vor Grenzüberschreitungen sicher fühlt. Im echten Dialog stehen die Partner quasi nackt einander gegenüber, sie haben nichts anderes ins Gespräch einzubringen als sich selbst, sie sind dem Dialog schutzlos ausgesetzt. Das Sich-einander-Öffnen setzt eine starke Verankerung in sich selbst voraus, ansonsten man sich vom anderen vereinnahmt, mißbraucht oder fremdbestimmt fühlen kann. Man darf sich dem anderen nicht bedingungslos überlassen.

Für Martin Buber ist mit der Begegnung mit dem Du sowohl die Beziehung mit dem Mitmenschen wie jene mit Gott gemeint. Gott spricht durch den uns begegnenden Mitmenschen. Diese Aussage kann theologisch verstanden werden. Nach meiner Meinung läßt sich der gleiche Sachverhalt auch rein psychologisch verstehen, wenn wir in der uns begegnenden Person nicht nur ein isoliertes Wesen sehen, sondern ein Du-bezogenes Wesen, das sich als Dialogpartner erst aus der aktuellen Gesprächssituation herauskristallisiert und somit als Vertreter eines sich zwischen den Gesprächspartnern bildenden gemeinsamen Grundes spricht (s. dazu mein Buch »Ko-evolution, die Kunst gemeinsamen Wachsens«, Willi 1985). Die Partner behandeln ein gemeinsames Thema im Spannungsverhältnis von Rede und Gegenrede, in der Auseinander-Setzung. Die uns begegnende Person spricht nur teilweise für sich selbst und aus sich selbst. Sie spricht auch als Vertreter des sich gestaltenden Themas. In diesem nimmt sie jene Position ein, welche die Gestaltung des Themas ihr abfordert, die ihr aus dem Prozeß heraus zugewiesen wird oder die zu einer kritischen Stellungnahme aufruft. Das Gespräch entwickelt sich in der Wechselwirkung der Rede und Gegenrede und kann in seinem Verlauf nicht vorausgesagt werden. Es kann oftmals eine unerwartete Wende nehmen. Jeder Mensch erlebt, daß er anders spricht, je nach der Person, die ihm begegnet. Je nach ihm begegnender Person werden andere Seiten von ihm angesprochen und zur Mitteilung drängen. In einem guten Gespräch kann er über sich hinauswachsen und manches, was ihm zuvor nicht bewußt war, in einer für ihn neuen sprachlichen Form ausdrücken. Er wird auch erfahren, daß er mit derselben Person je nach Situation mehr von sich eingeben kann, als in anderen Momenten. Was sagt uns der andere, was sagt er uns nicht, was spürt er, was spürt er nicht, worauf sind wir ansprechbar, wo verschließen wir uns voreinander, was ermöglichen wir uns, was verbieten wir uns? Was ist in der Begegnung zwischen uns überhaupt möglich, was darf sich ereignen? Nach Buber existiert der Mensch im Dialog, er lebt im Gespräch, der Dialog ist ein Gewinn von Leben. Eine Begegnung ist ein schöpferisches Ereignis. Sie verwirklicht sich in der Auseinandersetzung und kann so zum Wandel im Leben werden.

8.2 Unerwarteter Wandel in langjährig stagnierenden Partnerbeziehungen

Doch was haben diese vom Idealismus Martin Bubers beeinflußten Beschreibungen mit der Realität des Beziehungsalltags zu tun? An sich wäre eine Liebesbeziehung der bevorzugte Ort, wo dieser Dialog in der Begegnung stattfinden sollte. Langjährige Partnerbeziehungen gelten aber als langweilig und stagnierend. Man glaubt, sich alles gesagt zu haben, man meint den Partner genau zu kennen, von Gesprächen werden keine neuen Aspekte erwartet. Die Beziehung hat nicht mehr die Qualität des zuvor beschriebenen lebensspendenden Dialogs.

Die negative Sicht einer auf Liebe gründenden Lebensgemeinschaft teile ich nicht. Dauerhafte Ehen haben oft eine Substanz, die äußerlich nicht sichtbar ist. Manchmal zeigt sie sich erst in der Untröstlichkeit des Hinterbliebenen nach dem Tod des Partners. Eine

Lebensgemeinschaft kann lebendig bleiben, weil sie als Geschichte immer wieder neue Kapitel eröffnet, über die die Partner sich miteinander auseinandersetzen müssen. Im Erwachsenenalter fördert nichts die persönliche Entwicklung so heraus wie eine Liebesbeziehung, aber auch nichts lähmt die persönliche Entwicklung so wie eine destruktiv gewordene Beziehung. Langweilig und öde wird die Beziehung erst, wenn die Partner es nicht verstehen, sich mit sich selbst auseinanderzusetzen und unangenehme Themen miteinander auszudiskutieren. Die Partner schweigen sich dann an, sie gehen sich aus dem Wege oder sie beschränken sich auf nicht verfängliche Themen, die jedoch nichts bewegen.

Vom Ablauf der Beziehungsgeschichte her gesehen ist der kritische Wendepunkt zu dieser langweiligen Beziehung die Enttäuschungsphase, die häufig der initialen Verliebtheitsphase folgt. Im Verliebtsein entwickeln die Partner die Vision einer Neugeburt. Alles, was bis jetzt brachlag und zurückgestellt werden mußte, kann jetzt offenbar ins Leben eintreten und bekommt die Chance, sich zu verwirklichen. Man glaubt im Partner eine Person gefunden zu haben, von der man sich vollumfänglich verstanden und akzeptiert fühlt, man fühlt sich vom Partner beantwortet in den intimsten Entwicklungsmöglichkeiten und erfährt in der Freude des Verliebtseins einen eigentlichen Energiekick und Wachstumsschub. Doch diese Phase der Idealisierung und des Glücks dauert meist nur eine begrenzte Zeit, eine Zeit, die notwendig ist, um eine Grundlage für den schwierigen Beziehungsprozeß zu legen. Dann folgt meistens die Liebesenttäuschung. Man erfährt, daß der Partner einen nicht so verstehen kann, wie man es erhofft hatte, sondern immer nur in seiner eigenen Sichtweise. Man spürt, daß er die hohen Ideale, die man auf ihn projiziert hatte, nicht erfüllen wird. Man fühlt sich aber eventuell auch selbst überfordert durch die Idealisierung, die man vom Partner erfährt. Wie in den Abschnitten 3.7–3.9 beschrieben, hat das Leiden am nie vollständigen Passen von zwei Personen den positiven Effekt, daß sie sich über sich selbst auseinandersetzen müssen, daß sie versuchen werden, sich einander zu erklären und sich über sich selbst klarer zu werden.

Die Enttäuschungsphase ist mit großem Leiden verbunden, oftmals auch mit einem Gefühl der Einsamkeit, die nun stärker empfunden wird als in der Zeit, als man allein lebte. Es ist verständlich, daß viele Paare versuchen, diese Enttäuschung zu umgehen, und bestrebt sind, die vorbestehende Idealisierung weiter zu pflegen und ein Leben in ungetrübter Harmonie aufrechtzuerhalten. Sie muten sich die Fähigkeit zu einer Auseinandersetzung oder gar einem Streit nicht zu, sondern meinen, die Beziehung werde dadurch in eine tiefe Krise geraten, an der sie zerbrechen werde. Eventuell glauben sie sogar, es sei eine positive Qualität ihrer Beziehung, daß sie so friedlich und harmonisch zusammenleben. Diese Pseudoharmonie wird erhalten durch Überanpassung und Verleugnung von allem, was trennen könnte. Aus diesem Bestreben heraus verliert die Beziehung ihre Vitalität, es macht sich Langeweile breit, immer mehr lebendige Bereiche werden blockiert. Wenn zwei Partner darüber klagen, sie hätten einander nichts mehr zu sagen, ist das nicht deswegen so, weil sie wirklich nichts mehr zu sagen hätten, sondern weil sie immer mehr Themenbereiche aus ihrem Gespräch ausklammern.

Bei anderen Paaren kommt es zwar immer wieder zu heftigen Auseinandersetzungen, aber sie werden von beiden Partnern als ergebnislos erfahren. Es genügt ein Stichwort, um eine hitzige Diskussion mit schwersten gegenseitigen Beschuldigungen und Angriffen auszuklinken. Jede Diskussion führt zur Erfahrung, daß es sinnlos ist, sich damit auseinandersetzen zu wollen. Jedes Gespräch fällt in die vorgespurte Rille des Interaktionszirkels »Ich bin nur so, weil Du so bist«.

Manche Paare glauben, die Langeweile sei das Schicksal einer langwährenden Beziehung, etwas anderes zu erwarten sei naiv. Sie führen das Zusammenleben fort, fühlen sich nicht eigentlich unglücklich, sondern lediglich unerfüllt und unbefriedigt. Für das Fortbestehen einer langen Beziehung wird die Abnahme von Zärtlichkeit, Erotik und Sexualität aufgewogen durch die Identifikation mit der Liebesbeziehung und die miteinander geschaffene innere und äußere Welt. Man hat eine lange gemeinsame Geschichte durchlebt, man hat miteinander viele Krisen und Schwierigkeiten bewältigt, man hat miteinander das Leben aufgebaut, eventuell eine Familie gegründet, sich eine eigene reale Welt geschaffen durch Einrichtung der Wohnung, Bau eines Hauses, Familiengründung und Aufziehen von Kindern. Die Paarbeziehung und insbesondere die Familie sind der Ort, wo man zuhause ist, wo man sich zugehörig fühlt und sich gleichzeitig abfindet mit vielen Aspekten, die unerfüllt bleiben (siehe dazu meine Bücher »Was hält Paare zusammen?« 1991 und »Psychologie der Liebe« 2002).

Diese Identifikation mit der gemeinsamen Welt und der Beziehungsgeschichte schließt eine realistische Kosten-Nutzen-Analyse ein. Bei mehr als zwanzig Jahre dauernder Ehe mit Familiengründung muß man sich darüber klar sein, daß es schwierig sein wird, mit einer neuen Partnerin oder einem neuen Partner eine Beziehung aufzubauen, welche denselben Reichtum an Lebensbezügen zu erreichen vermag. Es kann sehr wohl sein, daß eine Zweitbeziehung wesentlich befriedigender und in der persönlichen Verständigung tiefgehender ist – dennoch wird man den Aufbau seines Lebens nicht ein zweites Mal beginnen können. Man hat miteinander seine Existenz aufgebaut, in seiner beruflichen Karriere den Höhepunkt erreicht, man hat seine Familie, seine Kinder, seinen Freundeskreis und sein Haus, alles Aspekte, die viel Energie an sich gebunden haben und in der Erinnerung und in der Realität viele Spuren hinterlassen, die eine neue Beziehung nicht mit derselben Dichte erreichen kann.

Leicht wird unterschätzt, daß bei aller Langeweile und bei allen ehelichen Streitigkeiten untergründig ein Band der Liebe fortbestehen kann, das in seiner Intensität oft irrationalen Charakter hat. Nach wie vor sind Partner aus Liebe bereit, für die Beziehung zu leiden und von ihrem Partner viel zu ertragen. Sie haben sich einmal verbunden aus der Sehnsucht nach der absoluten Liebe, in der Vorstellung einer bedingungslosen Liebe, welche gibt ohne abzumessen, ohne aufzurechnen, ohne Gegenleistungen einzufordern, eine Liebe mit der Vision, füreinander bestimmt zu sein, sich dem anderen zu schenken. Der Widerstand des Partners kann auch zur Herausforderung werden, ihm die wahre Liebe beweisen zu wollen, die er eventuell nicht zuläßt, nach der er sich aber letztlich ebenso sehnt, auch wenn er sie nicht annehmen kann. Solange man in der Liebe zum Partner noch einen Sinn erhofft, der zwar nicht bestätigt wird, den man jedoch der verborgenen und abgewehrten Sehnsucht des Partners nach Liebe zuschreibt, kann die Liebe erhalten bleiben. Sie wird erst in Frage gestellt, wenn man am Sinn der Liebe zu zweifeln beginnt.

Doch dann kann unerwartet ein Ereignis eintreffen, das das erstarrte Gebäude zum Einsturz bringt und neue Entwicklungen in Gang setzt, manchmal mit überraschender Wucht und Geschwindigkeit. Die Beziehung kann jahrelang in einer latenten Krise festgefahren sein, die als unabänderlich hingenommen wurde, bis dann ein Ereignis die längst anstehende, bisher vermiedene Entwicklung in Gang bringt und zu einem Wandel führt. Häufig handelt es sich um eine Veränderung der Lebensumstände, welche die erstarrten Fronten aufbricht. Es kann sich dabei um bewußt intendierte Veränderung der Lebensumstände handeln, um schicksalhaft eintretende Ereignisse oder um unbewußt konstellierte Veränderungen. Zu den bewußt intendierten Veränderungen können Wohnortswechsel, Stellenwechsel, Wechsel in der Zusammensetzung der Familie durch Geburten oder durch den Wegzug von Kindern gehören, alles Veränderungen, die als solche nicht direkt, sondern indirekt die Liebesbeziehung beeinflussen können. Zu den schicksalhaften Ereignissen können Krankheiten gehören, Stellenverlust, Tod der Eltern oder eines Kindes. Zu den unbewußt konstellierten Ereignissen können ungeplante Schwangerschaften als Konfliktlösung gehören, insbesondere aber außereheliche Liebesbeziehungen.

Das häufigste Ereignis ist das Eingehen einer *außerehelichen Liebesbeziehung*. Der Untreue fühlt sich dadurch belebt und beglückt, weil all das, was er lange vermissen mußte, jetzt in Erfüllung zu gehen scheint. Solange die Verliebtheit sehr intensiv ist, ist diese Beziehung schwierig therapeutisch anzugehen. Der betrogene Partner aber reagiert sehr heftig und fordert die sofortige Aufgabe dieser Beziehung und Rückkehr in die Paarbeziehung. Er ist verzweifelt, hat den Eindruck, es werde ihm der Boden unter den Füßen weggezogen, er ist zutiefst verletzt, wuterfüllt und traurig. Die entscheidende Frage ist, ob die neue Beziehung eine ernsthafte Alternative zur Fortführung der Ehe ist oder ob sie die Funktion hat, das in der Ehe Vermißte herauszufordern und somit teilweise eine provozierende Spitze gegen den Ehepartner hat, mit dem zusammen das Leben so öde geworden ist. Im günstigen Falle wird die Außenbeziehung zur Herausforderung der Ehe und damit deren Wendepunkt. Die Partner müssen sich nun offen mit sich auseinandersetzen, insbesondere mit der Frage, was die Außenbeziehung ermöglicht hat, was bisher vermißt worden ist und welche Entwicklungen nun anstehen. Dazu gehört insbesondere die Entwicklung einer Streitkultur, d. h. die Fähigkeit, miteinander Konflikte in einer konstruktiven Weise auszutragen. Im günstigen Falle kann die Außenbeziehung ein entscheidender Anstoß sein zur Konfrontation mit all den bisher vermiedenen Beziehungsaspekten. *Es ist wie ein Lebensgesetz: Was wir im Leben vermeiden, hintanstellen und verleugnen, holt uns früher oder später im Leben wieder ein.* Die Beziehungskrise ist meist der Ausdruck einer vorangegangenen Vermeidung längst anstehender Entwicklungen in der Beziehung. Das Harmonieideal der Liebe begünstigt die Ausklammerung aller Unstimmigkeiten in der Beziehung und behindert die Entwicklung einer konstruktiven Streitkultur, in welcher die Partner lernen, sich offen und kritisch mit ihrer Beziehung auseinanderzusetzen.

Die Langeweile entsteht in einer Langzeitbeziehung nicht dadurch, daß man sich bereits alles gesagt hat und man sich durch und durch kennt. Im Gegenteil. Partner bleiben sich immer in gewissen Bereichen ein Rätsel. Dadurch wird die Beziehung gespannt und beunruhigend bleiben. Aber oftmals meiden die Partner mit zunehmender Beziehungsdauer das Gespräch über Themen, bei denen sie das Gespräch als aussichtslos erleben oder bei dem sie den Ausbruch einer Auseinandersetzung befürchten, die die Beziehung in eine Krise führen könnte. Die Vermeidung der Krise führt häufig recht eigentlich in diese hinein.

Ich möchte mich deshalb im Folgenden mit der kritischen Auseinandersetzung zwischen Partnern als Herausforderung einer Lebenswende befassen.

8.3 Partner verweisen einander auf eine anstehende persönliche Wende

Mit Kritik weisen Partner einander auf anstehende persönliche Entwicklungen und notwendige Lebenswenden hin.

In meinem Buch »Psychologie der Liebe« (2002) habe ich mich eingehend mit dem Wert partnerschaftlicher Vorwürfe auseinandergesetzt. Hier möchte ich das Thema aus der Sichtweise der Lebenswenden wieder aufnehmen. Meine These ist, daß jeder Mensch laufend von seinen Mitmenschen auf die für seine persönliche Entwicklung wichtigen Veränderungen hingewiesen wird. Es sind nicht nur die Liebespartner, die diese Aufgabe übernehmen, sondern auch die Kinder, die Mitarbeitenden oder die Kunden. Im Grunde erfolgt die Kritik von jenen Personen, die vom Verhalten einer Person betroffen sind und sich diesem Verhalten ausgesetzt fühlen, die darunter leiden und sich dadurch in ihrer Entwicklung eingeschränkt fühlen. Sie können eine Person, von deren Verhalten sie betroffen sind, nicht einfach so akzeptieren, wie sie ist, weil ihre eigene Lebensentwicklung durch diejenige des anderen eingeschränkt oder in die falsche Richtung geleitet wird. *Vorwürfe werden somit aus der eigenen Betroffenheit, aus der dialogischen Verfassung des Daseins heraus geäußert.*

Was mich beim Ausüben von Paartherapie am meisten beeindruckt, ist die Feststellung, daß der Inhalt von Vorwürfen, die Partner aneinander richten, sich meist genau mit den persönlichen Eindrücken des Therapeuten deckt. Die Partner sprechen im Grunde meist das aus, was auch der Therapeut denkt, was er allerdings nicht unreflektiert äußern wird. Im Grunde konfrontieren sich die Partner mit den bisher vermiedenen, aber notwendigen Lebenswenden. In diesem Sinne ist eine Liebesbeziehung, besonders eine frisch eingegangene Beziehung, oft eine entscheidende Herausforderung für eine Lebenswende. Nicht selten entsteht der Eindruck, daß intuitiv ein Partner oder eine Partnerin gewählt wurde, welche die Kraft hat, einem den für die eigene Wende notwendigen Widerstand zu leisten. Gleichzeitig kann man auf den Partner wütend sein, weil er einem den Spiegel vorhält, mit dem Bild von einem selbst, das man nicht gerne sehen möchte. Dazu folgendes Beispiel:

Georges Simenon: Die Marie vom Hafen

Die 18jährige Marie arbeitete als Serviererin im Café de la Marine in Port-en-Bessin, irgendwo an der französischen Nordseeküste. Der 35jährige Chatelard war Café- und Kinobesitzer im benachbarten Cherbourg. Er war erfolgsverwöhnt, auch bei den Frauen. Er war es nicht gewohnt, daß eine Frau ihm nicht zu Willen war. So hatte er sich auch Odile, die Schwester von Marie, gefügig gemacht. Doch letztlich verachtete er die Frauen und behandelte sie abschätzig und feindselig. Marie dagegen ließ sich von Chatelard nicht beeindrucken. Sie war ein schwer zu verstehendes Mädchen, still, verschlossen und körperlich wenig attraktiv. Doch Chatelard ertrug es nicht, daß sie sich aus ihm so gar nichts machte. In seiner Irritation verbrachte er immer mehr Zeit in ihrer Gegenwart. Er begann sich zunehmend über sich selbst zu ärgern, war Marie doch eine unbedeutende Göre, von denen er an jedem Finger zehn haben könnte. Sie verwahrte sich dagegen, von ihm als »meine Kleine« bezeichnet oder geduzt zu werden. Er ärgerte sich über ihre Gelassenheit und Frechheit. Er reagierte zunehmend verunsichert und fühlte sich in seiner Haut nicht mehr wohl. Sie schien ihn zu verhöhnen und aus ihm einen Narren zu machen.

Dann stellte er Marie eine Falle. Er beauftragte Odile, Marie zu sich nach Cherbourg zu locken, in ihr Zimmer in Chatelards Haus. Odile hatte bei Maries Erscheinen das Zimmer zu verlassen, so daß Chatelard mit Marie allein war. Mit gewichtiger Manier schloß er das Zimmer ab und steckte den Schlüssel in seine Hosentasche. Er hatte erwartet, daß sie nun wie eine Wildkatze auf ihn losgehen würde, in maßloser Wut und Verzweiflung. Oder daß sie in Furcht und Schrecken erstarren würde. Doch nichts geschah. Marie machte keine Bewegung und schien völlig desinteressiert zu bleiben. Ihr Gesicht verriet weder Überraschung noch Zorn. Schließlich setzte sie sich auf die Bettkante und sagte: »So! ... Sie sind der Stärkere, nicht wahr?« Er wollte sich ihr erklären. Sie sagte bloß: »Tun Sie, was Sie wollen, da ich Sie nicht daran hindern kann, aber ersparen Sie mir ihre Erklärungen.« Er versuchte ihr eine Liebeserklärung zu machen, kam sich aber damit nur noch lächerlicher vor. Chatelard ließ seine Arme sinken, seine Kehle war wie zugeschnürt, er war den Tränen nahe. Schließlich sprang er auf, »saublöd« rief er aus und stürmte aus dem Zimmer.

Daraufhin blieb Chatelard längere Zeit dem Café de la Marine fern. Marie geriet in eine zunehmende Unruhe und schlechte Laune. Chatelard wirkte in der Öffentlichkeit verunsichert und orientierungslos, vernachlässigte sich und war wie gelähmt. Doch eines Tages erschien Chatelard im Café de la Marine. Er wirkte verändert und entschlossen. Er bat Marie zu sich an den Tisch. Doch auch Marie war verändert und folgte seiner Aufforderung ohne Widerstand. Sie begaben sich miteinander in die dunkle Nacht hinaus, wo sie sich innig umarmten. Es braucht Simenons Talent, um den charakterlichen Umschwung Chatelards darzustellen, ohne sentimental zu werden. Marie und Chatelard wurden ein Paar. Marie hatte Chatelard in ihrem provokanten Widerstand mit sich selbst konfrontiert und ihm dazu verholfen, seine Wichtigtuerei aufzugeben.

Es kann aber auch sein, daß Partner gewählt werden, weil man glaubt, im Zusammenleben mit ihnen anstehende Entwicklungen vermeiden zu können. So werden etwa Männer gewählt, weil sie so liebenswert, sanftmütig und schüchtern wirken und man glaubt, sie beliebig manipulieren zu können. Später aber empfindet man sie nicht nur als fade und langweilig, sondern auch als feige, weil sie jeder offenen Auseinandersetzung ausweichen und sich auf nichts festlegen wollen. Man konnte mit ihnen wohl notwendige persönliche Herausforderungen vermeiden, was sich jedoch immer mehr als Falle erweist, welche die persönliche Entfaltung einschränkt. Es drängt sich eine Lebenswende auf. Oder ein Mann kann einer Frau imponieren durch sein selbstsicheres und starkes Auftreten. Er löst in der Frau die Phantasie aus, sie könne sich an ihn anlehnen und sich unter seinen Schutz begeben. Später erweist sich dasselbe Verhalten jedoch als dominierendes und rücksichtsloses Machoverhalten. Es drängt sich der Frau eine Wende auf, weil sie sich unter diesem Verhalten persönlich nicht zu entfalten vermag. Oder der Mann fühlt sich angezogen von einer Frau, die ihn fürsorglich betreut und als Kind verwöhnt; später merkt er im Zusammenleben mit ihr, daß sie ihn dauernd erziehen und korrigieren will, um ihn kleinzuhalten. Es beginnt sich eine Opposition gegen ihre mütterliche Vereinnahmung zu entfalten. Der Mann steht vor der Notwendigkeit, sich mit der vermiedenen persönlichen Entwicklung zu mehr Selbständigkeit und Eigenverantwortung zu konfrontieren.

Häufig besteht ein Entgegenkommen von beiden Seiten: Der Mann möchte sich von der Frau kindlich verwöhnen lassen, die Frau möchte ihn kindlich verwöhnen und damit kleinhalten. Die Partner sind sich Komplizen in der unausgesprochenen Haltung, miteinander die Herausforderungen zu einer reifen Entwicklung umgehen zu können. Ein derartiges Arrangement wird als Helferkollusion (Willi 1975) bezeichnet. Die beiden Partner weichen einer anstehenden Entwicklung zu einer Partnerschaft aus, wo jeder die Verantwortung für seine persönliche Entwicklung übernimmt und dem anderen die Freiheit für seine Entwicklung zubilligt, ohne sich davon bedroht zu fühlen. Ein anderes Kollusionsmuster liegt darin, daß der Mann die Kontrolle übernimmt und sie sich ihm gefügig unterzieht. Beide Partner halten sich wechselseitig gefangen in einer Abhängigkeit, die keine freie Entwicklung zuläßt: Der Mann kontrolliert die Frau direkt, die Frau ihrerseits weiß, daß er auf ihre Gefügigkeit angewiesen ist und sie ihn mit der Akzeptanz dieser Abhängigkeit kontrollieren kann. Kollusionen geraten früher oder später in eine Krise und sind häufiger Anlaß zu einer Paartherapie. Die Partner spüren, daß eine Lebenswende in ihrer Beziehung ansteht, haben jedoch oft Angst vor den Konsequenzen einer Veränderung, die sie bisher im unausgesprochenen Einvernehmen vermeiden konnten.

Partner spüren unbewußt oft sehr genau, was in ihrer Beziehung nicht stimmt. Aber sie scheuen vor einer bewußten Wahrnehmung der diffus sich anbahnenden Krise zurück. So neigen sie dazu, den Partner dafür verantwortlich zu machen. Der Umgang mit der Kritik ist eine wichtige Voraussetzung für die konstruktive Bewältigung einer anstehenden Wende in der Paarbeziehung.

8.4 Die Fähigkeit, konstruktiv mit Kritik umzugehen

Kritik fordert dem Empfänger eine Verhaltensänderung oder eine Veränderung seiner Lebenseinstellung im Sinne einer Lebenswende ab. Ob und wie einer Person gegenüber Kritik geäußert wird, hängt entscheidend von ihrer Ansprechbarkeit ab. Sich mit Kritik konfrontiert zu fühlen, ist immer schmerzlich. Es ist einem lieber, gelobt und idealisiert zu werden. Persönlich weiterbringen werden einen jedoch vor allem die oft notwendigen Hinweise auf das, was bei einem nicht stimmt, auf Entwicklungen, denen man ausweicht, auf Schonhaltungen und Ausweichtendenzen, mit denen man überall durchzuschlüpfen versteht. Spontan reagiert eine Person auf einen Vorwurf oft persönlich verletzt oder aufgebracht. Dem Kritisierenden gegenüber neigt sie zu Rechtfertigung, Abstreiten, gekränktem Rückzug und Liebesentzug oder sie versucht ihn einzuschüchtern, sich die Kritik zu verbieten, Entschuldigung zu fordern oder sich auftrumpfend in Pose zu setzen.

Die Person kann zum Gegenangriff übergehen, die empfangene Kritik gegen den vermeintlichen Angreifer richten oder ihm raten, besser einmal vor der eigenen Türe zu wischen. Beliebt ist auch, einen Vorwurf zu psychologisieren und ihn als bloße Projektion des Kritisierenden abzutun, bei der man sich fragen müsse, ob der Kritisierende sich wegen eigener Probleme von einem gestört fühle. Leicht kommt es zu einer *zirkulären Eskalation wechselseitiger Beschuldigungen* im Sinne von »ich bin nur so, weil du so bist…«. Jeder versucht mit seinem Vorwurf denjenigen des anderen zu überbieten, um damit gute Gründe zu haben, gar nicht auf den Vorwurf des anderen einzugehen. Damit geht die Chance, von der Kritik zu profitieren, verloren.

Konstruktiv mit Kritik umzugehen sind vor allem jene in der Lage, die stark genug in sich verankert sind, um sich mit den fragwürdigen Seiten ihrer Lebensgestaltung auseinanderzusetzen. Wenn eine ausreichend tragfähige Beziehung vorliegt, gelingt es eher, auf eine Kritik hinzuhören, ohne sich entwertet zu fühlen, ohne sich dem Kritisierenden durch Eingestehen eigener Fehler unterlegen und von ihm dominiert zu fühlen, ohne Angst, der Kritisierende werde durch die Bereitschaft, auf die Kritik einzugehen, zu immer neuen Vorwürfen stimuliert. Zum konstruktiven Umgang mit Vorwürfen gehört, die Kritik anzuhören, nachzufragen und zu klären, was man verstanden hat und was der Kritisierende meint. Der Inhalt des Vorwurfes soll selbstkritisch erwogen und auf seine Berechtigung geprüft werden. Es soll Bereitschaft gezeigt werden, sich mit dem Vorwurf auseinanderzusetzen, ohne sich gleich zu rechtfertigen. Selbst wenn das Äußern eines Vorwurfes durchaus mit eigenen Problemen des Kritikers zusammenhängt, schließt das nicht aus, daß im Vorwurf eine wichtige Botschaft für einen enthalten ist.

Innerhalb eines hierarchischen Verhältnisses, also etwa zwischen Vorgesetzten und Mitarbeitern oder zwischen Arzt und Patient bzw. Therapeut und Klient, Lehrer und Schüler, braucht es für den Untergebenen besonderen Mut, sich kritisch zu äußern. Es braucht aber auch ein subtiles Verhalten des hierarchisch Höhergestellten, Kritik zuzulassen und ernsthaft darauf einzugehen, ohne sich dagegen zu verwehren, aber auch ohne sich damit zu stark zu identifizieren oder sich als Problemperson anzubieten.

Vorwürfe können wichtige Hinweise auf die persönliche Vermeidung von anstehenden Lebenswenden sein. Man schaue genau hin, was der andere einem vorwirft. Man erwäge das Gehörte und horche auf die eigenen, inneren Stimmen. Man bewahre dabei die Fähigkeit, selbst zu entscheiden, was man mit dem Vorwurf anfangen will. Letztlich muß man selbst entscheiden, ob und welche Konsequenzen man zieht. Der Partner kann einen nicht verändern. Man muß es in eigener Verantwortung und Freiheit tun (Limacher 2005).

Nun kann man einwenden, es gebe doch viele Vorwürfe, die in keiner Weise zutreffen, sondern vielmehr das Problem des Vorwerfenden zum Ausdruck bringen im Sinne einer Projektion eigener Probleme auf die Mitmenschen.

8.5 Die Fähigkeit, Kritik konstruktiv zu äußern

Ob ein Vorwurf gehört wird, hängt stark von der Art ab, wie er vorgetragen wird. Am günstigsten ist es, wenn ein Vorwurf im Rahmen einer soliden Vertrauensbeziehung geäußert wird. Am ehesten wird auf einen Vorwurf von einer Person gehört, auf deren Wohlwollen, Respekt und Uneigennützigkeit man vertraut. Man muß auch spüren, daß der Kritiker mit seiner Kritik nicht ein verschleiertes eigenes Anliegen durchsetzen will oder daß die Kritik nicht von dessen Neid und Eifersucht herrührt.

Man sollte sich durch die Kritik nicht als Person in Frage gestellt fühlen, sondern lediglich in bestimmten Verhaltensweisen oder Einstellungen, die den Kritisierenden stören. Der Kritiker sollte womöglich den Vorwurf mit dem Hinweis auf seine persönliche Betroffenheit äußern, was besagt, daß sehr wohl bei ihm selbst eine Überempfindlichkeit auf das kritisierte Verhalten vorliegen kann. Der Vorwerfende beharre auch nicht auf der Richtigkeit seiner Wahrnehmung und vermeide einen Machtkampf um die richtige Interpretation. Es genügt, daß er seine Wahrnehmung als subjektive Störung erklärt im Sinne von: »Ich bin froh, wenn ich Dir mal sagen darf, daß mich Dein Verhalten in meiner Beziehung zu Dir stört.« Wenig hilfreich ist es, den Vorwurf zu legitimieren mit Hinweisen auf ähnlich gelagerte kritische Hinweise von seiten anderer Bezugspersonen. Vorwürfe können in einer erpresserischen Weise geäußert werden oder als Entwertung und persönliche Verletzung, was nicht zuletzt auch mittels angeblich wohlgemeinter psychologisierender Interpretationen der Fall sein kann. Der Vorwurf soll ein Hinweis sein, kein Befehl und keine Drohung. Der Vorwurfsempfänger soll sich frei fühlen, aus dem Vorwurf das zu machen, was ihm entspricht. In einer dialogischen Beziehung hat der Kritiker kein Anrecht auf Befolgung seiner kritischen Hinweise. Die Liebe zum Kritisierten zeigt sich in der Freiheit, die man ihm zugesteht, selbst zu entscheiden, was er mit dem Vorwurf machen will.

8.6 Vorwürfe als Anregung zu einer anstehenden Wende

Die hier angeregte Konzeption vom hohen Wert von Vorwürfen als Hinweise auf anstehende persönliche Lebenswenden steht im Gegensatz zu den meisten psychotherapeutischen Ansichten. Weit verbreitet ist die Meinung, Vorwürfe seien im Grunde Projektionen des eigenen Schattens auf eine andere Person, an der man wahrnimmt, was man vom eigenen Bewußtsein abspaltet. Die Projektion sollte deshalb bewußtgemacht, zurückgenommen und in das eigene Selbst integriert werden. Interessanterweise kommt meiner hier vertretenen Meinung C. G. Jung, der ja das Konzept der Schattenprojektion entwickelt hat, selbst entgegen, wenn er schrieb: »Der Projektionsträger ist nämlich, wie die Erfahrung zeigt, kein x-beliebiger Gegenstand, sondern stets einer, der sich der Natur des zu projizierenden Inhalts adaequat erweist, beziehungsweise der aufzuhängenden Sache einen entsprechenden Haken anbietet« (Jung 1971, § 499). Er will damit sagen, daß wir nicht beliebig projizieren können, sondern nur jene Aspekte, die beim Projektionsempfänger tatsächlich vorliegen. Verena Kast (1999) bezeichnet in ihrem Buch »Der Schatten in uns« diese Formulierung Jungs als ein unheilvolles Zitat, weil es uns in der Überzeugung bestärke, daß der andere diesen Schatten auch wirklich hat. Sie findet, daß man nicht legitimiert sei, dem anderen ein Verhalten, das einen stört, als Eigenschaft zuzuschreiben. Schattenverschreibungen seien verletzend, sie würden als Grenzüberschreitung empfunden, da wir den Schattenverschreiber nicht gebeten haben, Schattenanteile von uns zu ergründen. Verena Kast unterscheidet konstruktive sachliche Kritik von der Schattenverschreibung, bei der es immer um den Selbstwert der kritisierten Person geht, und die damit Ärger und Kränkungen hervorruft, die leicht in einen Zirkel wechselseitiger Entwertungen einmünden. Schattenverschreibungen setzen ein belastbares Selbstwertgefühl voraus, ein starkes Ich, das mit der Kränkung durch den vorgehaltenen Schatten umgehen kann.

Aus meiner Sicht kann ebenso die Gefahr bestehen, daß Vorwürfe entwertet werden mit der Interpretation, sie seien ein persönlicher Schatten. Sie werden dann neutralisiert, ohne in eine ernsthafte Auseinandersetzung einzumünden. Wie ich in meinem Buch »Psychologie der Liebe« (Willi 2002) beschrieben habe, treffen die Vorwürfe, welche Partner aneinander richten, in der Regel zu, aber immer nur im Lichte der Gegenvorwürfe des Partners. Beide nehmen aneinander wichtige, oft vermiedene anstehende Entwicklungen war. Der entscheidende Punkt ist, ob sie den Gegenvorwurf benutzen, um den an sie gerichteten Vorwurf zu entwerten, oder ob beide die Fähigkeit aufbringen, sich mit den Vorwürfen ernsthaft auseinanderzusetzen.

Wenn also beispielsweise eine Frau ihrem Mann vorwirft, er strebe immer von ihr weg und suche nur seine persönliche Unabhängigkeit, er ihr aber entgegnet, sie versuche ihn immer zu vereinnahmen und gefangenzuhalten, so treffen oft beide Vorwürfe zu. Wenn die Frau dem Mann vorwirft, er könne keine Fehler zugeben, er sie aber darauf hinweist, sie wolle ihn dauernd erziehen, so haben auch hier meist beide Seiten recht. Das heißt nicht, daß die Vorwürfe sich wechselseitig neutralisieren und im einzelnen nicht ernst genommen oder zurückgegeben werden sollen, sondern im Gegenteil: die Vorwürfe beider Seiten sind wichtige Hinweise auf einen anstehenden Wandel in der Partnerbeziehung.

Nach meiner Meinung muß nicht die eine oder andere Sichtweise richtig oder falsch sein. Es ist eine Frage der Streitkultur, ob man sich miteinander über störendes Verhalten auseinandersetzen kann. Vorwürfe enthalten oft einen wichtigen Hinweis auf eine notwendige persönliche Wende, mit der sich auseinanderzusetzen einem schwerfällt. Der Vorwerfende ist jedoch in seinen Motiven, den Hinweis zu äußern, persönlich nicht unbeteiligt, vielmehr kann er dazu durch Gefühle motiviert sein, die auch er nicht gerne an sich wahrnimmt, so etwa durch Neid und Eifersucht. Beide Seiten könnten so von einer offenen Auseinandersetzung über die an sie gerichteten Vorwürfe lernen.

Am günstigsten ist es, wenn der Empfänger in keinem Abhängigkeitsverhältnis zum Kritiker steht, sondern sich mit ihm auf der gleichen Ebene auseinandersetzen kann. Er soll dem Kritiker mitteilen können, wie er die Formulierung des Vorwurfs empfunden hat und ob er sich in der Freiheit, wie er mit dem Vorwurf umgehen wird, respektiert fühlt. Der Kritiker soll auch bereit sein, seine Motivation zum Vorwurf zur Diskussion zu stellen. Beide sollten miteinander prüfen, inwiefern eine beidseitige Überempfindlichkeit vorliegen könnte. Im günstigen Fall ergibt sich eine koevolutive Anregung, wo beide von der Auseinandersetzung persönlich profitieren. Dennoch muß man sich im klaren sein, daß man nicht alle Meinungsdifferenzen mit Gesprächen aus der Welt schaffen kann. Es gibt in Beziehungen oft uneingestandenen Neid, Eifersucht und verleugnete Rivalität, die einen auf das Verhalten des anderen besonders sensibilisieren, es einem aber besonders erschweren, über die eigenen Motivationen zu sprechen, aus denen heraus man sich über eine Person ärgert. Es ist wichtig, über die Fähigkeit zu verfügen, sich – mit Hinweis auf die eigene Betroffenheit – auf eine offene Äußerung der störenden Verhaltensaspekte zu beschränken, im Sinne von: »An deinem Verhalten stört mich das und das. Ich wäre froh, wenn du dieses Verhalten ändern könntest.« Es ist aber auch wichtig, das Ausgesprochene stehenlassen zu können, wenn eine Diskussion nicht mehr weiterführt.

Es kann sein, daß verschiedene Personen aneinander scheinbar widersprechende Vorwürfe richten, was die These, daß die Partner einem mit ihren Vorwürfen den Weg zeigen, auf den ersten Blick entkräftet. So etwa kann ein Mann in die feindselige Spannung zwischen seiner Mutter und seiner Frau geraten. Die Frau wirft ihm Mutterabhängigkeit vor, die Mutter Undankbarkeit und Verführbarkeit auf die negativen Einflüsse der Frau. Die einander widersprechenden Vorwürfe schließen sich dabei keineswegs aus, sondern haben beide ihre »Wahrheit«: Der Mann sollte – dem Vorwurf der Frau entsprechend – seiner Mutter gegenüber eine klarere Abgrenzung erreichen, er sollte – dem Vorwurf der Mutter entsprechend – auch eine klarere Position seiner Frau gegenüber einnehmen. Die einander widersprechenden Vorwürfe meinen im Grunde genommen dasselbe, nämlich daß der Mann sich zu sehr in Abhängigkeit zu den beiden Frauen begibt. Dadurch, daß er es beiden rechtmachen will, macht er es keiner recht.

Konstruktive Auseinandersetzungen zwischen Partnern über die wechselseitige Kritik sind eine wichtige Herausforderung der Ich-

Stärke und tragen wesentlich zur Heranbildung einer starken Persönlichkeit durch die Beziehung bei. Es gilt dem Druck des anderen standzuhalten und zu lernen, sich mit ihm zu konfrontieren, ihm die Stirne zu bieten, sich ihm zuzumuten, so wie man nun mal ist, und dennoch offen zu bleiben für die Betroffenheit des Partners durch das eigene Fehlverhalten, ja, letztlich seine kritischen Hinweise als Liebesbeweis anzunehmen. Diese Haltung wurde von David Schnarch (2006) in ihrer Bedeutung für die Sexualtherapie prägnant herausgearbeitet.

8.7 Wandel durch komplex miteinander verwobene koevolutive Prozesse

Koevolutive Prozesse (Willi 1985, 1996), also Prozesse, in denen Bezugspersonen einander wechselseitig in ihrer persönlichen Entwicklung und Lebensgestaltung beeinflussen, sind nicht nur auf Paarbeziehungen beschränkt. Ich habe mich in meinen früheren Büchern aus didaktischen Gründen vor allem auf die veränderungswirksame Begegnung in einer Zweierziehung beschränkt. Die wechselseitige Beeinflussung der persönlichen Entwicklung und des Lebenslaufes vollzieht sich jedoch häufig in Mehrpersonenbeziehungen, wo die Entwicklung des einen wechselseitig die Entwicklung der anderen beeinflußt und komplexe Einflüsse zwischen den Bezugspersonen wirksam sind. Dabei geht es nicht einfach um eine systemische Organisation von Beziehungen, wie sie in der Familientherapie ausgearbeitet wurde, etwa von Salvador Minuchin (1974), Iwan Boszormenyi-Nagy (1973) oder Jay Haley (1981), sondern um Phänomene, die sich zwischen mehreren Personen durch unterschiedliche Betroffenheit ergeben und die deshalb schwierig allgemein zu beschreiben und theoretisch zu ordnen sind. Ich möchte solche Prozesse an einem Fallbeispiel und zwei Beispielen aus der Belletristik darstellen, die zeigen, wie sich eine Koevolution à trois oder à quatre ergeben kann, ein komplexer Prozeß, der für alle Beteiligten zur Lebenswende werden kann, auch für jene, die das nicht bewußt intendiert hatten. Jeder der Betroffenen war schicksalsmäßig an dieser heilsamen Wende beteiligt, keiner hätte diese Wende jedoch allein

Wandel durch koevolutive Prozesse 233

bewerkstelligen können. Jeder benötigte dazu die intensive Beteiligung der anderen. Was sich auf der Ebene von Zweierbeziehungen entfaltet, wirkt sich auf die damit verwobenen Zweierbeziehungen anderer Bezugspersonen aus.

Nicholas Evans: Der Pferdeflüsterer (2001)
Miteinander verwoben sind die komplexen Beziehungen zwischen einem verletzten Pferd, einer unfallgeschädigten Tochter und der in ihrer erfolgreichen Berufskarriere unbefriedigten Mutter, die sich auf eine Ranch begeben, wo sie in der Beziehung mit einem Cowboy einen persönlichen Wandel vollziehen.

Die dreizehnjährige Grace erleidet einen tragischen Reitunfall und muß sich ein Bein amputieren lassen. Ihre Freundin starb beim gleichen Anlaß mit ihrem Pferd. Pilgrim, das Pferd von Grace, überlebt, bleibt jedoch verstört und aggressiv, so daß es nach allgemeiner Meinung hätte getötet werden sollen. Doch Anne, die Mutter von Grace, setzt es mit eisernem Willen durch, daß im Staate Montana, hinter den Rocky Mountains, der Cowboy Tom sich Pilgrims annimmt. Dieser will die Aufgabe zunächst ablehnen, läßt sich dann aber dazu überreden. Anne ist Chefredakteurin in New York, äußerst tüchtig, willensstark, sie weiß sich in weiblicher Manier durchzusetzen, indem sie sich sehr in die anderen einfühlt und scheinbar nachgibt, um sie dann doch dazu zu bringen, zu tun, was sie will. Grace fühlt sich nach der Amputation als Krüppel und hat jeden Lebensmut verloren. Sie wagt kaum noch in die Schule zu gehen und erträgt das ihr entgegengebrachte Mitleid schlecht. In pubertierender Aggressivität lehnt sie ihre Mutter ab.

Anne fährt gemeinsam mit Grace und Pilgrim im Auto nach Montana. Grace ist wutentbrannt, weil ihre Mutter wieder, ohne sie zu informieren, ihren Willen durchgesetzt hat. Es beginnt dann ein sehr subtiles Zusammenspiel. Der Cowboy Tom nimmt geschickt in kleinen Schritten den Kontakt zu Pilgrim auf. Er läßt ihn im Fluß baden, um sich zu entspannen, und gibt sich dann sehr vorsichtig mit ihm ab. Er will, daß Grace dabei ist. Dabei kommt er ins Gespräch mit Grace und läßt sich von ihr genau erzählen, wie der Unfall sich abgespielt hatte. Grace hatte das bisher noch niemandem anvertraut.

Grace bemerkt, wie Pilgrim sich zu wandeln beginnt, und so wandelt sich auch bei ihr etwas. Sie beginnt unter dem Druck von Tom wieder zu reiten, bewahrt das aber zunächst als Geheimnis vor der Mutter. Sie ist überglücklich, daß ihr das Reiten wieder möglich ist. Allmählich steht sie dazu und zeigt sich nun auch in der Öffentlichkeit auf ihrem Pferd. Tom gelingt es, Pilgrim ein Halfter anzulegen. Pilgrim läßt sich von Grace am Hals tätscheln. Grace blüht nun immer mehr auf und gewinnt in dem Maße Hoffnung, wie auch bei Pilgrim neue Hoffnung aufkommt.

Anne verliebt sich in Tom und Tom verliebt sich auch in sie. Insgeheim muß er sich eingestehen, daß er die ganze Arbeit eigentlich nur Anne zuliebe angefangen hatte. Sie nähern sich einander sehr behutsam und langsam an. Anne beginnt nun selbst wieder zu reiten, was sie früher oft getan hatte. Sie blüht allgemein auf. Sie richtet sich in der Wohnung auf der Farm ihr Pressebüro ein, mit Fax, Telefon und Internet, und arbeitet sehr fleißig. Aber ihre lange Abwesenheit von New York wird von der Redaktion negativ vermerkt. Es wird ihr die Kündigung nahegelegt. Sie akzeptiert diese ohne Bedenken.

Es kommt zu einem allmählichen Wendepunkt im Leben von allen vier Beteiligten. Pilgrim wandelt sich wieder zu einem normalen Pferd und läßt sich reiten. Parallel dazu kommt Grace aus ihrer Verstörung hinaus, lernt sich positiv zum Verlust ihres Beines einzustellen und ihr Leben aktiv zu gestalten. Sie ist aber nach wie vor wütend auf ihre Mutter, der sie vorwirft, sie habe den Unfall für ihre eigene Entwicklung benutzt. Anne hat schon länger bemerkt, daß sie mit ihrem ehrgeizigen Berufsleben das Leben verpaßt hat. Es sind tatsächlich die Folgen des Unfalls von Grace, die einen Wendepunkt in ihrem Leben veranlassen und ihr die Entwicklungsmöglichkeit eröffnen, auf der Ranch von Tom ihr Leben zu verändern zu einem Leben in der Natur, ohne Berufsehrgeiz, dafür mit Herzlichkeit und Spontaneität. Dieser Wandel verwirklichte sich vor allem durch die Liebe zu Tom. Grace hatte wohl zu Recht den Verdacht, daß die äußerst lebenstüchtige Anne das ganze heimlich und eventuell unbewußt so konstelliert hatte, daß es ihr eine innerlich vorbereitete Lebenswende ermöglichte. Dabei war Anne ein großes Risiko eingegangen. Es hätte auch scheitern können. Tom fühlte sich durch die Wende, zu der er Anne, aber auch Grace und Pilgrim verholfen hatte, persönlich sehr aufgewertet. Die veränderten Lebensumstände hatten bei allen vieren bereitgestellte Entwicklungsmöglichkeiten zur Verwirklichung geführt.

Gabriella de Ferrari: »Wolken auf dem Sand«

Dieses Fallbeispiel aus der Belletristik zeigt, wie sich das Lebensschicksal von vier Personen miteinander verbindet und sich wieder voneinander abgrenzt und ablöst und wie die Beziehung bei jedem Entwicklungen hervorgerufen hat, die zwar bereitgestellt waren, aber sich nicht von selbst ergeben hätten.

Dora war das Sorgenkind unter vier Geschwistern einer armen italienischen Familie. Von klein auf war sie eine Person, die nur tat, was sie wollte, sich aber durch ihr Schweigen unangreifbar machte. Sie solidarisierte sich nicht mit den Sorgen ihrer Eltern, sondern lernte früh einen nach Argentinien ausgewanderten reichen Italiener kennen, von dem sie zwei Kinder, Antonia und Marco, bekam. Sie lebte nicht dauerhaft mit ihm zusammen. Sie ging zusätzlich eine Beziehung mit dem Grafen Emilio da Mora ein, einem älteren Herrn, der mit einer Adligen verheiratet war, von der er sich innerlich getrennt hatte, äußerlich die Ehe aber aufrechterhielt. Der Graf wurde zum väterlichen Berater von Dora und deren Kindern. Er war von der unkonventionellen Art von Dora fasziniert. Sie tat immer nur das, was sie wollte. Die Freunde des Grafen waren entsetzt über die Beziehung mit dieser ungehobelten und vulgären Bauerntochter. Doch die Beziehung zu Dora veränderte den Grafen. Er zeigte sich gerne mit ihr in der Öffentlichkeit, er schaffte sich ein schnelleres Auto an und trug keine Krawatten mehr. Er erlebte Dora wie einen Taifun und fühlte sich von ihr belebt. Sie machte ihm bewußt, daß er sein Leben lang ein anderer Mensch war als der, für den er sich stets ausgegeben hatte. Sie erweckte ihn zu sich selbst. Seine Ehefrau war zwar korrekt und aus passender Familie. Die Ehe war aber in Konventionen erstarrt und blieb kinderlos. Dora äußerte über ihre Beziehung zu Männern: »Die Männer, diese armen Schweine, müssen die ganze Arbeit machen. Wir aber können unser Leben so einrichten, daß wir das, was wir wollen, genau mit diesen weiblichen Mitteln erreichen, die die Männer nicht verstehen. Der Mann richtet das Haus, aber die Frau erträumt es zum Leben« (S. 65).

Der Graf hatte Doras Tochter Antonia das Schulgeld bezahlt. Er war für sie der gebildetste und kultivierteste Mann, den sie je kennengelernt hatte. Er öffnete ihr das Fenster zu einer neuen Welt. Antonia ging dann eine Beziehung zu Arturo ein, einem eigensinnigen, erfolgreichen jungen Mann, der als arroganter Geck galt. Dieser half ihr, sich von ihrer Mutter zu lösen. Dora hatte ihr bisher jede Liebesbeziehung vermasselt. Auch jetzt versuchte sie, Arturo zu verführen, um ihn zu beherrschen. Als er nicht darauf einging, verfiel sie in einen Wutanfall und warf alle Utensilien Antonias zum Hause hinaus. Damit hatte Arturo Antonia aus den Klauen ihrer Mutter befreit. Sie wollte ihn dafür heiraten, daß er als erster Mann die Beziehung zu Dora nicht hatte zerstören lassen. Das hatte ihr Leben verändert. »Mit der Hochzeit wurde Antonias altes Selbst zu Grabe getragen.« Sie konnte erstmals im Leben machen, was sie wollte. Arturo wußte, daß er Antonia nicht fest an sich zu binden vermochte. Antonia brauchte romantische Liebe, Intrigen und Tragödien. Aber er gab ihr die benötigte Freiheit in der Meinung, was sie von ihm wegziehe, solle sie dann wieder in seine Arme zurücktreiben, so daß er sie fester denn je an sich drücken konnte.

Früher war Antonia noch ein zerbrechliches, schüchternes Mädchen gewesen, das sich verzweifelt nach etwas Starkem gesehnt hatte. Doch jetzt hatte sie eigene Stärke entwickelt und einen eigenen Willen. Sie wurde von den Menschen bewundert, galt aber als rätselhaft. Sie hatte Arturo herausgefordert, ein erwachsener Mann zu werden. Er mußte ihretwegen in ein neues Leben wechseln. Antonia sagte zu Arturo: »Aber ich wußte, daß ich in diese andere Welt hinüber mußte, und allein hatte ich zu große Angst davor. Deshalb habe ich Dich geheiratet. Wie gesagt, ich war ziemlich egoistisch« (S. 339). Arturo starb früh.

Antonia erhielt vom Grafen Emilio einen Brief, in welchem er ihr mitteilte, daß er ihr testamentarisch seine Lieblingsbilder vermache. »Die Bilder werden Dir helfen, wenn Du Deinen Kindern von den Nachmittagen in den Museen erzählst und von den wunderschönen

Dingen, die Du mir, einem matten alten Mann, mit der Frische Deiner Gedanken und Blicke wieder nahegebracht hast« (S. 340). »Dir habe ich es zu verdanken, daß mein letzter Lebensabschnitt friedlich verläuft, schreib viel und schick mir Photographien« (S. 377). Antonia fragte sich, wie ihr Leben wohl verlaufen wäre, wenn es den Grafen nicht gegeben hätte.

Auch hier war es die Beziehung zueinander, welche das Leben aller vier Personen wandelte: Der Graf entdeckte seine eigene, verschüttete Lebendigkeit; Dora entwuchs den ärmlichen familiären Verhältnissen und gründete sich eine wohlhabende Existenz, die ihr erlaubte, ganz nach eigenen Vorstellungen zu leben; Antonia benutzte die Stärke Arturos, um sich von ihrer Mutter Dora zu lösen, und Arturo wurde durch die Herausforderung durch Antonia ein reifer Mann. Vier Lebensschicksale, deren Wendepunkte durch mitmenschliche Begegnungen herausgefordert und freigesetzt worden waren.

Fallbeispiel 5
Ein junger Mann geriet nach dem Tod seines Vaters in eine tiefe Konfliktsituation. Er hätte nach islamischem Brauch dessen Rolle in seiner eigenen übernehmen sollen; Persönlich war er aber mit einem liberaleren Leben identifiziert und geriet dadurch in einen inneren Konflikt, dessen Lösung auch zur Lebenswende seiner Angehörigen wurde:

Ein dreißigjähriger Mann mit Wurzeln einem islamischen Staat, der in der Schweiz geboren war, meldete sich mit einer akuten Anpassungsstörung mit Streßsymptomen, Schlaflosigkeit, Appetitlosigkeit, Gewichtsabnahme und nun bereits sechs Wochen dauernder Arbeitsunfähigkeit. Der Hausarzt behandelte ihn mit Tranquilizern. Aus Vertrauen zu ihm überwand er die Vorbehalte der Familie gegenüber einer Psychotherapie. Gemäß seiner familiären Tradition wurde über familiäre Probleme nie außerhalb der Familie gesprochen.

Das Problem bestand darin, daß sein Vater vor wenigen Monaten an Krebs gestorben war. Der Patient war einziger Sohn neben drei Schwestern. Der Vater war ein Patriarch gewesen, der gütig und weise die familiären Geschicke leitete und von allen Familienmitgliedern, auch vom Patienten, um Ratschläge angegangen worden war. Den

Vater nicht mehr fragen zu können, war für den Patienten ein schwerer Verlust. Aber der Vater hatte ihm zusätzlich auf dem Totenbett gesagt, jetzt müsse er die Rolle des Familienoberhauptes übernehmen und an seine Stelle treten. Das wurde auch von der weiteren Verwandtschaft, selbst von jenen, die den Patienten gar nicht persönlich kannten, erwartet. Insbesondere eine Tante, eine Schwester der Mutter, nahm großen Einfluß auf die Familie. Sie hielt sehr darauf, daß die Traditionen eingehalten wurden.

Für den Patienten war es unvorstellbar, diese Rolle zu übernehmen. Er fühlte sich dem Islam nicht mehr eng zugehörig. Er hatte sich bisher nie zu einer Stellungnahme durchringen müssen, weil er immer im Schatten des Vaters gestanden war und sich in dieser Position viele Freiheiten nehmen konnte. Er hatte Beziehungen mit nichtislamischen Frauen. Er widmete sich intensiv seinem Beruf und bestand anspruchsvolle Schulen. Er hatte jedoch keine klaren Lebenspläne. Jetzt war eine Situation entstanden, wo er sich entscheiden mußte und wo ihm eine eindeutige Stellungnahme für den Islam abgefordert wurde.

Ein weiteres konkretes Problem entstand um die Frage, wo der Vater begraben werden sollte. Die Verwandtschaft, die Mutter und die beiden älteren Schwestern plädierten für einen islamischen Friedhof im Herkunftsland. Der Patient und die jüngste Schwester wollten den Vater jedoch in der Schweiz begraben haben, um ihn jederzeit besuchen und mit ihm »sprechen« zu können. In diesem Punkt hatte er sich gegen die Verwandtschaft durchgesetzt. Er weigerte sich jedoch, die Patriarchenrolle zu übernehmen, und zog sich aus der Familie zurück. Er sprach mit niemandem mehr, auch nicht mit der Mutter.

Die psychotherapeutischen Gespräche erlebte er als sehr hilfreich, um allmählich besser zu spüren, wer er ist und was er vom Leben erwartet.

Er ließ sich mit einer nichtmuslimischen Frau ein, was die Mutter sehr bedrückte, da ihr dringlichster Wunsch gewesen war, in einem künftigen Enkel einen Stammhalter und Wächter der Tradition zu haben. Der Patient wollte das auf gar keinen Fall und fühlte sich jetzt auch sicher, daß er die Position eines Patriarchen nicht zu übernehmen bereit war und sich von der Verwandtschaft auch nicht dazu drängen lassen wollte.

Wandel durch koevolutive Prozesse

Zu seinem Erstaunen zeigte sich nun auch bei der Mutter ein erstaunlicher Wandel. So begab sie sich auf eine Weltreise in verschiedene Kontinente. Die jüngste Schwester heiratete gegen den Willen der Mutter einen christlichen Schweizer.

Durch das Ereignis des Todes des Vaters wurde dem Patienten eine bisher vermiedene Stellungnahme abgefordert, inwiefern er die islamischen Traditionen der Familie aufrechterhalten wollte oder sich an die schweizerischen Verhältnisse assimilieren wollte. Im Unterschied zur Zeit davor mußte er nun Stellung beziehen und seine Verantwortung für die Familie übernehmen. Er fand dann aber eine ihm entsprechende Einstellung, die zwar verschiedene Familienangehörige schwer enttäuschte. Zu seiner Überraschung schlossen sich aber auch die Mutter und die jüngere Schwester dieser freieren Haltung gegenüber dem Islam an, im Unterschied zu den beiden älteren Schwestern, die ganz bei den Traditionen blieben. Die Problemlösung des Patienten strahlte also auf die Familie aus und bewirkte auch eine Wende bei der Mutter und der jüngeren Schwester. Dadurch verbesserte und veränderte sich die Beziehung zur Mutter und zur jüngsten Schwester. Sie lernten viel freier miteinander sprechen und einander, jenseits von traditionellen Rollenvorschriften, echter zu begegnen. Positiv war, daß der Wandel des Patienten gelang, ohne daß er aus der Familie ausgegliedert wurde, aber auch ohne daß er gegen seinen Willen die Rolle des Familienoberhauptes übernommen hätte. Die Schuldgefühle, die er empfand, weil er dem Vermächtnis des von ihm verehrten Vaters nicht nachlebte, konnte er damit ausgleichen, daß er die Erwartungen des Vaters mit einer von der ganzen Familie ersehnten Berufskarriere erfüllte. So konnte er die familiäre Solidarität trotz seiner Abweichung aufrechterhalten.

Gemeinsam sind diesen Beispielen einige Beobachtungen, die in den vorangegangenen Kapiteln beschrieben wurden: Der persönliche Wandel war zwar vorbereitet, aber realisiert wurde er erst durch und innerhalb von Beziehungsereignissen, die ihn ermöglichten oder notwendig machten. Die Beziehungen waren das Medium, in welchem sich der Veränderungsprozeß ergab. Der Wandel im Lebenslauf und in der persönlichen Beziehung war diesen Beziehungen zu verdanken.

9 Die Wende zum Bösen

▬ Der Begriff des Bösen ist kein Stichwort der Psychologie und Psychotherapie. Im Bestreben nach einer nicht wertenden Beziehung zu den Klienten wird die Existenz des Bösen von vielen Psychotherapeuten reduziert zu aggressiven Reaktionen auf vorangegangene Frustrationen. Doch das deckt das Phänomen des Bösen nur unzureichend ab. Ob es zu bösen Taten kommt, hängt stark von den Lebensumständen ab. Jeder Mensch hat eine Bereitschaft zum Bösen. Menschen sind zu bösen Taten verführbar, wenn sich ihnen eine Gelegenheit bietet, in der sie glauben, mit ihren Taten unentdeckt zu bleiben, oder wenn sie in einem Gruppenverband handeln und dabei meinen, für ihr Mittun persönlich nicht verantwortlich zu sein. Oft entsteht eine Gruppendynamik, in der jeder, der nicht mittut, zum Feigling erklärt wird. Oft kann die Gruppe ihr Tun rechtfertigen mit einer als absolut gesetzten Ideologie, welche die Tat als gut oder notwendig erklärt. Böses wird nur ausnahmsweise aus sadistischer Lust begangen. Menschen, die böse Taten vollbringen, weisen oft weder sadistische oder kriminelle Neigungen, noch eine gestörte Persönlichkeit auf. Die Massenmörder des Holocaust zeigen in psychologischen Untersuchungen keine charakterlichen Auffälligkeiten.

Während das Schlechte meist objektivierbar ist und deshalb korrigiert werden kann, ist das Böse oft zunächst nicht erkennbar. Es kommt im Kleide des Guten daher und enthüllt seinen wahren Charakter erst im nachhinein. Die Täter zeigen nur selten Einsicht in das Unrecht ihrer Tat, sie fühlen sich vielmehr oft als Opfer der Umstände, welche sie zu ihrem Tun veranlaßten, oder als Opfer der Strafverfolger. Gut und Böse stehen in einer eigenartigen Dynamik zueinander. Das Böse geht nicht selten aus dem absolut gesetzten »Guten« hervor. Das Gute entsteht andererseits oft aus dem absolut gesetzten Bösen. Das Böse ist oft das zunächst erfolgreichere Prinzip, unterliegt dann aber durch die ihm eigene Tendenz, sich selbst zu zerstören. Das Böse fordert andere Personen heraus, zu seiner Überwindung Gutes zu tun. Ist das Böse zur Herausforderung des Guten notwendig? ▬

9.1 Die Existenz des Bösen

Es sind vor allem zwei Gründe, weshalb ich mich mit Lebenswenden zum Bösen befassen möchte. Zum einen sind böse Handlungen oft nicht primär aus der Charakterstruktur des Täters herzuleiten, sondern entstehen in engem Zusammenhang mit Gelegenheiten, welche spezielle Lebensbedingungen anbieten, und eignen sich somit zur Illustration der ökologischen Sichtweise von der Wechselwirkung zwischen Persönlichkeitsentwicklung und Entwicklung der Lebensumstände. Zum anderen könnte der Eindruck entstehen, ich beschriebe in diesem Buch nur positive Lebenswenden, so wie ich sie oft bei Menschen, die sich in eine Therapie begeben, kennenlerne. Damit sich daraus nicht ein zu optimistisches Bild ergibt, möchte ich auch die Kehrseite, die Wendung des Lebens zum Bösen, besprechen.

Erstaunlicherweise wurde der Begriff des Bösen aus dem Vokabular der europäischen Kultur gestrichen, trotz der vorangegangenen Greueltaten des Zweiten Weltkrieges, insbesondere des Holocaust, der ja als eigentlicher Inbegriff des nicht mehr zu überbietbaren Bösen bezeichnet wird. Manche, die böse Taten begangen haben, bewerten diese nicht als böse. Wenn sie ihrer Taten wegen angeklagt werden, wollen sie sich nicht als Täter sehen, sondern als Opfer ihrer Lebensumstände. Die Vertreter der Psychologie und Psychotherapie der Nach-68er-Jahre haben sich wenig mit dem Bösen auseinandergesetzt, ja, manche Autoren der humanistischen Psychologie wollten im Glauben an das Gute die Existenz von Bösem gar nicht wahrhaben. Es wurde nur von Aggressionen gesprochen, deren Begründung in den gesellschaftlichen Frustrationen und in Repression gesucht wird. Die Motivation zum Ausüben böser Handlungen geriet in den Bereich krankhafter Reaktionen. Dem Leiden und Sühnebedürfnis der Opfer wurde wenig Beachtung geschenkt. Als wichtiger galt, negative Auswirkungen einer Strafe auf den Täter zu vermeiden. Auch die systemische Theorie stellte die Unterscheidung von Tätern und Opfern in Frage, mit dem Hinweis, daß das Opfer den Täter häufig provoziert habe oder zumindest sein böses Handeln ermöglichte und begünstigte. Es wird von einer zirkulären Kausalität ausgegangen. »Ich verhalte mich nur so, weil du dich so verhältst«, werfen Täter und Opfer sich gegenseitig vor. Erst in den neunziger Jahren kam es wieder zu einer strengeren Einstellung den Tätern gegenüber. Anlaß dazu war die erhöhte Beachtung von sexuellem Mißbrauch, der bis dahin in seiner Häufigkeit und in den nachhaltigen psychischen Schädigungen der Opfer unterschätzt worden war. Unter dem gesellschaftlichen Druck werden heute Sexualstraftäter denn auch wesentlich härter bestraft (s. dazu Kap. 12 über die therapeutische Beziehung).

Was ist böse? Als böse wird ein Verhalten bezeichnet, wenn es dazu dient, einem anderen bewußt, reflektiert und zielgerichtet körperliches, seelisches und materielles Leiden, Schmerz und Schaden zuzufügen. Böse ist eine ethisch wertende Bezeichnung, mit der eine Tat als verabscheuungswürdig, unerlaubt und strafbar bezeichnet wird. Der Begriff »böse« nimmt auf den freien Willen Bezug und geht davon aus, daß dem Täter zur Zeit seiner Tat die Fähigkeit, die Schlechtigkeit und das Unrecht seines Tuns zu erkennen oder gemäß dieser Einsicht zu handeln, nicht abhanden gekommen war. Der Katechismus der katholischen Kirche bezeichnet als Sünde einen Akt, der im Bewußtsein, Böses zu tun, vollführt wird. Es wird also eine überlegte Entscheidung für das Böse vorausgesetzt, das getan wird in der vollen Erkenntnis und im Wissen um die Sündhaftigkeit der Handlung. Das Böse ist kein Stichwort im psychologisch-psychotherapeutischen Vokabular, weil die Psychotherapie sich um eine nichtwertende, verstehende und empathische Grundhaltung bemüht. Im Begriff »böse« wird bereits eine Vorverurteilung in der Polarisierung zu »gut« gesehen. Man spricht deshalb lieber wertfrei von Aggressivität, Haß, Wut und Destruktivität, womit das eigentlich Böse am Bösen ausgeklammert wird, nämlich der freie Willensentschluß, dem anderen Leiden und Unrecht zuzufügen. Eine Ausnahme bildet der Begriff des Schattens bei C. G. Jung, auf den ich gleich noch eingehen werde. S. Freud beschrieb 1920 in »Jenseits des Lustprinzips« als Ergänzung zum Sexualtrieb den Destruktionstrieb oder Todestrieb als eine nach außen gerichtete Aggression. Umstritten ist, ob es eine angeborene erhöhte Aggressivität gibt. Die Neigung zu destruktiver Aggressivität gilt als ein in hohem Maße zeitstabiles und schwer beeinflußbares Persönlichkeitsmerkmal. Andererseits wird in der Literatur betont, daß nicht so sehr eine Disposition zu destruktivem Handeln maßgeblich ist als vielmehr die vergangenen und gegenwärtigen Lebensumstände (M. Dornes, in Stumm & Pritz 2000, S. 10). Jeder Mensch trägt die Möglichkeit zu Gutem und Bösem in sich. Es hängt von seiner persönlichen Geschichte und den aktuellen Lebensumständen ab, welche Möglichkeiten verwirklicht werden. Der Psychoanalytiker Heinz Kohut beschrieb 1973 als narzißtische Wut die Reaktion von narzißtisch gestörten Personen auf Verletzungen ihres Selbstwertgefühls. Wenn das Selbst geschädigt ist, besteht eine besondere Verletzbarkeit gegenüber den Gefühlen der Lächerlichkeit, Scham und Erniedrigung, auf die das Selbst mit destruktiver Wut reagiert.

9.2 Das Böse als Aspekt des Schattens nach C. G. Jung

Von den großen psychotherapeutischen Schulen ist es vor allem die analytische Psychologie C. G. Jungs, in welcher das Böse benannt und nicht bloß auf ein psychopathologisches Phänomen reduziert wird. Das Böse ist ein Aspekt des Schattens. *Als Schatten bezeichnet Jung jene dunklen Seiten und ungelebten Anteile, die jeder Mensch hat, aber nicht wahrhaben will.* Es handelt sich um Eigenschaften, Gefühle, Phantasien und Handlungen, die von der jeweiligen Kultur als negativ bewertet werden, wie etwa Intoleranz, Rassismus, Gewalttätigkeit, Haß, Eifersucht, Rachsucht, Neid, Habgier, Geiz oder Hochmut.

Jung beschreibt die häufige Aufspaltung des Individuums in Persona und Schatten. »Persona« ist das, was man nach außen zeigen und vorstellen will. Man kann es auch als das falsche Selbst bezeichnen. Was sich nicht in der Persona zeigen darf, wird in den Schatten verdrängt. Der Schatten bezieht seine Macht gerade daraus, daß er aus dem Bewußtsein ausgeschlossen ist. Die Schattenseiten werden nach außen projiziert, weil sie als Anteil der eigenen Persona abgelehnt werden. Andere Menschen sind dann die Verkörperung unserer Schattenaspekte. Wir spalten den eigenen Schatten ab und delegieren ihn an andere Personen. Nicht selten bekämpfen wir in anderen Personen das, was uns selbst eine Versuchung wäre (projektive Identifikation). So können beispielsweise sexuelle Freiheiten, welche andere Menschen in Anspruch nehmen, bekämpft werden, weil man sich selbst von solchen Versuchungen bedroht fühlt. Überall, wo ein Zuviel an moralischen Emotionen in eine Angelegenheit fließt, kann eine Schattenprojektion angenommen werden. Oft mischen sich in kollektive Schattenprojektionen auch Sündenbockprojektionen. Man sucht nach Personen oder Umständen, die man verantwortlich machen kann für alles, was in einer Gruppe schiefläuft. Generell fällt auf, daß je heller die Ideale, desto dunkler die Schattenseiten sind. »Wo viel Licht ist, da ist viel Schatten.« Auf Schattenprojektionen sind alle Gruppen und Personen, die großen Idealen nachstreben, besonders ansprechbar. Summum ius, summa iniuria, das absolute Gute erzeugt das absolut Schlechte. Alle mächtigen Weltreligionen haben ein Problem im Umgang mit dem Schatten. Je absoluter das Gute gesetzt wird, je mehr Gott nur das Gute verkörpert, desto notwendiger ist es, ihm einen bösen Gegenspieler entgegenzusetzen. Während die monotheistischen Religionen das absolut Böse als Teufel dem absolut Guten Gottes gegenüberstellen, integrieren im Hinduismus die Gottheiten Shiva oder Kali/Durga die beiden Seiten in sich. Shiva war ursprünglich der Gott des Todes. Ihm unterstanden die dämonischen Gestalten, er stand für die dunklen Seiten des Daseins. Shiva ist aber ebenso der Gott der Zerstörung wie der Gott der Kreativität. Durga ist nicht nur das Böse, sondern auch die Göttin der kosmischen Energie, die der Materie Leben verleiht. In der indischen Philosophie gibt es weder ein absolut Gutes noch ein absolut Böses (Scholz 2000). Als eine der wichtigsten Ursachen für das Böse sieht Jung die Unbewußtheit (Kast 1999). Der Prozeß der Individuation durchläuft eine Phase der Bewußtwerdung der Schatteneigenschaften. Sie ist gefolgt von deren Integration, d. h. von der bewußten Übernahme der Verantwortung für die gelebten Schattenseiten. Jung betonte, daß die dauernde Abwehr des Schattens einen Großteil der Energie verbraucht, die für die Kreativität und Lebendigkeit verwendet werden könnte. Viele persönliche Möglichkeiten werden in den Schattenbereich verdrängt, die an sich kostbar und positiv wären. Sie werden aber als moralisch verwerflich aufgefaßt. Dazu gehören etwa Neugier als Grundlage von Kreativität und Mut, dann Eigensinn als Grundlage von Autonomie, oder Aggressivität als Grundlage lebendiger Auseinandersetzungen. Doch dem Schatten ist nicht zu entkommen. Das Auseinanderreißen von Bewußtsein und Schatten ist der Ursprung des Bösen. Märchen und Mythen vermitteln psychologisches Wissen über den Schattenarchetyp. Der Held erlebt die Polarität von Gut und Böse als Herausforderung. Er entwickelt sich in der Auseinandersetzung mit angstvollen, ausweglos erscheinenden und verzweifelten Situationen. Die offene Auseinandersetzung mit dem Bösen bewirkt die Wandlung. Gewandelt wird sowohl der Held als auch das Dunkle seiner Lebenssituation.

Jeder Mensch hat seine Schattenseiten. Ziel ist nicht, keinen Schatten zu haben, sondern den Schatten zu akzeptieren. Jeder Mensch hat eine Bereitschaft, unter bestimmten Lebensumständen zum Bösen verführbar zu sein. Die analytische Psychologie von C. G. Jung hat sich vor allem mit den persönlichen und archetypischen Bedingungen des Bösen befaßt. In diesem Kapitel möchte ich mich nun weiterführend mit den Beziehungsumständen beschäftigen, die zu bösem Handeln Anlaß geben. Welche Qualitäten und Inhalte ins Unbewußte verdrängt werden und welche in der Helligkeit des Bewußtseins stehen, ist in hohem Maße abhängig von der Bezugsgruppe, von der Familie, dem Arbeitsumfeld, dem kulturellen Umfeld oder der Peer-group mit ihren eigenen Normen, Wertvorstellungen und Idealen.

Ich gehe von der These aus, daß in jedem Menschen Bereitschaften zu negativen Gefühlsreaktionen wie Neid, Eifersucht oder destruktiver Rivalität vorliegen, daß es aber stark von den Lebensumständen abhängt, ob diese Bereitschaften in Erscheinung treten. Solange die Lebensumstände die eigene Wirksamkeit ausreichend positiv beantworten, schlummern diese Gefühlsbereitschaften im Untergrund. Unter veränderten Lebensumständen können die Gefühle jedoch hochkommen und es kann sich eine Eskalation entwickeln, die sich schließlich von den ursprünglichen Ursachen abkoppelt bis zur Eskalation zu bösem Handeln.

9.3 Die Wende zu bösem Tun wird durch eine es rechtfertigende Bezugsgruppe begünstigt

Böses Tun wird von den Tätern meist nicht als böse beurteilt. Entweder wird die Tat bestritten, oder sie wird als gut oder notwendig gerechtfertigt. Was den Umgang mit Rechtsbrechern so unerfreulich macht, ist die Unfähigkeit oder Unwilligkeit, das Böse der Tat einzusehen und sich damit auseinanderzusetzen. Deren ganzes Bestreben ist darauf ausgerichtet, sich zu rechtfertigen. In diesem Sinne führt auch eine Gefängnisstrafe meist zu keinem selbstkritischen Lernprozeß. Die Strafe wird abgesessen in der Haltung, daß einem damit ein schweres Unrecht angetan werde. Wenn nach Verbüßung der Strafe keine weiteren Taten mehr folgen, geschieht das oft nicht aus Einsicht in das Unrecht der Taten, sondern um weitere Strafen zu vermeiden. Die Einsicht in das Unrecht der Tat wird zusätzlich verbaut durch die Tatsache, daß böses Tun meist nicht als »böses« Tun intendiert wird. Motivationen zu bösem Tun sind weitgehend in unbewußten Gefühlen von Haß, Frustration, Erniedrigung und Rache begründet und werden von den Tätern schon vor der Tat als gerecht und berechtigt legitimiert.

Entscheidend für das Begehen und die Verarbeitung einer bösen Tat ist, ob der Täter in seiner Sichtweise von anderen Menschen, womöglich von seiner Bezugsgruppe, bestätigt wird. Ein Strafverteidiger hat hier eine zentrale Funktion. Zumindest in seinem Plädoyer identifiziert er sich mit dem Täter und sucht alles Erdenkliche heranzuziehen, um seine Tat zu rechtfertigen. Da er oft die einzige Person ist, mit welcher der Täter über die Tat sprechen kann, trägt er ungewollt dazu bei, eine Reflexion der Taten durch den Täter zu verhindern. Vom Gesichtspunkt der Rechtssprechung her ist es notwendig, dem Täter die Gelegenheit zur Verteidigung zu gewähren, um eine ungerechte Verurteilung zu verhindern. Vom Gesichtspunkt der Resozialisierung dagegen verunmöglicht das Bestreben des Verteidigers, die Taten mit allen verfügbaren Mitteln zu rechtfertigen, oft die Verarbeitung, vor allem auch, wenn durch das Weiterziehen des Prozesses über viele Jahre kein abschließendes Urteil vorliegt und damit der Rechtfertigungsprozeß nie zu einem Ende kommt.

Wer Straftaten begeht, stellt sich unter rechtsstaatlichen Verhältnissen in einen Gegensatz zur Gesellschaft. Er polarisiert damit sein Beziehungsumfeld in jene, die sein Tun verteidigen, und jene, die ihn verurteilen. Seine Bezugspersonen, insbesondere die nahen Angehörigen, geraten in ein Dilemma, indem sie vom Täter oft konfrontiert werden mit der Forderung »wer nicht für mich ist, ist gegen mich«. Wenn der Täter die Tat bestreitet oder ihr eine andere Bedeutung beimißt als das Gericht, stehen die Angehörigen in der schwierigen Situation, entweder den Täter mit der gerichtlichen Version seiner Tat zu konfrontieren und damit sein Vertrauen zu verlieren, oder sich aus oft blinder Solidarität mit ihm zu identifizieren und sich damit in Gegensatz zur Gesellschaft zu stellen und damit auch eine eigene kritische Reflexion zu verhindern. So spaltet der Täter in der Regel auch seinen gesamten Bekanntenkreis. Viele ziehen sich verunsichert zurück und möchten nicht zu einer Stellungnahme herausgefordert werden. Das verstärkt beim Täter und seinen Mitstreitern das Bedürfnis, sich zu rechtfertigen, mit der Folge, sozial ausgegliedert zu werden, was weit weniger eintreten würde, wenn er zu seiner Tat stehen oder diese gar bereuen würde.

Fallbeispiel 6
Wie schwierig die Selbstrechtfertigung von Rechtsbrechern für die Angehörigen, aber auch für den Therapeuten sein kann, habe ich in folgendem Beispiel erlebt:

Karl war mehrmals wegen sexuellen Mißbrauchs von Frauen, die sich ihm beruflich anvertraut hatten, gerichtlich verurteilt worden. Wegen Wiederholung der Straftaten war er erneut zu einer längeren Freiheitsstrafe verurteilt worden. Seine Ehefrau war darüber verzweifelt und verfiel in eine mittelschwere Depression. Sie wurde mir von ihren Angehörigen zugewiesen. Die Angehörigen waren der Meinung, sie sollte sich von Karl scheiden lassen. Sie befand sich in einer sehr schwierigen Lage. Sie mußte die schulpflichtigen Kinder erziehen, gleichzeitig ihr prekäre finanzielle Situation managen. Sie glaubte den Unschuldsbeteuerungen des Mannes und war überzeugt, er sei das Opfer von Verleumdungen. Nebenbei deutete sie an, sie würde zusammenbrechen, wenn sie diese Überzeugung nicht aufrechterhalten könnte. Meines Erachtens stand sie in einem Abhängigkeitsverhältnis zu Karl, der bisher auch alle Finanzfragen geregelt hatte. Ihre Sorge war, sie könnte in der Abwesenheit des Mannes allzu selbständig werden und ihn damit funktionslos machen. Sie wollte keine eigene Lebensperspektive entwerfen und alles vermeiden, was sich trennend zwischen Karl und sie einschieben könnte. Nach Therapiestunden, die sich über mehrere Jahre erstreckten, trat scheinbar ein Wandel ein, indem die Frau sich häufiger mit dem Gedanken der Trennung und einem Leben ohne ihren Mann zu befassen begann. Erstmals spürte sie eine Wut auf den Mann, der ihr das alles zum wiederholten Male eingebrockt hatte. Die Kinder standen jedoch bedingungslos zum Vater, so daß sie Gefahr lief, sich bei einer Trennung auch von den Kindern zu entfremden. So verfiel sie erneut in ihre frühere Vogel-Strauß-Politik. Sie wollte gar nicht wissen, was Karl wirklich getan hatte, sondern ohne jede Skepsis die Interpretation des Mannes akzeptieren. Sie sagte: »Ich kann und will nicht glauben, daß er etwas Schlechtes getan hat, ich kenne ihn, so etwas könnte er nie tun.« Ich sah meine Aufgabe darin, sie bei der Strukturierung und Bewältigung ihrer Alltagsprobleme zu unterstützen. Als es dann aber danach aussah, daß der Mann wegen guter Führung früher als vorgesehen aus dem Gefängnis entlassen werde, schien es mir wichtig, mit der Patientin die voraussichtlich schwierige Zeit nach der Gefängnisentlassung vorzubereiten. Bisher hatte ich mich von einer Stellungnahme zu den Straftaten des Mannes zurückgehalten. Jetzt wurde es für mich immer schwieriger, die Verleugnung des Tatbestandes mitzumachen. Sollte ich weiterhin die Verleugnung jeglichen strafbaren Verhaltens stillschweigend hinnehmen, auf die Gefahr hin, daß es bei mangelnder Bearbeitung des Vorgefallenen erneut zu Rückfällen führen könnte? Als ich der Patientin mein Mißbehagen mitteilte, entschied sie, die nun über fast 4 Jahre sich hinziehende Therapie zu beenden. Sie war mir dankbar für die Unterstützung, die sie von mir in der schwierigen Anfangszeit erhalten hatte. Jetzt, wo es ihr besser ging, hatte ich versucht sie zu ermutigen, sich mit dem Mann und ihrer Beziehung auseinanderzusetzen in der Hoffnung, damit eine Klärung ihrer eigenen Meinung zu fördern. Das lehnte sie aber eindeutig ab. Vielleicht hatte sie zu Recht herausgespürt, daß eine bewußtere Auseinandersetzung mit den Straftaten des Mannes ihre Ehe in eine Krise geführt hätte, die zu bearbeiten mit Karl nicht möglich gewesen wäre. Sie hatte sich entschieden, vorbehaltlos zu ihm zu stehen, was ich respektierte. Der Mann hatte damit erreicht, daß seine Haltung von der Familie nicht in Frage gestellt wurde.

Häufig lernt der Täter im Gefängnis andere Menschen kennen, die in einer ähnlichen Verfassung sind. Nicht selten bildet sich im Gefängnis ein manchmal unausgesprochenes Einvernehmen, sich als ungerecht Bestrafter mit anderen Leidensgenossen zusammenzuschließen. Nicht selten bilden sich im Gefängnis Gruppen, die neue Taten planen, mit welchen sie sich gemeinsam an der Gesellschaft rächen wollen. Das Gericht, in der Absicht, den Täter zum Guten zu führen, droht so, neues Böses zu veranlassen. Es besteht die Gefahr, daß der Betroffene sich im kriminellen Milieu seine neue Nische bildet, während er aus der bisherigen familiären und sozialen Nische ausgegliedert wird. Wut, Kränkung und Unfähigkeit, sich mit den begangenen Taten zu befassen, sind der beste Boden, um sich mit Gleichbetroffenen zusammenzuschließen. Die Strafvollzugsbehörden sehen dieses Problem klar und versuchen heute, durch differenzierte Anwendung von Strafen sowie durch Resozialisierungsprogramme, bei denen es um die bewußte Auseinandersetzung mit der Tat geht, derartige Entwicklungen zu vermeiden.

Wie böses Tun unter der Rechtfertigung des sozialen Umfelds aufblühen kann, läßt sich veranschaulichen anhand der Terroristen und Terroristinnen der RAF (Rote Armee-Fraktion) der deutschen siebziger Jahre. Die Hauptakteure waren Andreas Baader, Gudrun Ensslin und Ulrike Meinhof. Wie konnten diese zwei wohlerzogenen Frauen in eine solche gewalttätige Lebensbahn geraten? Beide Frauen waren streng protestantisch aufgewachsen, hatten einen Pfarrer zum Vater bzw. Großvater, wurden erzogen mit Kirchgang, Bibellektüre und Tischgebet. Ihre frühen Begriffe von politischem Ethos stammten von ihren Vätern, die beide Kritiker der Nazis gewesen waren. Lehrer und Jugendfreunde bescheinigten ihnen Begabung, Redlichkeit sowie soziales und kirchliches Engagement. Zu Beginn ihrer Politisierung war Ulrike Meinhof eine christliche Pazifistin. Ihre terroristische Lebenswende blieb deshalb lange Zeit ein Rätsel. Sie wurde begünstigt durch die Einstellung weiter gesellschaftlicher Kreise, die damals die terroristische Tätigkeit wohlwollend verharmlosten. Reemtsma nimmt in seinem Buch »Rudi Dutschke, Andreas Baader und die RAF« eine scharfe Gegenposition ein. Er verweist darauf, wie immer wieder unterschieden werde zwischen den gut gemeinten Zielsetzungen und den gewalttätigen Mitteln. Die Mitglieder der RAF seien – so die Argumente – Weltverbesserer gewesen, die in der Verzweiflung über die repressiven Mittel des Staates schließlich zu blutigen Mitteln gegriffen hätten. Die drei prominenten RAF-Mitglieder galten als irregeleitete Idealisten. Reemtsma hält die Vorstellung für unzulässig, es sei auf diesem Weg etwas Gutes in etwas Böses umgeschlagen. Es werde dabei übersehen, daß Andreas Baader nach neueren Analysen eine Lust an Gewalt, Waffen und schnellen Autos hatte. Dabei waren ganz andere Motive als die idealistisch-revolutionären mit im Spiele. Da war die Hörigkeit der beiden Frauen Baader gegenüber. Baader war der Anstifter und faszinierte die beiden Frauen als Waffennarr. Viel wichtiger war aber das Sympathisieren weiter Teile der Bevölkerung und speziell der Medien mit den Terroristen. Damals war die Meinung unter Intellektuellen weit verbreitet, es bestehe eine Kontinuität der jetzigen Staatsmacht mit der Nazivergangenheit, was in Deutschland die längst fällige Revolution notwendig mache. Es kam zu einer zunehmend realitätsfernen Radikalität der RAF mit der unerbittlichen Logik, wonach man für das als richtig Erkannte jedes Mittel einsetzen dürfe und sogar müsse. Reemtsma wehrt sich gegen die Verharmlosung, der RAF hätten Menschen angehört, die die Unterdrückung und Ungerechtigkeit dieser Welt nicht mehr ertragen hätten. Nicht die Erfahrung von Ohnmacht, sondern das berauschende Erlebnis von Macht war die treibende Kraft. Nicht die feindliche Gesellschaft habe sie in die Isolation getrieben, sondern die Mitglieder der Gruppe hätten sich durch ihre Gewalt selbst erst zu Outlaws gemacht. Die RAF-Terroristen hatten in der sympathisierenden Koketterie der Umwelt die Rechtfertigung ihrer Brutalität gefunden. In heutigen, auch in linksorientierten Publikationen, wird es nun ganz anders dargestellt. Da (zit. aus NZZ vom 24. 2. 2005) wird die RAF als fanatisierte

Mörderbande mit niedrigen Instinkten bezeichnet, als psychopathisch, ohne jegliche Legitimität.

9.4 Die Disposition zu Kriminalität durch Persönlichkeitsstörungen

Die Entstehung einer Neigung zu kriminellem Handeln ist ein komplexer Prozeß mit vielen Ursachen und Ausformungen. Ich möchte in diesem Buch vor allem die Beziehungsumstände, unter denen es zu bösem Handeln kommen kann, beleuchten und nicht so sehr die psychiatrischen Voraussetzungen zur Kriminalität. Kriminalität und besonders Gewalttätigkeit erfüllt oft nicht das Kriterium des Bösen, weil es den Tätern gar nicht darum geht, geplant und gezielt anderen Leiden und Unrecht zuzufügen. Sie geraten beispielsweise aus mangelnder Impulskontrolle in einen Wutanfall mit Gewalttätigkeit oder sie sind aus anderen psychischen Defiziten heraus nicht in der Lage, das Unrecht einer begangenen Tat einzusehen oder gemäß dieser Einsicht zu handeln. Dennoch müssen die psychiatrischen Umstände, die bei kriminellen Tatbeständen beteiligt sein können, kurz erwähnt werden. Die ICD-10-Diagnose, die am ehesten mit Kriminalität und Gewalttätigkeit in Zusammenhang gesehen wird, ist die Diagnose F 60.2. Dissoziale Persönlichkeitsstörung.

Die Betroffenen werden in der internationalen Klassifikation psychischer Störungen ICD-10 mit folgenden Eigenschaften beschrieben:

- herzloses Unbeteiligtsein gegenüber den Gefühlen anderer
- verantwortungslose Haltung und Mißachtung sozialer Normen, Regeln und Verpflichtungen
- Unfähigkeit zur Aufrechterhaltung dauerhafter Beziehungen
- sehr geringe Frustrationstoleranz, niedrige Schwelle für aggressives, einschließlich gewalttätiges Verhalten
- fehlendes Schuldbewußtsein und Unfähigkeit, aus negativer Erfahrung oder Bestrafungen zu lernen
- Neigung, für das eigene Fehlverhalten andere zu beschuldigen oder dafür plausible Rationalisierungen anzubieten

Nun ist es aber schwierig zu beurteilen, was an diesem Persönlichkeitsprofil angeboren ist und was sich erziehungsbedingt oder in eigendynamischer Weise entwickelt hat aus mißlichen Lebensbedingungen, die zu Straftaten führten, welche Bestrafung nach sich zogen und damit die mißlichen Lebensbedingungen verstärkten.

Beispielsweise wird in manchen Fällen schon als Kleinkind ein ADS (Aufmerksamkeits-Defizit-Syndrom) vorgelegen haben. Dieses ist zumindest teilweise biologisch begründet und kann in Zusammenhang stehen mit frühkindlichen Hirnschädigungen. Es macht sich in der Regel erst in der Schule voll bemerkbar, wo die Kinder schlechte Leistungen aufweisen wegen fehlender Konzentration, hoher Ablenkbarkeit, mangelnder Ausdauer, Unfähigkeit, die Hausaufgaben alleine zu erledigen, und erhöhter Ermüdbarkeit. Oder sie sind im Klassenverband schwer zu ertragen wegen erhöhter Impulsivität und Neigung zu unkontrollierten Wutausbrüchen. Aus diesen Grundstörungen entwickelt sich nun leicht eine soziale Abwärtsspirale. Das Kind fällt in der Klasse vor allem negativ auf und wird vom Lehrer, oft aber auch von den Eltern dauernd kritisiert und getadelt. Es wird ihm mangelnde Motivation vorgeworfen. Die andauernden Mißerfolgserlebnisse führen zu Minderwertigkeitsgefühlen, Verzagtheit, Ressentiments, Wut und Haß auf den Lehrer und die Mitschüler, Ausschluß aus der Klasse und schließlich Gewaltbereitschaft. Viele dieser Kinder geraten in der Adoleszenz in Drogenkonsum und Kleinkriminalität. Wenn es dann auf Grund dieser Vorgeschichte zu eigentlicher Kriminalität oder Gewaltbereitschaft kommt, ist es verständlich, daß diese Menschen die Neigung aufweisen, andere für ihr Fehlverhalten zu beschuldigen, und daß sie wenig bereit sind, Schuldgefühle wegen ihrer Straftaten zu empfinden. Dazu kommt, daß auch im Erwachsenenalter oft eine mangelnde Impulskontrolle fortbesteht, so daß schon leichte Provokationen genügen, um sich zu Gewalttätigkeit hinreißen zu lassen. Viele der Betroffenen haben Mühe, eine Berufsausbildung zu absolvieren, und geraten auch dadurch ins Abseits. Dazu kommt, daß sie häufig ihre Kontakte im Drogenmilieu oder kriminellen Milieu finden, was ihre antisoziale Grundhaltung bestärkt. Die Diagnose der dissozialen Persönlichkeitsstörung ist also nicht auf einen Einzelfaktor zurückzuführen, sondern ergibt sich aus dem Zusammenspiel biologischer, persönlicher und sozialer Faktoren und Entwicklungen, deren Gewichtung in jedem Fall wieder anders sein kann. Ich werde im Folgenden nicht weiter auf die psychiatrischen Aspekte eingehen, sondern befasse mich mit der Beziehungssituation, in welcher auch sogenannte Gesunde in böses Tun geraten können.

9.5 Die Wende zu bösem Handeln unter der Legitimation einer verabsolutierten Ideologie

Unter den Rechtsbrechern und Kriminellen häufen sich asoziale Persönlichkeiten. Die Frage stellt sich aber, ob es Umweltbedingungen gibt, unter denen fast jeder Mensch zu bösen Taten verführbar ist. Welches sind die Bedingungen, unter welchen bisher unbescholtene Bürger in den Strudel böser Taten geraten? Die persönliche Ansprechbarkeit auf eine sich anbietende Gelegenheit wird oft durch die bereits erwähnten Verhaltensbereitschaften gelegt, durch Neid, Eifersucht, Hochmut, verletzten Stolz, aber auch durch fanatischen Nationalismus, Rassismus, Rachsucht und Haß. Diese negativen Gefühle lassen sich am besten im gesellschaftlichen Rahmen ausleben. Schon C.G. Jung war der Meinung, daß das Böse nicht um seiner selbst willen gewählt wird, sondern um eines womöglich illusionären guten Willens, etwa im Namen eines hohen Ideals. Knut Berner (2004) hat eine fundierte Studie über die Theorie des Bösen publiziert. Im wesentlichen folge ich seinen Gedanken. Er beschreibt, wie es die Bosheit des Bösen kennzeichnet, daß es sich mit dem Guten verknüpft und in der Verkleidung des Guten daherkommt. Die Vermischung von Gut und Böse sorgt dafür, daß sich das Böse nicht zu erkennen gibt und oft erst im nachhinein, nachdem es bereits zu spät ist, in seinem ganzen Ausmaß sichtbar wird. Zur Heimtücke des Bösen gehört, sich mit guten Ideen, Werthaltungen und Hoffnungen zu verknüpfen. Die schlimmsten Verbrechen werden nicht um des Bösen, sondern um des verabsolutierten Guten willen durchgeführt. Das Böse zeigt sich im Mantel der Moral. Oft ist es überhaupt nicht klar, was gegenwärtig und zukünftig zum Bösen gerechnet werden soll. Das Doppelgesicht des Bösen zeigt sich etwa in folgenden Sachverhalten: Wer von der einen politischen Seite als Terrorist bezeichnet wird, gilt für die anderen als Freiheitsheld und Märtyrer. Wer von den einen als Hure verachtet wird, gilt für die andere Seite als Person, welche die Heuchelei der gesellschaftlichen Sexualmoral entlarvt. Während die einen die Tötung von Behinderten als Akt der Gnade bezeichnen, sehen andere darin einen Mord. Wer von anderen Schlimmes erlitten hatte, glaubt sich im Dienste der ausgleichenden Gerechtigkeit zur Rache an Unschuldigen berechtigt oder gar verpflichtet.

Eine wichtige Schwelle zu bösem Tun wird überschritten, wenn infolge der Überidentifikation mit einer Ideologie die Meinung aufkommt, daß *der Zweck die Mittel heilige*. Sobald eine Regierung oder eine religiöse oder politische Bewegung glaubt, zur Verteidigung des Guten oder zum Kampf für die »Wahrheit« auf die Einhaltung der Menschenrechte und der rechtsstaatlichen Rahmenbedingungen verzichten zu dürfen, sind böse Taten vorprogrammiert. Dazu gehört die gegenwärtige Diskussion über die rechtliche Zulassung von Folter in Ausnahmefällen. Berner ist der Meinung, daß niemand böse für sich allein sei. Nicht die einzelne Tat und nicht das einzelne Individuum kann als böse bezeichnet werden. Das Böse ereignet sich vielmehr als Konstellation, als Geschehenszusammenhang mit destruktivem Gefälle.

Wichtige Bedingungen, unter welchen böse Handlungen im Kollektiv entstehen, sind folgende:

- *Überidentifikation mit einer verabsolutierten Ideologie:* Man identifiziert sich mit einer Ideologie des absolut Wahren und Guten, bzw. mit einem absoluten Machtanspruch für dessen Durchsetzung. Die ideologische Bewegung wird nicht hinterfragt oder kritisch betrachtet, weil das in einer Zeit, die bedingungslose Solidarität erfordert, als Schwächung ihrer Kampfkraft bezeichnet würde. Manche meinen, daß Gut und Böse sich absolut voneinander unterscheiden lassen. Man legitimiert den absoluten Machtanspruch mit der Gefahr, daß sonst das totale Chaos und der Untergang drohen. Man hat die Gewißheit, im Kampf gegen das Böse oder das Chaos einen über jedem demokratischen Recht stehenden Auftrag zu haben.

Ideologie rechtfertigt böses Handeln

- *Das Reich des Bösen oder die Gefahr des Chaos wird als übermächtig dargestellt:* Man dramatisiert die Gefahr und Macht des verabsolutierten Bösen und sieht in ihm die schwerste Bedrohung für das Gute. Dem Reich des Bösen werden exemplarische Untaten zugeschrieben, für die es bestraft werden muß. Nur unter Einsatz der letzten Mittel wird es gelingen, den Kampf gegen das Böse zu gewinnen und das Böse mit Stumpf und Stiel auszurotten. Daraus kann man sich einen Auftrag herleiten, die Welt retten zu müssen und von der Bevölkerung bedingungslose Akzeptanz zu fordern.

- *Die Individuen aus dem Reich des Bösen verdienen keine Behandlung nach den Richtlinien der Menschenrechte:* Sie werden einer minderwertigen, zur Ausrottung oder Vernichtung bestimmten Volksgruppe zugeteilt. Das Böse läßt sich um so besser inszenieren, je größer das Gefälle zwischen Täter und Opfer ist und je fremder das Opfer dem Täter ist. Wird das Opfer als Bestie, als Unmensch oder als Auswurf der menschlichen Gesellschaft betrachtet, entsteht der Glaube, eine gute Tat zu begehen, wenn man das Opfer ins Gefängnis bringt, es erniedrigt, quält oder gar tötet. Wird das Opfer als Unmensch qualifiziert, verschwinden alle mitmenschlichen Gefühle und jede Bereitschaft, sich in die Situation aus seiner Sicht einzufühlen. Es besteht eine Unfähigkeit, die dem anderen zugefügten Taten von dessen Gesichtspunkt aus zu sehen.

- *Das Streben nach Gruppenkonformität:* Sobald eine böse Tat durch andere Gruppenmitglieder inszeniert oder mitgetragen wird, schwinden die Hemmungen. Man glaubt, wenn andere mittun, sei das Tun legitimiert und man könne nicht dafür verantwortlich gemacht werden. Im Kollektiv können Menschen eine Brutalität entwickeln, die sie nicht einmal in der Phantasie zugelassen hätten. Die größte Angst dabei ist oft, man könnte wegen zögerlichem Mitmachen als Weichling taxiert und von der Gruppe ausgeschlossen oder verachtet werden. Man möchte mitmachen, um dazuzugehören, ja, sich womöglich als besonders mutiges und führendes Mitglied hervortun.

- *Rückendeckung durch Vorgesetzte und das ideologische System:* Böse Taten werden durch Vorgesetzte nicht nur geduldet, sondern auch belohnt. Entscheidend ist die Einbettung der Gruppe in ein hierarchisches System. Wenn man in einem politischen, weltanschaulichen oder religiösen Organismus aufgehoben ist, welcher das böse Tun als gerecht und notwendig legitimiert, begünstigt oder sogar anordnet, fühlt man sich aus der Verantwortung für sein Handeln entlassen. Menschen werden dazu verleitet, im trügerischen Bewußtsein des eigenen Gutseins kritiklos gegen das vermeintliche Böse zu kämpfen. Die Verantwortung wird in die Hände der Vorgesetzten gelegt, denen man sich zu bedingungslosem Gehorsam verpflichtet.

- *Die bösen Taten werden verharmlost:* Böse Handlungen, Verhaftungen, Unterdrückungen und Demoralisierung gelten als unumgängliche und probate Mittel zur Durchsetzung der »guten und wahren« Ideologie. Folterungen werden »in Ausnahmefällen« legitimiert. Die Folterungen werden so gestaltet, daß sie zu keinen physischen Schädigungen führen und somit keine faßbaren körperlichen Spuren hinterlassen. Dabei ist längst erwiesen, daß die psychischen Verletzungen, insbesondere die Demütigung und Erniedrigung des Opfers, die schwersten und nachhaltigsten Schäden erzeugen. Aus einer Überlegenheitshaltung wird das Asymmetrieverhältnis zum Opfer ausgekostet, die Machtausübung wird um der Degradierung des Opfers willen inszeniert. Zum Spaß wird mit Stil und Phantasie gequält. Der Akt der Erniedrigung bekommt eine das Weltbild positiv bestimmende Wirkung.

Fallbeispiel: Folterungen durch die US-Armee im irakischen Gefängnis Abu Ghraib 2003

Was im Gefängnis von Abu Ghraib in Zusammenhang mit dem Irakkrieg an Greueltaten und Folterungen passierte, ist insofern besonders erschütternd, als diese bösen Taten nicht unter dem Regime eines rücksichtslosen Tyrannen geschahen, sondern von Amerikanern ausgeübt wurden, die sich mit diesem Krieg den Auftrag erteilt hatten, den Irakern Freiheit, Demokratie und die Respektierung menschlicher Werte beizubringen. Das Beispiel eignet sich als Illustration dafür, wie sich die Lebenswende zu sadistischen, unmenschlichen Taten prozeßhaft bildet und das Böse aus der Überzeugung, das absolut Gute zu vertreten, auftreten kann. Der Ablauf war folgender:

Nach dem schweren Trauma der Zerstörung des World Trade Centers in New York vom 11. September 2001 fühlte sich das amerikanische Volk aufs schwerste gedemütigt und in seinem Gefühl der nationalen Sicherheit erschüttert. Es bestand ein Bedürfnis, durch dramatische Taten die erlittene Verletzung des nationalen Selbstgefühls wiedergutzumachen. Präsident G. W. Bush reaktivierte die von seinem verehrten Vorgänger Ronald Reagan aufgestellte These der Achse des Bösen, die nun zur Rechenschaft gezogen werden müsse. In Ermangelung des Zugriffs auf den wirklichen Feind, die Al-Kaida, entschloß er sich zu einem sachlich nicht begründeten Präventivkrieg gegen den Irak. Nachdem der Krieg beschlossen war, entstand eine Eigendynamik, welche das Geschehen immer weniger von jenem eines totalitären Regimes unterscheiden ließ. In dem Land, das sich als Inbegriff der Freiheit und moralischen Überlegenheit versteht, wurden kritische Auseinandersetzungen mit den Kriegsplänen moralisch disqualifiziert und die Pressefreiheit zur Wahrung der nationalen Geschlossenheit und der Solidarität mit den Soldaten eingeschränkt. Nach dem scheinbar leicht errungenen Sieg über die Iraker wurde die siegestrunkene Nation noch einmal tief gekränkt durch die unerwartete Feindseligkeit des irakischen Volkes gegen seine angeblichen Befreier und die hohe physische Verletzbarkeit der amerikanischen Soldaten durch die Guerillas, die sogenannten Terroristen. Die erlittenen Kränkungen der US-Armee und die dauernde Angst, selbst wie einige ihrer Kameraden Opfer von Terroranschlägen zu werden, hatten eine demoralisierende Wirkung auf die Soldaten, die verständlicherweise wenig motiviert waren, ihr Leben für dieses fragwürdige Unternehmen zu opfern. Aus dieser Situation der Angst heraus und im Bestreben, diesen Krieg so rasch wie möglich hinter sich zu bringen, schien den Soldaten »im Kampf für das Gute« jedes Mittel recht. Das war der Boden, auf dem dann die Folterungen und vergeltenden Demütigungen der im Gefängnis Abu Ghraib einsitzenden »Terroristen« wachsen konnten.

Die entwürdigenden Folterungen wurden keineswegs nur von einzelnen rangniedrigen Soldatinnen und Soldaten durchgeführt, sondern mit offizieller und vor allem inoffizieller Billigung der militärischen Vorgesetzten bis zum Oberbefehlshaber und Verteidigungsminister. Mit offizieller Duldung wurden die Menschenrechte verhöhnt und Folterungen zum probaten Mittel »in Ausnahmefällen« erklärt. Foltermethoden wie Entkleidung, Einschüchterung durch Wachhunde und Fesseln in schmerzhafter Stellung wurden offiziell zugelassen, wodurch dem Sadismus keine Schranken mehr gesetzt waren.

So wurden Häftlinge nackt ausgezogen, sie mußten am Boden herumkriechen, sie wurden an der Hundeleine herumgeführt oder mit Handschellen gefesselt und zusammengebunden. In dieser Position mußten sie aneinander sexuelle Akte vorspielen. Die irakischen Insassen des Gefängnisses waren den US-Soldaten fremd. Sie konnten nicht mit ihnen sprechen. In ihnen wurde das unfaßbare Böse, das die Katastrophe vom 11. September 2001 verursacht hatte, personifiziert. Es bestand der Glaube, daß alles, was man diesen Menschen antue, man im Dienste des Guten tue. Es wurde an den Gefangenen Rache für die nationale Kränkung genommen.

Wie die Fotos von den Folterungen und Erniedrigungen der Gefangenen zeigen, war die Gruppenmentalität der amerikanischen Folterer von größter Bedeutung. Es wurde gequält zum Spaß, wie auf einer Party, just for fun. Die Erniedrigung der Gefangenen, die nicht mehr als Menschen betrachtet wurden, wurde nicht als böse Tat qualifiziert. Man fühlte sich durch die militärischen Vorgesetzten und letztlich auch durch das Verteidigungsministerium im Tun bestätigt. Man glaubte, dafür nicht verantwortlich gemacht werden zu können, und fühlte sich sicher, daß eine psychische Erniedrigung ohne Brachialgewalt nicht geahndet werden könne.

Über diese Art von Folterungen lagen längst Berichte vor, die jedoch von den militärischen Vorgesetzten wie von der Weltöffentlichkeit kaum zur Kenntnis genommen wurden. Erst als die schrecklichen Fotos durch die Weltpresse gingen und auf der ganzen Welt einen schweren Schock auslösten, kam es zu offiziellen Stellungnahmen. Dabei wurde in typischer Weise das Geschehen als Verirrungen einer Handvoll Soldaten bagatellisiert, dem keine allgemeine Bedeutung zuzumessen sei. Es wurde alles unternommen, um die Vorgesetzten bis hin zum Präsidenten zu schützen. Es zeugt von der Kraft der amerikanischen Demokratie, daß der Tatbestand schließlich, wenn auch immer noch zögerlich, konsequent untersucht wurde.

Dieses Beispiel zeigt, wie bisher unbescholtene Menschen eine Wende zur Ausübung grauenerregender Taten nehmen können. Es waren bei ihnen zuvor keine sadistischen Neigungen bekannt, die meisten hatten sich keine strafbaren Handlungen zuschulden kommen lassen. Sie waren in eine Kette von Lebensumständen hineingeraten, die aus ihnen, den Vertretern der Welt des Guten, bestialische Täter werden ließ. Immerhin waren vom amerikanischen Justizminister drei Männer mit der Leitung der Gefängnisverwaltung betraut, die in den USA wegen Mißhandlungen und gar Todesfällen im Strafvollzug angeklagt worden waren. Es ist durchaus denkbar, daß sadistische Dispositionen beigetragen hatten, sich für eine derartige Aufgabe zur Verfügung zu stellen. Die im Gefängnis vorliegenden Umstände ermöglichten die Freisetzung sadistischer Impulse. Analoge Lebenswenden sind aus den KZ des Nationalsozialismus, dem sowjetischen Gulag oder von den Folterungen anderer totalitärer Regimes, wie auch der kirchlichen Inquisition bekannt.

Das Tragische ist, daß sich mit der Mißachtung der Menschenrechte die Verfolger des Bösen in kurzer Zeit nicht mehr von den von ihnen Verfolgten unterscheiden. Wie die sogenannten Terroristen glauben sie, für das höhere Ziel der Bewahrung des Guten sei jedes Mittel erlaubt, genauso wie diese sehen sie in ihren Gegnern nicht Menschen mit eigener Würde und mit Rechten, sondern den Ausbund des Bösen, der unbesehen bekämpft und vernichtet werden soll. Die eigene Legitimation zum Tun ist so unhinterfragt, daß es unnötig ist, sich mit den Beweggründen des Gegners auseinanderzusetzen. Der Zweck heiligt jedes Mittel.

9.6 »Wie aus ganz normalen Menschen Massenmörder werden«

Harald Welzer (2005) hat ein Buch geschrieben mit dem Titel »Täter. Wie aus ganz normalen Menschen Massenmörder werden«, in welchem er sich mit der Frage auseinandersetzt, welche Menschen unter welchen Lebensbedingungen zu den Massentötungen des Holocaust fähig waren und wie sie ihre Taten nachträglich verarbeitet haben. Er beschreibt, wie die Amerikaner nach Kriegsende

Naziverbrecher einer sehr umfassenden und sorgfältigen psychologischen Untersuchung unterzogen, mit der Frage, welcher Art ihre Persönlichkeit sei und welche Eigentümlichkeiten ihnen eigen seien. Es wurden ausgedehnte Testuntersuchungen durchgeführt, unter anderem mit projektiven Tests, von denen man annehmen konnte, daß sich in diesen auch die unbewußten seelischen Hintergründe einer Persönlichkeit ausdrücken. Erwartet wurden eine einzigartige Psychopathologie und ein typisches Täterprofil. Erstaunlicherweise ergaben sich keinerlei pathologische Befunde und keine Besonderheiten, insbesondere kein Sadismus oder andere Triebabweichungen. In der Blindauswertung fanden Fachleute, die nicht wußten, woher das Testmaterial stammte, keine Auffälligkeiten der Gruppe, manche glaubten, die Probanden wären am ehesten Psychologen.

Besonders eindrücklich ist die Beschreibung des Polizeibataillons 101, dessen fünfhundert Angehörige 38 000 Menschen töteten. Wie konnte das geschehen? Das Paradoxe ist, daß die Täter keine sadistischen Killer waren, die in einer Art Blutrausch sich ins Töten hineinsteigerten und dieses lustvoll erlebten. Der zuständige Major namens Trapp war eine schwache Führungsfigur. Unter Tränen orientierte er seine Truppe über die ihnen gestellte Aufgabe und bezeichnete sie als furchtbar. Er bot den älteren Polizisten die Möglichkeit an, sich freistellen zu lassen. Doch dieses menschliche Entgegenkommen hatte einen paradoxen Effekt. Alle verpflichteten sich, an der Massentötung mitzumachen, denn keiner wollte sich davon distanzieren, um damit die schlimme Arbeit seinen Kameraden aufzubürden. Da man in jedem Fall gezwungen war, dieser Einheit weiterhin anzugehören, hätte man sich bei einer Verweigerung von den Kameraden isoliert und wäre als Drückeberger und Feigling dagestanden. Die Einheit war gegen außen isoliert, so daß man sich am Verhalten seiner Kameraden orientierte und sich auf diese abstimmte. Da keiner sich dieser Aufgabe verweigerte, machte man eben mit, wie die anderen auch. Die gemeinsam begangenen Gewalttaten stellten enge Verbindungen zwischen den Tätern her.

Welzer beschreibt, wie generell die Gruppendynamik den Legitimationsrahmen ergab. Er ist überrascht, wie schnell Menschen ihre normativen Orientierungen verändern, in denen sie ja von Kind auf sozialisiert worden waren, wie sie ihre Überzeugungen und Identifikationen der Gruppe anpassen und ihre religiösen und weltanschaulichen Einstellungen verändern. Meist wurden die Täter zuerst gefragt, ob sie mitmachen würden. Sie hätten ihre Zusage verweigern können, allerdings mit ungewissen Folgen für ihre Karriere und für das Wohl ihrer Familien. Lebensbedrohliche Konsequenzen wurden ausdrücklich verneint, dennoch fügte man sich lieber der Gruppennorm. Die Betroffenen betrachteten ihr Handeln als von ihrer Person unabhängig, sie handelten als Angehörige ihrer Truppe, die einen Auftrag zu erfüllen hatte, als Auftragsempfänger und Rollenträger für diese historische Aufgabe.

Die Täter betonten immer wieder, daß ihnen die Erfüllung dieser Aufgabe zuwider war, daß es sich dabei um eine ihrer Menschlichkeit widerstrebende Aufgabe handelte. Sie waren überzeugt, daß sich ihre Charakterstärke gerade in der Selbstüberwindung zum Töten zeigte. Die Handlungen wurden als notwendig im Dienste für das eigene Volk gesehen. In rührseliger Selbstbemitleidung bezeichneten sie sich als gute, anständige und unbestechliche Kerle, die gewillt waren, alle Gefangenen gerecht und gleich zu behandeln. Ihre Vernichtungstätigkeit hielten sie für völkisch notwendig. Ein Zitat: »Verflucht nochmals, eine Generation muß dies halt durchstehen, damit es unsere Kinder besser haben« (S. 32). Die Tätigkeit wurde nicht nur als notwendig, sondern auch als sinnvoll erlebt, was eine gewisse Befriedigung vermittelte. Ohne moralische Rechtfertigung hätten sie diese Taten nicht vollzogen.

Der Nationalsozialismus hatte soziale Handlungsräume eröffnet, in denen plötzlich sozial gefordert wurde, was zuvor als verboten galt. Es ist erstaunlich, wie leicht solche Potentiale freizusetzen sind. Im isolierten Gruppenverband scheint der Mensch zu allem fähig zu sein. Welzer wehrt sich gegen die Annahme, daß Menschen eben so seien, daß sich bei ihnen nach Wegfall der zivilisatorischen Schranken das archaische Erbe Bahn breche, das im Rauben, Vergewaltigen und Totschlagen besteht. Diese Täter waren nicht eine Horde von Menschen, die sich in einen Blutrausch hineingesteigert hatten. Das Töten wurde nicht als lustvoll geschildert, sondern als eine

Kriegsarbeit anstelle der Industriearbeit, als eine Arbeit, die notwendig war und deshalb gewissenhaft verrichtet wurde.

Die Legitimation zum Töten geht aus der Posener Rede von Himmler (1943) hervor: »Ich will hier vor Ihnen in aller Offenheit auch ein ganz schweres Kapitel erwähnen. Unter uns soll es einmal ganz offen ausgesprochen sein, und trotzdem werden wir in der Öffentlichkeit nie darüber reden. ... Ich meine jetzt die Judenevakuierung, die Ausrottung des jüdischen Volkes. Es gehört zu den Dingen, die man leicht ausspricht. – ›Das jüdische Volk wird ausgerottet‹, sagt ein jeder Parteigenosse, ›ganz klar steht in unserem Programm, Ausschaltung der Juden, Ausrottung, machen wir.‹ ›Und dann kommen sie alle an, die braven 80 Millionen Deutschen, und jeder hat seinen anständigen Juden. Es ist ja klar, die anderen sind Schweine?‹ Aber der ist ein prima Jude. Und von allen, die so reden, hat keiner zugesehen, keiner hat es durchgestanden. Von Euch werden die meisten wissen, was es heißt, wenn hundert Leichen beisammen liegen, wenn fünfhundert daliegen oder wenn tausend daliegen. Dies durchgehalten zu haben und dabei – abgesehen von Ausnahmen menschlicher Schwächen – anständig geblieben zu sein, das hat uns hart gemacht. ... Wir hatten das moralische Recht, wir hatten die Pflicht gegenüber unserem Volk, dieses Volk, das uns umbringen wollte, umzubringen. ... Insgesamt aber können wir sagen, daß wir diese schwerste Aufgabe in Liebe zu unserm Volke erfüllt haben. Und wir haben keinen Schaden in unserem Inneren, in unserer Seele, in unserem Charakter daran genommen« (Welzer 2005, S. 266).

Und tatsächlich, die Täter empfanden auch später keine Reue; wenn sie nicht hingerichtet wurden, lebten sie weiter ihr braves Bürgerleben, ihr Familien- und Arbeitsleben. Bei einer Befragung dreißig Jahre nach Kriegsende zeigten sie eine unauffällige Lebensführung. Sie rechtfertigten ihr Tun mit Bemerkungen wie »es war damals eben Krieg«, »es war eben Befehl«, »es war grausam, aber wir mußten es tun«, »es hat sich damals so ergeben«.

Es wäre verfehlt, wenn man die Massenvernichtung dem deutschen Volk, dem Nationalsozialismus oder den besonderen damaligen Umständen isoliert zuschreiben würde. Nach dem Zweiten Weltkrieg gab es weitere Massenvernichtungen, so etwa in Vietnam, in

Ruanda, in Kambodscha oder in Jugoslawien. Die Mechanismen waren immer wieder ähnliche. Ein Volk, das von außen gesehen seinen Gegner bedrohte, fühlte sich von seinem Gegner in weit höherem Maße bedroht und glaubte sich deshalb legitimiert, alle Mittel zur »Selbstverteidigung« anzuwenden. Immer wieder war zwischen dem Gegner und dem eigenen Volk eine unklare Abgrenzung, so daß die Säuberung und Massenvernichtung klare Verhältnisse herstellen sollte. Immer wieder war das Töten von oben angeordnet worden, so daß die Ausführenden sich lediglich den an sie gegangenen Befehlen unterzogen. Eine Einsicht in das Unrecht dieser Taten wird kaum je gefunden. Es scheint, daß der Mensch im entsprechenden sozialen Rahmen zu allen Taten bereit ist, insbesondere auch zu Taten, die er sich früher nie hätte vorstellen können. Der Mensch ist in der Lage, im sozialen Verband und unter dem Einfluß einer emotionalisierten Ideologie einen Wandel all seiner Werthaltungen und bisherigen Überzeugungen zu vollziehen.

9.7 Ist jeder zu bösen Taten verführbar?

Das Leben vieler Menschen verläuft ohne dramatische Wendepunkte. Sie haben ihre festen Lebensgewohnheiten, ihre täglichen Sorgen und kleinen Aufregungen, sie bewegen sich in einer relativ stabilen Nische, haben ihre festen Beziehungen, ihren Freundeskreis, ihre Wertvorstellungen, Ansichten und Haltungen. Doch dann können unerwartete Ereignisse eintreten, die ein neues Leben in Aussicht stellen, das bisher gar nie bewußt als Alternative ins Auge gefaßt worden war. Es kann sein, daß sich die Lebensumstände plötzlich verändern und man eine Gelegenheit sieht, aus den bisherigen Verhältnissen auszubrechen. Eine tiefgreifende Veränderung der Lebensumstände erfordert in der Regel eine sorgfältige Planung. Diese ist bei überstürztem Umbruch oft nicht gegeben, so daß man von den Herausforderungen eines neuen Lebens überfordert wird.

Georges Simenon ist ein Meister in der Darstellung derartiger Situationen. Anhand dreier seiner Romane möchte ich darstellen, wie sich durch eine sich bietende Gelegenheit brave Bürger zu einem verhängnisvollen Tun verführen ließen, aus dem sie keinen konstruktiven Ausweg mehr finden konnten. In diesen drei Beispielen tritt das lebensverändernde Ereignis unerwartet ein. Der Protagonist nutzt die Gunst einer sich bietenden Stunde, sein Leben zu verändern. Er ist sich des Unrechts seiner Tat bewußt, hält die Gefahr, entdeckt zu werden aber für gering. Er glaubt, die Tat vor sich selbst und seinen Angehörigen rechtfertigen zu können. Zunächst sieht alles ganz einfach aus. Der Protagonist geht mit aller Vorsicht ans Werk, handelt umsichtig, ist bemüht, nicht aufzufallen. Er vermeidet jede Veränderung seines Verhaltens und seiner Lebensgewohnheiten. Aber die Nische spürt, daß etwas nicht stimmt. Das schlechte Gewissen des Protagonisten zieht den Verdacht auf sich. Er wagt den Schritt in ein neues Leben nicht zu vollenden, gerät jedoch zunehmend unter Verdacht und in Isolation. Wie in Simenons Romanen üblich, endet das Schicksal des Protagonisten in der schlechtesten aller Möglichkeiten.

Georges Simenon: Rückfahrt von Venedig
Wie ein braver Bürger durch eine unerwartete Gelegenheit zum Rechtsbrecher wurde:

Der 35jährige Justin Calmar ist mit seiner Frau und seinen zwei Kindern in Venedig in den Ferien. Er muß aus beruflichen Gründen vorzeitig nach Paris zurückfahren. Im Zug sitzt ihm gegenüber ein Mann, mit dem er ins Gespräch kommt. Dieser bittet ihn um einen Gefallen: Er überreicht ihm einen Schlüssel eines Schließfaches in Lausanne. Er bittet ihn, den darin befindlichen Koffer zu einer bestimmten Adresse in Lausanne zu bringen. Calmar willigt ein. Vor dem Simplontunnel verläßt dieser Mann das Coupé und kehrt nicht mehr zurück. Später erfährt Calmar, daß er mit zerschmettertem Kopf neben dem Bahngeleise aufgefunden worden war. Calmar bringt den Koffer an die gewünschte Adresse. Dort findet er eine tot auf dem Boden liegende Frau. Offensichtlich war sie ermordet worden. Calmar verzichtet auf eine Meldung bei der Polizei aus Angst, damit den Verdacht auf sich zu lenken. So fährt er mit dem ungeöffneten Koffer nach Paris. Zuhause angekommen öffnet er den Koffer und findet diesen angefüllt mit Banknoten im Wert von mehr als eineinhalb Millionen Franken. Wiederum verzichtet er auf die Meldung bei der Polizei

Ist jeder zu bösen Taten verführbar?

aus Angst, daß diese ihm die mysteriöse Geschichte nicht glauben würde. So beschließt er das Geld zu behalten. Doch was soll er mit dem Geld anfangen? Es zuhause aufzubewahren kommt nicht in Frage, da es im Hause keine abschließbaren Kästen gibt und die Putzfrau Einblick in alle Kästen und Schubladen nimmt. Calmar beruhigt sein Gewissen mit der Annahme, daß das Geld ohnehin auf kriminellem Weg beschafft worden ist und die Kriminellen auf das Geld nicht mehr Anspruch hätten als er selbst. Zudem: Wem sollte er das Geld zurückgeben? Ein neues Bankkonto für das Geld zu eröffnen, würde ihn aber verdächtig machen. Wenn er einen Tresor mietete, müßte er sich ausweisen. Schließlich entscheidet er sich dafür, den Koffer in einem Schließfach zu deponieren, alle fünf Tage in einem anderen Bahnhof. Er will das Geld vor seiner Frau verborgen halten, da sie sicher nicht einverstanden gewesen wäre, dieses zu behalten oder gar für ein luxuriöseres Leben auszugeben. Ebenso will er den Besitz des Geldes vor seinem besten Freund geheimhalten. Erst durch seine Verheimlichung und die damit verbundene Isolation von den nahen Bezugspersonen kommt es zur Lebenswende zum Schlechten. Es wird ihm bewußt, in welch hohem Ausmaß er der Gefangene seiner Familie ist. Er hat eigentlich kein Privatleben, all sein Tun und Lassen wird beobachtet und kontrolliert. Wenn er sich um fünf Minuten verspätet, muß er seiner Frau darüber Rechenschaft ablegen. Selbst um den Koffer auf einen anderen Bahnhof zu bringen, muß er im Geschäft eine Entschuldigung erfinden. Er hat nicht einmal das Recht, schlecht auszusehen, schlecht zu verdauen oder sich Sorgen zu machen, ohne darüber von seiner Frau oder seinem Freund ausgeforscht zu werden. Zunehmend hat er den Eindruck, sein ganzes Leben gründe auf Lügen. Früher war er als Lehrer kläglich gescheitert. Jetzt will er die Gelegenheit nutzen, um sich als reicher Mann an der Gesellschaft zu rächen. Bis zu seiner Rückkehr aus Venedig hatte er nie bemerkt, daß er der Gefangene seiner Routine ist und sich bisher kein Recht auf ein eigenes Leben herausgenommen hat. Wenn er sich jetzt mit dem Geld die geringsten Ausgaben leistet, etwa den Kauf einer neuen Krawatte oder ein kleines Geschenk für die Frau, löst das bei dieser Beunruhigung und Irritation hervor. Sie beobachtet ihn immer intensiver. Es fällt ihr auf, daß er vermehrt Alkohol konsumiert, daß er schlecht aussieht; schließlich kommt sie zur Überzeugung, er müsse krank sein. Sie fragt ihn mißtrauisch aus und ist mit seinen Erklärungen nie ganz zu beruhigen. Er wird immer deprimierter, sehnt sich nach der Ruhe früherer Zeiten zurück und hat immer mehr das Bedürfnis, ein Geständnis abzulegen. Eine seiner Sekretärinnen, die schon immer heimlich in ihn verliebt war, nutzt die Gelegenheit, ihm ihre Hilfe anzubieten, da sie spürt, daß er sich jemandem anvertrauen möchte. In seiner Isolation und Verzweiflung läßt er sich mit ihr ein. Er wird am Samstagnachmittag vom Chef überrascht, wie er mit ihr im Büro sexuelle Beziehungen hat. Es bleibt ihm nur noch der Verzweiflungssprung aus dem Fenster.

Das gewohnte Leben wird durch eine Veränderung der Lebensumstände in der Form eines besitzerlosen Geldkoffers grundlegend verändert. Das Böse liegt nicht in einer intendierten Tat, sondern lediglich in einer Unterlassung. Aber die Unterlassung, den Koffer der Polizei zu überbringen, verstrickt den Protagonisten in ein Lügengewebe, aus dem er keinen Ausweg mehr findet. Das scheinbare Glück, unverhofft zu so viel Geld gekommen zu sein, war ihm zum Verhängnis geworden, weil es ihm nicht gelungen war, sich eine Beziehungsnische zu schaffen, in der er sich gemäß seinen neuen finanziellen Möglichkeiten hätte entfalten können. Das äußere Ereignis hatte bei ihm die Vorstellung geweckt, sein Leben verändern zu müssen. Seine Beziehungsnische aber ließ diese Veränderungen nicht zu. Er hatte sein Schicksal herausgefordert und fand als Ausweg nur noch den Sprung in den Tod.

Georges Simenon: Der Mörder
Wie ein beliebter Hausarzt aus Rachegefühlen einen Mord begeht:
Dr. Kuperus ist Hausarzt in einer holländischen Kleinstadt, kinderlos verheiratet mit einer zehn Jahre jüngeren Frau, die er über alles verwöhnt und verehrt. Er führt ein spannungsloses, wohlgeordnetes Kleinbürgerleben. Seine Tage sind immer gleich strukturiert. Es gibt verschiedene Rituale, die regelmäßig absolviert werden. Dazu gehört auch der allwöchentliche eintägige Besuch in Amsterdam. Sein Leben verändert sich durch den Empfang eines anonymen Briefes von

Ist jeder zu bösen Taten verführbar? 267

einer Person, die ihn darauf hinweist, er gebe sich der öffentlichen Lächerlichkeit preis, weil seine Frau seine allwöchentliche Abwesenheit benutze, um mit ihrem Freund in dessen Bungalow zu nächtigen. Kuperus ist zutiefst erschüttert. Er sieht keinen anderen Ausweg, als die beiden zu erschießen und danach sich selbst zu richten. Er überrascht das Paar vor dem Bungalow und erschießt die beiden. Er trifft aber keine besonderen Maßnahmen, um die Spuren zu verwischen, sondern wirft die Leichen ins Wasser, ebenso seinen Revolver. Sich selbst tut er nichts an. Er fühlt sich in Sicherheit, weil es wegen der großen Kälte eine gewisse Zeit dauern wird, bis das Eis auftaut und die Tat entdeckt werden kann. Die Bewohner der Kleinstadt zeigen Kuperus große Anteilnahme für den schweren Schicksalsschlag des Verlusts seiner Frau. Er aber versucht nun seinerseits aus den einengenden Lebensumständen auszubrechen. Er zeigt sich von der Ermordung seiner Frau auffallend unberührt und leistet sich seinen Mitbürgern gegenüber ein kaltschnäuziges, grobes und provozierendes Verhalten, das man an ihm bis jetzt nicht kannte. Er macht in der Öffentlichkeit zynische Andeutungen, er könne den Mord ja selbst begangen haben. Zu Beginn wird das von der Bevölkerung mit nachsichtigem Kopfschütteln entgegengenommen und als Abwehr seines Trauerschmerzes interpretiert. Die Anteilnahme der Bevölkerung intensiviert sich. Der Polizeichef spricht ihm Mut zu. Doch wie das so weitergeht, verändert sich ganz allmählich, ohne zusätzliches Ereignis, das Verhalten der Leute. Sie ziehen sich immer mehr von ihm zurück und weichen ihm aus. Es melden sich immer weniger Patienten in seiner Sprechstunde. Es wird ihm geraten, sich für eine gewisse Zeit auf eine Reise zu begeben, um sich zu erholen. Dann wird er vom Untersuchungsrichter vorgeladen, der ihm erklärt, er stehe im Verdacht, der gesuchte Mörder zu sein. Aber die Indizien reichen nicht aus, um in einem Prozeß gegen einen scharfen Verteidiger durchzukommen. Er rate ihm deshalb, die Stadt für immer zu verlassen, da seine Anwesenheit unerwünscht geworden sei und in der Stadt eine unnötige Beunruhigung hervorrufe. Kuperus fühlt sich gedemütigt und ohnmächtig, entscheidet sich aber trotzig, in seinen alten Verhältnissen zu bleiben. Er gerät zunehmend in Isolation. Es wird ihm kein Prozeß gemacht, er wird nicht für schuldig befunden, aber er fühlt sich dadurch um den ihm zustehenden Strafprozeß betrogen. Er hätte diese Gelegenheit gerne genutzt, um seinen Mitbürgern die Meinung zu sagen, sie auf ihre Heuchelei hinzuweisen und ihnen mal alles ins Gesicht zu schleudern, was er von ihnen denkt. In den spießigen, kleinbürgerlichen Verhältnissen langweilt er sich zu Tode. Ohne sein Wissen hatte seine Frau sich als erste Freiheiten genommen, die er sich damals nicht zugestanden hätte. Jetzt fühlt er sich zur Rache wegen ihrer Untreue berechtigt und beansprucht seine eigenen Freiheiten. Aber der Befreiungsschlag ist ihm mißlungen. Er gilt in der Stadt immer mehr als geistesgestört. Er klammert sich an sein Haus, seine Straße, an alle Dinge, die ihn umgeben. Er zieht sich völlig auf sich zurück. Täglich macht er, zeitlich bis auf die Minute genau, immer denselben Rundgang. Der einzige Mensch, mit dem er Kontakt pflegt, ist die Hausangestellte Neel. Es kommt heraus, daß sie mit dem anonymen Brief ihn auf die Untreue seiner Frau aufmerksam gemacht hatte, aus Wut auf seine Frau, von der sie sich schlecht behandelt fühlte. Er verlangt von ihr, die Kleider seiner Frau zu tragen und diese auf ihre Größe abändern zu lassen. Ebenso erreicht er, daß sie die Frisur seiner Frau übernimmt und die begonnene Handarbeit seiner Frau fortsetzt. Immer mehr nimmt Neel das Gehabe der Frau Doktor an. Sie ist jetzt fest auf ihrem Posten, aber sie ist nicht mehr sie selbst.

Kuperus, ein angesehener Hausarzt in einer holländischen Kleinstadt, war durch den anonymen Hinweis auf die heimliche Untreue seiner Frau in den Grundfesten seiner Existenz erschüttert. Er nahm die Gelegenheit wahr, seine Frau und ihren Liebhaber umzubringen, in der Gewißheit, daß man ihn nicht werde des Mordes überführen können. Wenn sie sich schon als erste diese Freiheiten einer Außenbeziehung genommen hatte, so wollte er nun ebenfalls aus den einengenden Verhältnissen ausbrechen. Doch die ursprünglichen Pläne gab er bald wieder auf. Seine Rebellion zeigte sich vielmehr darin, daß er die ihm wohlgesinnte Bevölkerung mit provozierenden Hinweisen auf seine Täterschaft irritierte. Die unangenehm berührten Leute begannen sich von ihm zurückzuziehen und seine Praxis zu meiden. Kuperus hatte nicht die Kraft, aus den Strukturen seiner

Nische auszubrechen, doch zur Sühne seiner Tat konstellierte er eine öffentliche Dynamik, die sein Leben zerstörte. Am Ende wäre es ihm lieber gewesen, es wäre zu einem Gerichtsprozeß gekommen.

Georges Simenon: Der Neger
Wie ein kleiner Bahnwärter eine einmalige Gelegenheit wahrnehmen wollte, Geld zu erpressen, davon aber überfordert war:

Theo ist ein kleiner Eisenbahnschrankenwärter, er sieht sich allerdings als Bahnhofvorsteher. Er fühlt sich von allen Seiten mißachtet und gedemütigt. Immer wieder kommt ihm der Satz hoch: »Eines Tages werde ich es ihnen zeigen.« Er lebt allein, ist verwitwet und verkehrt im nahegelegenen »Restaurant de la Gare«. Dann tritt ein unerwartetes Ereignis ein: ein Schwarzafrikaner liegt mit zertrümmertem und zur Unkenntlichkeit entstelltem Gesicht neben der Eisenbahnbrücke in der Nähe. Es wird angenommen, er sei aus dem Zug gefallen. Niemand kannte ihn, niemand wußte, wie er in diese Gegend gekommen war. Theo als einziger hatte ihn aber kurz zuvor in der Gegend herumgehen sehen. Es war finstere Nacht. Er konnte annehmen, daß niemand sonst ihn gesehen hatte. Das gab seinem Leben eine entscheidende Wende. Offensichtlich sollte als Unfall vorgetäuscht werden, daß der Mann zum Zug hinausgefallen sei. Er war aber – so Theos Folgerung – anderswo getötet und nachträglich dort hingelegt worden. Allmählich klärten sich für Theo die weiteren Zusammenhänge auf: Ein reicher, ortsansässiger Unternehmer, Justin Cadieu, hatte früher in Afrika gelebt und war mit einer Schwarzafrikanerin verheiratet gewesen, die an Schlafkrankheit gestorben war. Sie hatten einen gemeinsamen Sohn mit Namen Cadieu, der von seinem Vater nie mehr gesehen worden war. Er hatte ihn kürzlich zu sich nach Frankreich bestellt, wahrscheinlich um die Erbschaft mit ihm zu regeln. Aber Justin Cadieu war kurz vor Eintreffen dieses Sohnes gestorben. Er hatte noch zwei weitere Söhne, der eine, François, führte ein Hotel-Restaurant in der Nähe, der zweite, Nicolas, war Bauunternehmer. Theo war überzeugt, daß Nicolas den Schwarzafrikaner getötet hatte, um dessen Erbantritt zu verhindern. Da Theo der einzige war, der den Schwarzafrikaner beobachtet hatte, erkannte er die einmalige Chance, Nicolas zu erpressen. Er blühte auf in der Vorstellung, erstmals im Leben die Gelegenheit zu etwas wirklich Bedeutendem zu haben. Gemäß seinem Leitsatz »Eines Tages werde ich es ihnen zeigen« schwelgte er in der Vorstellung, wie er Nicolas um zehn Millionen Francs erpressen werde und welch schönes Leben er sich damit werde leisten können. Zudem wollte er mit Nicolas eine alte Rechnung begleichen, weil dieser sich an seiner Tochter vergriffen hatte.

Theo forderte Nicolas zu einer Unterredung auf. Dieser gab ihm einen Termin für den anderen Tag. Nicolas war ein gewalttätiger, cholerischer Mann. Theo mußte sich Mut antrinken, um sich ihm zu stellen. Schwer betrunken suchte er dessen Haus auf. Dort erfuhr er allerdings, daß Nicolas mit unbekanntem Ziel verreist sei. Daraufhin betrank Theo sich so schwer, daß er das Bewußtsein verlor.

Inzwischen hatte die Polizei selbst die Zusammenhänge der Tat aufgeklärt: Der Schwarzafrikaner hatte sich im Hotel von François unter dem Namen Cadieu gemeldet. François hatte geahnt, worum es sich handeln könnte, und informierte Nicolas, der den afrikanischen Halbbruder erschlug. Nachdem die Polizei alles aufgeklärt hatte, konnte Theo sein nutzlos gewordenes Geheimnis für sich behalten. Er hatte in der ganzen Angelegenheit lediglich dazu beigetragen, Nicolas vorzeitig zur Flucht zu veranlassen. Theo blieb der kleine Schrankenwärter. »Ich werde es ihnen zeigen« hatte nicht stattgefunden.

In diesem Beispiel hatte Theo, ein kleiner Eisenbahnschrankenwärter, versucht, eine einmalige Gelegenheit, aus seiner Bedeutungslosigkeit hinauszutreten, mit perfiden Mitteln auszunutzen. Er glaubte, mit einer Erpressung zum großen Geld zu kommen. Doch die sicher scheinende Gelegenheit wurde letztlich von ihm selbst zum Scheitern gebracht. Der in Aussicht stehende finanzielle Gewinn und die Erhöhung seines gesellschaftlichen Prestiges waren letztlich eine Nummer zu groß für ihn. Er hatte allerdings selbst die Umstände so konstelliert, daß es nicht zur kriminellen Tat kommen konnte und alles beim alten blieb.

Die Romane von Simenon zeigen besonders schön, *wie in jedem Menschen unbewußte Entwicklungsbereitschaften zum Bösen bereit-*

liegen, *die in der Ordnung des Alltagslebens keine Gelegenheit zur Entfaltung finden.* Es können nun aber lebensverändernde Ereignisse auftreten, die die Versuchung zu einer unerwarteten Lebenswende anbieten. Frustrationen durch vorangegangene Kränkungen und Zurückstellungen können eine besondere Ansprechbarkeit für die Versuchung zu einer verhängnisvollen Entwicklung bereitstellen. Bisher standen die Betroffenen in einer festen sozialen Ordnung, in welcher diese Versuchungen mangels passender Gelegenheiten nicht aufkommen konnten. Das Begehen einer Straftat konnte nicht einmal in der Phantasie auftreten und wäre sogleich durch schlechtes Gewissen oder die Angst vor den Konsequenzen unterdrückt worden. Durch eine unerwartete Gelegenheit wird eine Entwicklungsmöglichkeit freigesetzt, für die bisher in der Nische keine Möglichkeit bestand. Jetzt bietet sich zwar die Gelegenheit, aber die Nische macht nicht mit. Es lassen sich keine dazu passenden Lebensumstände schaffen. Was über Jahre oder Jahrzehnte brachgelegen hat, blüht jetzt auf, wo sich die dazu passenden Lebensumstände anzubieten scheinen. Aus schlechtem Gewissen und aus Angst vor den neuen Freiheiten bringen die Täter selbst alles zum Scheitern. Damit ist das eigene Leben zerstört, die alte soziale Ordnung aber wiederhergestellt. Vielleicht spürt jeder Mensch gelegentlich in sich die Sehnsucht, aus den gewohnten Verhältnissen auszubrechen, um dann, wenn sich die konkrete Chance dazu anbietet, doch in den alten Verhältnissen zu verharren. Eine Lebenswende läßt sich meist nicht plötzlich und unvorbereitet bei einer sich gerade bietenden Gelegenheit vollziehen. *Sie ist verankert in komplexen Lebenszusammenhängen, über die die Person nicht allein bestimmen kann.*

In allen drei Büchern Simenons zeigte sich, daß ohne eine die Tat rechtfertigende Bezugsgruppe der Vollzug des Plans zur großen Wende nicht gelingen kann. Die Täter hatten ein tiefes Bedürfnis, die Tat zu rechtfertigen, aber es fehlte an einer Person, an die sie ihre Rechtfertigung richten konnten und von der sie die dringend benötigte Unterstützung bekommen hätten.

9.8 Das alltäglich Böse

Siedelt man das Böse bei Tyrannen, Folterknechten und Kriminellen an, so ist es leicht, sich auf der Seite der Guten zu fühlen, ohne sich mit dem eigenen Bösen auseinanderzusetzen. Aber es gibt das alltäglich Böse. Es findet sich vor allem in enttäuschten Liebesbeziehungen, die modellgebend für andere Beziehungen stehen. Je mehr in einer Liebesbeziehung der Partner idealisiert wurde, desto größer ist die Gefahr, daß die Liebe umschlägt in Haß und destruktive Aggressivität. Man will sich am Partner rächen für das, was er einem angetan hat. In der Phase des Verliebtseins hat man sich persönlich kennengelernt. Der Geliebte hat einem seine Schwächen und verletzbaren Seiten offenbart. Er hat einem Persönlichkeitsseiten gezeigt, die er bisher vor allen Menschen hinter einem Panzer verborgen hatte. Man nährte die Hoffnung, ihm helfen zu können und ihm den Glauben an die wahre Liebe zu schenken. Nun fühlt man sich von ihm betrogen, ausgebeutet, ja, sogar lächerlich gemacht.

Zu den typischen Lieblosigkeiten der Männer gehört die Verweigerung des Gesprächs, das Anschweigen. Frauen stoßen damit in ihrer Frustration ins Leere, sie fühlen sich nicht ernst genommen und als Person nicht respektiert. Die Männer ihrerseits interpretieren ihr Schweigen als notwendigen Schutz, um von den Frauen nicht vereinnahmt zu werden. Sie glauben, wenn sie faßbar würden, würden sie zerstörbar. Solange sie nichts preisgeben, können sie auch nicht darauf festgelegt werden. Zu den typischen Lieblosigkeiten der Frauen gehört, den Mann mit ihrem emotionalen Überschwang in die Enge zu treiben und seine persönliche Freiheit und seinen Eigenraum nicht zu respektieren. Für beide Seiten sind typische Lieblosigkeiten die gegenseitigen Entwertungen, die raffiniert getarnt daherkommen können. Man kann den anderen entwerten, indem man es ja scheinbar nur gut mit ihm meint und ihm helfen will, indem man ihn psychologisch interpretiert als früh gestörte Persönlichkeit, indem man ihm psychische Störungen nachzuweisen versucht, aber auch indem man ihm nicht richtig zuhört, vergißt, was er einem mitgeteilt hat, ihm keine Aufmerksamkeit entgegenbringt, ihn in der Gesellschaft bloßstellt und lächerlich macht. Man kann den Ärger des Partners hervorrufen mit schlechten Gewohnheiten, etwa das schmutzige Geschirr im Kasten versorgen, überall Zeitungen herumliegen lassen, Abmachungen vergessen, beim Weggehen vergessen, das Fenster zu schließen, tagsüber im Nachthemd in der Wohnung herumzuschlurfen, in der Nase zu bohren usw. Partner, die lange zusammenleben, wissen genau, mit welchen kleinen Boshaftigkeiten und Nachlässigkeiten sie den anderen ärgern können.

So, wie der Mann mit der Gesprächsverweigerung der Frau zuzusetzen vermag, kann die Frau es mit der Verweigerung sexueller Beziehungen ihm zurückbezahlen. Sie beteuert, zu sexuellen Beziehungen könne sie nur bereit sein, wenn der Mann die dazu notwendige romantische Atmosphäre erzeuge, mit ihr schön ausgehe, ein gutes Gespräch mit ihr führe, ihr Zärtlichkeiten erweise, ohne gleich ans Sexuelle zu denken. Lieblosigkeit kann sich auch in der Verweigerung zeigen, einen Seitensprung zu verzeihen und diesen dem Treulosen jahrelang bei jeder Gelegenheit neu unter die Nase zu halten.

Lieblosigkeiten geschehen kaum je einseitig. Sie eskalieren in der Wechselbeziehung und werden beidseitig verstärkt. Dabei kann es auch zu Tätlichkeiten kommen, die meist von den Männern ausgehen, häufig keineswegs als Zeichen ihrer Überlegenheit oder als Machtausübung, sondern vielmehr aus Ohnmacht und Hilflosigkeit. Physische Gewalt kann jedoch angezeigt werden und wird von Gesetzes wegen geahndet. Psychische Gewalt dagegen kann weit perfider sein. Sie trägt die Qualitäten des Bösen, indem sie oft im Gewande des Guten daherkommt – die böse Absicht wird bestritten oder dem Partner zugeschoben, das eigene Verhalten wird als bloße Reaktion auf das Verhalten des Partners dargestellt. Auch die Folgen psychischer Gewalt sind schwer definierbar. Sie sind weit schwieriger zu erfassen, ein Umstand, der gegenwärtig in den Techniken für die politisch motivierte Folter mit Erfolg ausgenutzt wird.

Es geschieht nicht selten Böses im Alltag des familiären Zusammenlebens, das zwar nicht direkt strafbar ist, dennoch aber den Betroffenen viel Leiden, Kränkung und Unrecht zufügt. Bekannte Schwerpunkte sind alle Arten von Erbschaftsstreitigkeiten mit Erbschleicherei, Fälschung von Urkunden, Entwendung von Gegenständen oder Benachteiligungen. Ein weiterer Schwerpunkt sind die Ehen mit Migranten, deren Interesse oftmals nicht dem Partner gilt, sondern der Möglichkeit, das Bürgerrecht und eine Arbeitsbewilligung zu erhalten. Eine besonders gemeine Verhaltensweise habe ich immer wieder bei Geschiedenen beim Besuchsrecht der Kinder gesehen. So in folgendem Fall:

Fallbeispiel 7
Das alltäglich Böse zeigte sich in einem geschiedenen Paar, wo die Frau die Einschränkung des Besuchsrechts des Mannes erwirkte durch erfundene Verdächtigungen von sexuellen Übergriffen auf die Tochter.

Peter meldete sich bei mir. Er ist seit zwei Jahren geschieden und hat aus der Ehe zwei Kinder, ein 8jähriges Mädchen und einen 6jährigen Knaben. Zunächst ging es nach der Scheidung gut. Sie hatten beim Gericht das gemeinsame Sorgerecht ausgehandelt. Peter hatte freien Zugang zu den Kindern. Er sah diese dreimal in der Woche und hatte zu ihnen eine gute Beziehung. Dann zog Peter mit einer anderen Frau zusammen und verfügte damit über weniger Geld für die Familie. Die Ehefrau verdächtigte ihn, heimlich Geld abzuzweigen, was er bestritt. Die Frau rächte sich dafür, indem sie nun überall erzählte, es sei zu sexuellen Übergriffen von Peter auf die Tochter gekommen. Das wurde durch das Gericht abgeklärt, wobei Peter recht bekam. Daraufhin glaubte die Kindergärtnerin, beim 6jährigen Sohn beobachtet zu haben, daß er oft obszöne Bemerkungen macht, worauf wieder ein Verdacht auf Peter fiel. Auch in diesem Punkt bekam Peter vom Gericht recht. Doch die Klagen und Prozesse liefen weiter. Als vorsorgliche Maßnahme wurde Peter der freie Zugang zu den Kindern verboten. Er durfte sie fortan nur noch in den Räumen des Kinderschutzes während 3 Stunden pro Woche sehen. Das schränkte die Beziehung von Peter zu den Kindern empfindlich ein. Aber es lief dann im Auftrag des Gerichts eine eingehende psychiatrische Begutachtung. Nach einigen Monaten lag das Gutachten vor. Peter bekam auf der ganzen Linie recht. Es wurde empfohlen, eine Drittperson zu bestimmen, welche die Einhaltung der Besuchszeiten überwache. Der Scheidungsrichter gab klare Anweisungen, wie die Besuchsregelung zu erfolgen habe. Zuerst soll Peter gemeinsam mit der Ex-Frau und den Kindern einige Stunden zusammensein, z. B. in einem Park. Dann soll die Frau nur noch am Anfang dabeisein. Dann soll Peter von Anfang an allein mit den Kindern sein und schließlich sollen sie auch bei ihm übernachten. Die Frau reagierte darauf gefaßt, so daß diese Lösung praktikabel erscheint. Ich rate Peter, sich jeglicher triumphierender Bemerkungen zu enthalten und den Kindern, am besten gemeinsam mit der Frau, die neue Regelung zu erklären.

Die sachlich nicht begründbare Verdächtigung der Frau, Peter mißbrauche seine Tochter während der Besuchszeit, trägt die Qualitäten des Bösen. Offensichtlich gibt es nicht nur das Böse in der Form des sexuellen Mißbrauchs von Kindern, sondern ebenso das Böse als Mißbrauch des sexuellen Mißbrauchs. Die Verdächtigung wird als Kampfmittel eingesetzt, um dem Ex-Partner böswillig Unrecht, Schaden und Leid zuzufügen.

9.9 Das Böse als Herausforderung des Guten

Gut und Böse sind nicht scharf voneinander zu trennen und gehen laufend auseinander hervor. Das Böse ist libidinöser und faszinierender als das Gute. Wie sich in mittelalterlichen Höllendarstellungen zeigt, ist es lustvoller, aufregender und emotionaler als die brave Welt des Himmels. Demagogen haben es immer verstanden, primitivste verborgene Bereitschaften hochzuschaukeln und dann für ihre Zwecke zu nutzen. Bewährt hat sich die Methode, die Bedrohung durch einen Außenfeind aufzubauschen und damit das Volk gegen Abweichler, Fremde, Andersdenkende, gegen andere Volksgruppen oder Rassen zusammenzuschweißen. Aber auch im Alltäglichen verfällt eine Gruppe leicht dem Bösen, wenn es ihr zu gut geht und sie zu erfolgreich ist. Besonders Gruppen und Institutionen, die ein hohes Ideal verwirklichen wollen, werden Opfer ihres Schattens. Heute entstehen die meisten Kriege aus religiösem Fanatismus, was grotesk ist angesichts des öffentlich kundgetanen Bestrebens aller Religionen, Frieden zu schaffen und der Welt das Heil zu bringen. Ebenso peinlich ist, wenn psychotherapeutische Gruppen, insbesondere auch Vertreter der Paar- und Familientherapie, sich in destruktiver und böser Art bekämpfen. Oder wenn Kommunikationsspezialisten von jenen Problemen eingeholt werden, für deren Lösung sie sich als Experten anbieten. Beschämend ist, wenn in gemeinnützigen Stiftungen, die zur Bekämpfung der Armut antreten, Mißbrauch von Spendengeldern, Betrug und Korruption getrieben werden oder wenn kirchliche Würdenträger, die dem Volk eine strenge Sexualmoral predigen, sich sexuelle Übergriffe mit Minderjährigen zuschulden kommen lassen und dabei von der kirchlichen Institution noch lange gedeckt werden. Sobald das Gute mächtig wird, fährt »der Teufel« mit. Am wohlsten fühlt sich »der Teufel« anscheinend überall da, wo ein hohes und besonders edles Ideal verwirklicht werden soll.

Das Problem am Bösen ist, daß es oft nicht erkennbar ist. Es ist deshalb oft viel schwieriger, das Böse zu bekämpfen, als das Schlechte. Was schlecht ist, kann objektiv beurteilt und korrigiert werden. Es weckt zwar auch emotionalisierte Auseinandersetzungen, die ausdiskutiert werden müssen, aber die Diskussion kann lösungsorientiert geführt werden und zu einem positiven Ergebnis führen. Wer schlechte Lösungen vorweist, kann auf die Fehler hingewiesen werden und kann daraus lernen. Das Böse aber wird vom Täter bestritten und nicht als böse anerkannt. Das Böse kommt in den Kleidern des Guten und Schönen daher und versteht es, durch Ansprechen von primitiven Emotionen einen zu verführen und für sich einzunehmen. Sein wahrer Charakter ist verschleiert und verborgen.

Das Böse geht einher mit Radikalisierung, Ideologisierung und dem Alleinanspruch auf den Besitz der Wahrheit und der Lösung für alle Probleme. Es widersetzt sich einer kritischen Diskussion und polarisiert die Gesellschaft. Dementsprechend sind alle Religionen, die einen alleinseligmachenden Anspruch haben, für das Böse besonders anfällig. Erkannt wird das Böse oft erst, nachdem schweres Unheil angerichtet und seine destruktive Wirkung sichtbar geworden ist. Schädigungen und Zerstörung, die das Böse anrichtet, werden meist erst im nachhinein erkannt. Tyrannen und Gewaltherrscher, deren Wirken sich später als böse offenbart, präsentieren sich zunächst als Retter des Volkes und werden heute oft sogar vom Volk »demokratisch« gewählt. Wenn sich ihre Herrschaftszeit als Verbrechen herausstellt, bleiben sie auch später ohne Einsicht in das Unrecht ihrer Taten, wie es sich etwa am Beispiel des serbischen Ministerpräsidenten Milosevic oder dem irakischen Gewaltherrscher Saddam Hussein gezeigt hat. Da Menschen, die böse Taten begehen, in der Regel nicht einsichtig sind, vollziehen sie selbst nur selten eine persönliche Wende. Dennoch können ihre bösen Taten andere Menschen veranlassen, daraus das notwendig Gute zu machen.

9.10 Braucht das Gute das Böse?

Ist es das Böse, das Gutes entstehen läßt? Gibt es ohne Böses überhaupt Gutes? Profiliert das Gute sich am Bösen und findet es in ihm seine Begründung? Sind nicht immer wieder die positivsten sozialen Bewegungen und Fortschritte aus der Notwendigkeit entstanden, Böses zu überwinden oder zu sühnen?

Wie das Gute sich am Bösen erfüllt, wird in den Evangelien mit dem Verrat Jesu durch Judas Ischariot dargestellt. Man kann sich fragen: Wäre Jesus nicht durch Judas verraten und den Häschern ausgeliefert worden und wäre er demzufolge nicht am Kreuz gestorben, hätte er dann seine Erlösungstat vollenden können? Läßt sich sagen: Ohne Judas kein Erlöser? Gegenwärtig gibt es eine lebhafte Diskussion um die Gestalt des Judas, angeregt durch die Entdeckung einer Papyrus-Handschrift aus dem 3.–4. Jahrhundert, dem sogenannten gnostischen »Judas-Evangelium« (Hrsg. Kasser, Meyer & Wurst 2006). Judas galt in der Kirchengeschichte als ruchloser Denunziant, habgieriger Verräter, Ausbund des Bösen schlechthin, am Ende gar als vom Teufel besessener Mensch, für den es besser gewesen wäre, nie geboren worden zu sein. Dieses Urteil wird in der gegenwärtigen Debatte revidiert. Nach dem »Judasevangelium« soll Jesus mit Judas eine Sonderbeziehung gehabt haben. Er habe ihn immer wieder als einzigen seiner Jünger ins Vertrauen gezogen, und Judas sei der einzige gewesen, der Jesus wirklich verstanden habe. Und so sei auch nur Judas in das Geheimnis eingeweiht worden, daß es »um der Befreiung des Göttlichen in Jesus willen der Opferung seines leiblich-materiellen ›Gewandes‹ bedurft habe« – und dazu sei die Auslieferung Jesu durch Judas Voraussetzung gewesen (Stegemann 2006). Ohne den Kreuzestod Jesu hätte seine Botschaft wohl nie die weltweite Verbreitung finden können. Ist der Verrat des Judas sein eigentliches Verdienst?

Die These, daß das Gute sich aus dem Bösen entwickelt und nicht aus dem Guten allein, ist allerdings gefährlich. Es könnte zur Verharmlosung des Bösen beitragen. Das macht die Diskussion über die Entstehung des Guten aus dem Bösen so schwierig. Susan Neiman (2004), eine amerikanische Jüdin, die Philosophie in den USA, Israel und Deutschland lehrt, sieht in Auschwitz den Wendepunkt der Philosophiegeschichte, weil das unaussprechbar Böse, das dort geschah, jede göttliche Vorsehung zur Absurdität bringt. Wie soll sich soviel Sinnlosigkeit rechtfertigen lassen, mit dem Hinweis, daß es letztlich dem Guten diene? Die These, daß aus dem Bösen Gutes entstehen kann, läuft Gefahr, das Böse als Voraussetzung für das Gute zu rechtfertigen und somit dem Bösen einen höheren Sinn zu verleihen. So schreibt Susan Neiman: »Wenn das Böse einen Zweck haben soll, wäre jedes Verbrechen, das begangen wird, ein Stein, der hilft, den Weltplan des göttlichen Baumeisters zu vollenden« (S. 273). »Wenn das Christentum glaubt, die Vorsehung bediene sich des Bösen zu einem guten Zweck, weshalb soll ich da nicht ein Verbrecher werden und dadurch zu einem Werkzeug Gottes?« (S. 278). In der Theodizee, in der Vorsehung, im Glauben also, daß letztlich alles dem Guten diene, sieht Susan Neiman das Bedürfnis, mit dem Leiden in der Welt zurechtzukommen, ohne daran zu verzweifeln. Die Ablehnung der Vorsehung führt letztlich zur Ablehnung der Sinnfrage und der Erwartung, was geschehen ist, begreifen zu können. »Hoffnung wird nicht darin liegen, die Frage nach dem Sinn des Lebens zu beantworten, sondern darin, sie abzuweisen« (S. 478). Diese Reaktion ist aus der jüdischen Betroffenheit heraus verständlich. Dennoch darf auch festgestellt werden, daß selbst der Holocaust nicht ohne Folgen für die Sache des Guten geblieben ist. Die Bekämpfung von Rassendiskriminierung etwa oder die Durchsetzung der Menschenrechte hat Fortschritte gemacht – wenn auch Rückschläge immer wieder auftreten –, die zumindest teilweise auf dieses unermeßliche Unrecht zurückzuführen sind.

Auch Freud stand dem Gedanken der Vorsehung kritisch gegenüber. Menschen seien wie verlorene Kinder auf der Suche nach Geborgenheit, die es in Wirklichkeit nicht gibt und nie gab. In seiner Schrift »Zukunft einer Illusion« (1927) schrieb er, daß der Verzicht auf eine religiöse, sinnstiftende Illusion Leiden verursacht. Es schmerzt, zuzugeben, daß wir nicht Objekt zärtlicher Fürsorge einer gütigen Vorsehung sind. Der Vorsehungsglauben beruht seiner Meinung nach auf kindlichen Angstgefühlen und auf Hilflosigkeit.

Selbst wenn wir annehmen, daß das Böse oft Anlaß für die Entstehung von Gutem ist, muß festgestellt werden, daß es keine ausgleichende Gerechtigkeit für das Schicksal des Einzelnen gibt. Immerhin gibt es wichtige Zeugen des Vernichtungslagers Auschwitz, die als direkt Betroffene den Glauben an den Sinn des Leidens auch in schwersten Belastungssituationen bewahren konnten. So beispielsweise der bereits mehrmals erwähnte Psychotherapeut Viktor Frankl (1905–1997), der aus seiner KZ-Erfahrung heraus eine spezielle Psychotherapierichtung, die Logotherapie, entwickelt hatte, eine Therapie, die sich auf die Sinnfindung ausrichtet; oder der Medizinsoziologe Aron Antonovsky (1923–1994), der das Konzept der Salutogenese entwickelt hat, das er in Gegensatz zur Pathogenese stellt. Er hat damit ein neues Paradigma in die Medizin eingeführt, nämlich die Forderung, sich mehr mit den gesund erhaltenden Kräften zu befassen und nicht nur mit den krankmachenden. Zu den gesundheitserhaltenden Kräften gehört nach Antonovsky in erster Linie der »sense of coherence«, d. h. die individuelle Widerstandskraft (Resilienz), die Fähigkeit, unter schwersten Belastungen kohärent zu bleiben, wofür von größter Bedeutung ist, ob der leidvollen Situation ein Sinn zugestanden werden kann.

Man kann mit guten Gründen eine sinnvolle göttliche Lenkung des Schicksals der Menschen im Sinne einer Theodizee ablehnen. Man kann aber auch feststellen, daß im dauernden Kampf zwischen Gut und Böse aus dem Bösen immer wieder Gutes hervorgeht. Das Böse ist – historisch gesehen – meist nur relativ kurze Zeit erfolgreich, weil es sich über längere Zeit selbst zerstört. »Die Revolution frißt ihre eigenen Kinder.« Für die davon Betroffenen ist das allerdings nur ein schwacher Trost, denn die Zeitdauer, in welcher das Böse herrscht, ist im Vergleich zur persönlichen Lebenszeit immer zu lang. Das Böse gibt dem Guten eine Aufgabe, an der es sich bilden und bewähren kann. Das aber relativiert das Böse in keiner Weise und entschuldigt die Täter nicht. Sie sind verantwortlich für das, was sie angerichtet haben. Sie haben kein Verdienst am Guten, das durch ihre bösen Taten herausgefordert wird. Wir stehen vor der paradoxen Situation, daß das Gute oft Böses entstehen läßt und das Böse dem Entstehen von Gutem Anlaß gibt.

9.11 Siegt am Ende das Gute?

Ich möchte drei Aspekte herausgreifen, welche längerfristig dem Guten immer wieder zum Durchbruch verhelfen:

a) Das Gute ist langfristig das erfolgreichere Prinzip
Kennzeichnende Haltungen des Bösen bringen oft kurzfristig einen Vorteil, längerfristig aber zerstören sie sich selbst, so etwa durch Lügen, Betrug, Vorgaukeln falscher Tatsachen, Übervorteilung, Machtmißbrauch, Korruption, Unterdrückung, Bagatellisierung, Verleugnung eigenen Fehlverhaltens, Projektion des Bösen auf andere Personen, usw. Werden diese Haltungen durchschaut, untergraben sie das Vertrauen und damit die Grundlage jeglicher Zusammenarbeit. Nach Matthias Horx ist Moral heute nicht mehr ethisch, sondern ökonomisch zu begründen, nämlich aus der Evolution der Kooperation. Es ist intelligent, nett zu sein. Wer dagegen Erfolg sucht, indem er die Dummheit der anderen ausnutzt, zerstört damit die Umwelt, in der er den Erfolg sucht (Horx 2003, S. 17). Kooperation ist nicht nur marktwirtschaftlich, in der Ökonomie und Wissenschaft, das erfolgreichere Prinzip, sondern in jeder Form von familiärem oder gesellschaftlichem Zusammenleben. Sie setzt Vertrauen voraus, Respekt, Fairneß, Fähigkeit zur Integration, Ehrlichkeit, Transparenz, Wertschätzung und Anerkennung für andere Meinungen. Statt Kooperation bewirkt das Böse Spaltung und Polarisierung, es wirkt damit kräfteverzehrend und lähmend, es kann sich oft lediglich durch Machtmißbrauch und Unterdrückung aufrechterhalten. Mit Gewalt kann man andere unterdrücken und kontrollieren, Kreativität aber und damit echter Fortschritt sind nur in Freiheit möglich und erfolgreich. Das Böse benötigt einen dämonisierten Gegenspieler, um sich zu legitimieren. Das

Schwarz-Weiß-Denken von Gut und Böse läßt sich längerfristig nicht mit der Wahrnehmung von Andersdenkenden in Einklang bringen.

b) Der Mensch sucht Lebenssinn in Aufgaben, die sozial nützlich sind
Das Streben nach Macht, Geld und Ehre allein genügt für die meisten Menschen nicht als Lebensperspektive. Sie möchten ihrem Tun einen Sinn verleihen, den sie im positiven Beantwortetwerden ihres Wirkens erfahren. Sie möchten durch echte Leistungen für andere nützlich sein und deren echte Anerkennung finden. Es kann sein, daß sie sich gutgläubig einer ideologischen Bewegung anschließen, die sich erst sekundär in ihrer Bösartigkeit zu erkennen gibt. Wer jedoch ihre Bösartigkeit erkannt hat, wird meist nicht mehr aus freier Überzeugung mitwirken, sondern weil er sich den Mächtigen nicht entgegenstellen oder von diesen ausgeschlossen werden möchte. So war im letzten Jahrhundert der Marxismus und Kommunismus eine Ideologie von hoher Attraktivität, weil sie in idealistischer Weise eine umfassende soziale Gerechtigkeit in Aussicht stellte. In dem Ausmaß jedoch, wie diese Bewegung autoritär und repressiv wurde, verriet sie ihre eigentlichen Ziele und eignete sich immer weniger, um in der Identifikation mit ihr einen Lebenssinn zu finden. Die Bewegung erstarrte und wurde dadurch ineffizient, bis sie sich selbst zum Zusammenbruch führte. Das Gute scheint über eine nachhaltigere Zweckmäßigkeit zu verfügen, während das Böse und Schlechte auf Dauer nicht erfolgreich ist.

c) Einüben interaktionellen Denkens
Die zunehmende globale Vernetzung von Wirtschaft, Kultur und Sozialleben wird die Abgrenzung und Ausgrenzung immer mehr erschweren. In zunehmendem Maße wird nur noch erfolgreich sein, wer über kommunikative und kooperative Fertigkeiten in komplexen Netzwerken verfügt. Gefragt ist das interaktionelle Denken, d.h. die Fähigkeit, sich bei Verhandlungen und Konflikten in die Denkweise des Gegenübers einzufühlen und unter

Berücksichtigung von dessen Sichtweise eigene Verhandlungsvorschläge zu formulieren. Lösungen erfordern Geduld, vertrauensbildende Maßnahmen, Respekt vor Andersdenkenden und gute Kenntnis der Lebensbedingungen, Werthaltungen und Lebensanschauungen des Gegenübers. Das sind genau jene Eigenschaften, die auch im kleinen, etwa in Partnerbeziehungen und bei der Gestaltung des Lebenslaufes, wichtige Voraussetzungen für ein Gelingen sind.

Wenn das eigene Leben vor allem in seiner individuellen Einmaligkeit seine Begründung findet, läßt sich in einem ungerechten, böswillig zugefügten Leiden kein Sinn erkennen. Wenn diese Sicht ergänzt wird durch eine personübergreifende Perspektive, kann es ein Trost sein, im erlittenen Bösen die Grundlage für die Entstehung von Gutem zu erkennen. Das Wechselspiel von Gut und Böse ist Bestandteil des Lebens und des Weltgeschehens. Wie der Einzelne davon betroffen wird, ist weitgehend zufallsbedingt. Generell gilt, daß das Böse im Guten immer wieder seinen Ausgleich findet. Der Einzelne kann sich bereithalten, dazu seinen ihm möglichen Beitrag zu leisten.

10 Offen sein für das, worauf die Lebensumstände uns verweisen

Ansprechbar zu sein auf das, worauf die Lebensumstände uns verweisen, ist ein Kernanliegen dieses Buches. Menschen werden durch ihre Lebensumstände auf das hingewiesen, was das Leben ihnen abfordert und ermöglicht. Wenn Mitmenschen als Teil einer gemeinsamen Nische von einer Person direkt betroffen werden, entsteht aus der Wechselwirkung ein gemeinsamer Prozeß, in welchem die Bezugspersonen korrigierend, hinweisend und unterstützend aufeinander wirken. Sie lassen einander Hinweise geben, die sie als lebensleitende Anregungen zur Kenntnis nehmen können. Ein Wandel ergibt sich aus den Veränderungen der Lebensumstände, die der Person eine bisher nicht vollzogene, oftmals vermiedene persönliche Entwicklung abfordern oder diese freisetzen. Veränderte Umstände sprechen die Person in neuer Art an und können eine anstehende Wende des Lebens in Gang setzen. Bereit zu sein für das Angesprochenwerden ist Teil der christlichen Lebensführung. Diese Bereitschaft muß aber nicht zwangsläufig religiös verstanden werden, sondern ergibt sich auch aus der rationalen Beobachtung des Lebenslaufes als eines personübergreifenden Prozesses.

10.1 Psychogene Symptome als Hinweis, daß etwas im Leben nicht richtig läuft

Wie kann man sich die Entstehung psychogener Symptome vorstellen? Psychogen sind Symptome, bei denen eine psychische Ursache oder Teilursache angenommen wird, also depressive Reaktionen, Angstzustände, Suchtkrankheiten, Eßstörungen, sexuelle Funktionsstörungen und viele andere mehr. Heute wird keine klare Unterscheidung mehr gemacht zwischen körperlich und seelisch bedingten Störungen. Es können die ursächlichen Gewichte bei derselben Diagnose, z. B. einer Anorexia nervosa, von Fall zu Fall verschieden sein. Man nimmt grundsätzlich ein Ineinanderwirken psychischer und körperlicher Faktoren an. Aber auch wenn die Psychogenie nur eine Teilursache ist, kommt ihr aus psychotherapeutischen Gründen doch eine besondere Bedeutung zu, weil die Störung dann als etwas Hintergründiges verstanden werden kann, das sich in den Symptomen mitteilen will. Die verschiedenen psychotherapeutischen Ansätze unterscheiden sich durch ihr Verständnis der Symptombildung und der Symptombedeutung. Man kann die Ursachen in der Vererbung oder in der frühen Kindheit suchen, in den gesellschaftlichen Rahmenbedingungen, in familiären Konfliktfeldern oder in den Arbeitsbedingungen. Man kann die Symptombildung in Zusammenhang setzen mit Disstreß oder Störungen der Anpassung an psychische Belastungen, man kann in der Symptombildung eine Ersatzbefriedigung sehen für nicht zugelassene, unterdrückte oder mit Schuld- und Schamgefühlen belegte Triebbefriedigungen, man kann nach dem funktionellen Aspekt des Symptoms fragen, nämlich danach, wozu das Symptom gebildet wird, was es ermöglicht und aufrechterhält und was es für den Betroffenen oder dessen Angehörige für einen Vorteil bringt. Die vom Symptom Betroffenen können meist zunächst keinen Zusammenhang mit äußeren oder inneren Ursachen erkennen. Das Symptom ist ihnen selbst unverständlich und erscheint ihnen oft widersinnig. Das Symptom vermittelt ihnen zunächst keine Erkenntnisse über sich und ihre Situation. Leichter zu erkennen sind die Folgen, welche die Symptombildung für sie und ihre Familie hat.

Meist sieht der Betroffene das Symptom nicht in einem direkten Zusammenhang mit aktuellen äußeren Belastungen. Schwerste Belastungssituationen können von den Betroffenen ohne Symptombildung ertragen werden, ohne Depressionen, Angstzustände oder psychosomatische Symptome. So etwa Kriegserlebnisse, aber auch schwere Unfälle mit bleibenden Folgen oder schwere, lebensbedrohliche Krankheiten. Bei einer Symptombildung handelt es sich somit meist nicht um eine bloße Störung der Anpassung an belastende Lebensumstände. Oft sind die Betroffenen äußerlich eher überangepaßt. So ist etwa von Mädchen, die an einer Anorexia nervosa erkranken, bekannt, daß sie Musterkinder waren, die die Erwartungen der Eltern übererfüllt und nie zu Klagen oder Tadel Anlaß gegeben hatten. Man kann in der Magersucht das erste oppositionelle Verhalten der bisher überbraven Tochter sehen (funktioneller Aspekt). Leichter erkennbar als die Ursachen sind die Folgen einer Symptombildung, also das, was sich durch eine Magersucht in den Beziehungen der Betroffenen und ihrer Familie verändert. Nicht selten bricht die Magersucht im Rahmen eines Austauschjahres aus, wo die Tochter erstmals von der Familie weg in eine andere Familie in einem anderen Sprachraum untergebracht wird. Durch das Auftreten einer Magersucht kann die Tochter die Heimkehr erwirken, ohne daß sie selbst das bewußt gewollt hätte. Statt daß sie manifest über Heimweh klagt, erwirkt das Symptom ihre vorzeitige Rückkehr. Vielleicht wurde das unbewußt auch vom Vater oder von der Mutter begünstigt. Wenn nun aber die Anorexie auch zuhause fortdauert und die Tochter das typische Verhalten von Anorexiekranken annimmt, entsteht eine Situation, in der sie sich mit ihrer Essensverweigerung in Opposition zu den Eltern stellt, gleichzeitig mit dem Symptom aber eine vermehrte elterliche Zuwendung erwirkt. Im Hintergrund steht das Problem, daß die Tochter nicht erwachsen werden will, doch dies wird den Eltern von ihr nicht direkt gesagt, sondern vom Symptom übermittelt, ohne daß die Tochter dazu stehen muß. Für die möglicherweise überfürsorglich agierenden Eltern ist es klar, daß die Tochter nicht selbständig werden kann, solange sie magersüchtig ist. Es kann sich also eine Kollusion bilden, wo das Symptom Eltern und Kind fest aneinander bindet, ohne daß die unbewußten und unausgesprochenen Motive benannt werden müssen. Es entsteht eine Situation, in der niemand mehr einen Ausweg finden kann. Häufig sprechen die betroffenen Patienten nicht aus, was sie im Untergrund beschäftigt. Es ist das Symptom, das für sie spricht. Ein Ziel einer aufdeckenden Psychotherapie wird es sein, daß die Patienten zu verbalisieren lernen, was sie bewegt, und dazu nicht die Sprache des Symptoms benötigen.

Ähnliches zeigt sich bei der Symptombildung des Paniksyndroms mit Agoraphobie (Platzangst). Panikattacken sind akute Anfälle von körperlichen Sensationen, die von Todesangst begleitet sind, insbesondere Angst, einen Herzinfarkt oder einen Hirnschlag zu erleiden oder geisteskrank zu werden. Medizinische Untersuchungen ergeben in der Regel keine körperlichen Befunde, welche diese Anfälle erklären könnten. Die Betroffenen halten jedoch an einer körperlichen Ursache fest, im Glauben, daß diese bisher noch nicht habe gefunden werden können. Gehen diese Anfälle mit Agoraphobie einher, werden Menschenmengen, öffentliche Plätze oder weite Entfernung vom Zuhause vermieden, aus Angst, bei einem neuen Anfall ohne Schutz dazustehen. Um die Botschaft besser zu verstehen, bewährt es sich, den Patienten zu fragen, was sich an seiner Lebensführung verändern würde, wenn er nun plötzlich wieder ganz gesund und von den Symptomen befreit wäre. Nicht selten wird mit dieser Frage deutlich, welche belastenden Situationen der Patient dank seines Symptoms zu vermeiden vermag, ohne daß er selbst für diese Vermeidung verantwortlich gemacht werden könnte. Hätte er das Symptom nicht, so fühlte er sich gedrängt, beispielsweise seine Freundin zu heiraten, mit ihr zusammen Kinder zu haben oder sich im Geschäft um eine Beförderung zu bemühen, alles Entscheidungen, die ihm mehr Eigenverantwortung und Selbständigkeit abfordern würden. Dank der Symptombildung kann er derartige Entscheidungen vermeiden, ohne dazu stehen zu müssen. Das Symptom bietet dem Patienten also einen Schutzraum an, ein Moratorium, d. h. eine Zeit, in welcher er von Anforderungen seiner Beziehungsumwelt verschont wird, denen er sich bei Fehlen des Symptoms zu stellen hätte. Man täte den Betroffenen aber Unrecht, wenn man nur den Krankheitsgewinn beachten würde, also die Vorteile, welche die Patienten durch die Symptombildung gewinnen. Sie leiden auch oft erheblich unter ihren Symptomen. Sie finden jedoch keinen Ausweg, weil die Ängste, die bei Verlust des Symptoms auftreten würden, übermächtig wären. Das Symptom entsteht unter dem Streß hintergründiger Konflikte, es erzeugt aber seinerseits erneuten Streß. Die Patienten sind in der Ambivalenz gefangen, gesund werden zu wollen, aber nicht gesund sein zu können.

Die Krankheit erweist sich ihnen als beste aller schlechten Lösungen.

10.2 Veränderungen der Lebensumstände im zeitlichen Vorfeld psychogener Störungen

Es stellt sich nun die Frage, weshalb ein Symptom gerade jetzt im Lebenslauf auftritt und nicht früher oder später. Uns ist aufgefallen, daß der Zeitpunkt, zu welchem etwa eine Panikattacke erstmals auftritt, kein zufälliger ist. Manche Patienten waren bisher gesund und erkranken jetzt, mit dreißig bis vierzig Jahren, an einer psychogenen Störung, die ihnen unerklärlich ist. Wenn diese Störung maßgeblich mit einer Reinszenierung eines frühkindlichen Konfliktes in Zusammenhang stünde, wäre zu erwarten, daß diese sich schon früher im Leben bemerkbar gemacht hätte. Würde es sich um eine kognitive Störung handeln, mit einer Neigung, sich von harmlosen Körpersensationen im Übermaß beunruhigen zu lassen und sich durch Fehlinterpretation dieser Beschwerden in die Vorstellung eines drohenden Herzinfarktes hineinzusteigern, würde sich die Frage stellen, weshalb denn diese Störung erst jetzt, mit vierzig Jahren, auftritt. Latente Bereitschaften scheinen somit nicht zu genügen, es muß etwas Neues ins Leben des Betroffenen eingetreten sein.

Wir fanden (s. Frei, Sieber & Willi 2007), daß der Zeitpunkt des Ausbrechens des ersten Panikanfalls in Zusammenhang steht mit einer äußerlich faßbaren Veränderung der Lebensumstände, besonders im Beziehungsbereich. Solche Veränderungen sind das Eingehen oder Auflösen einer Partnerschaft, eine außereheliche Beziehung, eine Geburt, Heirat, oder im Arbeitsbereich ein Wechsel des Chefs, eine Beförderung oder Nichtbeförderung, ein Stellenwechsel, eine Stellenkündigung, ein Wechsel des Wohnorts, kurz, äußere Veränderungen, welche für den Patienten eine neuartige Herausforderung in der Gestaltung seiner Nische mit sich bringen. Diese Veränderungen erfordern nicht einfach eine Anpassung an veränderte Umstände, sondern verlangen dem Patienten eine neuartige persönliche Entwicklung ab. In einer soeben abgeschlossenen empirischen Studie über Ergebnis und Katamnese der Behandlung von Paniksyndromen mit einer ökologischen Fokaltherapie zeigte sich, daß wichtige Veränderungen in den Beziehungen im zeitlichen Vorfeld des Beginns des Paniksyndroms von über 90% der Befragten angegeben wurden. Beim zeitlichen Vorfeld handelt es sich um einen Zeitraum von Tagen bis Wochen.

Solche Veränderungen der persönlichen Nische wurden auch von anderen Autoren beobachtet und beschrieben, speziell für das Paniksyndrom, aber auch als Verlusterlebnisse im zeitlichen Vorfeld von Depressionen (Tod eines nahen Angehörigen, Verlust eines Kindes, Stellenverlust, Verlust der gewohnten Umgebung durch Wohnortswechsel usw.). Sie werden in der Literatur, vor allem in der psychoanalytischen Literatur, als auslösende Ereignisse erwähnt. Es wird ihnen dabei allerdings wenig eigene Bedeutung zugewiesen. Vielmehr wird davon ausgegangen, daß es sich um die Auslösung einer latent bestehenden Störung durch eine belanglos scheinende situative Veränderung handelt. Der auslösende Anlaß steht in einem Mißverhältnis zum Schweregrad der krankhaften Folgen (Hoffmann & Hochapfel 1995). Dem auslösenden Ereignis wird meist therapeutisch wenig spezifische Bedeutung zugemessen. Es wird mit S. Freud vermutet, daß die auslösende Situation Phantasien an früher erfahrene sexuelle oder anderweitig traumatische Erlebnisse reaktiviert, so daß es zum Wiederauftreten ähnlicher Affekte kommt und frühere, verdrängte Phantasien erneut belebt werden. Die Reaktivierung wird etwa durch den Anblick einer Landschaft oder eines Gegenstandes ausgelöst, welcher Assoziationen zum traumatischen Ereignis herstellt und den Zugang zu früheren Erlebnissen eröffnet. Man nimmt an, durch das auslösende Ereignis werde ein infantiler Konflikt reaktiviert oder infantile Versuchungen und Versagungen stimuliert. Der Patient versuche dann einen Konflikt, den er als Erwachsener erlebt, mit kindlichen und regressiven Mitteln zu lösen. Die Erleichterung, welche der Patient sich von seinem regressiven Verhalten erhofft, führe dann zu einer Verschlimmerung und Verstärkung des Konflikts. Das Symptom erweist sich nach S. Freud als mißglückter Lösungs- und Selbstheilungsversuch.

Nach unserer Beobachtung handelt es sich beim auslösenden Ereignis nicht um eine belanglose Nebensache, vielmehr handelt es sich oft um einen Wendepunkt im Lebenslauf, der durch das auslösende Ereignis verwirklicht wird, sei es, weil das auslösende Ereignis die erstarrte persönliche Nische aufbricht und neue Freiheiten eröffnet, sei es, weil es eine bisher vermiedene Entwicklung notwendig werden läßt. Häufig handelt es sich um die Herausforderung zu vermehrter Autonomie und Selbstverantwortung in der Gestaltung der Beziehungen. Nicht selten bieten sich unter der äußeren Veränderung vermehrte Freiheitsgrade im Gestalten des Alltagslebens an. Oder man wagt unter den veränderten Lebensbedingungen Entwicklungsaufgaben wahrzunehmen, die das Leben stellt, denen man aber bisher ausgewichen ist. Das auslösende Ereignis macht es offenbar, daß jetzt etwas geschehen muß, daß es so wie bisher nicht mehr weitergehen kann. Die Herausforderung einer neuen Entwicklung löst aber auch große Ängste aus oder bringt die Person in Konflikt mit ihrer Beziehungsumwelt. Die Beziehungsumwelt kann selbst bremsend auf die Person einwirken oder sie mit Schuldgefühlen beladen, wenn sie eine Veränderung in ihrem Lebenslauf vollzieht, von der sich die Beziehungsumwelt negativ betroffen fühlt. Zur Symptombildung kommt es wahrscheinlich unter Disstreß (negativer Streß), bei dem die Person mit dem einen Fuß in die neue Entwicklung eingetreten ist, mit dem anderen Fuß jedoch wieder aussteigen möchte oder sich gegen den Zutritt stemmt. Beim Ausbruch des Paniksyndroms läßt sich häufig beobachten, daß die betroffene Person die neue Entwicklung halbherzig eingeleitet hat, jetzt aber vor ihrem eigenen Mut zurückschreckt. Das Paniksyndrom blockiert nun diese neue Entwicklung und entläßt die Person aus der Auseinandersetzung mit diesem Problem. Das Symptom hat somit eine Schutzfunktion, die gleichzeitig der Person und ihrem Beziehungsumfeld eine Schonhaltung auferlegt. Würde die Person die persönliche Herausforderung durch das Ereignis eindeutig ablehnen, käme es aber wahrscheinlich gar nicht zu einem Konfliktpunkt. Es ist der Streß der Ambivalenz, der nach unserer Erfahrung die Symptombildung maßgeblich verursacht.

Unsere Hypothese lautet also, daß *durch die veränderten Lebensumstände eine vermiedene oder bisher nicht notwendige Entwicklung herausgefordert wird, von welcher der Patient sich überfordert fühlt.* Vielleicht konnte er bisher diese Entwicklung vermeiden, weil er sich Lebensumstände so zu gestalten vermochte, daß ihm diese Vermeidung zugestanden oder sogar abgefordert wurde. Vielleicht drängt sich eine persönliche Entwicklung erst unter veränderten Umständen auf. Nicht selten konstelliert sich der Patient unbewußt lebensverändernde Ereignisse, mit welchen er die Freiheit zu einer anstehenden Entwicklung legitimiert. Psychogene Symptome treten gemäß unserem Konzept dann auf, wenn eine Person sich in eine anstehende Entwicklung in der Gestaltung von Beziehungen eingelassen hat, diese dann aber aus Angst vor deren Folgen blockiert. Die Symptome bilden sich in dem Maße zurück, wie die Person fähig wird, die neuen Anforderungen zu bewältigen. Das Symptom vermittelt dem Betroffenen einerseits einen Schonraum, andererseits weist es darauf hin, daß etwas in der Lebensführung nicht stimmt, daß er etwas in seinen Beziehungen verändern muß, um mit sich wieder ins Gleichgewicht zu kommen. Es kann sein, daß die betreffende Person intuitiv selbst spürt, was sie im Leben ändern sollte und wo sie bisher anstehende Entwicklungen vermieden hat. Es kann aber auch sein, daß sie den Sinn und Hinweis des Symptoms nicht zu verstehen vermag. Psychotherapie könnte ihr in diesem Punkt eine Hilfe anbieten.

Fallbeispiel 8
Ein junger Mann meinte, er müsse sich so wie seine gleichaltrigen Freunde in eine verbindliche Liebesbeziehung einlassen. Unter der für ihn unerträglichen Einengung trat ein Paniksyndrom auf. In der dadurch veranlaßten Psychotherapie gewann er die Freiheit, sich für die ihm entsprechende Lebens- und Beziehungsform zu entscheiden.

Kurt, 29jährig, groß und kräftig gewachsen, sportlich und gutaussehend, meldete sich wegen Panikattacken, die in den letzten drei Monaten aufgetreten waren. Die Angstanfälle gingen einher mit Angst vor Herzinfarkt, Depersonalisationsgefühl, Angst, psychotisch zu werden und auszurasten. Er hatte deswegen seine sportliche Betätigung stark eingeschränkt. Kurt konnte sich das Auftreten dieser Angstanfälle nicht erklären. Die Panikanfälle traten tagsüber, abends, aber auch nachts auf. An sich fühlte er sich unbelastet, versah gegenwärtig lediglich einen Gelegenheitsjob, der ihn kaum unter Streß setzte, und hatte eine Freundin, die sich liebevoll seiner annahm. Doch dann berichtete er, er habe in einem Wutanfall den Tisch seiner Freundin zertrümmert. Er war seiner Freundin gegenüber zunehmend reizbar geworden, ohne das verstehen zu können. Erst im Laufe der Therapie fiel ihm auf, daß die Panikanfälle meist in Situationen auftraten, in denen er mit der Freundin zusammen war.

Kurt hatte eine kaufmännische Lehre absolviert, seither verbrachte er jedoch den größten Teil seiner Zeit auf einem Schiff auf Hochsee, wo er sich als Barkeeper betätigte oder zwischenzeitlich Aushilfsstellen versah. Er war ein großer Frauenheld, hatte sich bis jetzt jedoch nie verbindlich mit einer Frau eingelassen. Seine Eltern waren geschieden. Sein Vater führte ebenfalls ein ungebundenes Leben. Die Mutter habe sich zu stark an ihn geklammert, der Vater habe sich der Mutter gegenüber oft verletzend und abweisend verhalten.

Als Veränderung der Lebensumstände unmittelbar vor dem Auftreten psychogener Störungen ergaben sich folgende Sachverhalte: Kurt war vor drei Monaten nach einem mehrjährigen Aufenthalt auf Hochsee nach Hause zurückgekehrt. Er stellte fest, daß die meisten seiner Freunde inzwischen feste Beziehungen zu Frauen eingegangen waren oder sogar eine Familie gegründet hatten. Er glaubte, es sei jetzt der Zeitpunkt gekommen, wo man sich normalerweise – so wie seine Freunde – in eine feste Beziehung zu einer Frau einlasse. Er lernte dann auf einer Party seine jetzige Freundin kennen, in die er sich verliebte. Schon nach kurzer Zeit zog er zu ihr. Er fühlte sich aber bald sehr eingeengt und kontrolliert durch die Beziehung. Er wollte die Freiheit haben, auch mit anderen Frauen Beziehungen zu pflegen, ausgehen zu können, wann es ihm paßte und ohne der Freundin Rechenschaft darüber ablegen zu müssen. Die Freundin dagegen hatte das Bedürfnis nach einer festen und verläßlichen Beziehung und setzte ihn unter Druck. Kurt war innerlich hin- und hergerissen. Auf der einen Seite wollte er den Beweis erbringen, daß er bindungsfähig und in der Lage sei, gesellschaftliche Normen zu erfüllen. Auf der anderen Seite wollte er seine Freiheit der Freundin gegenüber verteidigen. Er provozierte sie, indem er oftmals ohne Kommentar über Nacht wegblieb. Anschließend empfand er jeweils schwere Schuldgefühle. Er verstand es jedoch nicht, sich mit der Freundin auseinanderzusetzen. Er bemühte sich, forciert Nähe zuzulassen und lieb zu ihr zu sein, bis er dann jeweils explodierte.

Für die Therapie formulierte ich den folgenden Fokus (s. dazu die Erläuterungen in Kap. 11):

„Nachdem ich durch die Scheidung der Eltern lernen mußte, mich vor Verletzungen und Bindungen zu schützen, und als ungebundener Abenteurer allgemein bewundert wurde, stehe ich jetzt in einem Alter, in dem andere sowohl beruflich wie familiär etwas aufbauen. So habe ich in forcierter Weise versucht, mich in die Beziehung zu meiner jetzigen Freundin verbindlich einzulassen und persönlich zu öffnen, bis mir das zuviel wurde und Panikanfälle auftraten.

Als Entwicklung steht jetzt an, daß ich klarer spüre, wieviel Nähe und Bindung für mich zuträglich ist, und dies der Freundin gegenüber vertrete.

Was erschwert wird durch meinen Anspruch, gesellschaftliche Normen zu erfüllen und durch meine Schwierigkeit, mich mit meiner Freundin auseinanderzusetzen und die dabei auftretenden Schuldgefühle zu ertragen.

Was erleichtert wird durch die aktuell günstigen Möglichkeiten, mich beruflich und in der Beziehung zur Freundin so weit einzulassen, wie es mir entspricht.

Schritte in Richtung dieser Entwicklung wären: klarer meine Wünsche, Ängste und Gewissenstimmen wahrzunehmen. Ferner die Bereitschaft, die Freundin über meine inneren Widersprüche zu orientieren."

Nachdem es Kurt bereits besser ging, traten erneut gelegentliche Panikanfälle auf, und zwar durchwegs in Situationen, in denen er mit seiner Freundin zusammen war, insbesondere nachts vor dem Einschlafen. Er gab den Zwang zum Zusammenleben, den er sich auferlegt hatte, auf und bezog wieder seine eigene Wohnung. Er gab der Freundin, als eine Symbolhandlung, den Schlüssel zurück. Er traf sie zwar weiterhin über das Wochenende. Die Freundin war darüber traurig und oftmals eifersüchtig. Dennoch gelang es Kurt wesentlich besser, eine für ihn zuträgliche Nähe und Distanz zu etablieren. Er nahm seine früher begonnene Hotelfachschule wieder auf und schloß sie ab. In der Schule hatte er, insbesondere im Zusammenhang mit öffentlichem Auftreten, erneut Panikattacken, die er jedoch besser bewältigen konnte. Er vermochte die Prüfung mit gutem Ergebnis abzuschließen.

Der Fokus bildete sich auch in der therapeutischen Beziehung ab. Auf der einen Seite suchte Kurt im Therapeuten eine Vaterfigur. Gleichzeitig aber vermochte er sich nur begrenzt persönlich auf die Therapie einzulassen. Sobald es ihm symptomatisch besserging, verschloß er sich erneut und beschränkte sich auf oberflächliche und nichtssagende Gespräche. Vorübergehend traten erneut Panikattacken auf, die ihm ein ernsthafteres Engagement in der Therapie abforderten. Es fiel ihm selbst auf, daß er immer wieder in die alten Muster zurückfiel und den coolen Typ spielte, der niemanden brauche, sich selbst genüge, überall erfolgreich sei und bei den Frauen gut ankomme. Sich in der Therapie persönlich zu öffnen gelang ihm nur, wenn es ihm schlechtging. Es war, als ob er erneute Panikanfälle produzierte, um sich zur Fortführung der Therapie anzuhalten.

Die Therapie konnte nach zwanzig Sitzungen erfolgreich abgeschlossen werden. Die Panikattacken hatten Kurt zur Therapie veranlaßt. Nun waren sie verschwunden. Kurt entschloß sich, aufs Schiff zurückzukehren und weiterhin ein ungebundenes Leben zu führen. Ein Jahr später schrieb er mir, daß er jetzt in einem Hotel in der Karibik als Manager tätig sei und eine feste Stelle angenommen habe. Drei Jahre später schrieb er mir, er habe sich in der Zwischenzeit verheiratet und habe mit seiner Frau zwei Kinder. Möglicherweise hatte er die Distanz zu seiner Heimat benötigt, um freier über sein Leben entscheiden zu können und verbindlichere berufliche und partnerschaftliche Beziehungen aufzunehmen. Die Panikanfälle waren nicht mehr aufgetreten. Hätte Kurt keine Panikanfälle gehabt, dann hätte er sich möglicherweise nie mit seinen Bindungsproblemen auseinandergesetzt. Die Anfälle hatten ihm zu einem Wandel seines Lebens verholfen.

10.3 Der Weg vom Wahrnehmen von Symptomen zum Aufsuchen einer Psychotherapie

Das Wahrnehmen von Symptomen führt die Betroffenen nicht automatisch auf die Spur, die Ursache der Symptome könnte in seelischen oder zwischenmenschlichen Unstimmigkeiten liegen. Die Anerkennung seelischer Ursachen der Störungen bringt die Aufforderung zu einer Auseinandersetzung in einer Psychotherapie mit sich. Dazu sind aber viele Menschen nicht ohne weiteres bereit. Es gibt eine Vielzahl von anderen Möglichkeiten, welche die Betroffenen nicht zu einer so direkten persönlichen Konfrontation mit seiner Lebenslage herausfordern. Viele Behandlungsmethoden beschränken sich eher auf eine Pharmaka-Therapie oder auf eine Therapie, die generell auf eine Verbesserung des seelischen Gleichgewichts hinarbeitet, sei das mittels Entspannung, Physiotherapie, Wellnesskuren, Akupunktur, Homöopathie oder anderen komplementärmedizinischen Maßnahmen. Diese Methoden ersparen den Betroffenen eine direkte Konfrontation mit dem eigenen Ungenügen und erfordern kein so hohes Maß an Eigeninitiative. Die Betroffenen können sich in die Obhut eines aktiven Heilers begeben, ohne sich mit sich selbst auseinandersetzen zu müssen. Eventuelle Konflikte werden auch nicht als solche thematisiert, sondern höchstens als Streßfaktoren am Rande erwähnt, welche die Betroffenen in Spannung bringen oder sie belasten. Für manche Menschen ist das die bessere Art, mit Konflikten umzugehen. Sie können aus einem inneren Abstand heraus intuitiv herausspüren, worum es bei ihnen eigentlich geht und was sie im Leben verändern müßten, ohne das so genau ausformulieren zu müssen. Es kann sein, daß das innere Gleichgewicht wieder gefunden werden kann, ohne bewußte Konfliktbearbeitung. Manchmal allerdings zeigt sich in fortbestehenden, belastenden Konfliktsituationen, daß diese Methoden eher von kurzfristiger Wirkung sind. Anhaltende Symptome verweisen den Patienten darauf, daß er sich nicht adäquat zu seinen Möglichkeiten verhält und mit den Symptomen einen hohen Preis dafür zahlt. Aus meiner Sicht wäre es dann empfehlenswert, eine psychotherapeutische Methode zu wählen, die nicht nur auf Symptomreduktion ausgerichtet ist, sondern das Symptom als Hinweis und Ausdruck einer notwendigen Korrektur des Lebenslaufes versteht.

Wer sich in Psychotherapie begibt, erkennt bei weitem nicht immer die Notwendigkeit der Bereitschaft an, sich mit den eigenen Hintergründen einer Symptombildung zu befassen. Irene Kühnlein (2002) hat in Deutschland eine interessante Studie durchgeführt zur Frage, *wie Patienten ihre Krankheit subjektiv deuten und was sie von einer Psychotherapie erwarten*. Sie hat bei Patienten der stationären Psychotherapie vier Konstruktionsmuster identifiziert. Diese sind:

- *Der Überlastungstypus:* die Störung wird als Nervenzusammenbruch gesehen, der Betroffene fühlt sich als *Opfer eines kritischen Lebensereignisses*, die äußeren Umstände waren so belastend, daß es zum Zusammenbruch kommen mußte. Nur wegen dieses Zusammenbruchs wird die Therapiebedürftigkeit akzeptiert. *Therapie hat zu entlasten*, und deshalb wird eine ambulante Therapie nicht akzeptiert, sondern nur eine Hospitalisation oder ein Kuraufenthalt. Ziel der Therapie ist Wiederherstellung von Wohlbefinden. Die Kur soll vom Alltag entlasten. Vom Therapeuten werden Tips zur Stabilisierung des Wohlbefindens erwartet. Es gilt, mögliche Überlastungssituationen vorzeitig zu erkennen und abzubauen. Der Patient erwartet Hinweise für größere Gelassenheit und innere Distanz. Kritische Aspekte der Lebensführung oder Hinterfragung des eigenen Verhaltens werden als unerwünschte Verunsicherung und Zumutung abgelehnt. Die Ursache der Schwierigkeiten wird in äußeren, widrigen Lebensumständen gesehen, zu denen der Betroffene nichts beigetragen zu haben glaubt. Die Interpretation der Störung als Folge kritischer Lebensereignisse und deren Reflexion gilt als störend und wenig hilfreich.
- *Der Devianztypus:* die psychogene Störung oder Symptombildung wird gemäß dem medizinischen Krankheitsmodell als *unerklärliche körperliche Funktionsstörung interpretiert, die unabhängig von der eigenen Lebensgeschichte* aufgetreten ist. Dem Therapeuten wird eine Expertenrolle zugeschrieben, mit deutlichem hierarchischen Gefälle. Es werden von ihm diagnostische Kompetenz

sowie Ratschläge und Verhaltensanweisungen erwartet. Ziel der Therapie sind die Behebung störender Faktoren und die Wiedereingliederung in das soziale Bezugsmilieu. Die Therapie ist beendet, wenn Beschwerdefreiheit und Arbeitsfähigkeit wiederhergestellt sind. Weitere Kontakte zum Therapeuten würden als unzureichende Heilung interpretiert. Die Erwartung an die Therapie ist die *Aneignung des Rezeptwissens des Therapeuten*.

- *Der Defizittypus:* die psychische Störung wird in *Zusammenhang gebracht mit lebensgeschichtlich begründeten Defiziten*, etwa als Erziehungsfehler. Von der Therapie wird die Identifikation der eigenen Defizite und deren Ausgleich durch verbesserte Handlungskompetenzen erwartet. Am Ende einer zufriedenstellenden Therapie kann der Patient sagen: »Ich gehe besser mit mir und anderen um«. Wiederauftreten der Symptome wird als unzureichender Lerneffekt interpretiert. Die Beziehung zum Therapeuten ist ein *Lehrer-Schüler-Verhältnis*. Die Therapie wird als weitere Schulung aufgefaßt. Das Ziel der Therapie ist das Suchen nach der richtigen Lösung, nach der richtigen Identifikation des persönlichen Problems und dem Entwickeln einer zur Heilung notwendigen Kompetenz.

- *Der Entwicklungsstörungstypus:* die persönliche Entwicklungsgeschichte wird betrachtet als Wechselwirkung zwischen eigenen Fähigkeiten und äußeren Ereignissen und Gegebenheiten. Die familiären und gesellschaftlichen Einflüsse werden berücksichtigt. Die manifeste Störung wird als konsequente Folge der lebensgeschichtlichen Entwicklung und der daraus entstandenen inneren Konflikte gedeutet. *Die Symptome stehen in Zusammenhang mit der gesamten Lebensführung.* Ziel der Therapie ist, das Leben gemäß eigenen Bedürfnissen zu gestalten, Einschränkungen der persönlichen Entwicklung abzubauen und Erkenntnis zu gewinnen. Die Beziehung zum Therapeuten ist eine gleichberechtigte Beziehung partnerschaftlicher Experten. Viele der Betroffenen absolvieren im Laufe ihres Lebens mehrmals eine Psychotherapie. Die Betroffenen sehen sich nicht so sehr als Opfer ihrer Lebensumstände, sondern stellen fest, daß sie manche Entwicklungschancen zuwenig wahrgenommen haben. Die persönliche Entwicklung und die Entwicklung zwischenmenschlicher Beziehungen werden als offene Projekte auf Lebenszeit betrachtet.

Psychotherapeuten können in der Regel am besten mit Klienten nach dem Entwicklungsstörungstypus arbeiten. Dieser Ansatz entspricht auch unserem Konzept des koevolutiven und ökologischen Fokus (siehe Abschnitt 10.1). Die Bereitschaft, die aktuellen Symptome in einen Zusammenhang mit dem eigenen Verhalten zu stellen oder sie ursächlich auf ungelöste persönliche und interpersonelle Konflikte zurückzuführen, kann jedoch nicht vorausgesetzt werden. Bei manchen Patienten kommt es im Laufe ihrer Krankengeschichte oder unter der Psychotherapie allmählich zu einem Einstellungswandel mit erhöhter Bereitschaft, die Ursachen der Störung mit dem eigenen Befinden in Zusammenhang zu stellen oder in ihren Beziehungen den eigenen Anteil an der Entstehung der Symptome zu identifizieren und aktiv an deren Behebung mitzuarbeiten.

Eine Methode zur Bearbeitung der eigenen Einstellung ist die *Auftragsklärung zu Beginn der Therapie*. Die Patienten werden befragt nach den Erwartungen, die sie an die Therapie stellen, nach ihrem Krankheitsmodell, nach dem von ihnen bereits getroffenen Bestrebungen, die Symptome zu reduzieren, und nach ihren Möglichkeiten, einen Beitrag zum Gelingen einer Therapie zu leisten. Die Aufforderung zu selbstverantwortlichem therapeutischen Mitwirken ist dann, wenn sie gelingt, ein großer Gewinn. Manchmal allerdings kann die Gefahr bestehen, daß die Patienten sich von derartigen Fragen überfordert fühlen und aus der Therapie aussteigen, weil sie vom Therapeuten mehr Führung und Nutzung seines Expertenwissens erwarten.

Oft sind es allerdings die Lebensumstände, insbesondere die Partner und Kinder, welche eine Person einer Psychotherapie zuführen. Besonders Männer werden immer wieder von ihren Frauen unter Druck gesetzt, entweder eine Psychotherapie durchzuführen oder eine Scheidung in Kauf zu nehmen. Bei manchen muß es zuerst zu einer Scheidung kommen, bis sie sich ernsthaft mit ihren Problemen auseinandersetzen wollen. Bei Außenbeziehungen ihrer Frauen haben Männer oft nur den einen Wunsch, daß alles wieder so werde wie zuvor und der Konkurrent aus dem Gesichtsfeld der Frau verschwinde. Es vergeht oft längere Zeit, bis diese Männer bereit sind, sich mit den Unstimmigkeiten ihrer Partnerbeziehung, die der Außenbeziehung vorangegangen sind, auseinanderzusetzen. Oftmals geraten Personen in eine Lebenssituation, in der es offensichtlich ist, daß es so nicht mehr weitergehen kann und daß eine Psychotherapie unumgänglich geworden ist.

So legen Patienten oft einen längeren Weg zurück, bis sie sich zu einer Psychotherapie anmelden. Sie haben die Hälfte der Therapie bereits zurückgelegt, wenn sie sich zu ihr entschließen. *Therapie heißt nämlich, die aktuellen Symptome oder die Krise in einen Lebenszusammenhang zu stellen und bereit zu sein, sich mit dessen Hintergründen zu beschäftigen.* Das ist oft ein schmerzlicher Prozeß, der sich zunächst negativ auf das Selbstwertgefühl auswirken kann.

10.4 Wie vermiedene Entwicklungen uns im Leben einholen und auf notwendige Korrekturen hinweisen

Nun sind es nicht nur Symptombildungen, welche eine Person darauf hinweisen, daß etwas in ihrer Lebensführung nicht stimmt und somit einer Änderung bedarf. Das Leben gibt ihr noch eine Vielzahl anderer Hinweise. Das eine sind die kritischen Bemerkungen naher Bezugspersonen (s. Kap. 6), die vor allem dann Beachtung finden, wenn der Kritiker zur Person wohlwollend eingestellt ist und Neid und Rivalität als Motiv zur Kritik dahinfallen. Aber auch die Ergebnisse der Arbeit üben einen korrigierenden Einfluß auf die Lebens- und Arbeitsweise der Person aus.

Was mich an der Psychotherapie fasziniert und tief beeindruckt, ist die Feststellung, daß viele anstehende persönliche Entwicklungsaufgaben jahrelang, ja, jahrzehntelang aufgeschoben und vermieden werden können, weil es den Betroffenen gelungen ist, sich eine Nische zu schaffen, die sie vor diesen Entwicklungsaufgaben verschont, bzw. die ihnen diese Schonhaltung zugesteht oder aufdrängt, bis dann, nach Veränderung der die Schonung stabilisierenden Umwelt, eine neue Situation entstanden ist, die dem Betroffenen das abfordert, was er zu vermeiden trachtete.

Offenbar vermag man sich auf Dauer nicht um das Leben zu betrügen. Früher oder später tritt das Leben an uns heran und konfrontiert uns mit dem, was wir auszuklammern versucht hatten. Es kann zwar sein, daß wir uns auch dann der Ansprache des Lebens verweigern oder daß wir die Ansprache wohl hören, uns davon aber überfordert fühlen. Aber von der Ansprache werden wir nicht verschont, sie drängt sich uns auf, und wenn wir nicht darauf eingehen, hat das Konsequenzen im Bereich von Gesundheit und Wohlbefinden oder in der Qualität unserer Beziehungen und unseres Lebens.

Fallbeispiel 9
Eine Immigrantin erkrankte an Paniksyndrom in Zusammenhang mit ihrem übertriebenen Bestreben, sich an die hiesigen Lebensverhältnisse perfekt anzupassen, wodurch sie den Bezug zu ihren emotionalen Wurzeln verlor.

Die 40jährige Maria meldete sich wegen erneuten Auftretens von Panikattacken. Eineinhalb Jahre zuvor waren Panikanfälle erstmals aufgetreten, vor allem mit der Angst, psychotisch zu werden, zu sterben oder die Kontrolle über sich zu verlieren. Sie spürte unter den Anfällen den Körper nicht mehr und befürchtete, unter dem Kontrollverlust Suizid zu begehen. Sie wurde damals für fünf Wochen psychiatrisch hospitalisiert und absolvierte eine kognitive Psychotherapie mit 25 Sitzungen, die sich vor allem auf den Abbau der Ängste, aber auch ihres Perfektionismus konzentrierten. Diese Therapie war kürzlich abgeschlossen worden. Das erneute Auftreten von Panikanfällen beunruhigte die Patientin sehr stark. Die Anfälle standen in zeitlichem Zusammenhang mit dem Monatszyklus und traten vor allem prämenstruell auf. Vor oder nach den Menses war Maria generell sehr reizbar und neigte zu Wutanfällen. Es beunruhigte die Patientin, daß sie die Panikanfälle nicht verstehen konnte und die Ärzte und Therapeuten ihr nicht zu einer vertieften Erklärung der Hintergründe verhelfen konnten.

Maria war in Osteuropa geboren und lernte dort, 17jährig, ihren Schweizer Ehemann kennen, den sie drei Jahre später heiratete, um mit ihm in die Schweiz zu ziehen. In der Schweiz machte sie eine erstaunliche berufliche Karriere in einer Bank. Sie war sehr ehrgeizig und leistungsorientiert. Die Ehe blieb gewollt kinderlos. Vor einigen Jahren setzte sie aber die Pille ab. Sie stellte fest, daß das Absetzen der Pille bei ihr eine persönliche Entwicklung auslöste. Sie verspürte eine verstärkte Libido und hatte allgemein das Gefühl, als Frau zu erwachen. Doch ein Jahr später wurde sie unerwartet schwanger. Damals traten die ersten leichten Angstanfälle auf. Die Schwangerschaft versetzte sie in eine tiefe Ambivalenz. Sie freute sich einerseits, ein Kind haben zu können, fühlte sich aber andererseits davon völlig überfordert. Es kam zu einem Spontanabort nach sechs Wochen. Wegen der Fehlgeburt empfand sie Schuldgefühle, weil sie das Kind nicht wirklich gewollt habe, gleichzeitig aber war sie erleichtert.

In der Therapie wurde bald deutlich, daß die Todesangst ein Ausdruck ihres nicht gelebten Lebens war, vor allem ihres nicht gelebten Lebens als Frau. Die Kinderlosigkeit begann Maria zunehmend zu beschäftigen. Sie empfand ihr Leben ohne Kind als leer und sinnlos. Andererseits hatte sie eine panische Angst vor einem Kind. Was sollte sie tun, wenn das Kind sich schlecht entwickelte, in der Schule versagte, drogenabhängig wurde, es beruflich lediglich zum Coiffeur brachte oder wenn das Kind sie am Schluß verließ? Da sowohl ihr Mann wie sie gut verdienten, konnten sie sich ein luxuriöses Leben leisten. Vor wenigen Monaten hatten sie ein selbst gebautes Haus bezogen. Die Patientin hatte die Hoffnung gehabt, darin Geborgenheit zu finden. Wegen der großen Fenster fühlte sie sich nachts jedoch von außen beobachtet und konnte sich im Haus nicht wirklich heimisch fühlen.

Maria hatte praktisch keine sozialen Kontakte. Sie fand alle Bekannten langweilig und doof. Intellektuell fühlte sie sich anderen überlegen und empfand Geselligkeit als verlorene Zeit. Die einzigen Freundinnen, die sie hatte, stammten aus Rumänien. Zunächst bestritt sie, Heimweh nach ihrer Heimat zu haben. Es wurde dann aber immer deutlicher, daß sie als Immigrantin sich unter höchsten Anpassungs- und Leistungsdruck gesetzt hatte, im dauernden Bestreben, in der Schweiz akzeptiert und anerkannt zu werden. Im Geschäft paßte sie sich allen Konventionen an und vermied Streitigkeiten, auch mit ihrem Mann. Doch sie empfand ihre Ehe als leer und langweilig.

Ich formulierte damals folgende Fallkonzeption:

Ausgangssituation für die Symptombildung: Maria kam als osteuropäische Emigrantin in die Schweiz und setzte ihre ganze Energie ein für eine perfekte äußere Anpassung und berufliche Karriere. Dadurch verkümmerte ihre persönliche Entwicklung immer mehr. Außer mit dem Mann pflegte sie keine sozialen Kontakte oder Freizeitaktivitäten und stand in dauernder Angst, im beruflichen Konkurrenzkampf nicht zu genügen. So geriet sie in den letzten Jahren in eine untergründige, schleichende Sinnkrise, die vertieft wurde durch eine unerwünschte Schwangerschaft, die mit Spontanabort endete. Dann traten die Panikanfälle auf, welche die Patientin darauf verwiesen, sich mit ihrer Lebensführung auseinanderzusetzen. Sie spürte, wie groß die Gefahr war, das Leben zu verpassen, und konnte die Todesangst, die ihre Panikanfälle begleiteten, als symbolisches inneres Absterben deuten.

Anstehender Entwicklungsschritt in der Gestaltung der Beziehungen: Als Entwicklung für die jetzige Therapie stand an, ihre Lebensführung zu verändern durch Reduktion ihres beruflichen Ehrgeizes und Erfolgsstrebens und durch eine persönliche Öffnung gegenüber der Vielfalt des Lebens, insbesondere durch Sich-Einlassen in freundschaftliche Beziehungen und das Gestalten ihres Heims.

Zunächst erhoffte Maria, durch sexuelle Beziehungen mit anderen Männern belebt zu werden. Erfreulicherweise zeigte sich jedoch, daß der Mann sich ebensosehr nach einer Verlebendigung der Ehe sehnte wie sie. Sie begannen gemeinsam vermehrte Kontakte mit Bekannten aufzunehmen, diese zum Nachtessen einzuladen und miteinander Anlässe zu besuchen. Vor allem aber veränderte sich die Patientin im Geschäft. Dort galt sie bisher als sehr tüchtig und effizient, war aber wenig beliebt. Im Qualifikationsgespräch wurde ihre mangelhafte Kommunikationsfertigkeit kritisiert. Sie halte sich zu sehr im Abseits und sei zu perfektionistisch und verkrampft. Es ergab sich nun eine erstaunliche Veränderung der Patientin. Sie nahm die Panikanfälle als Hinweis, daß sie in der Berufskarriere nicht noch weiter aufsteigen sollte. Sie reduzierte ihr Erfolgsstreben. Sie suchte vermehrt Kontakte zu Mitarbeiterinnen und galt immer mehr als humorvoll und gesellig. Ein großer Erfolg war eine Tischrede, die sie auf einem Betriebsfest hielt. Alle gratulierten ihr zu ihrem Humor. Sie wurde im Betrieb wesentlich emotionaler, aber auch aggressiver. Unter ihren Mitarbeiterinnen war sie nun sehr beliebt. Auf eigenen Wunsch wurde sie nicht mehr weiter befördert. Sie nahm auch den Kontakt zu ihren heimatlichen Wurzeln auf. Sie bekam von allen Seiten zu hören, wie stark sie sich verändert habe. Lange verschüttete Lebensmöglichkeiten waren bei Maria aufgebrochen. Die Symptome verschwanden dauerhaft. Die Therapie, die sich über einen Zeitraum von fast zwei Jahren erstreckt hatte, konnte mit 25 Sitzungen erfolgreich abgeschlossen werden. Panikanfälle waren im Kontrolljahr nicht mehr aufgetreten.

Diese Beobachtungen legen die Annahme nahe, daß wir das, was sich in uns entwickeln will, nicht beliebig einschränken und manipulieren können. C. G. Jung spricht vom Selbst als einem personimmanenten Entwicklungsprinzip, als einem anordnenden Faktor, als der persönlichen Erfahrung der Stimme Gottes. Viele Menschen lassen sich von einer inneren Stimme oder einer Gewissensstimme leiten. Doch es geht nicht nur um innere Stimmen. Ich lege vor allem auf die in der bisherigen Fachliteratur nur wenig beachteten äußeren Stimmen Gewicht. Es gibt so etwas wie eine Selbstregulation des Lebenslaufes. Die billigen Kompromisse des Lebens, das Ausweichen vor unangenehmen Aufgaben, das Lügengewebe in unseren Beziehungen, die selbstgerechte Überheblichkeit usw. holen einen irgendwann einmal im Leben ein, und sei das erst im Alter oder auf dem Totenbett. Sie konfrontieren uns mit der Wahrheit, ziehen die Lebensbilanz, halten über uns Gericht und bieten oftmals, aber nicht immer, eine Alternative an. Das kann auch erst in den letzten Stunden des Lebens sein. Die gelebte Zeit ist grundsätzlich von anderer Natur als die gemessene Zeit. Die Bilanz kann uns vor Augen treten zu einem Zeitpunkt, wo wir den Lauf des Lebens nicht mehr grundsätzlich verändern können. Aber es können in uns die unerfüllten Sehnsüchte nach einem anderen Leben aufbrechen, die uns vor Augen halten, was ein Leben mit mehr Eigentlichkeit, Echtheit und Liebe wäre. Für diese Erkenntnis ist es nie zu spät.

10.5 Der Lebenslauf als ein die Person übergreifender Prozeß

Ob es etwas gibt, das den Lebenslauf steuert und leitet, läßt sich immer erst im nachhinein feststellen (s. Abschn. 5.7). Der Mensch hat das Bedürfnis, dem Verlauf seines Lebens Sinn zu geben, eine Lebensgeschichte zu konstruieren, die – nach vielen Irrungen und Umwegen – schließlich ihre Erfüllung gefunden hat (Jüttemann & Thomae 1987). Dabei kann der Eindruck entstehen, das Leben habe sich nicht als bloßer Zufall oder Schicksal entwickelt, sei aber ebensowenig bloß Resultat eigener Planung und Verdienste, sondern sei wie durch eine höhere Fügung geleitet und gesteuert worden. Wenn erlittene Schicksalsschläge nachträglich positiv beurteilt werden, hängt das nicht nur damit zusammen, daß unser Gedächtnis möglicherweise so konstruiert ist, daß glückliche Seiten eher erinnert werden als unglückliche. Vielmehr liegt es im Sinn des wirkungsgeleiteten Lebenslaufs, daß unglückliche Umstände uns auf eine neue Richtung unseres Lebenslaufes hinweisen, die sich rückblickend als Glücksfall erweisen kann. Es liegt stark an der eigenen Einstellung, ob ein Unglück sich zum Glück wandelt oder als Unglück fortbesteht. Das Leben verfügt über ein komplexes System von Regulationsmechanismen, von denen ein Teil erfaßbar und in diesem Buch dargestellt worden ist. Es wirkt jedoch eine unausschöpfbare Vielzahl von einzelnen Faktoren zusammen, die sich in jedem einzelnen Fall wieder neu kombinieren und kaum in ihrer Gewichtung objektiv einschätzbar sind. Man kann das lebenssteuernde Ganze als Gott bezeichnen. Will man diesen Begriff vermeiden, kann man ihn zum Begriff »das Leben« umformulieren: »Wie ist dir das Leben begegnet? Was hat das Leben dir abgefordert? Was hat dir das Leben gebracht? Das Leben ist hart mit dir ins Gericht gegangen. Das Schicksal hat dich eingeholt. Wie das Leben so spielt.« Mit dem Begriff »das Leben« wird ein steuerndes Ganzes eingeführt, das dem Leben einen Sinn gibt und dem persönlichen Wollen übergeordnet ist.

Viele, auch religiös nicht Gläubige, haben ein unbestimmtes Gefühl, ihr Leben werde gelenkt und geleitet und erlittene Schicksalsschläge und Lebenswenden hätten für sie einen Sinn gehabt. Wenn wir uns als Suchende verstehen ohne Gewißheit, ob es eine göttliche Steuerung gibt, so können wir auch ohne Gottesglauben zu einer auf ein Ganzes hinführenden Einstellung finden. Diese beinhaltet zum einen, daß das Leben an Tiefgang und Intensität gewinnt, wenn wir uns als Wesen verstehen, die vom Schicksal angesprochen werden und die in dieser Ansprache immer wieder auf den zu begehenden Weg hingewiesen werden. Zum anderen werden wir unser Leben in einen uns übergreifenden Beziehungsprozeß eingliedern im Sinne von Meister Eckharts »mit Gottes Wirken wirken«. Wir können uns verstehen als Teil von uns übergreifenden historischen Prozessen, die weit vor unserer Geburt begonnen haben und unsere Lebensspanne zeitlich durchziehen und Spuren und Nachwirkungen hinterlassen, bis sie sich verlieren. Wir sind aber auch Teil konkreter Beziehungsprozesse, indem wir in der Auseinandersetzung mit den uns begegnenden Partnern und Bezugspersonen zu uns selbst kommen und somit das, was wir werden, nie uns allein zueignen können (siehe Willi 1985).

Es gilt zu beachten, daß nicht nur wir von unserem Schicksal und der Gestaltung unserer Beziehung betroffen sind, sondern ebenso unsere Bezugspersonen. Diese sind nicht nur unsere Konkurrenten und Kritiker, sie profitieren ebenfalls davon, wenn wir ein gutes Leben führen. Sie wirken im eigenen Interesse auf uns ein, konfrontieren uns und setzen sich mit uns auseinander. Sie geben uns Hinweise, strukturieren uns, unterstützen uns oder fordern uns heraus. Sie sehen uns, indem sie uns gegenüberstehen, oft klarer als wir selbst. Es entsteht daraus ein übergeordnetes Ganzes, von dem die Person wie ihre Bezugspersonen Teile sind, Teile eines personübergreifenden Prozesses (s. Willi 1985).

Wie schwierig die Frage nach der Existenz einer göttlichen Führung zu beantworten ist, läßt sich einschätzen anhand einer Einladung, die der Chefredakteur der Zeitschrift »Christ in der Gegenwart« Johannes Röser im Jahre 2004 an Persönlichkeiten des öffentlichen Lebens gerichtet hat, sich zur Frage zu äußern »Was sagt mir Gott?«. Er hat eine Auswahl von 37 Stellungnahmen – unter ihnen auch die meinige – veröffentlicht. Es handelt sich unter anderem um die Aussagen bekannter Politiker wie Wolfgang Schüssel, österreichischer Bundeskanzler, Wolfgang Thierse, damaliger Bundestagspräsident von Deutschland, Renate Künast, damalige Bundesministerin in Deutschland für Verbraucherschutz, Ernährung und Landwirtschaft, Alexeij II., Patriarch von Moskau und ganz Rußland, aber auch um verschiedene Wissenschaftler und Theologen. Erstaunlich war, daß mit einer Ausnahme niemand mit dem Begriff »Gott« nichts anzufangen wußte und Gott im eigenen Leben keine Bedeutung zugemessen hätte. Aber die Beziehung zu Gott ist nur für wenige klar definierbar und eindeutig. Die meisten empfinden sich als Suchende vor einem letztlich nicht zu lüftenden Geheimnis. Ich möchte aus dem Statement von Peter Frey, dem Leiter des ZDF-Hauptstadtstudios in Berlin, eine Passage zum Thema dieses Buches anführen: »Gewiß suche ich nach Worten..., was Gott bedeutet. Da finde ich Zuflucht in Formeln, die mir selbst abgegriffen erscheinen, hilflos angesichts der Kluft zwischen Alltags- und Glaubenssprache... Aber mit Gott leben, Mit-Gott-Leben heißt auch: in meine Begrenzungen einwilligen, also Herkunft, Grenzen, Wurzeln anerkennen als subjektive Heimat, ohne Anspruch auf die ganze Wahrheit, als Suchender. Gott hilft mir zu begreifen: Du bist nicht alles. Es gibt etwas, was größer ist. Bei aller Verantwortung für das eigene Leben, bei aller Freude am eigenen Willen, an der eigenen Leistungsfähigkeit – es ist anders als in der Werbung: nicht alles ist möglich, nicht alles machbar. Der Mensch kann viel, aber er kann nicht alles alleine schaffen« (Röser 2004, S. 33).

11 Wende im Lebenslauf durch Psychotherapie

■ Dieses Kapitel befaßt sich mit der Anwendung der ökologischen Fallkonzeption und Fokusformulierung in der Psychotherapie. Diese legt den Schwerpunkt auf die Gestaltung der aktuellen Beziehungen. Sie geht von der Annahme aus, daß der Patient in der gegenwärtigen Krise an einen Punkt gelangt ist, wo sich ihm eine Wende in seinen Beziehungen und in der Gestaltung seiner Nische aufdrängt. Oft geht es darum, anstehende, bisher vermiedene Entwicklungsschritte in den konkreten Beziehungen zu vollziehen. Dabei ist nicht nur die persönliche Situation des Patienten zu beachten, sondern in gleicher Weise die Motivationslage seiner Konfliktpartner, die entweder konkret in den therapeutischen Prozeß miteinbezogen werden oder zumindest virtuell im Gespräch anwesend sind und einen virtuellen Dialog mit dem Patienten führen.

Die Fokussierung auf die Beziehungsgestaltung nimmt Entwicklungsbereitschaften des Patienten auf, die sich in der gegenwärtigen Krise abzeichnen. Der Patient ist bereits auf dem Wege, sich in die anstehende Entwicklung zu schicken, schreckt jedoch auch davor zurück und benötigt deshalb die Unterstützung durch die Therapeutin oder den Therapeuten. Die Therapie verstärkt somit lediglich eine Bewegung, die vom Patienten bereits eingeleitet ist. Das therapeutische Gespräch zentriert sich im wesentlichen auf die interaktionelle Bearbeitung von Ereignissen, die auf der Fokallinie liegen. Die Zentrierung auf anstehende Entwicklungen in der bisherigen Beziehungsgestaltung erweist sich als überraschend wirksam, wie zwei Nachuntersuchungen bestätigt haben.

Das Kapitel ist vor allem für Psychotherapeutinnen und Psychotherapeuten bestimmt. Ich habe mich aber um eine Darstellung bemüht, die für jeden Lesenden verständlich ist. Es geht um die Frage, wie eine Psychotherapie zum Wendepunkt im Lebenslauf werden kann. ■

11.1 Die ökologische Fallkonzeption der Psychotherapie

In Kapitel 10 wurde beschrieben, wie anstehende Entwicklungen in der Gestaltung von Beziehungen manchmal über Jahrzehnte vermieden werden können, bis sie früher oder später ihren Nachvollzug von der Person einfordern. Diese These bildet die Grundlage der vom Ausbildungsteam des Zürcher Instituts für Ökologisch-systemische Therapie (Willi 1996) ausgearbeiteten ökologischen Fallkonzeption. Viele Anregungen verdanke ich den Dozierenden unseres Instituts.

Die ökologische Fallkonzeption wird in einem Therapiefokus kondensiert, der für eine Psychotherapie schriftlich ausformuliert wird. Diese Fokusformulierung scheint zunächst simpel zu sein. Es steckt jedoch darin – zugleich sehr praxisorientiert – das Wesentliche unseres Menschenbildes und unserer Lebensphilosophie. Die Fokusformulierung gliedert sich in folgende 5 Schritte, die in der schriftlichen Ausarbeitung mit gewissen Formulierungen eingeleitet werden. Der Fokus wird möglichst in der Sprache des Patienten formuliert, also in Ich-Form.

Formulierung des ökologischen Fokus für die Einzeltherapie

1. **Beziehungskonstellation, in welcher das Problem auftrat**
   Nachdem ich die aktuellen Beziehungen ursprünglich nach folgendem Leitbild gestaltet hatte... was mir folgende persönliche Entwicklung ermöglichte... und mir erlaubte, folgende Entwicklungen zurückzustellen oder zu vermeiden... traten folgende Veränderungen in meinen Beziehungen auf... welche folgende schwierige Beziehungssituation herbeiführten...

2. **Anstehender Entwicklungsschritt in der aktuell schwierigen Beziehung**
   ... stehen folgende Entwicklungen in meinen Beziehungen an...

3. **Erschwerende Faktoren**
   ... was erschwert wird durch folgende persönliche und situative Umstände...

4. **Begünstigende Faktoren**
   ... was begünstigt wird durch folgende persönliche und situative Umstände...

5. **Erste Schritte in der angestrebten Entwicklung**
   Erste Schritte in der angestrebten Entwicklung meiner Beziehungen könnten sein...

Diese 5 Schritte sollen nun erläutert werden:
Im Zentrum der ökologischen Fallkonzeption steht der anstehende, vom Patienten bisher vermiedene oder für nicht notwendig erachtete Entwicklungsschritt in der Gestaltung seiner Beziehungen. Wir legen bewußt den Fokus auf die Entwicklung in der Gestaltung der Beziehungen und nicht auf die persönliche Entwicklung, um damit näher bei der Gestaltung des Lebenslaufes zu bleiben. Der Fokus wird dadurch wesentlich konkreter und situationsbezogener, als wenn wir den Fokus auf die Entwicklung von Autonomie, Einsicht oder Bewußtsein legen.

Die meisten Patienten melden sich beim Psychotherapeuten wegen Schwierigkeiten in einer konkreten Beziehung. Die vorgetragenen Beziehungsschwierigkeiten sind das Eingehen und Aufrechterhalten einer Liebesbeziehung, das Leben in einer Ehe, die Schwierigkeiten beim Auflösen einer Ehe, dann Schwierigkeiten am Arbeitsplatz, in der Beziehung zu den Vorgesetzten, zu Mitarbeitern und Kunden, aber auch Schwierigkeiten, den Herausforderungen der Arbeit zu genügen. Ferner kann es um Schwierigkeiten in der Beziehung zu den Kindern, Eltern, seltener zu den Geschwistern, Nachbarn oder Freunden gehen. Nun kann man der Meinung sein, diese konkreten Beziehungsschwierigkeiten seien lediglich Ausdruck einer allgemeinen persönlichen Entwicklungsstörung, etwa im Sinne einer Bindungsstörung oder einer Fixierung in Beziehungsängsten. Man kann der Meinung sein, man sollte die Ursache dieser Störung in den ersten Beziehungserfahrungen der Kindheit suchen, oder man kann der Meinung sein, es gehe um Beziehungsschemata, also um die zu Strukturen verfestigten und durch Fehlannahmen verzerrten Beziehungsmuster.

Die ökologische Psychotherapie (Willi 1996), die sich den systemischen Therapien zurechnet, zentriert sich vor allem auf Schwierigkeiten, die der Patient jetzt gerade in einer konkreten Beziehung erfährt. Sie zentriert sich auf die Interaktion zwischen dem Patienten und seinem Konfliktpartner, in der Auffassung, daß der aktuelle Konflikt eventuell als pars pro toto ein typisches Beispiel einer allgemeinen Beziehungsschwierigkeit sein kann. Sie ist der Meinung, daß auch eine allgemeine Beziehungsschwierigkeit sich am besten an einem aktuellen, konkreten Beispiel erfassen und bearbeiten läßt.

Erläuterungen zu den 5 Schritten der Fokusformulierung:
Zu »1. Beziehungskonstellation, in welcher das Problem auftrat«
Die zentrale therapeutische Frage ist: Was ist der jetzt anstehende Entwicklungsschritt in der Gestaltung der aktuell schwierigen Beziehung? Um das zu klären, wird der Frage nachgegangen, was sich kurz vor der Krise oder der Symptombildung in der Beziehung verändert hat, das jetzt neue Entwicklungen herausfordert oder ermöglicht. Der Fokus nimmt Bezug auf die Vorgeschichte und die Entwicklung der aktuellen Beziehungskrise. Am Anfang steht sowohl in Partnerbeziehungen als auch in Arbeitsbeziehungen eine »Partnerwahl«. Was waren die situationsbezogenen Motivationen und Erwartungen beim Eingehen der Beziehung? Welches Beziehungsleitbild war dabei bestimmend, welche Idealvorstellungen und Wünsche leiteten die »Wahl«? Welche persönlichen Entwicklungen ermöglichte die Beziehung in ihrem Beginn und welche ängstlich vermiedenen Herausforderungen ließen sich mit ihr hintanstellen? Welche Ängste hatte man in diese Beziehung hineingetragen? Von welchem Ungemach hoffte man verschont zu werden? Wie hat sich diese Beziehung dann entwickelt? Wann traten wichtige Ereignisse und Veränderungen in der Beziehung ein? Welche Veränderungen der Lebensumstände gingen der aktuellen Krise voraus und führten dann zu Störungen und in die Therapie?

Zu »2. Anstehender Entwicklungsschritt in der aktuell schwierigen Beziehung«
Die aktuelle Krise wird als Entwicklungskrise gesehen, die z.B. in Zusammenhang mit einer Enttäuschung, einer persönlichen Kränkung oder einer Überforderung aufgetreten ist. Welche Vermeidungen sollte der Patient jetzt überwinden, von welchen Ansprüchen und Idealen muß er sich verabschieden und welchen Ängsten muß er sich stellen, um die Beziehung befriedigender gestalten zu können? Es kann sich aber auch um ganz normale, neue Anforderungen im Lebenslauf handeln, mit denen der Patient konfrontiert ist. Ein kritischer Einwand gegen diese Fokusformulierung kann sein, es sei der Therapeut, der den Entwicklungsschritt definiere, und nicht der Patient. Dem Patienten werde quasi eine anstehende Entwicklung übergestülpt. Das trifft, wie ich noch auf S. 315 ausführen werde, insofern nicht zu, als es das Bestreben unseres Fallverständnisses ist, lediglich Entwicklungen zu unterstützen, die vom Patienten bereits eingeleitet wurden.

Zu »3. Erschwerende Faktoren«
Weshalb hat der Patient eine anstehende Entwicklung in der Gestaltung seiner Beziehungen bisher vermieden? Dabei ist zu bedenken, daß der Patient die Entwicklung längst selbst vollzogen hätte, wenn ihr Vollzug so leicht gelänge. In einer speziellen Rubrik der Fokusformulierung wird deshalb aufgeführt, was den Vollzug der anstehenden Entwicklung erschwert und diesem entgegensteht. Das können persönliche Hemmungen und Ängste sein, aber auch Rücksichtnahme auf Partner, denen man diese Veränderung nicht zumuten will, oder gemeinsame kollusive Ängste von Partnern, die eine Situation aufrechterhalten wollen, auch wenn sie nicht mehr entwicklungsfähig ist. In einer anderen Rubrik wird zu erfassen versucht, weshalb gerade jetzt der richtige Moment wäre, den anstehenden Entwicklungsschritt zu vollziehen. Dazu gehört bereits die Feststellung »so wie jetzt kann es nicht mehr weitergehen«.

Zu »4. Begünstigende Faktoren«
Aber es liegen gegenwärtig vielleicht auch speziell günstige Bedingungen für einen Wendepunkt im Lebenslauf vor, so etwa die Veränderung der Lebensumstände, die dem Patienten eine Entwicklung abfordern oder diese freisetzen. Es kann aber auch sein, daß neue Beziehungen oder neue Lebensumstände ihn in seiner Entwicklung unterstützen. Es kann ebenso sein, daß die neuen Beziehungs- und Lebensumstände die Entwicklung erschweren. In einem Abschlußteil soll hypothetisch überlegt werden, worin die ersten Veränderungsschritte in der angestrebten Richtung liegen könnten.

Zu »5. Erste Schritte in der angestrebten Entwicklung«
Der Therapeut muß lernen, in kleinen Schritten zu denken. Kleine positive Veränderungen in Beziehungen stärken das Selbstvertrauen des Patienten und ermutigen ihn zu weiteren Schritten. Viele Therapien entwickeln sich ungünstig, weil Therapeuten und Patienten sich zu große Schritte vornehmen und dann immer wieder enttäuscht werden.

Fallbeispiel 10
Eine Frau hatte bislang unter dem Schutz ihrer Eltern und ihres Ehemannes ein verwöhntes Leben geführt. Dann verstarben ihre Eltern, ihre Ehe geriet in eine Krise, der Mann trennte sich von ihr, woraufhin sie unter der Überforderung, ihr Leben selbst in die Hände nehmen zu müssen, ein Paniksyndrom entwickelte.

Claudia, Mitte 40, wandte sich an mich wegen anfallsartiger Schmerzen, die den Charakter eines Paniksyndroms oder eines Somatisierungssyndroms hatten. Sie spürte retrosternal (hinter dem Brustbein) krampfartige Schmerzen, hinter denen sie verschiedene lebensbedrohliche Krankheiten vermutete, wie Herzinfarkt, Magenkrebs, Speiseröhrenkrebs, rheumatische Beschwerden, Multiple Sklerose, Herpes zoster, Spondylose (Wirbelsäulenerkrankung), Aortenaneurisma oder gefährliche Allergien. Die Anfälle waren mit Todesangst verbunden. Wegen dieser Anfälle zog die Patientin von Arzt zu Arzt, vom Kardiologen zum Gastroenterologen, zum Neurologen, zum Rheumatologen, zum Endokrinologen usw. Überall ließ sie sich von

Koryphäen untersuchen und zog dann enttäuscht zum nächsten Arzt. Bei mir blieb sie und kam regelmäßig zu Sitzungen, obwohl ich den Eindruck hatte, daß sie auch mir und meiner Behandlung nicht traute. In jeder Sitzung berichtete sie von den neuesten Anfällen und war zutiefst überzeugt, an einem organischen Leiden erkrankt zu sein, das niemand zu diagnostizieren vermöge. Eine psychodynamische Erklärung ihrer Beschwerden lehnte sie ab. Die Patientin litt stark unter dem Alleinsein. Sie befürchtete vor allem, nachts an einem Herzinfarkt zu sterben. Kurz vor Beginn ihrer Beschwerden hatte sich ihr Mann von ihr getrennt. Sie wollte ihn zunächst zurückgewinnen und war keinesfalls bereit, in eine Scheidung einzuwilligen. Dem Auftreten ihrer Beschwerden waren schwerwiegende Veränderungen der Lebensumstände vorausgegangen.

Claudia war als verwöhntes Einzelkind wohlhabender Eltern aufgewachsen. Nach längerer Bekanntschaft heiratete sie 36jährig einen Geschäftsmann. Sie wurde von ihrem Ehemann verehrt, verwöhnt und geliebt. Sie wies den Ehemann jedoch darauf hin, daß die Beziehung zu ihren Eltern für sie an erster Stelle stehe.

Drei Jahre vor Therapiebeginn erkrankte ihre Mutter und starb angeblich an einer Fehlbehandlung durch die Ärzte. Claudia hatte ihre Mutter über ein Jahr lang gepflegt. Nach dem Tod der Mutter erkrankte der Vater. Mit dem Einverständnis des Ehemannes nahm Claudia den Vater zu sich. Der Ehemann fühlte sich dadurch aber hintangesetzt und reagierte mit Eifersucht. Es kam deswegen zu heftigen Streitigkeiten mit dem Ehemann. Der Vater kehrte deswegen in sein angestammtes Haus zurück, wo er bald danach starb. So hatte Claudia in kurzer Zeit mit den Eltern ihre beiden wichtigsten Bezugspersonen verloren. Sie machte den Mann für den Tod des Vaters verantwortlich. Sie äußerte ihm gegenüber: »Das werde ich dir nie verzeihen«. Einige Monate später eröffnete ihr der Ehemann, daß er sie nicht mehr liebe, an Scheidung denke und von ihr die Rückzahlung eines hohen Betrages verlange, den er ihr für die Renovierung des Elternhauses zur Verfügung gestellt hatte. Kurze Zeit darauf trennten sie sich. Die Patientin zog in eine eigene Wohnung und mußte sich nun erstmals um ein eigenes Erwerbseinkommen kümmern. Damals traten die Panikanfälle auf. Diese waren teilweise Folge ihrer Lebensangst, teilweise verstärkten sie diese noch zusätzlich. Die Patientin war nun vollkommen allein und auf eigene Füße gestellt.

Schon nach der vierten Therapiesitzung hatte sie sich in einen frisch geschiedenen Mann verliebt. Das verschaffte ihr Abstand zu ihrem Ehemann, zu dem sie den Kontakt völlig abgebrochen hatte. Es bestand die Gefahr, daß Claudia sich erneut unter den Schutz eines Mannes stellen wollte.

Ich formulierte zu Therapiebeginn folgenden Therapiefokus:
Nachdem ich verheiratet war mit einem Mann, der mich auf Händen trug, mir alle Schwierigkeiten aus dem Wege räumte und akzeptierte, daß für mich die Eltern an erster Stelle stehen, kam es im Zusammenhang mit Krankheit, Pflege und Tod meiner Eltern zu einer tiefen Ehekrise. Mein Mann trennte sich von mir und ich mußte wegen seiner Geldforderungen den finanziellen Ruin befürchten. Nachdem ich den Boden unter den Füßen verloren hatte, fühlte ich mich zusätzlich durch das Auftreten von Panikattacken am Leben bedroht.

Als Entwicklung steht jetzt an, daß ich die Verantwortung für mein Leben in eigene Hände nehme und eine eventuelle neue Partnerbeziehung aus einer selbständigen Position heraus gestalte.

Was dadurch erschwert wird, daß ich noch nie selbständig für mich sorgen mußte, mich immer verwöhnen lassen konnte und jetzt erneut auf einen Retter hoffe, an den ich mich anlehnen könnte.

Die anstehende Entwicklung wird dadurch erleichtert, daß ich mein Leben so nicht weiterführen kann und im Verfolgen meiner Ziele über viel Energie und Durchsetzungsvermögen verfüge.

Erste Schritte wären, daß ich meine äußere und finanzielle Situation in den Griff kriege und mir bestätige, daß ich auch allein mit dem Leben zurechtkomme. Ferner, daß ich es wage, mich dem neuen Partner so zu zeigen, wie ich bin.

Es war Claudia sehr wichtig, dem neuen Freund ihre Beschwerden zu verheimlichen, da sie überzeugt war, eine kranke Frau sei für einen Mann nicht attraktiv. Die Angst, in seiner Anwesenheit einen Schmerzanfall zu erleiden, führte zu einer Verkrampfung mit Auftreten von Kopfschmerzen und Angst vor Hirntumor. Während ihr Ehemann sexuell sehr aktiv gewesen war und die Patientin damals mit Verkrampfungen reagiert hatte, erwies sich der neue Freund sexuell eher als unsicher, was Claudia ein Gefühl von Überlegenheit vermittelte, so daß sie erstmals sexuell erlebnisfähig war.

Anfänglich berichtete sie in jeder Sitzung von neuen Anfällen. Jedesmal erkundigte ich mich im Detail, wann genau der Schmerzanfall aufgetreten sei und welches die Beziehungssituation unmittelbar vor dem Auftritt der Schmerzen gewesen war. Regelmäßig handelte es sich um Streßsituationen, die auf der Linie des anstehenden Entwicklungsschrittes im Fokus lagen. Am häufigsten waren Eifersuchtsreaktionen, weil der Freund den Kontakt mit seinen Kindern aufrechterhalten wollte und dadurch auch seiner Exfrau immer wieder begegnete. Er versuchte, diese Kontakte vor Claudia zu verheimlichen. Ihre Schmerzattacken standen in Zusammenhang mit vermuteten oder entdeckten Kontakten zur Exfrau. Claudia reagierte mit heftiger Eifersucht und machte ihm große Szenen. Bei der 21. Sitzung, nach neun Monaten Therapie, war sie in zweiwöchigem Sitzungsintervall erstmals beschwerdefrei. Damals war es zum Kontaktabbruch mit dem Freund gekommen. Die Beziehung ging dann doch weiter und die Schmerzattacken korrelierten weiterhin eng mit Eifersuchtsszenen in der neuen Beziehung oder Ärger mit dem Ehemann in Zusammenhang mit dem Scheidungsprozeß. Claudia wurde dem Freund gegenüber zunehmend aggressiver, fordernder und selbstbewußter. Von der 33. Sitzung an war sie praktisch beschwerdefrei. Sie dachte ernsthaft daran, sich vom Freund zu trennen, weil sie sich von ihm zuwenig geliebt fühlte. Doch dann war es der Freund, der die Beziehung zu ihr abbrach. Claudia war darüber verzweifelt, da sie das Alleinleben schlecht ertrug und sich ein Leben ohne Partner nicht vorstellen konnte. Doch auch diese Schwierigkeit konnte sie bewältigen, ohne daß es zu neuen gesundheitlichen Störungen gekommen wäre.

Äußerlich zeigte sich eine deutliche Veränderung der Patientin. Zu Beginn der Therapie wirkte sie in Kleidung und Frisur altmodisch und konventionell. In den späteren Sitzungen wurde sie zunehmend attraktiver und charmanter. Die schwere Krise hatte bei ihr dazu geführt, daß sie den goldenen Käfig verlassen mußte, um die Verantwortung für ihr Leben selbst zu übernehmen. Eine längst anstehende Entwicklung hatte sich ihr durch die Veränderung der Lebensumstände aufgedrängt. Sie war in der Lage, diese Entwicklungsaufforderung anzunehmen und die notwendige Lebenswende zu vollziehen.

11.2 Das therapeutische Heraushören und Verstärken einer vom Patienten unbewußt eingeleiteten Entwicklung

Wer bestimmt den anstehenden Entwicklungsschritt? Das schriftliche Ausformulieren des ökologischen Fokus ist eine Aufgabe der Therapeutin oder des Therapeuten im Rahmen der Supervision oder der Vorbereitung der nächsten Sitzung. Aber der Fokus soll nicht vom Therapeuten allein festgelegt werden, er soll vielmehr aus den vom Patienten vorgetragenen Anliegen herausgehört oder erschlossen werden. Wir pflegen den Fokus in der Ich-Form des Patienten zu formulieren, um der Gefahr entgegenzuwirken, daß die Therapeutin oder der Therapeut den anstehenden Entwicklungsschritt nach eigenen Zielvorstellungen formuliert, anstatt mit den Worten des Patienten. Die supponierte Ich-Formulierung des Patienten fordert dem Therapeuten ab, den Fokus in einer Sprache abzufassen, mit der sich der Patient identifizieren könnte. Der Therapeut muß sich vor Augen halten, ob der Patient den anstehenden Entwicklungsschritt wirklich hätte so formulieren können. Therapeuten neigen dazu, die Therapieziele zu hoch anzusetzen, so daß am Ende Therapeut und Patient enttäuscht sind und meinen, die Therapie habe ihr eigentliches Ziel nicht erreicht.

Wir gehen von der Annahme aus, daß Symptom und Krise auftreten, wenn ein Patient eine anstehende Entwicklung in der Gestaltung seiner Beziehungen nur halbherzig eingeleitet hat, sie dann aber nicht vollzogen, sondern aus persönlichen oder interpersonellen Gründen vermieden hat. In der Therapie geht es darum, diese anstehende, manchmal nicht voll bewußte, aber meist bereits eingeleitete Veränderung im Gestalten der Beziehung aufzuspüren und ihr zum Durchbruch zu verhelfen. Die Veränderungen der Lebensumstände im zeitlichen Vorfeld der Krise regen in jedem Fall die brachliegenden Entwicklungsbereitschaften spezifisch an, sofern sie vom Therapeuten geschickt genutzt werden. Da ein Teilaspekt dieser anstehenden Entwicklung vom Patienten zu Beginn der Therapie abgelehnt und verdrängt wird, wird der Fokus zunächst vom Therapeuten als Arbeitshypothese formuliert. Er dient dem Therapeuten als Fallkonzeption, als roter Faden im Therapieprozeß. Siehe dazu die ausführliche Darstellung im Buch »Ökologische Psychotherapie« (Willi 1996/2005).

Wie wird die anstehende Veränderung in der Gestaltung der Beziehungen identifiziert? Der Patient kann in der Regel angeben, was in seinem Leben so nicht weitergehen kann und was er in der Gestaltung seiner Lebensumstände ändern möchte. Welche Veränderungen der Umstände machen welchen persönlichen Veränderungsschritt notwendig? Was wird dem Patienten von seinen Bezugspersonen vorgeworfen? Was trifft seiner Meinung nach davon zu? Was würde der Partner antworten, wenn er um eine Begründung seiner Vorwürfe gebeten würde? Dahinter steht die Annahme, daß die Bezugspersonen als Stimmen des Verdrängten den Patienten auf den notwendigen Entwicklungsschritt hinweisen. Oft wird der Patient den anstehenden Entwicklungsschritt nicht vollziehen, solange er sich das leisten kann. Es können aber Umstände eintreten, die den Vollzug dieses Entwicklungsschrittes unumgänglich machen. Die Angst vor dem Verharren kann größer werden als die Angst vor dem Risiko einer Veränderung.

Die Psychotherapie nutzt im Grunde lediglich die vom Patienten – oft unbewußt und unbeabsichtigt – bereits eingeleitete Wende in der Gestaltung seiner Beziehungen.

11.3 Das Durcharbeiten anhand alltäglicher, auf der Fokallinie liegender Ereignisse

Die Fokusformulierung vermittelt der Therapeutin oder dem Therapeuten eine Fallkonzeption, also einen Überblick, in welcher Richtung der Patient sich in der therapeutischen Arbeit bewegen sollte. Dabei muß dauernd kritisch überprüft werden, ob der Fokus, insbesondere der anstehende Entwicklungsschritt, zum Patienten paßt oder ob eine Umformulierung des Fokus notwendig ist. In jedem Fall hat sich der Fokus an die Entwicklung des Patienten anzupassen und nicht der Patient an den Fokus. Wenn der Patient dazu neigt, in jeder Sitzung ein neues Thema vorzutragen – einmal ist es die Beziehung zur Frau, dann sind es finanzielle Probleme, Probleme am Arbeitsplatz, die Erziehung der Kinder oder die Beziehung zum Therapeuten –, kann es eine Hilfe sein, mit dem Fokus in den immer wieder wechselnden Themen einen gemeinsamen Nenner erkennen zu können. Ein wichtiger Grundsatz ist, daß der Therapeut mit dem Patienten gehen und dem Patienten nichts aufdrängen soll. Das heißt meines Erachtens nicht, daß der Therapeut den Patienten nicht mit seiner Sichtweise konfrontieren kann. Diese soll aber immer als Hypothese an den Patienten herangetragen werden, als Frage oder Anregung, die zurückgenommen wird, wenn der Patient damit nichts anfangen kann oder sie zurückweist. Die beste therapeutische Deutung nutzt nichts, wenn der Patient sie nicht annehmen kann. Am günstigsten ist es, wenn der Therapeut dem Patienten nicht mit Interpretationen vorausgeht, sondern ihm in seinem Suchprozeß folgt, kleine Hinweise des Patienten aufgreift, klärt und vertieft und so eng bei den Bewegungen bleibt, die der Patient von sich aus vollzieht.

Der therapeutische Prozeß ist oftmals ein mühseliger Weg, auf dem über lange Zeit immer wieder ähnliche Schwierigkeiten auftreten und der Patient immer wieder zu ähnlichen Fehlreaktionen neigt. Meist bringen die Patienten wiederholt ähnliche Schwierigkeiten vor, die sie mit einer bestimmten Person oder einer bestimmten Situation im Intervall zwischen den Sitzungen erlebt haben. Um dabei auf einer für den Patienten erkennbaren Arbeitshypothese zu bleiben, empfehlen wir, daß der Therapeut mit dem Patienten die Alltagsereignisse mit der Fokusformel bearbeitet: Was wäre in der vorgetragenen Schwierigkeit der anstehende Entwicklungsschritt, was steht dem Gelingen dieses Schrittes in dieser Situation entgegen und welche kleinen Schritte könnten zu einer besseren Bewältigung dieser Situation beitragen? Um dem Patienten nicht einen ihm nicht entsprechenden Entwicklungsschritt aufzudrängen, bewährt es sich, ihn zu fragen, was er in bezug auf die von ihm geschilderten Schwierigkeiten erreichen möchte und wie er das Angestrebte erreichen könnte.

11.4 Auftragsklärung: Wozu ist der Patient bereit?

Daß der Patient den Therapeuten aufsucht, heißt noch nicht, daß er die Bereitschaft hat, sich mit den Schwierigkeiten in seinen Beziehungen auseinanderzusetzen oder diese in einen Zusammenhang mit seinen Symptomen und seiner Krise zu stellen. Zur Abklärung einer Psychotherapieindikation gehört deshalb die Auftragsklärung.

Diese beginnt mit der Frage nach dem *Anmeldekontext*: Wie kam der Patient auf die Idee, sich zu einer Psychotherapie zu melden? Welche Bedenken hatten er oder seine Angehörigen? Wie ist er gerade auf mich als Therapeut gekommen? Dabei kann der Therapeut Überraschungen erleben. Es kommt z.B. heraus, daß der Patient einfach vom Hausarzt zum Therapeuten geschickt wurde, und er gar nicht weiß wozu. Es sei ihm gesagt worden, er leide an Herzbeschwerden ohne organischen Befund, der Hausarzt wisse nicht, wie er ihm weiterhelfen könne. Und so habe er ihn zum Therapeuten geschickt, ohne ihm zu erklären, was dort geschehen soll. Oder es kann sein, daß der Patient sich nur unter dem Druck seiner Frau angemeldet hat, weil sie ihm das Messer an die Brust gesetzt hatte: entweder eine Psychotherapie oder eine Scheidung. Er selbst sieht aber für sich gar kein Bedürfnis zu therapeutischen Gesprächen. Zur systemischen Abklärung gehört auch die Klärung der Erwartungen, welche nahe Bezugspersonen des Patienten an den Therapeuten stellen. Dabei können einander widersprechende Erwartungen des Patienten, seines Ehegatten, seiner Kinder, seiner Eltern, seines Arbeitgebers oder anderer Ärzte vorliegen. Zu vermeiden ist insbesondere eine Rivalität mit anderen Ärzten oder Therapeuten, etwa indem man entwertet, was diese dem Patienten gesagt haben sollen.

Es bewährt sich zu fragen, ob der Patient sich schon früher einmal in eine Psychotherapie begeben und welche Erfahrungen er dabei gemacht habe. Wenn die Therapie vom Patienten negativ geschildert wird, könnte sich das leicht in der jetzigen Therapie wiederholen, obwohl einem der Patient scheinbar mit Vorschußlorbeeren entgegenkommt.

Im Abklärungsgespräch wird der Patient nach dem Problem gefragt, das er hier bearbeiten möchte. Dabei können verschiedene Schwierigkeiten entstehen: Manche Patienten präsentieren lediglich ihre körperlichen oder psychischen Krankheitssymptome, von denen sie geheilt werden möchten, ohne ein Problem anzubieten und ohne eine eigene Mitarbeit vorzusehen. Der Patient erwartet, daß der Arzt dank seiner beruflichen Kompetenz die Symptome zu beseitigen vermöge, damit alles wieder so werde, wie es zuvor gewesen ist (Wiederherstellung des früheren Zustandes als restitutio ad integrum).

Andere Patienten kommen wegen Beziehungsproblemen mit dem Lebenspartner, zeigen aber keinerlei Bereitschaft, einen eigenen Anteil bei der Entstehung dieses Problems zu sehen. Die Patienten erwarten vom Therapeuten, daß das Fehlverhalten des Partners bestätigt wird und sie vom Therapeuten Recht bekommen. Sie interpretieren ihr Fehlverhalten als bloße Reaktion auf die Provokation des Partners. Die Patienten erwarten eventuell Ratschläge oder Tricks, wie sie ihren Partner verändern könnten.

In beiden Fällen besteht ein Ziel der Abklärung darin, den Patienten darauf vorzubereiten, daß seine Krankheitssymptome oder seine Beziehungsschwierigkeiten nicht einfach ein unerklärliches Schicksal sind, sondern etwas mit seiner Befindlichkeit und seiner Beziehungsgestaltung zu tun haben. Das kann er am ehesten akzeptieren, wenn er zwischen dem Auftreten oder der Verstärkung seiner Symptome und einer konflikthaften Streßsituation einen zeitlichen Zusammenhang erkennen kann.

Bei der Auftragsklärung können bereits mit der *Formulierung der Eröffnungsfrage* Weichen gestellt werden. Formuliert der Therapeut seine Eröffnung mit »Was kann ich für Sie tun?«, begünstigt er die Tendenz des Patienten, ihm das Problem zu übergeben und die Behandlung an ihn zu delegieren. Fragt der Therapeut aber »Was ist Ihr Anliegen? Was möchten Sie mit einer Therapie erreichen?«, so wird von vornherein der Patient in seiner eigenen Kompetenz angesprochen und der Therapeut bietet sich ihm eher als Partner an, der ihn in der Bearbeitung des Problems unterstützt.

Es kann sein, daß dem Patienten gegenwärtig mit einem Gesprächsangebot nicht geholfen werden kann, weil es für den Patienten nicht der richtige Moment ist und keine ausreichenden persönlichen Bereitschaften zu einem psychotherapeutischen Prozeß vorliegen. Es kann auch sein, daß der Patient mit einer Besprechung seiner Probleme überfordert ist und eher eine persönliche Unterstützung braucht. Man kann einem Ertrinkenden nicht vom Ufer aus Anleitungen geben, wie er Schwimmbewegungen durchführen sollte. Der Ertrinkende muß zuerst wieder sicheren Boden unter den Füßen haben. Dieser besteht in einer guten therapeutischen Beziehung. Wenn die Therapie sich gut entwickelt, so führt sie zu einem Wendepunkt, der in einer veränderten Beziehungsgestaltung faßbar wird. Die Veränderungsbereitschaft liegt aber zu Beginn der Therapie oft noch nicht vor.

11.5 Wenn psychotherapeutische Hilfe bei einer anstehenden Lebenswende abgelehnt wird

Es gibt Menschen, die unter fehlgelaufenen Beziehungen leiden und in der Lebensmitte oder zu irgendeiner Zeit eine Bilanz ihres Lebens ziehen und dabei zu der Erkenntnis kommen, daß sie eigentlich ihre Lebensziele äußerlich wohl erreicht haben, ihr Leben dennoch unerfüllt und leer geblieben ist. Häufig sind das Menschen aus dem Geschäftsleben, die in Führungspositionen oder Kaderpositionen stehen, die beruflich effizient und erfolgreich sind, viel Geld verdienen und im Wohlstand leben. Sie führen ein geselliges Leben im Jetset, besuchen Partys, wo viel geschwatzt und wenig einander mitgeteilt wird. Das Leben ist ausgerichtet auf die Normen des Erfolgs, des Reichtums und des Prestiges, meist verbunden mit standardisierten Lebensvorstellungen von eigener Villa mit Schwimmbad, einem Ferienhaus in den Alpen oder in der Toscana, einem Porsche für den Mann, einem allradgetriebenen Panzerwagen für die Frau, kostspieligen Geschenken für die Freundin des Mannes und für die verletzte Ehefrau, erheblichen finanziellen Aufwendungen für Scheidungen, für die Internatsschulen der Kinder aus früheren Ehen, was alles den finanziellen Erfolgsdruck noch verstärkt. Doch irgendwann in der Mitte des Lebens werden viele von einer Sinnkrise eingeholt. Sie merken, daß sie das, was sie zuinnerst bewegt, in ihrem Leben nicht verwirklichen, daß sie mit niemandem darüber sprechen und zuinnerst unbefriedigt bleiben. Sie spüren, daß ihr innerster Kern sich weder in der Beziehung zur Frau noch zur Geliebten zu entfalten vermag. Sie leben in einer kalten und rücksichtslosen Welt. Manche suchen einen Weg zu mehr Eigentlichkeit durch Besuch von Manager-Kursen in Meditation, Astrologie oder Buddhismus, doch häufig handelt es sich dabei um eine Schnellbleiche ohne Vertiefung, und ohne dabei persönlich berührt zu werden.

Manche geraten beruflich zunehmend unter Streß und entwickeln psychogene Symptome oder werden von schwereren Krankheiten betroffen, von Herzinfarkt, Hirnschlag oder von Depressionen, Burnout-Syndrom und anderem mehr. Sie gelangen an den Punkt, wo sie erkennen: so sollte es nicht weitergehen.

Doch die wenigsten solcherart Betroffener finden den Weg in eine Psychotherapie, unabhängig davon, ob es sich um Frauen oder Männer handelt. Selbst wenn sie sich beim Psychotherapeuten melden und über die Sinnentleerung ihres Lebens klagen, haben sie große Mühe, sich auf eine vertiefte Psychotherapie einzulassen. Sie befürchten, durch Gespräche über ihre Probleme nur noch tiefer in ihre Krise hineinzugeraten. Sie fürchten, es werde zuviel ans Licht gezerrt, es würden ihre Defizite zu klar erkennbar werden, das angeschlagene Selbstwertgefühl werde durch die Konfrontation mit ihren überspielten Schwächen noch tiefer in den Keller sinken. Viele leben in einem goldenen Käfig, doch auch wenn sich dessen Tor öffnet, fliegen sie nicht hinaus. Der goldene Käfig ist ihre Nische, die ihnen trotz allem die gewohnte Sicherheit, das gewohnte Sozialprestige und den gewohnten Bekanntenkreis beschert. Es ist für sie schwierig, sich mit ihrem Lebenslauf auseinanderzusetzen, mit den Lebenszielen und Leitvorstellungen, mit denen sie ins Berufsleben und in ihre Ehe eingetreten waren, und mit ihrer Sehnsucht, geliebt zu werden, die hinter all dem vordergründigen Erfolgsleben steht. Es ist ihnen ungewohnt, sich mit ihren eigenen Schwächen und

Fehlern zu konfrontieren oder dazu zu stehen, daß ihnen manches im Leben nicht so gelungen ist, wie sie es sich im Grunde erhofft hatten. Und doch spüren sie, daß etwas mit ihrem Leben nicht stimmt und daß eine Lebenswende notwendig wäre. Aber es liegt ihnen nicht, sich geduldig und kontinuierlich mit diesen Fragen auseinanderzusetzen.

Fallbeispiel 11
Eine Frau aus dem Jet-set leidet unter der Leere ihres Lebens, aber befürchtet, eine therapeutische Vertiefung in ihr Leiden könnte ihre gesellschaftliche Akzeptanz beeinträchtigen.

Denise, eine Frau in mittleren Jahren, meldet sich auf Anraten einer Bekannten zur Therapie, weil sie an der Sinnlosigkeit ihres Lebens leidet. Sie habe in ihrem Leben alle Ziele erreicht: einen ihr ergebenen, wohlhabenden Mann, zwei wohlgeratene Kinder, eine große Villa mit Garten in einem Luxusviertel und einen jungen Liebhaber. Doch all das berühre sie nicht und sei ihr gleichgültig. Eine vorübergehende Teilzeitstelle hat sie wieder aufgegeben, da sie ja gar kein Geld verdienen muß. Auch die außereheliche Beziehung bringt ihr keine Leidenschaft und keine Erfüllung. Im Gespräch mit ihr fühle ich mich unberührt, oder vielmehr ich bin betroffen von der Leere, die sie ausstrahlt und die sich in mir ausbreitet.

Es wird in den Gesprächen mit ihr aber deutlich, daß sie teilweise echt unter der Sinnlosigkeit ihres Lebens leidet. Aber doch nicht so stark, daß sie ihrem Leben ernsthaft eine Wende geben möchte. Sie verbringt ihre Zeit zum großen Teil auf Partys oder in Gesellschaft anderer Frauen in ähnlicher Lebenslage. Denise ist eine attraktive, vitale und sportliche Frau, die in Gesellschaft für Betrieb sorgt und mit munterem Geplauder alle zu unterhalten weiß. Obwohl sie unter der Leere ihres Lebens leidet, möchte sie die Annehmlichkeiten der High Society nicht aufgeben. Sie macht den Eindruck, als ob sie sehr offen alles über sich selbst offenbart, aber diese Offenheit wirkt auf mich platt. Sie ist an sich eine lebenstüchtige und intelligente Frau, die jedoch nicht allein sein kann und deshalb auch nie ein Buch liest, sondern oftmals ins Einkaufszentrum geht, nur um dort jemanden zum Plaudern anzutreffen.

Im Abklärungsgespräch wird klar, daß sie große Angst hat, sich in eine Therapie zu begeben. Sie fürchtet nämlich, daß sie in ihrer Gesellschaft nicht mehr so akzeptiert wäre, wenn sie sich verändern würde. Sie könnte sich dann nicht mehr so unbeschwert, pflegeleicht und fröhlich anbieten und sich allen Anwesenden anpassen. Sie hält es für lebensnotwendig, unkompliziert, selbstsicher und sorglos zu wirken. Zudem befürchtet sie im Falle einer therapeutischen Veränderung, mit dem Mann in Konflikte zu geraten. Ihre Beziehung ist oberflächlich, Streit wird vermieden, aber auch die sexuellen Beziehungen sind dürftig. Der Mann sei sehr beunruhigt, daß sie zu einem zweiten Gespräch zu mir gekommen sei. Er glaubt, daß Psychotherapeuten komische Kerle seien, die selbst mit dem Leben nicht zurechtkommen und die ihre Patienten lediglich gegen den Partner aufhetzen mit esoterischen Praktiken und unerfüllbaren Lebenszielen. Denise sagt, sie habe in der Ehe gelernt, alles ins eine Ohr reinzulassen, um es gleich zum anderen wieder rauszulassen. Das ermögliche ihr ein unreflektiertes Leben. Obwohl sie an sich tüchtig sei, habe sie alles, insbesondere auch eine berufliche Tätigkeit, nach kurzer Zeit wieder aufgegeben. Der Mann sehe es nicht gerne, wenn sie sich beruflich engagiere. Sie habe gelernt, daß sie mit Oberflächlichkeit am besten durchs Leben komme. Aber sie fühlt sich dabei tot. Ich war überrascht über die schonungslose Offenheit der Patientin, dennoch wollte sie sich nicht auf einen therapeutischen Prozeß einlassen.

Für mich war spürbar, daß ein Teil von ihr sich nach einem Wandel im Lebenslauf sehnte und genau spürte, worin die anstehende Entwicklung liegen würde, darin nämlich, den Mut aufzubringen, mehr zu sich selbst zu stehen und sich in ihrer Eigenart in ihrem Umfeld zu vertreten. Sie wäre dadurch lebendiger und echter, aber für ihre Bezugspersonen auch schwieriger geworden. Vielleicht war jetzt der Zeitpunkt für sie noch nicht gekommen, sich vertieft mit ihrem Leben auseinanderzusetzen.

Fallbeispiel 12
Ein Paar, das sich alle materiellen Wünsche erfüllen konnte, blieb dabei innerlich unerfüllt, wollte sich dennoch nicht zu einer therapeutischen Auseinandersetzung entschließen.

Ein Paar meldete sich in einer Ehekrise. Beide waren im Bank- und Versicherungswesen in leitenden Positionen. Der aktuelle Anlaß für die Gespräche war eine Liebesbeziehung Roberts, des Mannes, zu einer ostasiatischen Geliebten, die er im Rotlichtmilieu kennengelernt hatte. Diese stand in Scheidung und wurde jetzt vom Mann finanziell unterstützt. Cecile, die Frau, war nicht bereit, diese Außenbeziehung hinzunehmen, und drängte auf eine Entscheidung.

Beide, insbesondere Cecile, wirkten sehr geschäftstüchtig, effizient und emotional unterkühlt. Ihre Beziehung dauert schon über zwanzig Jahre. Cecile macht einen sehr energischen und dominanten Eindruck. Ursprünglich waren sie sehr verliebt ineinander gewesen und hatten sich gegenseitig in der beruflichen Karriere gefördert, aber das Sexuelle und Emotionale war immer zu kurz gekommen. Beide haben ihre äußeren Lebensziele erreicht: Sie besitzen mehrere Häuser, mehrere Luxusautos und eine Yacht auf dem Meer. Sie können sich alles leisten, aber sie haben das Leben verpaßt. In das beiderseitige Einvernehmen wollten sie keine Kinder und lebten ganz für Karriere, Geld, Vergnügen und ein freiheitliches und unverbindliches Leben.

Bei Robert, aber auch bei Cecile, breitete sich in den letzten Jahren eine Sinnkrise aus. Der Mann wollte mit seinem vielen Geld etwas für andere Menschen tun. Er sah die Möglichkeit, Frauen aus dem Milieu, mit denen er sexuelle Beziehungen hatte, finanziell zu unterstützen und so einen sinnvollen sozialen Beitrag zu leisten. Nachdem er seine materiellen Ziele mit Hilfe von Cecile erreicht habe, suche er heute eine schwächere Frau als Cecile, die aber warmherziger wäre. Im Grunde sei er ein Lebenskünstler und gar nicht so ehrgeizig. Cecile war vor über 20 Jahren die Beziehung zu Robert eingegangen, nachdem sie mehrere sehr schmerzhafte Trennungen hinter sich gehabt hatte. Sie wollte diesmal in der Beziehung sicher sein, den Mann in festen Händen halten zu können. Das war ihr jetzt zum Verhängnis geworden.

Beide Partner spürten im Grunde sehr genau, daß jetzt der Zeitpunkt gekommen war, eine Lebenswende zu vollziehen. Sie spürten eine innere Leere und suchten nach einem sinnvolleren und erfüllteren Leben. Dabei waren die erreichte Karriere und der finanzielle Überfluß eher ein Hindernis. Robert hatte den Eindruck, daß er den anstehenden Entwicklungsschritt nicht mit Cecile gemeinsam vollziehen könne, und trennte sich von ihr nach wenigen Paargesprächen. Aber auch Cecile spürte, daß sie ihr Leben verändern müsse. Ihre Lebensgeschichte, vor allem ihre Kindheit, war durch traumatisierende Erfahrungen belastet. Sie entschloß sich deshalb, eine vertiefte Einzeltherapie zu beginnen. Inwiefern es beiden gelang, das, was sie zutiefst ersehnten, aber bisher in ihrem Leben nicht zu verwirklichen vermochten, ins Leben hineinzuholen, ist mir nicht bekannt. Vielleicht war jetzt noch nicht der richtige Zeitpunkt. Vielleicht aber blieb es überhaupt bei der unerfüllten Sehnsucht nach einem eigentlicheren, weniger im Materiellen verhafteten Leben.

Das Thema, wie Patienten dazu kommen zu spüren, daß jetzt eine Lebenswende notwendig sei, bedarf einer eingehenden Besprechung. Manche Patienten scheuen davor zurück aus Angst, mit der Vertiefung in ihre seelische Lage in eine Depression zu verfallen und das in ihren Gesellschafts- und Partykreisen notwendige sportliche, aufgestellte und glückstrahlende Verhalten zu verlieren. Sie befürchten, von den Bekannten als sonderbar, verändert und kompliziert erlebt zu werden. Die meisten möchten nicht gerne über ihr Versagen und ihre Versagensängste sprechen, über Fehlverhalten und Vermeidungsstrategien. Man möchte als Macher gesehen werden, der Probleme anpackt und löst, ohne lang darüber zu debattieren, als einer, der seine Lebenssituation unter Kontrolle hat und allen Lebensanforderungen gewachsen ist.

Was tun nun aber diese Menschen, wenn sie in ernsthafte Schwierigkeiten geraten oder körperliche und seelische Symptome sie zum Innehalten zwingen? Soweit es sich um Männer handelt, suchen sie sich oft eine neue Frau als Geliebte oder, nach einer Scheidung, als neue Ehefrau. Viele Männer können schlecht über sich selbst reflektieren, wenn sie nicht ein weibliches Gegenüber haben, das ihnen zuhört, ihnen – bei aller Bewunderung – auch kritische Fragen stellt, gleichzeitig aber ihr Selbstwertgefühl bestätigt und ihnen Liebe und Zärtlichkeit entgegenbringt.

Daneben gibt es eine zunehmende Zahl von Kursen und Methoden, welche nicht als Psychotherapie angeboten werden. Sie werden von den Betroffenen leichter akzeptiert, weil sie sich dabei nicht als krank und behandlungsbedürftig fühlen müssen. Die Kurse werden für die ihnen gewohnten Gesellschaftskreise angeboten, so daß sie in den bisherigen Wert- und Zielvorstellungen verbleiben können. Dazu gehören insbesondere *Kurse und Anleitungen zu positivem Denken*. Sie hören dort, daß jeder der Schmied seines eigenen Glücks ist. Wer unglücklich ist, ist selber schuld. Der Glaube an die Machbarkeit des Glücks ist zur Religion des 21. Jahrhunderts geworden. Gurus ziehen um die Welt, die uns beibringen »Du hast Dein Glück in der Hand, Du kannst alles erreichen, was Du willst, Du bist selbst verantwortlich für Dein Glück«. Wer unglücklich ist und sein Leben nicht meistert, der arbeitet nicht genug an sich. Glück ist kein Zufall, Glück ist machbar. Es geht um die Kraft positiven Denkens. Positive Gedanken werden von selbst wahr. Durch tägliche Autosuggestion können negative Gedanken unter Kontrolle gebracht werden. Entscheidend ist die Bedeutung, die man seinen Lebensumständen zuschreibt. Sobald man die Welt aus einem anderen Blickwinkel anschaut, hat man sich eine andere Welt geschaffen. Man muß einsehen, daß man die Situation fälschlicherweise als problematisch eingestuft hat. »Ändern Sie Ihre Gedanken und Sie verändern die Welt. Wer lernt, öfter mal zu lächeln, wird zwangsläufig mehr positive als negative Erfahrungen machen. Glückliche Menschen lachen viel. Also lache viel und Du wirst glücklich sein. Beachten Sie: Jeder Gedanke hat das Bestreben, sich zu verwirklichen. Deshalb müssen Sie negative Gedanken in positive umformulieren. Sie müssen lernen, Ihr Unbewußtes umzuprogrammieren. In der Kontrolle negativer Gefühle liegt das Geheimnis des Glücks.« Die Philosophie dieser Kurse ist zukunfts- und nicht vergangenheitsorientiert. Es geht darum, Neues zu lernen und nicht, sich mit Verpaßtem und Verfehltem auseinanderzusetzen. Man ist vorwärtsgerichtet und lernt, was man machen kann, und muß sich nicht mit eigenem Versagen und dessen Hintergründen beschäftigen.

Ganz auf der Linie der Machbarkeitsmissionare liegt John M. Gottman mit seinem Buch »Die sieben Geheimnisse der glücklichen Ehe«

(2004). Er ist Professor für Psychologie an der Universität Washington/Seattle und ist berühmt für eine einmalige Untersuchung von 50 Ehepaaren. Unter Laborbedingungen wurden diese Paare über mehrere Tage von 9 bis 21 Uhr beobachtet und gefilmt. Gottman glaubt, damit die entscheidenden Geheimnisse der Ehe entdeckt zu haben und über die Mittel zu verfügen, eine Ehe erfolgreich zu gestalten, sofern man die von ihm angebotenen Übungen erfüllt. »Wenn Sie diese sieben Geheimnisse beherrschen, können Sie sicherstellen, daß Ihre eigene Ehe gelingen wird« (Gottman 2004, S. 30). Es wird dabei ein Kodex ehelichen Wohlverhaltens postuliert, in dem enthalten ist, wie man füreinander Zuneigung und Bewunderung pflegen soll, wie man sich einander zuwendet und nicht abwendet, daß man die lösbaren Probleme löst, die unlösbaren Probleme jedoch erträgt, daß man Pattsituationen überwindet und miteinander einen gemeinsamen Sinn schaffen soll. Kritik am Partner wird ausschließlich negativ beurteilt. Gottman meint, es gebe so etwas wie eine konstruktive Kritik nicht (S. 310). Kritik mache eine Ehe in jedem Fall schlecht. Negative Hinweise für den Partner sind möglichst zu vermeiden, genauso wie die Fixierung auf negative Aspekte der Ehe. Man soll lernen, dankbar zu sein für das, was man hat, und sich daran freuen. Man neige dazu, sich beim Partner auf das zu konzentrieren, was fehle, und dabei die wundervollen Qualitäten, die vorhanden sind, zu übersehen oder sie als selbstverständlich zu nehmen: »Suchen Sie nach Dingen, die Sie loben können« (S. 312). »Schenken Sie Ihrem Partner eine ganze Woche lang mindestens einmal täglich ein ehrliches, überzeugtes Lob« (S. 313). »Nehmen Sie die positiven Eigenschaften wahr, ignorieren Sie die unzulänglichen. Machen Sie es sich zur Gewohnheit, über den Partner positiv zu denken« (S. 94). »Lenken Sie das Denken in positive Richtung.«

Die forcierte Bemühung um dauerhaftes Glück, um positives Denken unter Ausklammern alles Negativen, scheint für die Gruppenteilnehmer oft erfolgreich zu sein. Ich bezweifle jedoch deren Nachhaltigkeit und Vertiefung. Insbesondere in einer Paarbeziehung ist die kritische Auseinandersetzung der Partner meines Erachtens nicht etwas Negatives, sondern etwas Notwendiges, um die Beziehung lebendig zu erhalten. Die Partner stimulieren wechselseitig die persönliche Entwicklung durch ihre kritische Auseinandersetzung. Das Gespräch mit einer Person, die einem Widerstand gibt und einen konfrontiert mit Tendenzen, unangenehmen Themen auszuweichen, ist aus meiner Sicht ein zentraler Bestandteil einer glücklichen Beziehung. Generell hat der Mensch die Fähigkeit zur Verdrängung und Verleugnung. Man kann durch Willenskraft und Autosuggestion erreichen, daß negative Aspekte des Lebens, so insbesondere Leiden und Selbstzweifel ausgeklammert werden. Doch was ist der Erfolg davon? Die Personen drohen dadurch noch oberflächlicher und starrer zu werden. Sie werden nicht erreichbar für das Leben, denn das Leben besteht grundsätzlich aus positiven und negativen Seiten. Leiden betrachte ich als einen zentralen und unausweichlichen Aspekt des Lebens (vgl. dazu auch Mary 2003, »Die Glückslüge«).

Ein weiteres Angebot für Personen, die sich nicht für eine vertiefte Problembearbeitung entscheiden möchten, ist die *lösungsorientierte Kurztherapie*, die von Steve de Shazer und seiner Frau Insoo Kim Berg entwickelt wurde (1989). Dabei wird von der ersten Frage an direkt auf die Lösung und nicht auf das Problem zugegangen, gemäß der Meinung »Problem talk creates problems, solution talk creates solutions!« (zit. in von Schlippe und Schweitzer 1996, S. 37). Kernaussage ist die Vorstellung, es sei ein großer Irrtum der Psychotherapie, zu vermuten, daß zwischen einem Problem und seiner Lösung ein Zusammenhang bestehe. Nach Darlegung der Beschwerden des Klienten wird direkt auf die von ihm bereits versuchten Lösungen eingegangen. Besonders beachtet werden Abweichungen in der Ausprägung der Beschwerden mit der Frage »Wann tritt das Problem nicht auf, wenn man es eigentlich erwarten müßte?«. Daraus werden potentielle Lösungen ins Auge gefaßt. Viele Klienten haben die Neigung zu glauben, die von ihnen eingenommene Lösung ihres Problems sei die einzig logische Möglichkeit. Es geht darum, die Optionen für Problemlösungen zu erweitern. Dazu werden dem Klienten Hausaufgaben mitgegeben, um das Verhaltensrepertoire für Problemlösungen zu erweitern. Beispiele dazu: »In der Zeit von jetzt bis zu unserem nächsten Treffen möchte ich, daß Sie genau beobachten, was in ihrem Leben (in Familie, Ehe, Beziehung usw.) so bleiben soll wie bisher!« Dahinter steht die Erfahrung, daß Klienten dazu neigen, ihre Aufmerksamkeit auf die wahrgenommene Stabilität eines problematischen Musters zu richten und Abweichungen davon nicht zu registrieren. In etwa 90 % der Fälle berichten Klienten dann von Ereignissen, die sie als positiv erlebten und über die ansonsten gar nicht gesprochen worden wäre. Oder: »Machen Sie etwas ganz anderes!« Die Überraschungsintervention besteht einfach in der Aufforderung, sich anders zu verhalten als gewohnt. Einem zerstrittenen Paar kann beispielsweise die Aufgabe gegeben werden, täglich einmal den anderen völlig zu überraschen, sich also in einem gewohnten Muster überraschend anders zu verhalten. Besonders eignet sich diese Intervention bei Klagen, die mit immer wiederkehrenden Interaktionsabläufen zu tun haben.

Aus meiner Sicht knüpft die lösungsorientierte Kurztherapie insofern an einem zutreffenden Sachverhalt an, als manche Therapeuten sich allzu sehr auf die Pathologie des Patienten konzentrieren, so daß angesichts der Defizite eine pessimistische Lähmung und Ohnmacht resultiert. Ein bekannter, tiefenpsychologisch orientierter Psychotherapeut sagte einmal zu mir: »Die meisten Leute wissen gar nicht, wie tief gestört sie eigentlich sind.« Auf der anderen Seite kann die Gefahr bestehen, mit Lösungsorientierung die Therapie oberflächlich zu halten, weil man sich gar nicht in das Problem vertiefen will. Dabei kann man die eigentliche Botschaft der Krise oder des Problems verpassen oder diese durch die Vermeidung, darauf einzugehen, entwerten. Probleme werden manchmal vorschnell nur als Defizite gesehen.

Gegenwärtig besteht ein starker Trend, *Psychotherapie durch Coaching zu ersetzen*. Ein Coach ist ein Trainer, der etwa Spitzensportler zu Höchstleistungen bringt, dem also sicher nicht der Geruch von Krankheit, Versagen und Therapie anhaftet. Nach Martin Lauterbach (2005) orientiert sich Coaching an der Gesundheit, die bekanntlich mehr ist als das Fehlen von Krankheit. Es geht dabei auch um Sinnfragen und Lebensbalancen, Beachtung von Ernährung, Bewegung und Entspannung. Im Zentrum steht das Konzept von Streß, Streßfolgen und Streßbewältigung. Eingesetzt wird Coaching vor allem für strebsame Führungskräfte und Kaderleute, die Gefahr laufen, sich zu überfordern und in Konflikte mit Mitarbeitern und Vorgesetzten, aber auch Familienangehörigen zu geraten. Es geht um Optimierung von Erfolg und Vermeidung von Mißerfolg und Abstürzen, aber auch um Zeitmanagement, Umgang mit Überlastung und praktische Lebensgestaltung.»Diese Themen sind verbunden mit persönlicher Entwicklung, mit den beruflichen Sehnsüchten und Plänen, mit Erfüllung und Sinn, mit der Kontinuität und den Brüchen des Lebens, mit Lebensenergie und Fitneß... mit den jeder Lebensphase neu zu gebenden Antworten auf das ›Wohin?‹, ›Wozu?‹ und ›Wie?‹... Letztlich beschäftigt sich Coaching mit der Frage, wie der einzelne Mensch mit seinen persönlichen Prägungen in einer konkreten Lebenssituation die beruflichen Herausforderungen meistern, gestalten und wie er die notwendigen Balancen erzeugen kann« (Lauterbach 2005, S. 2, 3, 5). Konzeptuell wird von der Idee ausgegangen, daß der Mensch nach Balance und Gleichgewicht strebt (work-life balance). Gelungene Balancen gehen mit einer Reduktion von Streßerleben und Streßfolgen einher. Balancen sind immer instabil und müssen sich den ständigen Veränderungsprozessen stellen. Die gelebten Balancen müssen zum persönlichen Lebenssinn und Lebensziel passen. Fragen, die sich stellen, sind: Wie ist es dazu gekommen, daß der Lebenslauf aus dem Lot geraten ist? Welche Balancen sind ins Gleichgewicht zu bringen? Anlaß zu Coaching sind oft Gesundheitsprobleme, Symptombildungen, Streß, Überlastung, Entwertungssituationen, Mobbing, besonders aber Krankheiten, die sich auf die Leistungsfähigkeit auswirken, wie Herzinfarkt, Bluthochdruck, Schlaganfall, Krebs oder das Älterwerden, mit dem Problem des Ausscheidens aus dem Berufsleben. Ziel ist die Erarbeitung eines Lebensstils mit deutlicher Gesundheitsorientierung. Der bisherige Weg wird einer Bilanz unterzogen, die Optionen werden erweitert, die Flexibilität erhöht, die beruflichen Herausforderungen sollen besser angekoppelt werden an die persönlichen Ziele.

Die Inhalte des Coachings lassen sich teilweise in Übereinstimmung mit den Zielsetzungen der Ökologischen Psychotherapie (Willi 1996) bringen. Auch in der Ökologischen Psychotherapie empfehlen wir, sich konkret auf die aktuellen Probleme in den persönlichen

Beziehungen und in der Arbeit zu konzentrieren. Es wird dazu aber ein anderes Vorgehen und vor allem eine andere Sprache gewählt. Coaching folgt der Sprache der Manager und Geschäftsleute, die ihre berufliche Performance optimieren. Die Sprache ist auf Zielorientierung, Effizienz und Erfolg ausgerichtet. Der Coach ist ein Lehrer, der weiß, was richtig und was falsch ist. Er leitet den Klienten an, systematisch seine Lebensführung und sein Berufsverhalten zu analysieren, die Probleme zu definieren und Lösungen zu realisieren. Sicher kann man über das Thema von Streßvermeidung und Lebensbalance auch zu den bisher vermiedenen Lebensthemen kommen oder zur Frage der Sinnerfüllung der aktuellen Lebensgestaltung. Coaching wendet sich nicht primär an seelisch Kranke oder an Menschen, die tiefere persönliche Probleme haben, sondern will lebenstüchtige Wirtschaftsleute in ihren Entscheidungen über die Gestaltung ihres beruflichen Engagements und ihres außerberuflichen Lebens unterstützen. Coaching richtet sich gesamthaft an eine andere Klientel als Psychotherapie, obwohl es breite Überschneidungen gibt. Ungünstig ist, wenn das Wort »Therapie« in Mißkredit kommt und man auch da nur noch von Coaching sprechen will, wo es sich eindeutig um eine vertiefte psychotherapeutische Arbeit handelt, deren man sich aber in der Öffentlichkeit schämt.

11.6 Einzelgespräche oder Paargespräche?

Wenn wir von der Annahme ausgehen, daß nichts im Erwachsenenleben die persönliche Entwicklung so herausfordert wie eine Liebesbeziehung und daß die kompetentesten Hinweise für anstehende Lebenswenden von den Liebespartnern an einen herangetragen werden (Willi 2002), ergibt sich die Frage, ob eine Psychotherapie diese Chance nicht in besonderer Weise nutzen sollte.

Ganz allgemein bringt mindestens die Hälfte der Patienten, die sich für eine Psychotherapie melden, eine Schwierigkeit in ihrer Partnerbeziehung vor. Das kann ein Problem in einer aktuellen oder in einer eben zu Ende gegangenen Liebesbeziehung sein. Aber nicht jedes Problem in einer Liebesbeziehung läßt sich therapeutisch am besten in einer Paartherapie bearbeiten. Es ist deshalb wichtig, die

Vor- und Nachteile des Einzelsettings und des Paarsettings zu kennen.

Paarkonflikte können manchmal besser in einer Einzeltherapie bearbeitet werden als in einer Paartherapie. Wenn der Patient dem Therapeuten gegenüber über das Verhalten seines Partners klagt, kommen im Therapeuten oft ähnliche Gefühle und Reaktionsbereitschaften auf, wie der Patient sie seinem Partner vorwirft. Die Therapeutin oder der Therapeut kann also die eigene Person als diagnostisches Instrument des Partnerkonfliktes einsetzen. Der Patient kann gefragt werden, was der Partner, wenn er anwesend wäre, zu den vorgetragenen Vorwürfen sagen würde und welche Gefühle ihn vermutlich bewegen. Die eigenen Gefühlsreaktionen des Therapeuten können ihm helfen, herauszuspüren, wie weit der Patient sich in seinen Partner einzufühlen vermag und wo er den Patienten zu Ergänzungen anregen könnte. Mit dieser Technik kann sich der Patient oft im geschützten Rahmen des Einzelgesprächs leichter mit seinem Anteil am Paarkonflikt auseinandersetzen als im Paargespräch, wo er sich weit mehr zu Rechtfertigung und Verteidigung veranlaßt fühlt.

Das Einzelsetting – Patient und Therapeut sind im Gespräch unter sich – bietet einen geschützten Rahmen für den Patienten. Alles, was er äußert, bleibt auf die therapeutische Dyade beschränkt und wird nicht nach außen getragen. Der Therapeut stellt sich ganz auf den Patienten ein und hört ihm empathisch zu, meist ohne direktive Fragen zu stellen. Dem Patienten ist es möglich, sich schrittweise dem therapeutischen Prozeß zu öffnen.

Das Paarsetting ist demgegenüber konfrontierender. Wenn der Therapeut das therapeutische Gespräch nicht unter straffer Kontrolle hält, fallen die Partner sehr rasch mit Vorwürfen übereinander her und verwickeln sich in den Leerlauf von wechselseitigen Angriffen, Rechtfertigungen, Verteidigungen und Gegenangriffen. Auf diese Weise geht die eigentliche Chance, nämlich auf den Inhalt der Vorwürfe hinzuhören, verloren. Meist sind die Vorwürfe den Partnern längst bekannt, so daß der Therapeut auch in einem Einzelgespräch die Frage stellen kann, was der Partner dem Patienten vorhält. Was könnte die eigentliche Botschaft des Partners sein? Was von den Vorwürfen trifft nach Meinung des Patienten zu? Wo liegen

Aspekte, die er in seinem eigenen Interesse verändern möchte? Immer wieder erleben wir, daß die Patienten im Einzelgespräch sich mit den Hintergründen der Vorwürfe des Partners viel besser auseinandersetzen können als unter der realen Präsenz des Partners. Auf der anderen Seite besteht die Gefahr, daß der Patient sich mit den Vorwürfen des Partners nicht auseinandersetzt, wenn er nicht dem Druck des Partners ausgesetzt ist, sondern die Vorwürfe bagatellisiert und von sich weist.

Immer häufiger wenden wir deshalb folgende therapeutische Technik an (Willi 2002, Limacher 2005): Der Therapeut führt im Paarsetting Einzelgespräche in Anwesenheit des Partners, die rund 15–20 Minuten dauern können. Daraufhin wechselt der Therapeut zum Partner und vertieft sich auch mit ihm in einem Einzelgespräch in Anwesenheit des ersteren. Dadurch, daß die direkte Interaktion zwischen den Partnern unterbunden wird, kann der Leerlaufzirkel wechselseitiger Vorwürfe und Verteidigung vermieden werden.

Dennoch ist die direkte Interaktion zwischen den Partnern ebenfalls wichtig. Die Partner müssen lernen, einen Vorwurf so zu formulieren, daß er überhaupt eine Chance hat, gehört zu werden. Dazu ist es notwendig, den Vorwurf als Wunsch zu formulieren, als Anregung oder als Bitte, es jedoch ausdrücklich dem Partner zu überlassen, wie weit er auf den Vorwurf eingehen wird. Wichtig ist lediglich, daß der Vorwurf korrekt gehört wird. Der Vorwurfempfänger sollte den Vorwurf in seinem Gehalt annehmen, nachfragen, soweit er den Vorwurf klären möchte, dann aber in eigener Verantwortung entscheiden, wie weit er auf den Vorwurf eingehen will und kann.

11.7 Studien über die Wirksamkeit der Psychotherapie mit ökologischer Fallkonzeption

Gemeinsam mit Mitarbeiterinnen und Mitarbeitern des Instituts für Ökologisch-systemische Therapie führten wir zwei Studien zur Wirksamkeit der ökologischen Fallkonzeption durch. Beide Untersuchungen wurden in der Zeit durchgeführt, in welcher ich noch die Leitung der Psychiatrischen Poliklinik des Universitätsspitals Zürich innehatte.

Bei der einen Studie, »Katamnestische Untersuchung der ökologischen Kurztherapie« (Frei, Begemann & Willi 2000), handelt es sich um eine Nachuntersuchung von 28 Kurztherapien. Die Patienten wurden in der Poliklinik behandelt. Zwei Drittel der Befragten litten an affektiven Störungen, Belastungsstörungen oder Angststörungen. Bei den meisten Patienten lagen gelegentliche bis deutliche Beeinträchtigungen der sozialen, beruflichen und schulischen Leistungsfähigkeit vor, die jedoch nicht zu einer sozialen Desintegration geführt hatten. Die Patienten wurden mit nur 11–21 Therapiesitzungen (im Durchschnitt 15 Sitzungen) behandelt. Die Sitzungen wurden auf Video aufgenommen und engmaschig supervidiert.

Die Behandlungsfälle zeigten bei Therapieabschluß ein gutes Ergebnis: Bei Therapieende waren rund zwei Drittel stark gebessert. Erstaunlicherweise verbesserte sich das Therapieergebnis im Zeitraum von ein bis sechs Jahren nach Therapieabschluß noch bei 96,4 % aller Befragten erheblich. Angesichts der geringen Sitzungszahl wäre nur eine kurzfristige Besserung zu erwarten gewesen. Die mit unserem ökologischen Fokus anvisierte Auflösung blockierter Entwicklungen in der Gestaltung der Beziehung wirkte aber offenbar auch ohne Fortsetzung psychotherapeutischer Unterstützung noch nach. Die positiven Ergebnisse zeigten sich in gleicher Weise auch bei Patienten mit Persönlichkeitsstörungen. Es ergab sich ein signifikanter und positiver Unterschied der Fälle, die mit dem schriftlich formulierten ökologischen Fokus behandelt wurden, zu den Fällen, wo dieses Kriterium nicht erfüllt war ($p < 0.05$).

Die zweite Studie, »Beziehungsökologische Therapie bei Panikstörung – eine prospektive Follow-up-Studie« (Frei, Sieber & Willi 2007), umfaßt 24 Patienten der Angstsprechstunde der Psychiatrischen Poliklinik. Die Patienten wurden mit einer standardisierten Testbatterie zu fünf Zeitstichpunkten untersucht:

a) zu Beginn der Therapie (T1)
b) nach 5 Sitzungen (T2)
c) bei Therapieende nach 20 Sitzungen (T3)

d) drei Monate nach Therapiebeendigung (T4)
e) mehr als ein Jahr nach Therapieende (T5)

Die Therapien wurden von Assistenzärztinnen und -ärzten durchgeführt, unter engmaschiger Videosupervision, bei welcher im Sinne eines Manuals die ökologische Fokusformulierung als leitende Fallkonzeption von zentraler Bedeutung war. Die Psychotherapie wurde auf 20 Sitzungen beschränkt. In den ersten fünf Sitzungen kamen kognitive Übungen gemäß Margraf und Schneider (1990) zur Anwendung. Die kognitiven Übungen boten einen guten Einstieg in die Therapie von Patienten, die durch die verzerrte Wahrnehmung und Fehlinterpretation ihrer Beschwerden zunächst stark auf ihre körperlichen Beschwerden fixiert waren. Von da an ließ sich ein fließender Übergang finden zur Fortsetzung der Therapie unter Anwendung der ökologischen Fokusformulierung. Die zu Beginn noch recht häufig auftretenden Panikanfälle wurden in den Therapiesitzungen immer wieder erneut zentriert auf die Situation ihres Auftretens und die im Fokus enthaltenen Beziehungszusammenhänge, die diesem Zeitpunkt vorangegangen waren.

Tabelle 3 zeigt die Behandlungsresultate zu den drei Zeitstichpunkten bei Therapiebeginn (T1), bei Therapieende nach rund 20 Sitzungen (T3) und ein Jahr nach Therapieende (T5) in der Selbsteinschätzung der Patienten. Zu Beginn der Therapie handelte es sich, gemäß dem Fragebogen für Panik und Angst nach Bandelow (1997), in fast der Hälfte der Fälle um eine schwere Symptomatik, in ungefähr je einem Viertel um mittelschwere oder leichte. Bei Therapieende, d. h. nach höchstens 20 Therapiesitzungen fand sich unter den 24 Patienten nur noch ein schwerer Fall. Die Zahl der schweren/mittelschweren Fälle hatte sich von 75% zu Therapiebeginn auf 21% bei Therapieende verringert und sank > 1 Jahr nach Therapieende auf 12% ab. Die Zahl der leichten Fälle erhöhte sich kontinuierlich bis zur 1-Jahres-Katamnese (von 25% bei T1 auf 38% bei T5), während die Zahl der remittierten Fälle nach Therapieende zurückging (41,7% bei T3, 29,2% bei T5). Es konnten also bei einer so therapieresistenten Störung wie Paniksyndrom mit höchstens 20 Sitzungen eindrückliche und andauernde Besserungen erzielt werden.

Tabelle 3: Schweregrad der Panikstörung bei Therapiebeginn, Therapieende und 1 Jahr nach Therapieende

(Selbstbeurteilung der Patienten mit der Panik- und Agoraphobieskala PAS nach Bandelow, Prozentwerte bezogen auf N = 24)

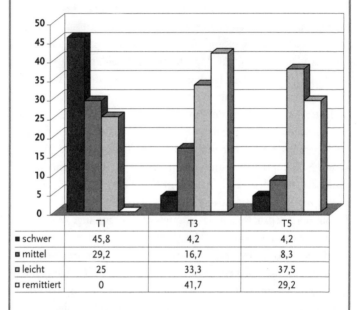

	T1	T3	T5
■ schwer	45,8	4,2	4,2
■ mittel	29,2	16,7	8,3
▫ leicht	25	33,3	37,5
▫ remittiert	0	41,7	29,2

T1 bei Therapiebeginn (N = 24)
T3 bei Therapieende (20 Sitzungen) (N = 23)
T5 1 Jahr nach Therapieende (N = 19)

Speziell für diese Untersuchung entwickelten wir einen Beziehungsfragebogen, der einen direkten Bezug zu den ökologischen Hypothesen unseres Fokus hat. Die Frage, ob in den Monaten vor Ausbruch der Panikattacken in mindestens einem von vier Lebensbereichen (Beruf, Familie, Partnerbeziehung, andere) eine wichtige Beziehungsveränderung aufgetreten ist, wurde von 90 % der Patienten und ihren Therapeuten bejaht. Bei Therapiebeginn hatten mehr als ein Drittel der Patienten den zeitlichen Zusammenhang des

Die Wirksamkeit der Psychotherapie

Tabelle 4: Auswertung des Beziehungsfragebogens

A. Beziehungsveränderungen vor Auftreten der Panikattacken		
	Als zutreffend beurteilt durch	
	Patient	Therapeut
1. Ist in den Monaten vor Ausbruch der Panikattacken in einem von vier Lebensbereichen (Beruf, Familie, Partnerbeziehung, andere) eine wichtige äußere Veränderung aufgetreten?	88,9 %	90 %
2. Wurde diese Veränderung vom Patienten erst im Laufe der Therapie erkannt?	37,5 %	
3. Kam es in den Monaten vor Ausbruch der Panikattacken in diesem Lebensbereich zu einem Einstellungswandel?	72,2 %	89,5 %
B. Beziehungsveränderungen unter der Therapie		
4. Wurden während der Therapie weitere Veränderungen in diesem Lebensbereich als notwendig erachtet?	63,6 %	90,9 %
5. Gelingt es dem Patienten nach Therapieabschluß zunehmend besser, sich in dem Bereich, in welchem Veränderungen als besonders notwendig erachtet wurden, gemäß seinen persönlichen Möglichkeiten zu entfalten und sich eine Situation zu schaffen, die ihm entspricht?	58,5 %	64,7 %

Paniksyndroms zu dieser Beziehungsveränderung nicht erkannt. Eine weitere Frage lautete, ob es in den Monaten vor Ausbruch der Panikattacken in diesem Beziehungsbereich zu einem wichtigen Einstellungswandel gekommen war. Auch diese Frage wurde vom überwiegenden Teil der Therapeuten und Patienten positiv beantwortet. Zwei Drittel der Patienten betrachteten weitere Veränderungen in diesem Beziehungsbereich als notwendig. Im Katamnesezeitraum gelang es rund zwei Drittel der Patienten besser, sich in jenem Beziehungsbereich, in welchem Veränderungen als besonders notwendig erachtet wurden, gemäß ihren persönlichen Möglichkeiten zu entfalten und eine Situation zu schaffen, die ihnen entsprach.

Die Studie bestätigte somit unsere therapeutischen Erfahrungen in der Psychotherapie von Patienten mit Paniksyndrom unter Anwendung der ökologischen Fallkonzeption (Willi, Frei & Günther 2001). Es ergab sich folgende Psychodynamik als typisch für Panikattacken: Die Patienten haben ursprünglich eine phobische oder kontraphobische Lebenseinstellung und gestalten sich dementsprechend ihre persönliche Nische. Die einen scheuen vor festen Bindungen zurück, insbesondere vor dem Eingehen verbindlicher Partnerbeziehungen. Dahinter steht jedoch meist ein starkes passives Abhängigkeitsbedürfnis, das sie kontraphobisch mit betonter Unabhängigkeit überspielen. Die anderen zeigen ein phobisches Beziehungsverhalten mit Neigung zu Überanpassung, Konfliktscheu und Abhängigkeitsverhalten. In den Wochen vor Auftreten der Panikattacken treten wichtige Veränderungen in ihren Lebensumständen auf, die entweder die Ängste vor verbindlicher Nähe und Abhängigkeit verstärken oder bestehende Beziehungen gefährden. Das Paniksyndrom tritt am häufigsten auf im Alter von 25 bis 35 Jahren. Dabei handelt es sich um jene Lebensphase, in welcher die Betroffenen ins selbstverantwortliche, autonome Erwachsenenalter übertreten, ihre Ausbildung abschließen, eine Berufskarriere beginnen, gleichzeitig verbindliche Partnerbeziehungen aufnehmen und eine Familiengründung planen. Im Berufsbereich bewähren sich die Betroffenen dank ihrer Tendenz zur Überanpassung und Streitvermeidung am Arbeitsplatz. Sie sind bei ihren Vorgesetzten beliebt. Häufig werden sie bald befördert, was ihre Position grundlegend verändert. In einer Vorgesetztenposition fühlen sie sich rasch überfordert, weil sie die Spannung zu ihren Unterstellten nicht ertragen, sondern sich ganz von der Gruppe getragen fühlen möchten (s. Therapien von Paniksyndrom in den Fallbeispielen Maria, S. 299, Claudia, S. 311, und Kurt, S. 290).

Nach unseren Erfahrungen eignet sich die kognitive Therapie gut für eine initiale Symptomreduktion. Sie sollte aber ergänzt werden durch einen Ansatz, der stärker Bezug nimmt auf die bisherige Konfliktvermeidung in aktuellen Beziehungen.

Die beiden zitierten Studien zeigen überraschend positive Resultate der Kurztherapie unter Anwendung der ökologischen Fallkonzeption. Mit 15–20 Sitzungen konnten Ergebnisse erzielt werden, welche nicht nur in einem länger als 1 Jahr dauernden Katamnesezeitraum anhielten, sondern sich sogar – auch ohne weitere Psychotherapie – weiter verbesserten. Wir führen diesen positiven Effekt auf eine wesentliche Verbesserung in der Gestaltung der aktuellen Beziehungen zurück.

12 Persönlicher Wandel in der therapeutischen Beziehung

▇▇ Die therapeutische Beziehung ist das Medium, in welchem sich der therapeutische Prozeß entwickelt. Besonders in der Einzeltherapie dringt das Gespräch nicht selten in eine persönliche Intimität vor, die der Patient bisher noch nie jemandem eröffnet hat, ja, die ihm oft selbst nicht bewußt ist. Das Offenlegen der innersten Aspekte psychischen Lebens macht den Patienten verletzbar. Es kann das Bedürfnis aufkommen, sich vor weiterem Eindringen des Therapeuten zu schützen oder sich zumindest zu vergewissern, daß man die Kontrolle über sich in eigenen Händen behält und dem Therapeuten nicht ausgeliefert ist. Daraus können sich Machtkämpfe zwischen Patient und Therapeut entwickeln. Der anstehende Entwicklungsschritt in der Gestaltung der Beziehung, wie sie mit der Formulierung des Fokus in Kapitel 11 behandelt wurde, bildet sich eventuell auch in der therapeutischen Beziehung ab und kann dort bearbeitet werden. Unter der Intimität des therapeutischen Dialogs kommt es natürlicherweise auch zu erotischen Gefühlen, sowohl beim Patienten wie beim Therapeuten. In mildem Ausmaß fördern diese den therapeutischen Prozeß. Werden die Gefühle jedoch sehr intensiv, so beginnt eine heikle Gratwanderung. Der Therapeut ist verantwortlich für die Einhaltung des Therapiesettings und der Rollen von Therapeut und Patient, die in einer professionellen Beziehung einander zugeordnet sind. Der Therapeut sollte weder von einem zu hohen Interesse an der Gefühlslage des Patienten erfaßt werden noch die ihm angetragenen Liebesgefühle zu schroff abweisen. Kontraproduktiv ist es ferner, wenn die erotischen Gefühle in der therapeutischen Beziehung die Beziehung zum Lebenspartner entwerten.

Je mehr der Therapeut in der Einzeltherapie sich selbst in die therapeutische Beziehung einbringt, desto größer ist auch die Tendenz, sich in therapeutische Kollusionen zu verwickeln, insbesondere in eine Helferkollusion, wo der Therapeut sich überengagiert und für den Patienten unentbehrlich zu sein glaubt. Für den therapeutischen Prozeß ist es aber förderlich, wenn sich das Gespräch koevolutiv entwickelt, d.h. wenn der Therapeut im Dialog seine Fähigkeiten entfalten kann und er dabei selbst neue persönliche Erfahrungen machen kann.

12.1 Der Patient entwickelt sich im Gestalten der therapeutischen Beziehung

In der ökologischen Psychotherapie (Willi 1996) stehen die Entwicklung und Verwirklichung der Person durch das Gestalten ihrer Beziehungen im Zentrum des Interesses. Die Person entwickelt sich koevolutiv mit anderen Personen, durch die sie in ihrem Wirken beantwortet, herausgefordert, unterstützt und strukturiert wird. Wenn die Person sich bevorzugt im Gestalten ihrer mitmenschlichen Beziehungen entwickelt, so ist die Entwicklung des Klienten in der therapeutischen Beziehung von besonderer Bedeutung.

Die therapeutische Beziehung wird nicht nur durch die Therapeutin oder den Therapeuten, sondern ebenso durch den Patienten aktiv gestaltet. Die Gestaltung der Beziehung durch den Patienten hat besonders im psychoanalytischen Setting stark projektiven Charakter. Dadurch, daß der Patient, auf der Couch liegend, den Therapeuten nicht sieht und der Therapeut sich durch seine spärlichen Bemerkungen kaum zu erkennen gibt, wird der Patient stimuliert, ein projektives Bild vom Therapeuten zu entwerfen. Sitzen sich Patient und Therapeut gegenüber, wie das heute in den meisten Therapien üblich ist, läßt sich der Therapeut in einen Dialog mit dem Patienten ein und wird dadurch realistischer wahrgenommen. Dennoch ist zu erwarten, daß der Patient die Beziehung zum Therapeuten gemäß der für ihn typischen Beziehungsmuster zu gestalten versucht. Die Tendenz zu verzerrter Wahrnehmung naher Bezugspersonen kann auch die therapeutische Beziehung prägen. Der anstehende Entwicklungsschritt der ökologischen Fallkonzeption kann somit auch in der Auseinandersetzung mit dem Therapeuten zu einem therapeutischen Thema werden. Psychotherapie mobilisiert tiefe regressive Wünsche danach – aber auch tiefe Ängste davor –, sich vom Therapeuten abhängig zu machen, die Verantwortung für das eigene Leben dem Therapeuten zu übergeben und sich seiner Führung zu überlassen. Die Beziehung zur Therapeutin oder zum Therapeuten hat oft ambivalenten Charakter zwischen regressiven Wünschen und deren Abwehr. Die Ambivalenz der Wünsche, sich in die Abhängigkeit zum Therapeuten zu begeben, kann sich darin zeigen, daß der Patient manchmal mit einer unerwarteten Anstrengung sich der eigenen Kontrolle über das therapeutische Geschehen versichern will. Er möchte sich vergewissern, daß er dem Therapeuten nicht bedingungslos unterworfen ist, sondern sich als ebenbürtiger Gesprächspartner zu behaupten vermag. Er will selbst bestimmen, ob und wie lange er die Therapie weiterführen will. Leicht entwickeln sich zwischen Therapeut und Patient Machtkämpfe, wenn der Therapeut sich als Experte profilieren will. Weiss und Sampson (1986) haben beschrieben, wie der Patient den Therapeuten testet, ob er sich seiner Kompetenz anvertrauen kann oder ob der Therapeut sich so verhält, daß sich die früheren belastenden Beziehungsmuster mit ihm wiederholen. Der Patient kann versucht sein, den Therapeuten dazu zu verführen, sich so zu verhalten, wie er es befürchtet. Die Therapeutin oder der Therapeut soll also in überlegter Weise auf die Beziehungsangebote des Patienten reagieren. Wenn der Therapeut den Test besteht und sich im Sinne der Entkräftung der Befürchtungen des Patienten verhält, kann eine vertrauensvolle Beziehung entstehen, die gleichzeitig eine wichtige korrigierende emotionale Erfahrung in der Beziehungsgestaltung sein kann.

12.2 Erotik in der therapeutischen Beziehung

Sexuelle Übergriffe in der therapeutischen Beziehung sind ein beliebtes Thema in den Medien. Es wird unter moralischen Aspekten emotional diskutiert. Die Schuldfrage steht von vornherein fest: Es ist der Therapeut, der seine Macht ausnutzt, und die Patientin, die als Opfer sexuell ausgebeutet wird. Dabei besteht die Gefahr, daß die Diskussion über Erotik in der therapeutischen Beziehung einseitig negativ belastet wird und durch viele Tabus eingeschränkt ist. Die therapeutische Beziehung kann viele Gemeinsamkeiten mit einer

Liebesbeziehung haben, sie hat aber auch wichtige Unterschiede, was nicht immer leicht auseinanderzuhalten ist. In meinen früheren Büchern über das Thema Liebe (Willi 1991, Willi 2002) habe ich die These vertreten, man verliebe sich dann, wenn die Evidenz aufkommt: »Dies ist die Person, mit der zusammen ich all das, was ich in Zeiten langer Sehnsucht bereitgestellt habe, ins Leben hineinholen kann, dies ist die Person, mit der ich meine innersten Möglichkeiten zur Entfaltung bringen kann, weil sie meine Bereitschaften erkennt und mich darin beantwortet.« Komplementär dazu verliebt sich jemand, wenn die Evidenz entsteht: »Ich bin die Person, die es dem anderen ermöglicht, all das, was er in langer Sehnsucht bereitgestellt hat, ins Leben hineinzuholen, weil ich ihn zu nehmen weiß, weil ich den Schlüssel zu seinem Herzen habe und ihn in einer Weise verstehe, wie er es bisher nie erfahren hat.«

Diese Formulierungen treffen auch auf die Beziehung von Therapeutin bzw. Therapeut und Patient zu. Es ist völlig natürlich, daß der therapeutische Dialog, soweit er gelingt, auf beiden Seiten Liebesgefühle füreinander entstehen läßt. Wenn ein Mensch sich bisher noch nie so verstanden gefühlt hat wie vom Therapeuten, und wenn der Therapeut spürt, daß er die erste Person ist, die diesen Menschen in seiner Tiefe verstehen und akzeptieren kann, entstehen auf beiden Seiten Gefühle von Freude, Dankbarkeit und Liebe. Diese Gefühle von Liebe sind geschlechtsunabhängig, sie kommen genauso bei der Therapeutin wie beim Therapeuten auf und genauso in einer gegengeschlechtlichen wie in einer gleichgeschlechtlichen therapeutischen Beziehung und brauchen nicht im engeren Sinne sexuellen Charakter zu haben. Die Beziehung zum Patienten ist für die Therapeutin und den Therapeuten beglückend, wenn sie ihm ein Verständnis für seelische Prozesse ermöglicht, zu dem er oder sie aus eigener Kraft nicht fähig gewesen wäre.

In der Phantasie kann sich besonders in einer Beziehung zwischen Therapeut und Patientin die therapeutische Liebe mit erotisch-sexueller Liebe vermischen. Ich spreche hier von Therapeut und Patientin, weil das die häufigste Konstellation für problematische Erotik in der therapeutischen Beziehung ist. Eine tiefe Liebessehnsucht kann durch das therapeutische Gespräch angerührt und stimuliert werden. Es entstehen Wünsche bei Patientin und Therapeut, die therapeutischen Rollenvorschriften zu überschreiten und Grenzen zu sprengen. Vieles bleibt dabei unausgesprochen, kann wechselseitig geahnt werden, ohne eine direkte Bestätigung zu erreichen. Intensive Liebesgefühle können aber zum Problem für beide Seiten werden. Der therapeutische Prozeß wird dann blockiert, die Patienten schämen sich ihrer Gefühle und halten diese zurück. Sie verlieren dadurch den Kontakt zu sich selbst und ihrem therapeutischen Anliegen.

Eine milde therapeutische Liebe ist einer der wichtigsten Faktoren einer Psychotherapie. Sie kann die Zusammenarbeit auf beiden Seiten verstärken und kreativer machen. Der Therapeut sollte sich darüber im klaren bleiben, daß die Liebesgefühle eventuell ein wichtiger neuer Entwicklungsschritt für die Patientin sind. Die Patientin kann diesen Entwicklungsschritt therapeutisch nur vollziehen, wenn sie sich dem Therapeuten anvertrauen kann, ohne befürchten zu müssen, von ihm ausgenutzt zu werden. Am günstigsten ist es, wenn der Therapeut die Liebesgefühle der Patientin respektvoll entgegennimmt, dabei jedoch klar das Behandlungssetting verteidigt: Er kann als Therapeut nur funktionieren, wenn die professionelle Rolle aufrechterhalten wird. Das therapeutische Arbeitsbündnis ist darauf angewiesen, daß Therapeut und Patientin die therapeutische Rollenverteilung einzuhalten vermögen.

Welche Möglichkeiten hat der Therapeut, das Überhandnehmen von Liebesangeboten zu kanalisieren? Der Therapeut kann die Intervalle zwischen den Sitzungen verlängern und damit der Patientin gegenüber signalisieren, daß er ihr eine vermehrte Selbstverantwortung für den therapeutischen Prozeß zumutet. Liegen, wie das häufig der Fall ist, bei der Patientin gleichzeitig Konflikte in der Partnerschaft vor, kann es sich bewähren, die Therapie in Paarsitzungen weiterzuführen. Die Paartherapie ermöglicht in der Regel keine so persönliche Beziehung zwischen Patientin und Therapeut. Wenn sich die Liebesgefühle der Patientin zu einer sogenannten malignen Übertragung steigern, kommt es gelegentlich zum Therapieabbruch von seiten der Patientin oder des Therapeuten. In einer psychoanalytischen Langzeittherapie mit mehreren Sitzungen pro Woche über mehrere Jahre wird die »Übertragung« oft zum zentralen Thema. Die Gefahr, daß Patientinnen dabei in eine ungelöste Abhängigkeit vom Therapeuten geraten, ist weit größer, als wenn die Therapie von vornherein als Kurztherapie konzipiert ist.

Die Realität der *sexuellen Übergriffe in der Psychotherapie* ist meist komplexer, als in der öffentlichen Diskussion dargestellt wird. Es muß unterschieden werden zwischen dem ethisch-juristischen Aspekt und der Psychodynamik. Es gehört zur Rollenvorschrift des Therapeuten, daß er sich der Patientin gegenüber sexuell abstinent verhält, selbst dann, wenn die Patientin ihm verführerische Angebote macht. Der Therapeut macht sich strafbar, wenn er sich in sexuelle Beziehungen mit seiner Patientin einläßt, weil er damit die Abhängigkeit der Patientin ausnutzt. Darüber hinaus ist ein sexueller Übergriff aber vor allem auch ein Kunstfehler, weil der Therapeut damit die Fortsetzung der Therapie verunmöglicht. Ich vermute, daß eine einseitige, aktive Verführung durch den Therapeuten relativ selten ist. Zumeist geht es vielmehr um einen hintergründigen Machtkampf zwischen Patientin und Therapeut. Wenn eine Patientin Liebesgefühle für den Therapeuten entwickelt, erträgt sie es oft schlecht, wenn sie sich ihm gegenüber in einer untergeordneten Position oder asymmetrischen Rolle fühlt. Sie ärgert sich zunehmend darüber, daß der Therapeut sich abstinent verhält und persönlich ungreifbar bleibt. Sie möchte, daß er sich in der Beziehung genauso zu erkennen gibt wie sie, und somit eine symmetrische Liebesbeziehung entstehen kann. Patientinnen vermerken etwa, der Therapeut komme ihnen so distanziert und hölzern vor, sie könnten sich einem Menschen gegenüber nicht öffnen, der so wenig von sich preisgebe. Die Beziehung sei so einseitig, kalt und professionell. Was sie bräuchten, sei ein Therapeut, der ihnen als Mensch begegne, natürlich seien sie für ihn nur ein Fall unter vielen, mit denen er sein Geld verdiene. Auch das Therapiezimmer sei so sachlich eingerichtet, so steril und unpersönlich, da könnten sie sich nicht öffnen. Die Patientin möchte den Therapeuten aus seiner Berufsrolle hinauslocken, ihn vom Thron herunterholen und auf gleiche Stufe mit ihr stellen. Das Ziel ist, die professionelle Asymmetrie in eine gewöhnliche Liebesbeziehung überzuführen. Besonders Frauen mit Inzesterfahrungen versuchen oftmals, dem Therapeuten sexuelle Angebote zu machen. Es handelt sich hier in besonderer Weise um einen Test, ob der Therapeut dem Versuch zur Verführung standhält und sich damit als vertrauenswürdig erweist für das Einlassen in eine tiefergehende Psychotherapie.

So verständlich die beiderseitigen Liebesgefühle sind, sollte es beiden Seiten klar sein: Das Sich-Einlassen auf eine sexuelle Beziehung führt zum Chaos und damit zum Ende der Psychotherapie. Die Rollen werden dadurch unklar. Patientinnen, die derartige Erfahrungen gemacht haben, äußern sich in späteren Therapien durchwegs negativ über die Schwäche des Therapeuten. Es spielt also nicht nur der Therapeut seine Macht aus und nutzt die Abhängigkeit der Patientin aus, sondern genauso übt die Patientin ihre Macht aus und macht den Therapeuten von ihr abhängig. Sie hat ihn insofern in der Hand, als sie gegen ihn Strafanzeige einreichen kann. Auf dieser Basis geht das therapeutische Vertrauen auf beiden Seiten verloren.

Wie soll der Therapeut sich verhalten, wenn eine Patientin ihm erotische Angebote macht? Sigmund Freud hatte das Problem, im Unterschied zu seinem Kollegen Josef Breuer, damals gelöst, indem er die Liebesangebote der Patientin umdeutete in eine Vaterübertragung. Das ermöglichte ihm eine persönliche Distanzierung und machte die Angebote der Patientin unschädlich für ihn. Man kann diese Verschiebung der Liebesgefühle der Patientin vom Therapeuten auf ihren Vater als geniale Abwehrmaßnahme verstehen. Sie ist aber in vielen Fällen auch eine Entwertung der Liebesgefühle der Patientin, indem ihre Gefühle uminterpretiert und ihr damit entfremdet werden. Wenn man sich vor Augen hält, daß eine Patientin wohl zum ersten Mal in ihrem Leben im Therapeuten einen Menschen gefunden hat, von dem sie sich im Innersten verstanden und akzeptiert fühlt, ist es natürlich, daß sie zu diesem Menschen eine tiefe Liebe entwickelt, eine Liebe, die auch erotisch-sexuelle Aspekte beinhalten kann. Für die Patientin kann es wichtig sein, daß sie sich ihrer erotischen Wünsche und Phantasien nicht zu schämen braucht.

Der Therapeut kann sich – ohne der Gefahr sexueller Übergriffe zu erliegen – auf zwei Arten ungünstig verhalten: Er kann die Liebesgefühle der Patientin zu einem Thema machen, für das er großes

Interesse zeigt. Im ausgiebigen Besprechen des erotischen Themas wird dieses oft nicht abgebaut – selbst wenn es als Vaterübertragung gedeutet wird –, sondern im Gegenteil intensiviert. Gerade in der Psychoanalyse, wo sich erotische Phantasien oft besonders intensiv entwickeln, gibt es immer wieder Menschen, die sich von ihrem Analytiker nie wirklich abgelöst haben, sondern in einer Haßliebe an ihn gebunden bleiben. Genauso ungünstig wie ein genüßliches Interesse des Therapeuten ist das Gegenteil, nämlich die schroffe Abweisung des Themas durch den Therapeuten. Manche Patientin hat den Eindruck, der Therapeut fühle sich vom Liebesthema überfordert und wehre es ängstlich ab. Sie bleibt dann mit ihren Liebesgefühlen allein und fühlt sich beschämt und zurückgewiesen.

Ferner ist zu beachten, inwiefern die Erotik der therapeutischen Beziehung anderen Beziehungen der Patientin, insbesondere der Beziehung zum Lebenspartner, Energie und Emotionen entzieht. Dies geschieht vor allem dann, wenn der Therapeut – bewußt oder unbewußt – sich als besserer Partner anbietet oder sich darin gefällt, vom Patienten als besserer Partner idealisiert zu werden. Dadurch kann die Beziehung zum Lebenspartner, deretwegen die Patientin sich für die Therapie gemeldet hatte, durch die Therapie zusätzlich erschwert werden. Eifersucht und Rivalität von seiten des Lebenspartners sind ein Signal, daß sich die Therapie in diese Richtung entwickelt. Der zeitweilige Einbezug des Lebenspartners kann eine diesbezügliche Fehlentwicklung der Therapie verhindern.

Was soll der Therapeut machen, wenn er sich selbst in eine Patientin verliebt? Die Psychoanalyse sagt, eine milde Übertragung und Gegenübertragung bilde das beste therapeutische Arbeitsbündnis. Der Therapeut soll seine erotischen Gefühle für die Patientin aushalten, ohne sie der Patientin zu offenbaren. Gleichzeitig soll er die in ihm auftretenden erotischen Phantasien selbstkritisch analysieren. Worum geht es ihm dabei? Ist es ihm ein tiefes Bedürfnis, von der Patientin idealisiert zu werden? Ist er selbst wegen der therapeutischen Rollenvorschriften frustriert? Es ist aber gar nicht so selten, daß sich zwischen dem Therapeuten und einer Patientin eine ernsthafte Liebesbeziehung zu bilden beginnt, bei der nicht die sexuelle Beziehung im Vordergrund steht. Es ist nichts Außergewöhnliches, daß Therapeuten mit ehemaligen Patientinnen verheiratet sind. Der Übergang von der therapeutischen Beziehung zur Liebesbeziehung ist dann ein heikler Prozeß. Wichtig wäre, daß die therapeutische Beziehung klar beendet wird, bevor eine persönliche Liebesbeziehung eingegangen wird. Die Patientin sollte ihre Patientenrolle samt ihren regressiven Abhängigkeitswünschen und ambivalenten Idealisierungstendenzen hinter sich lassen. Der Therapeut muß seine professionelle Reserve aufgeben können zugunsten einer gegenseitigen Beziehung zwischen gleichgestellten Partnern. Sie müssen zueinander zu einem Dialog finden, der nicht mehr den Charakter einer Helferbeziehung hat.

12.3 Therapeutische Kollusionen

Kollusive Beziehungen, wie ich sie in meinen Büchern »Die Zweierbeziehung« (1975) und »Therapie der Zweierbeziehung« (1978) für Paarbeziehungen beschrieben habe, treten auch zwischen Therapeut und Patient auf, vor allem dann, wenn unreife Entwicklungsbereitschaften des Patienten mit unreifen Entwicklungsbereitschaften des Therapeuten korrespondieren. Wie alle Vertreter von Helferberufen kann der Therapeut vor allem auf das Angebot zu einer Helferkollusion (orale Kollusion; Willi 1975) ansprechen. Der Patient möchte sich dabei ganz der Hilfe des Therapeuten anvertrauen und die Verantwortung für sein Leben ihm übergeben. Der Therapeut seinerseits kann zur Überkompensation eigener Selbstwertzweifel in besonderer Weise auf dieses Angebot anspringen, um sich als Helfer zu profilieren. Die Kollusion vermittelt den beiden Betroffenen ein Gefühl besonderer Nähe und sinnstiftender Exklusivität ihrer Beziehung. Der Therapeut fühlt sich für den Patienten unentbehrlich, der Patient spürt das besondere Interesse des Therapeuten an seiner Hilflosigkeit. Daraus ergibt sich das Risiko, daß beide mit ihrem Rollenanteil überidentifiziert sind und unausgesprochen glauben, füreinander bestimmt zu sein. Eine freiere, unabhängigere Entwicklung des Patienten durch die Therapie würde den Bestand der Kollusion gefährden und wird deshalb oft unbewußt von beiden Seiten verzögert. Durch übertriebene Hilfe wird der Patient hilflos gehalten.

Weitere Kollusionsangebote (Willi 1975) können sein:

- Die Bereitschaft des Patienten, eine abhängige Position einzunehmen und den Therapeuten zum Führer zu machen im Kampf gegen unterdrückende Angehörige. Ein mit seiner Beschützerrolle überidentifizierter Therapeut wird dann stellvertretend für den Patienten den Kampf gegen die Angehörigen übernehmen (analsadistische Kollusion). Es besteht die Gefahr, daß der Patient aus der Abhängigkeit von den Eltern in die Abhängigkeit vom Therapeuten wechselt.
- Die Bereitschaft des Patienten, den Therapeuten zur Koryphäe und zum superpotenten Experten emporzustilisieren, der sich wohltuend unterscheidet von früheren Therapeuten, die in ihren Bemühungen allesamt gescheitert sind. Der neue Therapeut wird mit Vorschußlorbeeren eingedeckt (phallische Kollusion). Die Therapie scheitert, wenn der im Selbstwertgefühl aufgeblähte Therapeut sich für den therapeutischen Erfolg überverantwortlich macht und der Patient dem Therapeuten die ganze Verantwortung für den therapeutischen Fortschritt zuschieben kann.
- Indem der Patient sich dem Therapeuten als besonders schüchtern, zerbrechlich und zart besaitet anbietet, weckt er in ihm Beschützerinstinkte. Er glaubt, durch das Sich-Einschwingen in eine ungetrübte Harmonie dem Patienten ein neues Leben schenken zu können. Er hegt den Patienten als zartes Pflänzchen, das vor allen »Umweltbelastungen« zu bewahren sei. Die therapeutische Beziehung gewinnt dabei einen mystischen Charakter. Beide sehen darin eine Fügung, die von niemandem, weder von den Angehörigen noch von Supervisoren, wirklich verstanden werden kann (narzißtische Kollusion). Die Gefahr besteht, daß dem Patienten keine Auseinandersetzungen zugemutet werden und die Therapie in unangetasteter Harmonie effektlos bleibt.

In kollusiven therapeutischen Beziehungen kommt es zu *exklusiver Abgrenzung gegen die Partner und Familienangehörigen*. Je mehr die Angehörigen über den Verlauf der Therapie beunruhigt sind und sich gegen die Therapie zur Wehr setzen, desto mehr versucht der

Therapeut den Patienten fest an sich zu binden. Sein Verhalten gleicht bald einmal dem abhängig haltenden Verhalten der Eltern, das zu überwinden den Patienten zur Therapie motiviert hat.

Eine Überidentifikation mit der Thematik des Patienten tritt auch auf, wenn der Therapeut glaubt, in seinem Leben ähnliche Probleme erfolgreich bewältigt zu haben. Er meint, dem Patienten seine Lösungsmuster anbieten zu müssen. Er macht sich damit zum Vorbild, ohne zu erkennen, daß die Problemlage und die Lösungsmöglichkeiten des Patienten ganz anders gelagert sind als die seinigen. Indem er seine Probleme in Analogie zu jenen des Patienten setzt, glaubt er zum Patienten eine besondere Vertrautheit herzustellen und sich als berufen anzubieten, ihm zu helfen. Effektiv schafft er mit dem Hervorkehren seiner Überlegenheit ein großes Gefälle zum Patienten.

Es gehört zum Testverhalten der Patienten, dem Therapeuten Kollusionsangebote zu machen. Es ist Aufgabe des Therapeuten, diese zu erkennen und der Versuchung zu widerstehen, sich darauf einzulassen. Die Kollusion ist ein interpersonelles Arrangement, das zunächst als besonders verheißungsvolle Korrespondenz zwischen Therapeut und Patient wahrgenommen wird, auf das beide intensiv ansprechen. Das Scheitern tritt dadurch ein, daß der Therapeut den schwachen, hilflosen Patienten benötigt, um sich als besonders stark zu erfahren, und er damit dem Patienten keine Chance gibt, autonom die Verantwortung für sein Leben zu übernehmen. Die Entwicklung des Patienten wird dadurch blockiert, daß er selbst sich nicht wirklich zu einer Entwicklung herausgefordert fühlt, sondern in der Tendenz verharrt, sich in unausgesprochenem Einvernehmen an den Therapeuten anzulehnen. In dem Ausmaß, wie die Patienten gesunder, reifer und unabhängiger werden, unterziehen sie sich dem Therapeuten nicht mehr widerspruchsfrei, sondern beginnen manche Interventionen zu kritisieren und sich seinen Weisungen zu widersetzen. In einer Kollusion wird der Therapeut ein derartiges Verhalten als undankbar oder als therapeutische Fehlentwicklung interpretieren und Mühe haben, anzuerkennen, daß im Widerstand des Patienten wichtige Schritte in Richtung Unabhängigkeit vollzogen werden.

12.4 Therapeutische Koevolution

Unter einer therapeutischen Kollusion verstehe ich eine neurotische Korrespondenz unreifer Entwicklungswünsche und Abwehrmaßnahmen von Therapeut und Patient. Eine therapeutische Koevolution ist demgegenüber die wechselseitige Herausforderung gesunder persönlicher Entwicklungen durch die therapeutische Arbeit. Der Therapeut erlebt sich dabei für den Patienten nicht als unentbehrlich oder einmalig und reagiert nicht mit Überverantwortlichkeit. Er begibt sich mit dem Patienten in einen gemeinsamen Such- und Klärungsprozeß, der auch für ihn ein Klärungsprozeß ist. Er stellt dem therapeutischen Dialog sein eigenes Erleben zur Verfügung und läßt sich vom interaktionellen Prozeß mit dem Patienten leiten. Dabei nimmt er aufmerksam wahr, was ausgeklammert und vermieden wird, und macht sich in angemessener Weise zu dessen Anwalt. Der Schweizer Psychiater Hans Trüb (1951) hat das Wesen der therapeutischen Zusammenarbeit unter Hinweis auf Martin Buber schön beschrieben: »Du bist nicht das Konkrete und nicht ich bin es, sondern das Konkrete kommt nur dadurch zustande, daß wir das Gemeinsame behandeln. Wir bringen unsere Erfahrungen zusammen in der gemeinsamen Arbeit und finden so, daß wir ein Gemeinsames behandeln... Daß ich eine Erkenntnis für mich habe, kann doch nicht genügen – es ist wichtig, daß die Erkenntnis aufsteigt zwischen uns. Wichtig ist das Teilhaben an dieser Erkenntnis von mir und Dir. Man kann dem anderen die Wahrheit nicht bringen, man findet sie miteinander« (S. 103).

Dem koevolutiven Ansatz entsprechend gehe ich davon aus, daß Partnerbeziehungen, und in besonderer Weise die therapeutische Beziehung, geeignet sind, persönliche Entwicklungen im Erwachsenenalter herauszufordern. Partner weisen einander mit konstruktiver Kritik auf notwendige, bisher vermiedene persönliche Entwicklungen hin. Wie steht es nun mit der Kritik am Therapeuten? Mit seiner Kritik setzt der Patient den Therapeuten einem besonders delikaten Beziehungstest aus. Ich halte es für problematisch, wenn der Therapeut Kritik vorschnell als »negative Übertragung« von der eigenen Person auf Vater oder Mutter des Patienten ablenkt und damit entwertet. Ungünstig ist es ebenfalls, wenn der Therapeut sich zu rechtfertigen versucht oder beleidigt reagiert. In vielen Fällen ist die Kritik des Patienten, zumindest teilweise, durchaus zutreffend. Wie soll der Therapeut, der das anerkennt, reagieren? Ungünstig scheint es mir, wenn der Therapeut zu sehr auf die Kritik eingeht und sich so als Problemfall dem Patienten offeriert. Patienten mögen zunächst triumphieren, wenn der Therapeut eigene ungelöste Probleme zugibt. Sie fühlen sich aber mißbraucht, wenn sie den Eindruck bekommen, der Therapeut benutze das Gespräch für eigene therapeutische Bedürfnisse. Wichtig scheint mir, dem Patienten zu signalisieren, daß man seine Kritik ernst nimmt und dies durch klärendes Nachfragen ausdrückt: Was war der Anlaß zur Kritik? Was hat der Patient an der Person des Therapeuten wahrgenommen? Was hat den Patienten am Verhalten des Therapeuten gestört? Darüber hinaus soll der Therapeut seine Person aber nicht zum Thema des therapeutischen Gesprächs machen, sondern sich persönlich mit dem kritisierten Verhalten auseinandersetzen. Es genügt, wenn der Therapeut die klärenden Rückfragen abschließt mit der Bemerkung: »Ich werde das noch überdenken«. Meist ist der Patient damit zufrieden und ist bereit, sich mit seinem eigenen Anteil auseinanderzusetzen: Was hat es mit mir und meiner Geschichte zu tun, daß ich mich vom kritisierten Verhalten des Therapeuten so gestört gefühlt habe?

Die therapeutische Beziehung kann unterschiedlich gestaltet werden, je nach Gesprächsstil. Es gibt den *explorativen Stil*, bei welchem der Therapeut fragt und der Patient antwortet. Der Therapeut erfährt damit viele konkrete Details, die ihm einen Überblick auf Tatsachenebene vermitteln. Wird dieser Stil über die initiale Abklärung hinaus fortgeführt, so entwickelt sich eine asymmetrische therapeutische Beziehung, in welcher der Therapeut die Führung und Verantwortung übernimmt und selbst die Gesprächsthemen vorgibt.

Das Gegenteil ist der *nachfragende Stil*: Der Therapeut stellt die Einleitungsfrage: »Worüber möchten Sie heute sprechen?« und geht dann ausschließlich von den Vorstellungen und Themen aus, die der Patient vorbringt. Er klärt und vertieft diese durch Fragen. Fragen des Patienten an den Therapeuten werden nicht direkt beantwortet, sondern zur Klärung an den Patienten zurückgegeben. Die Verantwortung und Initiative für den therapeutischen Fortschritt liegt dann beim Patienten. Der Therapeut spricht keine neuen Themen an, sondern hält sich an das, was der Patient selbst vorbringt. Dieser Stil ist für die Patienten anspruchsvoll und setzt bei ihnen die Bereitschaft voraus, auf Führung, Orientierung und Ratschläge des Therapeuten zu verzichten und sich eigenaktiv mit sich selbst auseinanderzusetzen.

Mir persönlich liegt eher ein *koevolutiver Gesprächsstil*. Ich beginne mit der Frage, worüber der Patient heute sprechen möchte. Doch dann lasse ich mich in einen therapeutischen Dialog ein, bei welchem ich als Gegenüber zum Patienten aktiv bin. Aus dem, was der Patient berichtet, bilden sich in mir gewisse Fragen, die mich interessieren und die ich dem Patienten stelle. Meine Äußerungen sind teilweise recht konfrontierend. Bemerkungen oder Interpretationen stelle ich meist in Frageform. Teilweise äußere ich meine Gefühlsreaktionen. Durch Nachfragen kläre ich, ob der Patient mit meinen Fragen etwas anfangen kann. Ist das nicht der Fall, so beharre ich nicht auf einer Interpretation oder einem Hinweis, auch wenn ich sie für zutreffend erachte. Manchmal bringe ich ein neues Thema ein, das aber angeregt wurde durch das, was der Patient zuvor angesprochen hatte. Es geht darum, daß man als Therapeut nicht zu aktiv ist, dem Patienten keine Themen aufdrängt und ihn nicht mit Interpretationen einengt; wichtig ist aber auch, daß der Therapeut nicht durch allzu große Zurückhaltung das Vermeiden wichtiger Themen über längere Zeit zuläßt. Gelingt der koevolutive Dialog, so werden Patient und Therapeut einander anregen und dabei die Erfahrung machen, daß sie im Wechselspiel des gemeinsamen Suchens sich laufend zu neuen Fragen und neuen Antworten anregen. Es handelt sich um einen gemeinsamen Prozeß, in welchem auch beim Therapeuten neue Erkenntnisse und persönliche Entwicklungen stimuliert werden.

13 Mit unserem Leben am Werden der Welt mitwirken

13.1 Die Relativierung des Lebens

Mit diesem Schlußkapitel möchte ich anknüpfen an mein früheres Buch »Ko-evolution. Die Kunst gemeinsamen Wachsens« (1985/2007) sowie an eine Schrift von Paul Mendes-Flohr (1978), der wenig bekannte Literatur von Martin Buber zusammengestellt hat, die meinen Vorstellungen sehr entgegenkommt.

Mit diesem Buch will ich darstellen, wie wir eine andere Sichtweise gewinnen, wenn wir den Schwerpunkt von der Persönlichkeitsentwicklung auf die Gestaltung des Lebenslaufes verschieben. Es wird damit klarer, daß das individuelle Leben eingebettet ist in das Leben anderer Individuen und in die Lebensprozesse als Ganzes. *Wir sind Teil eines uns zeitlich und räumlich überragenden und einschließenden Lebensprozesses.* Raum und Zeit verlieren ihre übermächtige Bedeutung, wenn wir uns bewußt sind, daß die eigene Geschichte nicht mit der Zeugung oder der Geburt begonnen hat, sondern weit früher in Lebensprozessen anderer, die unserem individuellen Leben vorangegangen sind und deren Wirken als Bausteine für die Gestaltung unseres Lebens aufgenommen wurden. Ebenso findet unsere Geschichte nicht mit dem Tod ihr Ende, sondern wird in anderen Menschen fortgesetzt und fruchtbar. Aber die Spuren unseres Lebens tragen oft nicht mehr unseren Namen und werden von manchen, die sie weiter verwerten, nicht uns zugeschrieben. Wenn wir uns aber als Element im unendlichen Strom des Lebens wahrnehmen, sind wir ein Teil der stets im Werden befindlichen Welt. Nach G. Landauer können wir die Unendlichkeit in uns selbst finden, wenn wir ganz wir selbst sind und unseren tiefsten Grund aus uns herausholen (G. Landauer 1929, zit. in Mendes-Flohr, S. 63).

Unsere Geschichte ist nur bedingt unsere Geschichte. Wir spielen zwar die Hauptrolle auf der Bühne unseres Lebens. Aber wir können unsere Geschichte nicht spielen ohne die Mitspieler, die uns unsere Rolle zugestehen. Es hängt stark von unseren Beziehungen ab, was wir in diesem Spiel verwirklichen können und was dazu keine Gelegenheit findet. Und so verwirklichen wir uns in der Wechselwirkung mit den Angeboten unserer Umwelt und entwickeln und wandeln uns durch deren Wandel.

Das gibt Anlaß, uns mit der Relativierung des Lebens, in den beiden Bedeutungsnuancen des Wortes, zu befassen: einerseits mit der Relativierung der Bedeutung unseres individuellen Lebens, andererseits mit der Bezogenheit von allem, angesichts der Verwobenheit unseres Lebens. Zur Bedingtheit unseres Lebens gehört auch die Todesverfallenheit alles Lebendigen. Alles, was lebt, ist begrenzt und dem Tode ausgeliefert. Wahrscheinlich entsteht erst aus dieser Begrenzung die unbändige Daseinsgier und Lebenslust, von der Nietzsche mit Verweis auf Dionysos, den Gott des Weines und des Rausches, spricht. Ihm zufolge muß alles, was lebt, zum leidvollen Untergang bereit sein. Wenn wir unser Leben gelebt haben, ist es Zeit, Platz zu machen für die Lebenslust und Lebenskraft anderer, die ihrerseits demselben Gesetz des Daseins unterworfen sind. Trotz aller Furcht sind wir die glücklich Lebendigen, nicht als Individuen, sondern als das *eine* Lebendige, mit dessen Zeugungslust wir verschmolzen sind. Dionysos läßt die Flüchtigkeit des Lebens bestehen, alles befindet sich in einem fortwährenden Zustand des Strömens. Nach Nietzsche spricht die Natur mit ihrer wahren Stimme uns an, wenn sie sagt: »Seid wie ich bin! Unter dem unaufhörlichen Wechsel der Erscheinungen die ewig schöpferische, ewig zum Dasein zwingende, an diesem Erscheinungswechsel sich ewig befriedigende Urmutter!« (Nietzsche, »Die Geburt der Tragödie«, S. 116). Es kann Befriedigung und Lust gewonnen werden mit der Grunderkenntnis von der Einheit alles Vorhandenen – mit der Erkenntnis, daß jeder von uns Bestandteil des Ur-Einen, ein integraler Aspekt des dynamischen Vorgangs des Werdens ist (zit. in Mendes-Flohr 1978, S. 59).

Wir haben die Bedingungen unserer Lebensgeschichte nicht gewählt. Es kann sein, daß wir in eine Welt hineingeboren wurden, die unserer Entfaltung nicht förderlich ist. Es kann sein, daß die sozialen, politischen oder kulturellen Bedingungen sich verbessern, aber erst zu einem Zeitpunkt, der für uns zu spät kommt. Oder die gesellschaftlichen Bedingungen verschlechtern sich gerade in dem Moment, in dem unser jahrelanger Aufbau zum Tragen kommen könnte. Es ist ein Glücksfall, wenn wir die richtige Person sind, die im rechten Moment am rechten Platz steht.

Aber auch dann kann ein unverschuldetes Lebensereignis mit einem Schlag alles, was wir aufgebaut haben, vernichten. Das Leben ist nicht gerecht. Den einen fällt das Glück scheinbar in den Schoß, die anderen sind vom Unglück verfolgt. Es wird uns eine hohe Schicksalsfähigkeit abverlangt. Wir sind vom *Gesetz des Lebens* ebenso betroffen wie alles, was lebt, die Pflanzen, Tiere und Menschen.

Der ganze Kosmos und alles Leben von Pflanzen, Tieren und Menschen nehmen keine Rücksicht auf das Leben des Individuums, sondern überleben aus einer unausschöpflichen Vitalität, die immer wieder aus dem Tod neues Leben entstehen läßt. Wie diese Vitalität sich im Leben eines Individuums verwirklichen kann, scheint dem Zufall anheimgestellt. Das Leben setzt sich über die Bedeutung des Einzelwesens hinweg.

Dennoch haben wir als Menschen mehr Freiheit, mit den Lebensbedingungen kreativ umzugehen, als Tiere und Pflanzen. *Es liegt an uns, den Tatsachen Bedeutung zuzumessen und daraus eine gute Geschichte zu machen.* Manchen Menschen, denen vom Schicksal größte Ungerechtigkeit und Leiden zugemutet werden, finden Möglichkeiten, daraus Wertvolles und Sinnvolles entstehen zu lassen. In Leidenssituationen können sich mitmenschliche Begegnungen bilden, die unter gewöhnlichen Lebensbedingungen zu ihrer Entstehung keine Gelegenheit oder Notwendigkeit finden. Jeder Psychiater erlebt, wie Menschen in ihrer Verrücktheit einem ans Herz wachsen und einen menschliche Möglichkeiten erleben lassen, die einem sonst nicht zugänglich wären. Es gibt keine überzähligen Menschen. Jeder Mensch und jedes Schicksal kann wertvoll sein. Jeder kann in seiner Weise einen Beitrag an die Entwicklung und Entfaltung der Welt leisten. Das läßt sich nicht aus der individuellen Selbstverwirklichung ableiten, sondern erst aus den Beziehungen, die sich aus den mitmenschlichen Begegnungen ergeben. Damit soll Leiden nicht romantisiert werden. Ich selbst habe einen Sohn, der mit 4 Jahren eine lebensbedrohliche Encephalitis erlitten hatte, in deren Folge sich ein

Frontalhirnsyndrom und später eine Epilepsie entwickelten. Äußerlich gesehen ist sein Leben eine Folge von Mißerfolgen. Trotz aller Sorgen, die er meiner Frau und mir bereitet hat und immer noch bereitet, hat er uns auch viel gegeben. Als Mensch bewundere ich, wie er dieses Leiden erträgt und daraus Fähigkeiten entwickelt hat, sich mit einer außergewöhnlichen Sensibilität in andere Menschen einzufühlen und sie in ihrem Leiden zu verstehen. Er hat mir wesentlich dazu verholfen, das Leben nicht am Ausmaß von Erfolgen zu messen, sondern an dem, was sich in Beziehungen ereignet.

So finden manche Betroffene Möglichkeiten, ihre Benachteiligungen zum Thema und Inhalt ihres Lebens zu machen und spezielle Kräfte aus ihrem Schicksal zu schöpfen. Letztlich muß sich jeder Mensch mit der Relativität von Erfolg, Ehre, Macht und Reichtum befassen. Keiner kommt darum herum, die Brüchigkeit des Glücks kennenzulernen. Entscheidender als Erfolg ist das Gelingen wichtiger menschlicher Beziehungen. Da hat jeder Mensch seine Chancen.

13.2 Jede Person trägt mit ihrer Selbstverwirklichung zur Verwirklichung der Welt bei

Die Welt ist ein riesiges System, dessen Komplexität nur in Ansätzen erkannt und verstanden werden kann. Phänomenologisch betrachtet, gibt es die Welt, wie sie von Menschen wahrgenommen und konstruiert wird, nur in der menschlichen Vorstellung. Jede Person ist das Zentrum ihrer eigenen Welt und ordnet diese aus ihrer Sicht. Dementsprechend kann die Welt in den einzelnen Personen eine sehr unterschiedliche Bedeutung, Differenzierung und Fülle aufweisen. Die Konstruktion individueller Welten hängt von der Kultur mit ihren Interpretationen der Welt und des Lebens ab, von ihren Bildern und ihren Wert- und Sinnsystemen. Dennoch unterscheiden sich die Weltkonstruktionen und die Lebensgeschichten eines jeden Menschen von jener aller anderen. In jedem Menschen artikuliert sich eine andere Welt. Die allgemeine Welt ist der gemeinsame Nenner aus der Vielheit ihrer individuellen Ausformungen.

Nach Martin Buber (zit. in Mendes-Flohr 1978, S. 65) *ist die Person der Mittelpunkt eines unendlichen Weltprozesses.* Die Elemente dieses Prozesses treten in ihr zu einem gebundenen, begrenzten Sein zusammen und treten aus seiner Auflösung wieder in das fließende Ganze auseinander. So ist die Person Teil des ewigen dynamischen Vorgangs des Werdens. Sie bleibt dabei in inniger Verbindung zur Unendlichkeit. Durch diese innige Beziehung zur Unendlichkeit wird sie angehalten, ihre Individualität bis zum höchsten Grad zu entfalten. Konflikte zwischen Personen, die sich selbst zu verwirklichen suchen, können verstanden werden als Teil eines ewigen dynamischen Vorgangs des Werdens der Welt. Jede Person trägt durch ihre Selbstverwirklichung zur Verwirklichung der Welt bei. Die große Vielfalt individueller Verwirklichungen macht die Vielfalt der in ständigem Werden begriffenen Welt aus.

Die Welten der Personen stehen nicht nebeneinander, sondern befinden sich in steter Interaktion und stetem Wettbewerb zueinander. Die Personen sind aufeinander bezogen, indem sie sich unablässig mit sich auseinandersetzen. Generell entsteht Erkenntnis durch die Polarisierung einander entgegenstehender Meinungen. Jede Seite weist auf die Schwächen der gegenteiligen Thesen hin und findet andererseits ihre Identität und ihr Profil in der Unterscheidung von der Meinung der anderen. Die Debatte zwischen polarisierenden Meinungen kann zu deren Differenzierung Entscheidendes beitragen. Fruchtbar wird der Diskurs in der Regel aber nur, wenn die in Kapitel 8 besprochene Kritikfähigkeit gewährleistet ist, wenn also beide Seiten sich nicht anheischig machen, die letzte Wahrheit gefunden zu haben, sondern bereit sind, auf den anderen hinzuhören, seine Meinung ernst zu nehmen und daraus zu lernen.

Erkenntnis gewinnt nach Martin Buber die Person nicht mit ihren sinnlichen Wahrnehmungen oder mit ihrem Denken. *Sie kann der Welt die Geheimnisse nur entlocken durch Verwandlung.* Durch Verwandlung der Welt vollzieht sie mit der Bewegung ihres Daseins die heimliche Bewegung der Welt: So lebt sie das Leben und erkennt die Welt, indem sie ihre Tat tut und ihr Werk bewirkt. Die Person durchlebt dabei die Spannung der Welt als Spannung ihrer Seele. Somit ist das Ich, welches die Spannung der Existenz durchlebt, das Ich der Welt. In ihm erfüllt sich die Einheit (Mendes-Flohr, S. 72). Die tätige und in ewigem Wandel begriffene Person ist der Mikrokosmos in einem ebenso in ständigem Wandel begriffenen Makrokosmos. Ähnlich äußert sich Nietzsche (Ecce homo, Werke, Bd. XV), wenn er die Menschen aufruft, nicht erschaffener, sondern schaffender Geist zu sein. Es geht nicht um ein passives Hinnehmen unseres Seins als ›seltsamen Zufall‹ innerhalb des Wandels der Natur. Der Mensch verfügt über einen schöpferischen Eros. Nach Julius Hart (1900–1901), enthüllen wir das Wesen der Dinge, indem wir schaffen. Im Schaffen erfahren wir die Welt. Im Schaffen liegt das dynamische Werden, denn das Wesen aller Dinge liegt im Werden. Erkenntnis dagegen hat naturgemäß nur mit dem Gewordenen zu tun und nicht mit dem Werdenden (Mendes-Flohr 1978, S. 67).

Die Welt ist ein Prozeß unendlichen Werdens. Das unermeßliche All ist nichts Starres und ewig Gleichbleibendes, kein Uhrwerk, das von einem Schöpfer aufgezogen wurde, um ständig dasselbe Tagewerk herunterzuschnurren, sondern ist ewig zeugend und wandelt sich in ständiger Entwicklung. Die Welt und mit ihr die Person sind ein Verwandlungswesen. Wenn die Person mit der Welt in Einklang bleiben will, muß sie ihre Beziehung zur Welt ständig wandeln. Die Person erlebt sich dabei als Mittelpunkt eines unendlichen Weltprozesses. Der Einzelne erfährt in sich das Leben der Welt. Er tut ihr Werk. In seinem Wandel wandelt sich die Welt.

13.3 Wir sind Teil des ewigen dynamischen Vorgangs des Werdens

Das schöpferische Werden der Welt bedarf aller menschlicher Wesen, die mit ihrer Selbstwerdung dem ewigen dynamischen Werden der Welt eine Artikulationsstätte bieten. Martin Buber meint in Anlehnung an Jakob Böhme (1575–1624) gar, es obliege »jedem Wesen, seiner eigenen Individuation vollsten Ausdruck zu verleihen und dadurch zu Gottes Selbst-Offenbarung beizutragen«. Er sieht die Welt nicht als ein Sein, sondern als ein Werden. Die Wirklichkeit ist an jedem Tag neu, an jedem Morgen bietet sie sich aufs neue unseren gestaltenden Händen an. In Übereinstimmung mit Böhme sieht Buber Gott als die wirkende und sich verwirklichende Lebensidee (Mendes-Flohr 1978, S. 67). Durch das Streben nach Selbstverwirklichung bewahrt der kosmologische Prozeß seinen dynamischen Charakter. Die Welt ist als Wirklichkeit ein Strom, der sich ständig wandelt. Daher muß der Mensch, so er mit diesem Vorgang in Einklang bleiben will, nach ständiger Erneuerung seiner Beziehung zur Welt trachten.

Die ständig sich wandelnden Umweltbedingungen erfordern eine ständig sich wandelnde Person, die ihrerseits durch ihre Wandelbarkeit die Verwirklichung immer neuer Aspekte der werdenden Welt ermöglicht (Buber, zit. in Mendes-Flohr 1978, S. 155). Martin Buber sieht im Akt der Verwirklichung eine Art von Werden des in Ewigkeit seienden Gottes. Er beruft sich dabei auf Heraklits Meinung, daß nur das Werden wirklich ist. Jeder Augenblick und jede Situation sind neu und noch nie dagewesen.

Bubers Vorstellung ist, daß Gott sich im Menschen verwirkliche. Ich würde vorsichtiger formulieren, im Menschen verwirkliche sich das Allumfassende der Welt, das Ganze des schöpferischen Werdens. Der Mensch kann sich dem Allumfassenden anbieten, daß es sich in ihm verwirkliche, und kann so einen Beitrag zur Verwirklichung der Schöpfung leisten. Es geht darum, daß jeder sich dem, was sich ihm in seiner Situation als Anfrage stellt, zur Verfügung hält und das ihm Aufgetragene nach besten Kräften verwirklicht. Gleichzeitig aber geht es darum, auch damit leben zu können, daß einem kein besonderer Auftrag erteilt wird und man zur Erfüllung seiner Aufgaben nur über begrenzte Kräfte und Fähigkeiten verfügt. Wer sein Leben mit Meister Eckhart (1979, S. 98) als ein Mitwirken im Wirken Gottes versteht, wird das tun, was die aktuelle Situation ihm anbietet, und wird sich freihalten für den unerwarteten Wandel, der ihm jederzeit abgefordert werden kann.

Dank

Ein Buch zu schreiben ist für mich immer ein intensiver Prozeß, der durch verschiedene Stadien läuft und sich stetig verändert, bis dann etwa in der 5. oder 6. Version die endgültige Buchfassung Gestalt annimmt. Dabei sind die Personen, die mich auf diesem Weg begleiten, wie auch die Personen, die mir auf ihm neu begegnen, von großer Wichtigkeit. Ich kann nur einige davon erwähnen, denen mein besonderer Dank gilt. An erster Stelle steht meine Frau Margaretha, die es mir mit ihrer liebevollen Begleitung ermöglicht, mich ganz in den Prozeß einzulassen, und sich in dieser Zeit mit einem halb abwesenden, schwer ansprechbaren Mann abfinden muß. Ein besonderer Dank gilt meinen Patientinnen und Patienten, die mir im therapeutischen Suchprozeß die wichtigsten Anregungen und Korrekturen geben, neben den Dozenten und Weiterbildungskandidaten und -kandidatinnen unseres Instituts für Ökologisch-systemische Therapie, mit denen zusammen wir unsere Therapiekonzepte entwickeln und überprüfen. Spezieller Dank gilt meinen Mitarbeitenden Robert Frei, Bernhard Limacher und Helke Bruchhaus, die das Manuskript mit kritischer Akribie durchgesehen haben. Dankbar bin ich meinen Freunden, dem Religionsphilosophen Alois Haas und dem philosophisch engagierten Psychiater Daniel Hell, für Anregungen, insbesondere bei der gemeinsamen Durchführung eines Seminars über das Buchthema. Ebenfalls danken möchte ich Natalie Drabe, die mir durch ihre Begeisterungsfähigkeit und klare Auffassungsgabe aus einer Phase von Selbstzweifeln herausgeholfen hat. Dem Lektor des Verlags, Dr. Heinz Beyer, danke ich für seine kompetente und sorgfältige Lektoratsarbeit. Nicht zuletzt dankbar bin ich Frau Renée Müller für ihre Geduld beim Schreiben der verschiedenen Buchversionen.

Literatur

Ainsworth, M. D. S., Blehar, M. C., Waters, E. & Walls, S. (1978): *Patterns of attachment: a psychological study of the strange situation*. Erlbaum Ass., Hillsdale, NJ.
Antonovsky, A. (1987): *Unraveling the mystery of health. How people manage stress and stay well*. Jossey-Bass, San Francisco.
Arendt, H. (1978): *Eichmann in Jerusalem. Ein Bericht von der Banalität des Bösen*. Rowohlt, Reinbek.
Baltes, P. B. (1979): »Entwicklungspsychologie unter dem Aspekt der gesamten Lebensspanne«. In: L. Montada (Hrsg.): *Brennpunkte der Entwicklungspsychologie*. Kohlhammer, Stuttgart, S. 42–60.
Balthasar, H. U. von (1978): *Theodramatik. II. Die Personen des Spiels*. Johannes, Einsiedeln.
Bandelow, B. (1997): *Panik- und Agoraphobieskala (PAS)*. Hogrefe, Göttingen.
Berner, K. (2004): *Theorie des Bösen*. Neukirchener Verlag, Neukirch-Vluyn.
Böhme, G. (2003): »Die Frage Wozu – eine Kinderfrage? Über den Sinn des Lebens«. Vortrag auf den 53. Lindauer Psychotherapiewochen, 21.4.2003.
Borchard, B. (2003): »Lücken schreiben. Oder: Montage als biographisches Verfahren«. In: H. E. Bödecker (Hrsg.): *Biographie schreiben*. Wallstein, Göttingen, S. 211–241.
Boscolo, L. & Bertrando, P. (1997): *Systemische Einzeltherapie*. Auer, Heidelberg (Originalausg.: *Systemic Therapy with Individuals*. Karnac, London 1996).
Boszormenyi-Nagy, I. & Spark, G. M. (2006): *Unsichtbare Bindungen. Die Dynamik familiärer Systeme*. Klett-Cotta, Stuttgart, 8. Auflage.
Bowlby, J. (1973): *Attachment and loss. Vol. 2, Separation: Anxiety and Anger*. Basic Books, New York.
Bowlby, J. (1975): *Bindung. Eine Analyse der Mutter-Kind-Beziehung*. Fischer, Frankfurt a. M.
Brauen, M. (1982): »Grundgedanken des Buddhismus«. In: C. C. Müller, W. Raunig (Hrsg.): *Der Weg zum Dach der Welt*. Innsbruck, S. 275–287.
Buber, M. (1962–1964): *Daniel. Gespräche von der Verwirklichung*. Werke Bd. 1, Kösel, München.
Buber, M. (1964): *Schriften zur Philosophie*, Band III. München/Heidelberg.
Buber, M. (1973): *Das dialogische Prinzip*. Lambert Schneider, Heidelberg, 3. Auflage.
Buber, M.: »Zur Geschichte des Individuationsproblems«. Unveröffentl. Manuskript. In: P. R. Mendes-Flohr (1978): *Von der Mystik zum Dialog. Martin Bubers geistige Entwicklung bis hin zu »Ich und Du«*. Jüdischer Verlag, Königstein.

Costa, P. T. & McCrae, R. R. (1993): »Set like plaster? Evidence for the stability of adult personality«. In: T. F. Heatherton & J. L. Weinberger (Hrsg.): *Can personality change?* American Psychological Association, Washington D. C., S. 21–40.

Dahrendorf, R. (2003): »›Ich‹ – das sind auch die anderen. Einige Bemerkungen zum Problem der Autobiographie«. *Neue Zürcher Zeitung* vom 24.9.2003, S. 43.

De Ferrari, G. (1991): *Wolken auf dem Sand*. Droemer, München.

Häcker, H. & Stapf, K.-H. (Hrsg.) (2004): *Dorsch Psychologisches Wörterbuch*. Huber, Bern, 14. Auflage.

Egli, N. (2005): »Verhalten. Optimistisches Warten auf die Katastrophe. Die ›i-Generation‹ hat früh gelernt, mit dem Schlimmsten zu rechnen«. *Neue Zürcher Zeitung* vom 26./27.3.2005, S. 55.

Einstein, A.: *100 Jahre Relativitätstheorie*. TV-Film 3SAT, 27.2.2005.

Erikson, E. H. (2005): *Kindheit und Gesellschaft*. Klett-Cotta, Stuttgart, 14. Auflage.

Ernst, C. & Luckner, N. von (1985): *Stellt die Frühkindheit die Weichen?* Enke, Stuttgart.

Evans, N. (2001): *Der Pferdeflüsterer*. Audiobooks.

Fiedler, P. (2001): *Persönlichkeitsstörungen*. Beltz, Weinheim, 5. Auflage.

Frankl, V. E. (1972): *Grundriß der Existenzanalyse und Logotherapie*. Urban & Schwarzenberg, München.

Frankl, V. E. (2003): *Trotzdem Ja zum Leben sagen. Ein Psychologe erlebt das Konzentrationslager*. dtv, München, 23. Auflage.

Frei, R., Riehl-Emde, A. & Willi, J. (1997): »Verbessert die Technik der Konstruktdifferenzierung die Ergebnisse der Paartherapie? Eine vergleichende Untersuchung«. *Familiendynamik 22*: 64–82.

Frei, R., Begemann, E. & Willi, J. (2000): »Katamnestische Untersuchung der Ökologischen Kurztherapie«. *Psychother. Psychosom. Med. Psychol. 50*: 335–341.

Frei, R., Sieber, M. & Willi, J. (2007): »Beziehungsökologische Therapie bei Panikstörung – eine prospektive follow-up-Studie«. *Psychotherapeut*.

Freud, A. (1974/1936): *Das Ich und die Abwehrmechanismen*. Kindler, München.

Freud, S. (1901): *Zur Psychopathologie des Alltagslebens*. In: G.W., Bd. IV, Imago, London.

Freud, S. (1916–1917a): *Vorlesungen zur Einführung in die Psychoanalyse*. In: G.W., Bd. XI. Imago, London.

Freud, S. (1920): *Jenseits des Lustprinzips*. In: G.W., Bd. XII. Imago, London.

Freud, S. (1924e): »Der Realitätsverlust bei Neurose und Psychose«. In: G.W., Bd. XIII, S. 363–368. Imago, London.

Freud, S. (1925b): »Selbstdarstellung«. In: G.W., Bd. XIV, S. 31–96. Imago, London.

Freud, S. (1927): »Die Zukunft einer Illusion«. In: G.W., Bd. XIV, S. 325–380. Imago, London.

Fries, A. B., Ziegler, T. E., Kurian, J. R., Jacoris, S. & Pollak, S. (2005): »The chemistry of child neglect: Do oxytocin and vasopressin mediate the effects of early experience?« *Processes of the National Academy of Science (PNAS) 102*: 17237–17240.

Fuentes, C. (2002): *Woran ich glaube. Alphabet des Lebens*. Deutsche Verlags-Anstalt, München (Originalausg.: *En esto creo*. Seix Barral, Barcelona 2002).

Funk, R. (2005): *Ich und Wir. Psychoanalyse des postmodernen Lebens*. dtv, München.

Gay, P. (1987): *Freud. Eine Biographie unserer Zeit*. Suhrkamp, Frankfurt a. M.

Glasersfeld, E von (1985): »Einführung in den radikalen Konstruktivismus«. In: P. Watzlawick (Hrsg.): *Die erfundene Wirklichkeit*. Piper, München, S. 16–38.

Gottman, J. M. (2004): *Die sieben Geheimnisse der glücklichen Ehe*. Ullstein, 4. Auflage (Originalausg.: *The Seven Principles for Making Marriage Work*, Random, New York 1999).

Gradmann, C. (2003): »Nur Helden in weißen Kitteln? Anmerkungen zur medizinhistorischen Biographik in Deutschland«. In: H. E. Bödecker (Hrsg.): *Biographie schreiben*. Wallstein, Göttingen, S. 243–284.

Gudjons, H., Pieper, M. & Wagener, B. (1999): *Auf meinen Spuren. Das Entdecken der eigenen Lebensgeschichte*. Bergmann und Helbling, Hamburg, 5. Auflage.

Haas, A. M. (1995): Meister Eckhart als normative Gestalt geistlichen Lebens. Johannes Verlag, Einsiedeln.

Haas, A. M. (2002): »Begegnungsphilosophie«. Manuskript des Vortrags, gehalten am 1.2.2002 am Institut für Ökologisch-systemische Therapie, Zürich.

Haley, J. (1981/1980): *Ablösungsprobleme Jugendlicher*. Pfeiffer, München.

Hanson, V. (Hrsg.) (1992): *Karma. Wie unser Tun zum Schicksal wird*. Barth, München (Or.: *Karma: Rhythmic Return to Harmony*. Theosophical Publ. House, 1990).

Hark, H. (1988): *Lexikon Jung'scher Grundbegriffe*. Walter, Zürich/Düsseldorf, 4. Auflage.

Hart, H. & Hart, J. (1900–1901): *Das Reich der Erfüllung. Flugschriften zur Begründung einer neuen Weltanschauung*. Bd. I und II, Diederichs, Jena.

Hartmann, H. (1970): *Ich-Psychologie und Anpassungsproblem*. Klett, Stuttgart, 2. Auflage.

Heidrich, C. (2002): *Die Konvertiten. Über religiöse und politische Bekehrungen*. Hanser, München.

Heigl-Evers, A., Heigl, F. & Ott, J. (1994): *Lehrbuch der Psychotherapie*. Fischer, Stuttgart.

Hellinger, B. (1994): *Ordnungen der Liebe*. Auer, Heidelberg.

Hoffmann, S. & Hochapfel, G. (1995): *Neurosenlehre, Psychotherapeutische und Psychosomatische Medizin*. Schattauer, Stuttgart.

Holzhey-Kunz, A. (2001): *Leiden am Dasein*. Passagen Verlag, Wien.

Holzhey-Kunz, A. (2002): *Das Subjekt in der Kur*. Passagen Verlag, Wien.

Horx, M. (2003): Future Living oder Ich-Moderne. Vortrag an den 22. Goldegger Dialogen, 18.6.2003.

Jaffé, A. (Hrsg.) (1975): *Erinnerungen, Träume, Gedanken von C. G. Jung*. Walter, Olten.

Jung, C. G. (1971): *Die Wiederkehr der Seele*. GW 16, Walter, Düsseldorf.

Jüttemann, G. & Thomae, H. (Hrsg.) (1987): *Biographie und Psychologie*. Springer, Berlin.

Katechismus der katholischen Kirche (1993): Oldenbourg, München.

Kasser, R., Meyer, M. & Wurst, G. (Hrsg.) (2006): »The Gospel of Judas from Codex Tchakos«. *National Geographic*, Washington.

Kast, V. (1999): *Trauern. Phasen und Chancen des psychischen Prozesses*. Kreuz, Stuttgart.

Kast, V. (2003): *Der Schatten in uns. Die subversive Lebenskraft*. Walter, Düsseldorf.

Kelly, G. A. (1986/1955): *Die Psychologie der persönlichen Konstrukte*. Junfermann, Paderborn.

Kohut, H. (1973): *Narzißmus*. Suhrkamp, Frankfurt a. M.

Krenski, T. (1995): *Hans Urs von Balthasar. Das Gottesdrama*. Matthis-Grünewald, Mainz.

Kris, E. (1934): »Zur Psychologie der Karikatur«. *Imago, 20*: 450–466.

Kübler-Ross, E. (1980): *Interviews mit Sterbenden*. Kreuz, Stuttgart.

Kuhn, T. S. (1962): *Die Struktur wissenschaftlicher Revolutionen*. Suhrkamp, Frankfurt a. M.

Längle, A. (2002): *Wenn der Sinn zur Frage wird*. Picus, Wien.

Kühnlein, I. (2002): *Wie Psychotherapie verändert*. Juventa, Weinheim.

Laing, R. D. (1972/1969): *Das geteilte Selbst*. Kiepenheuer & Witsch, Köln.

Laing, R. D. (1973/1961): *Das Selbst und die Anderen*. Kiepenheuer & Witsch, Köln.

Lauterbach, M. (2005): »Wenn Führungskräfte seekrank werden – Gesundheitsorientierung als Konzept im Coaching«. *Familiendynamik 30*: 234–261.

Lehr, U. (1976): »Zur Frage der Gliederung des menschlichen Lebenslaufes«. *Akt. Gerontol. 6*: 337–345.

Lehr, U. (1987): »Erträgnisse biographischer Forschung in der Entwicklungspsychologie«. In: G. Jüttemann & H. Thomae (Hrsg.): *Biographie und Psychologie*. Springer, Berlin, S. 217–248.

Leontjew, A. N. (1979): *Tätigkeit, Bewußtsein, Persönlichkeit*. Verlag Volk und Wissen, Berlin.

Lexikon zur Soziologie (1973): Westdeutscher Verlag, Opladen.

Limacher, B. (2005): »Mit Vorwürfen die Liebe retten? Paartherapeutische Möglichkeiten«. In: J. Willi & B. Limacher: *Wenn die Liebe schwindet*. Klett-Cotta, Stuttgart, S. 212–226.

Linehan, M. M. (1996): *Dialektisch-behaviorale Therapie der Borderline-Persönlichkeitsstörung*. CIP, München.

Mc Ewan, I. (2002/2001) *Abbitte*. Diogenes, Zürich.

Mankell, H. (2002): *Der Chronist der Winde*. dtv, München.

Márai, S. (2004): *Die Nacht vor der Scheidung*. Piper, München.

Margraf, J. & Schneider, S. (1990): *Panik, Angstanfälle und ihre Behandlung*. Springer, Berlin.

Mary, M. (2003): *Die Glückslüge*. Lübbe, Bergisch Gladbach.

Maslow, A. H. (1973): *Psychologie des Seins*. Kindler, München.

Meister Eckhart (1979): *Deutsche Predigten und Traktate*. Herausgegeben von Josef Quint. Diogenes, Zürich.

Meister Eckhart (1983): Herausgegeben und eingeleitet von Dietmar Mieth. Walter, Olten.

Mendes-Flohr, P. R. (1978): *Von der Mystik zum Dialog. Martin Bubers geistige Entwicklung bis hin zu »Ich und Du«*. Jüdischer Verlag, Königstein.

Mentzos, S. (1995): *Depression und Manie*. Vandenhoeck & Ruprecht, Göttingen.

Mercier, P. (2004): *Nachtzug nach Lissabon*. Hanser, München.

Mertens, W. & Waldvogel, B. (Hrsg.) (2000): *Handbuch psychoanalytischer Grundbegriffe*. Kohlhammer, Stuttgart.

Meyer, M. (2005): »Ideologie und Toleranz. Der Krieg der Werte als Herausforderung der westlichen Welt«. *Neue Zürcher Zeitung* vom 12./13.3.2005, S. 65.

Minuchin, S. (1983/1974): *Familien und Familientherapie*. Lambertus, Freiburg i. Br.

Müller, C. (1981): *Psychische Erkrankungen und ihr Verlauf sowie ihre Beeinflussung durch das Alter*. Huber, Bern.

Müller, L. & Müller, A. (Hrsg.) (2003): *Wörterbuch der Analytischen Psychologie*. Walter, Düsseldorf.

Neiman, S. (2004): *Das Böse denken. Eine andere Geschichte der Philosophie*. Suhrkamp, Frankfurt a. M.

Nietzsche, F. (1903–1926): *Werke*, 20 Bde., Kröner, Leipzig.

Nietzsche, F. (1903): *Die Geburt der Tragödie*. Werke, Band I. Kröner, Leipzig.

Perls, F. S., Hefferline, R. F. & Goodman, P. (2006): *Gestalttherapie. Grundlagen der Lebensfreude und Persönlichkeitsentfaltung*. Klett-Cotta, Stuttgart.

Piaget, J. (1989/1959): *Das Erwachen der Intelligenz beim Kinde*. Klett-Cotta, Stuttgart.

Radhakrishnan, S. (1929): *Indian Philosophy*, Vol. I + II. Oxford University Press, Oxford, Second Edition.

Reemtsma, J. P., Wieland, K. & Kraushaar, W. (2005): *Rudi Dutschke, Andreas Baader und die RAF*. Hamburger Edition, Hamburg.

Retzer, A. (2002): »Das Paar. Eine systemische Beschreibung intimer Komplexität. Teil II: Partnerschaften«. *Familiendynamik* 27: 186–217.

Riehl-Emde, A. (2003): *Liebe im Fokus der Paartherapie*. Klett-Cotta, Stuttgart.

Riehl-Emde, A. & Willi, J. (1997): »Sich verlieben und die große Liebe. Eine Fragebogenaktion und Überlegungen aus paartherapeutischer Sicht«. *Psychotherapeut 42*: 85–91.

Riemeyer, J. (2002): *Logotherapie Viktor Frankls. Eine Einführung in die sinnorientierte Psychotherapie.* Quell, Gütersloh, 2. Auflage.

Rogers, C. R. (2004): *Entwicklung der Persönlichkeit. Psychotherapie aus der Sicht eines Therapeuten.* Klett-Cotta, Stuttgart, 15. Auflage.

Röser, J. (Hrsg.) (2004): »Was sagt mir ›Gott‹. 37 persönliche Antworten«. *Christ in der Gegenwart*, Herder, Freiburg i. Br.

Roth, J. (1997): *Die Rebellion*. Kiepenheuer & Witsch, Köln.

Schlippe, A. von, Schweitzer, J. (1996): *Lehrbuch der systemischen Therapie und Beratung*. Vandenhoeck & Ruprecht, Göttingen.

Schnarch, D. (2006): *Die Psychologie der sexuellen Leidenschaft*. Klett-Cotta, Stuttgart.

Scholz, W. (2000): *Schnellkurs Hinduismus*, Dumont, Köln.

Sennett, R. (1998): *Der flexible Mensch*. Berlin Verlag, Berlin (Or.: *The Corrosion of Character*, Norton, New York 1998).

Shazer, S. de (1989): *Der Dreh. Überraschende Wendungen und Lösungen in der Kurzzeittherapie*. Auer, Heidelberg.

Simenon, G. (1969): *Rückfahrt von Venedig*. Heyne, Köln.

Simenon, G. (1998/1964): *Der Mann mit dem kleinen Hund*. Diogenes, Zürich.

Simenon, G. (1989): *Die Marie vom Hafen*. Diogenes, Zürich.

Söderquist, T. (2003): »Wissenschaftsgeschichte à la Plutarch. Biographie über Wissenschaftler als tugendethische Gattung«. In: H. E. Bödecker (Hrsg.): *Biographie schreiben*. Wallstein, Göttingen, S. 285–325.

Spitz, R. (2004): *Vom Säugling zum Kleinkind. Naturgeschichte der Mutter-Kind-Beziehung im ersten Lebensjahr.* Klett-Cotta, Stuttgart, 12. Auflage.

Stegemann, E. W. (2006): »Eine Gegenwelt. Die Botschaft des ›Judasevangeliums‹«. *Neue Zürcher Zeitung* vom 13.4.2006.

Stumm, G. & Pritz, A. (Hrsg.) (2000): *Wörterbuch der Psychotherapie*. Springer, Wien.

Tabucchi, A. (1997): *Erklärt Pereira*. dtv, München.

Teilhard de Chardin, P. (1988): *Briefe an Frauen*. Herder, Freiburg i. Br.

Thomae, H. (1996): *Das Individuum und seine Welt*. Hogrefe, Göttingen, 3. Auflage.

Thomas, W. I. & Thomas, D. S. (1928): *The child in America*. New York.

Tölle, R. (1966): *Katamnestische Untersuchungen zur Biographie abnormer Persönlichkeiten*. Springer, Berlin.

Tölle, R. (1986): »Persönlichkeitsstörungen«. In: K. P. Kisker, H. Lauter, J. E. Meier, C. Müller, E. Strömgren (Hrsg.): *Psychiatrie der Gegenwart*, Bd. 1, Springer, Berlin, 3. Auflage, S. 151–188.

Trüb, H. (1951): *Heilung aus der Begegnung*. Klett, Stuttgart.

Uexküll, T. von (1981): »Lebensgeschichte und Krankheit«. In: F. Maurer (Hrsg.): *Lebensgeschichte und Identität*. Fischer, Frankfurt a. M., S. 150–167.

Waldvogel, B. (2000): »Innere Welt – äußere Welt«. In: W. Mertens & B. Waldvogel (Hrsg.): *Handbuch psychoanalytischer Grundbegriffe*. Kohlhammer, Stuttgart, S. 343–348.

Watzlawick, P. (1976): *Wie wirklich ist die Wirklichkeit?* Piper, München.

Watzlawick, P. (1983): *Anleitung zum Unglücklichsein*. Piper, München.

Watzlawick, P. (Hrsg.) (1985): *Die erfundene Wirklichkeit. Wie wissen wir, was wir zu wissen glauben? Beiträge zum Konstruktivismus*. Piper, München.

Weiss, J. & Sampson, H. (1986): *The psychoanalytic process: Theory, clinical observations and empirical research*. Guilford Press, New York.

Welzer, H. (2005): *Täter. Wie aus ganz normalen Menschen Massenmörder werden*. Fischer, Frankfurt a. M.

Werlen, B. (1988): *Gesellschaft, Handlung und Raum*. Steiner, Stuttgart.

Werner, E. E. (1989): »Sozialisation: Die Kinder von Kauai«. *Spektrum der Wissenschaft*, 118–123.

Werner, E. E. (2005): »Lessons from the lives of individuals who thrived despite adversity«. Manuskript eines Vortrags, gehalten in Zürich am 9.2.2005.

White, M. & Epston, D. (1990): *Narrative mean to therapeutic ends*. Norton, New York.

Willi, J. (1975): *Die Zweierbeziehung*. Rowohlt, Reinbek.

Willi, J. (1978): *Therapie der Zweierbeziehung*. Rowohlt, Reinbek.

Willi, J. (1985/2007): *Ko-evolution – die Kunst gemeinsamen Wachsens*. Rowohlt, Reinbek.

Willi, J. (1991): *Was hält Paare zusammen?* Rowohlt, Reinbek.

Willi, J. (1996): *Ökologische Psychotherapie*. Hogrefe, Göttingen, und Rowohlt, Reinbek 2005.

Willi, J. (1999): »Der ökologische Ansatz der Psychotherapie von Depressionen«. *Schweizerisches Archiv der Neurologie und Psychiatrie 150*: 30–34.

Willi, J. (2002): *Psychologie der Liebe*. Klett-Cotta, Stuttgart, und Rowohlt, Reinbek 2004.

Willi, J. (2004): »Die therapeutische Beziehung aus systemischer und beziehungsökologischer Sicht«. In: W. Rössler (Hrsg.): *Die therapeutische Beziehung*. Springer, Berlin, S. 60–80.

Willi, J. (2005): »Die Sehnsucht nach der absoluten Liebe«. In: J. Willi J & B. Limacher (Hrsg.): *Wenn die Liebe schwindet. Möglichkeiten und Grenzen der Paartherapie*. Klett-Cotta, Stuttgart, S. 15–42.

Willi, J., Limacher, B., Frei, R. & Brassel-Ammann, L. (1992): »Die Technik der Konstruktdifferenzierung in der Paartherapie«. *Familiendynamik 17*: 68–82.

Willi, J., Toygar-Zurmühle, A. & Frei, R. (1999): »Die Erfassung der persönlichen Nische als Grundlage der supportiven Psychotherapie«. *Nervenarzt 70*: 847–854.

Willi, J., Frei, R. & Günther, E. (2001): »Paniksyndrom. Beziehungsökologisch orientierte Psychotherapie von Panikstörungen«. *Psychotherapeut* 46: 368–375.

Winnicott, D. W. (1960): »Counter-Transference«. *British Journal of medical Psychology 33*.

Winnicott, D. W. (1979/1971): *Vom Spiel zur Kreativität*. Klett-Cotta, Stuttgart.

Sachwörterverzeichnis

Abgrenzung 132
Abhängigkeit 87, 132, 342, 345
Abklärungsgespräch 319
Abu Ghraib 256
ADS (Aufmerksamkeits-Defizit-Syndrom) 252
Agieren 98
Agoraphobie 286
Akkommodation an die Umwelt 76, 91, 155
Angehörige 38, 125
Angst 64, 132, 311
Anpassung
– alloplastische 77
– autoplastische 77
– der Umwelt an die Person 78
Ansprechbarkeit
– Bereitschaft zu 83, 92, 200, 206, 207, 211, 283
– Ansprechbarkeit der Nische 90
anstehende Entwicklung 173, 301, 340
Arbeit 135, 137
Assimilation der Umwelt 76, 91
Aufklärung 121
Aufmerksamkeit 90
Auftragsklärung 297, 318
Auseinander-Setzung 215
auslösende Lebensumstände 288
Autobiographie 61
Autonomie 88, 123

Bahnung des Lebenslaufes 141
beantwortetes Wirken 80–82, 95
Begegnung 128, 214, 215
– als schöpferisches Ereignis 216
– mit sich selbst in Werken 84, 85
Berufung 211
Berufskarriere
– Wende durch 70, 181
Bewußtwerdung des Schattens 244
Beziehung
– Langeweile in der 217, 219
– lebendige 217
– Schwierigkeitsgrade 215
Beziehungsangebote in Therapie 342
Beziehungsgestaltung 18, 301
– defensive 126
– mit Depressiven 42
Beziehungstest in Therapie 342, 346, 350, 351

Sachwörterverzeichnis

Biographien 63
Borderline-Persönlichkeitsstörung 24
Böses
- alltägliches 272
- am Ende siegt das Gute 279, 280
- aus der Verabsolutierung des Guten 253
- bei günstiger Gelegenheit 263
- Bestätigung durch andere 246
- Bezugsgruppe 245, 246
- Definition 242
- Destruktivität 242
- Einsichtslosigkeit 246
- faszinierendes 275
- Gelegenheit zu 267–269
- Gruppendynamik 255
- kommt im Kleide des Guten daher 253, 256, 268
- Lebensumstände 245
- Legitimation 255
- Machtanspruch 256
- Rechtfertigung 247, 276
- Selbstdestruktion 279
- unbewußte Entwicklungsbereitschaften 270
- Verführung zu 264
- Verharmlosung 256
- Wechselspiel mit Gutem 282
- Wende zu 240
- wird erst im nachhinein erkannt 253

böses Handeln
- Beziehungsumstände 245
Buddhismus 139

Charakter 18, 49, 114
Coaching 329
Curriculum vitae 50 (s. auch „Lebenslauf")

defensive Beziehungsgestaltung 126
Depression 35, 39, 98, 105
Destruktionstrieb 242
Diagnose, psychiatrische 200, 202
Dialog 89, 215, 222, 341
Differenzierung des Selbst 89
Disponibilität 207
Disposition, depressive 35, 36
Dispositionen, charakterliche 18
Disstreß 177, 283, 289

Egozentrismus 28, 93
Eigendynamik der Werke 162
Eigenschaften, störende 23
Eingeholtwerden von der Vergangenheit 160
Einsamkeit 218
Einsicht 172
Einwirken Gottes 205
Einzeltherapie 331, 340
Entwicklung
- der persönlichen Nische 106

- in Beziehungsgestaltung 308
- anstehende 173, 301, 340
- Aufgaben in Lebensphasen 143

Entwicklungsaufgaben 142–144

Entwicklungsbereitschaften 306

Entwicklungsschritt, anstehender 340

Entwicklungsstörungen 22

Ereignis 200
- unerwartetes 220

Ereignischarakter
- der Religiosität 203
- des Lebens 200, 201

Erotik in therapeutischer Beziehung 340, 342

Eustreß 177

Fallkonzeption, ökologische 306

familiäre Koevolution 150

Familienaufstellung 161

Feigheit 212

Flexibilität 65, 154

Fokusformulierung, ökologische 306, 307, 317

Folter 254, 256, 261

Fragmentierung des Lebenslaufes 67

Fügung 177

Funktionskreis 82

Geführtwerden 165

Gerechtigkeit – kein Ausgleich 279

Geschehenlassen 208

Geschick 177

Geschwister-Koevolution 151

Gestalten
- der eigenen Umwelt 74
- der Beziehungen 308

Gewissen 165, 166, 271, 302

Glück 210, 326
- Machbarkeit von 326

Gottes Wirken 213

göttliche Führung 166, 302

Gruppenkonformität 255

Gutes
- aus Bösem hervorgehend 279
- braucht es das Böse? 277
- Glauben an 241
- langfristig erfolgreich 280
- Lebenssinn 281
- soziale Nützlichkeit 281

Haltung der Bereitschaft 205

Handlungsbereitschaft 77

Handlungstheorie 82

Harmonie 91

Haß 36

heimliche Komplizenschaft 194

Helferkollusion 211, 225

Hellhörigkeit 98

Hemmungen des Wirkens 88

Herbeiführen einer Wende 188

Hörigkeit 132

Hypothesen 57

Ich und Du 127, 129, 214
Ich-Funktionen 86
Ich-Stärkung 93, 108
Idealisierung 41
Identifikation mit Partnerbeziehung 219
Identität 62, 86, 93
Ideologie, verabsolutierte 254, 255
Indikation zur Psychotherapie 319
Individualisierung 121
Individuation 118, 244
Individuum in westlicher Kultur 120
Interpretationen 56, 57

Judas-Evangelium 277

Kairos, der richtige Zeitpunkt für den Wandel 203
Kali/Durga 244
Karma 141, 142, 162, 163
Karriere 64
Koevolution 232
– familiäre 150
– Geschwister- 151
– therapeutische 351, 353
Kollusionen 211, 225
– bei Depression 40
– narzißtische 39
– orale 39
– therapeutische 348
kollusive Entwicklungsambivalenz 87
kollusive Partnerwahl 42

Konstrukte, persönliche 81, 153, 155
konstruktive Kritik 226, 228
Konstruktsystem, persönliches 49
Korrekturen im Lebenslauf 298
korrigierende emotionale Erfahrung 342
Kränkung 35, 96
Kreativität 245
Kriminalität 251
Krise, aktuelle 310
Kritik
– Bereitschaft 218, 226, 227
– destruktive Abwehr 226
– als positiver Wert 351
– des Patienten 222, 352
– konstruktive 226, 228
– Reaktion des Therapeuten auf 352

Langeweile 218
Langzeitbeziehung 216, 221
Laufbahn 64
Leben, geglücktes 69
lebendige Beziehung 217
Lebensbalance 329
Lebensbilanz 302
Lebensentwürfe, ungelebte 173
Lebensereignisse 176, 178
Lebenserfüllung 69
Lebensgeschichte 49
Lebenskorrekturen 298
Lebenslauf 45
– als kontinuierliche Geschichte 53, 65, 303

- bildet Person nicht vollumgänglich ab 73
- eine Erfindung? 53
- Entwicklungsaufgaben 144
- geleiteter 303
- Karma 162
- Konsistenz 141
- Regulationsmechanismen 303
- Skepsis gegenüber Objektivität 54
- als objektivierbares Curriculum vitae 50
- subjektive Erzählung 50
- und Persönlichkeitsentwicklung 51
- Einflußfaktoren auf 142

Lebensphasen 143
Lebenspläne 157
Lebensraum 83
Lebenssinn 61, 86, 91, 103, 104, 211
Lebensthemen 141, 142, 147–149, 151
Lebensumstände 79, 171, 283, 288, 316
Lebenswende (s. auch „Wendepunkt")
- Definition 70
- Anlaß zu 170
- Ereignischarakter 200
- schicksalshafte 176, 216
- unter veränderten Lebensumständen 170, 172
- unbewußt konstelliert 185

Lebensziele 323
Leiden 101, 103, 209, 328
- am Dasein 97, 98
- am Nie-ganz-Passen 97
- in der Liebe 217
Leitbilder der Beziehung 307, 309
Liebesbeziehung 89, 124, 131
Liebesenttäuschung 146, 217
Liebesgefühle in Psychotherapie 343
Life Events – Bedeutung 176
Logotherapie 103
Loslassen 208

Machbarkeit von Glück 326
Machtkampf in Therapie 345
Machtmißbrauch in Therapie 346
Mangelerfahrung, frühkindliche 20
Manifestation, depressive 39
Massenmörder 259
Menschenbild – ökologische Therapie 52
Menschenrechte 254, 255
Mobbing 330

narzißtischer Rückzug 28
Nebenbeziehung 220
Neuanfänge 67
neurotisierende Entwicklungsangebote 87
Nichthaften 164
Nie-ganz-Passen 97, 99

Sachwörterverzeichnis

Nische, persönliche 60, 79, 80
- behindert persönliche Entwicklung 86
- bei Persönlichkeitsstörungen 26
- Bildung im Gefängnis 249
- fördert persönliche Entwicklung 86, 109
- Strukturen 155

Offenheit in Beziehungen 111
ökologische Fallkonzeption 306
ökologische Psychotherapie 60, 307
ökologische Theorie 45, 52, 72, 77, 80, 99
Ortswechsel 70

Paargespräche 331
Panikstörung 285, 287, 311, 334, 336–338
paranoide Persönlichkeit 29
Partner zeigen einander den Weg 351
Partnerbeziehung – langjährig stagnierend 216
Partnerbeziehungen von Depressiven 43
Partnerwahl 146, 224
Passung von Person und ihrer Umwelt 75
Persona 87, 243
persönliche Entwicklung –
Herausforderung durch nie ganz passende Nische 100

persönliche Konstrukte 81, 155
persönliche Nische 60, 79, 80, 106, 159 (s. auch „Nische")
persönliche Strukturen 142, 152
Persönlichkeitsentwicklung 45, 49
Persönlichkeitsstörungen 18, 24, 26, 28, 31, 32, 251
Philosophie
- indische 162
- Religionsphilosophie 127
positives Denken 210, 326
postmoderne Fragmentierung 64
Potential, persönliches 75, 83, 133
Problemlösungen 328
Projekte 75, 83–85
Projektteams 65
Pseudoharmonie 218
psychische Störungen 90, 93, 98
psychogene Symptome
- Ängste als 289
- Deutung durch Betroffene 295
- Disstreß 283, 289
- Hintergründe 283
- unbewußte Ursachen 285
- vermiedene persönliche Entwicklungen 289
- zeitliches Vorfeld 28
Psychogenese 284
Psychotherapie

- als Wendepunkt 306
- Auftragsklärung in der 297
- der Weg zur 294
- unterschiedliche Methoden 294
- von Depressiven 105

RAF (Rote Armee-Fraktion) 249
Reaktion des Therapeuten auf Kritik 352
Realitätsprüfung 86, 93
Rechtfertigung des Bösen 276
Relativierung des Lebens 354
Religionsphilosophie 127
Religiosität, Ereignischarakter der 203, 206
Resilienz 21, 92, 107, 108
Rolle, soziale 114
Romantik 121
Rückzug auf sich selbst 95

Salutogenese 70, 279
Schatten nach C. G. Jung 243, 244
Schemata, motivationale 49, 153–155
Schicksal 177, 207, 208, 279, 357
Schonklima 87
Schuldgefühle 39, 41
Schwierigkeitsgrade von Beziehungen 215
Seinsverwirklichung, tätige 138

Selbst 119
- als personimmanentes Entwicklungsprinzip 302
- Differenzierung des 89
- falsches 87, 134
- wahres 134
Selbstbehauptung 89
Selbstfindung 89
Selbsttranszendenz 104, 105
Selbstverwirklichung 73, 116–118, 126, 133, 358
Selbstwertgefühl 86, 87, 93
self-fulfilling prophecy 28, 31, 96
sense of coherence 69
sexuelle Übergriffe in Psychotherapie 342, 345
Shiva 244
sich dem anderen zumuten 133
sich dem Partner erklären 217
sich zur Verfügung halten 205
sich durchsetzen 89
Sicherheit 171
Sinn 61, 99, 101, 103, 104, 152, 211, 357
Sinnfragen 64, 103, 167, 329
Situationskreis 82
Spuren der Vergangenheit 142, 159
Stabilisierung 23, 152
Stimme, innere 302, 316
Störungen, psychogene 287
Streitkultur 230
Streß 96, 329
Strukturen, persönliche 152
Sündenbock 244

tätige Seinsverwirklichung 138
Tatsachen 56, 57, 110
Terroristen 249
Theodizee 168, 207, 208, 278
therapeutische
- Beziehung 340
- Koevolution 351
- Kollusionen 348
therapeutischer
- Dialog 341
- Machtkampf 345
Therapieauftrag 318
Todesangst 64
Todestrieb 242
transzendente Erfahrungen 142, 165, 168
Trauerarbeit 99

Überlebensstrategie 29
Überraschung 205
Umwelt
- Entgegenkommen 75
- Ermöglichung persönlicher Entfaltung 75
- als Nische 79
- als Rahmenbedingung 80
Unabhängigkeit 124
Unausgesprochenes 112
unbewußtes Herbeiführen einer Wende 189
Unerwartetes 206
Unglück 210
Untreue 220
unverfügbares Schicksal 101, 209

Valenzen der Umwelt 75, 76
verabsolutierte Ideologie 254
Veränderungsfähigkeit 23
Verankerung in sich selbst 90, 215
Verdienste, persönliche 140
Verführbarkeit 87
Vergangenheit
- Eingeholtwerden von der 160
- Spuren der 142, 159
Verliebtheitsphase 217, 146
Verliebtsein in einer Therapie 343
Verlusterlebnisse 35
Vermeidung 173, 299, 306, 320
Verstehbarkeit 68
Verweis auf anstehende Wende durch Partner 222
Verwirklichung – nur ein Teil der Person 113
Verwirklichung persönlichen Potentials 74
Voraussagbarkeit 201
Vorsehung 168, 207, 208, 278
Vorwürfe
- als Anregung zu anstehender Wende 229
- als Hinweis auf Vermeidungen 227
- durch Betroffenheit 222
- treffen inhaltlich zu 230

Wahlbiographie 53
Wandel

- der Person 360
- der Umwelt 360
- ermöglicht durch Beziehungsereignisse 239
- unerwartet 360

Wechselwirkung zwischen Person und Umwelt 72

Weichenstellung 19

Weisheit 98

Weltprozeß 357

Wendepunkt (s. auch „Lebenswende")
- Definition 70
- in Psychotherapie 306
- ergibt sich erst retrospektiv 70

Widerstandsfähigkeit 21

Wirken, fehlerhaftes 90

Wirklichkeit
- historische 113
- phantasierte 109, 110
- private 113
- realisierte 109, 110
- unterschiedliche Grade von 113

Wirksamkeit 91–93, 133

wirkungsgeleiteter Lebenslauf 75, 81, 106, 155

work-life balance 330

Zufall 177

Zweck heiligt die Mittel 254, 259

Personenverzeichnis

Abraham 203, 204
Ainsworth, Mary 19
Alexeij II., Patriarch von Moskau 305
Antonovsky, Aron 62, 69, 70, 279
Augustinus (Aurelius Augustinus) 166

Baader, Andreas 249, 250
Balthasar, Hans Urs von 11, 12, 17, 206, 212
Bandelow, Borwin 335, 336
Begemann, Esther 334
Benn, Gottfried 101, 102, 104
Berg, Insoo Kim 328
Berner, Knut 253, 254
Bertrando, Paolo 56
Bleuler, Eugen 14
Bleuler, Manfred 13–16
Böhme, Gernot 102, 103
Böhme, Jakob 359
Borchard, Beatrix 61
Boscolo, Luigi 55, 56
Boss, Medard 13
Boszormenyi-Nagy, Ivan 232
Bowlby, John 19, 125
Brassel-Ammann, Linda 58
Breuer, Josef 346
Buber, Martin 127–131, 200, 206, 214–216, 351, 354, 357–360

Bush, George W. 257

Cecchin, Gianfranco 55
Clement, Ulrich 55
Costa, Paul T. 23

Descartes, René 122, 123
Dornes, Martin 243

Eckhart (Meister Eckhart) 137–140, 206, 212, 213, 304, 360
Egli, Nadine 66
Ensslin, Gudrun 249, 250
Epston, David 56
Erikson, Erik 143
Ernst, Cécile 20
Evans, Nicholas 233

Ferenczi, Sándor 55
Ferrari, Gabriella de 235
Fiedler, Peter 23
Franco, Francisco 213
Frankl, Viktor 62, 63, 103–105, 209, 279
Frei, Robert 24, 58, 215, 287, 334, 338
Frey, Peter 305
Freud, Anna 78
Freud, Sigmund 12, 54, 55, 61, 77, 78, 97, 112, 121, 123, 125, 161, 242, 278, 279, 288, 346

Fries, Alison B. Wismer 20
Funk, Rainer 64

Gay, Peter 61
Gottman, John M. 326, 327
Günther, Eduard 338

Haas, Alois 212
Haley, Jay 232
Hart, Julius 359
Hartmann, Heinz 78
Heidegger, Martin 97
Hellinger, Bert 161
Heraklit 360
Himmler, Heinrich 262
Hobbes, Thomas 121
Hochapfel, Gerd 288
Hoffmann, Sven Olaf 288
Holzhey-Kunz, Alice 97–100, 105, 168
Horx, Matthias 280
Hussein, Saddam 277
Husserl, Edmund 123

Isaak 203, 204

Jesus Christus 169, 204, 205, 212, 277
Johannes XXIII., Papst 213
Juan Carlos (König von Spanien) 213
Judas Ischariot 277
Jung, Carl Gustav 12, 87, 117–119, 121, 123, 141, 150, 168, 229, 242–245, 253, 302

Jünger, Ernst 165
Jüttemann, Gerd 303

Kant, Immanuel 121
Kast, Verena 229, 244
Kelly, George A. 49, 153
Kierkegaard, Søren 121
Kind, Hans 13, 15, 16
Kohut, Heinz 243
Kris, Ernst 78
Kübler-Ross, Elisabeth 208
Kühnlein, Irene 54, 295
Künast, Renate 304

Laing, Ronald 87, 134
Landauer, Gustav 354
Lauterbach, Martin 329, 330
Lehr, Ursula 176
Leontjew, Alexej Nikolajewitsch 50
Limacher, Bernhard 58, 227, 333
Linehan, Marsha M. 24
Luckner, Niklaus von 20

Mankell, Henning 209
Márai, Sándor 111
Margraf, Jürgen 335
Mary, Michael 210, 328
Maslow, Abraham H. 118
McCrae, Robert R. 23
McEwan, Ian 194
Meinhof, Ulrike 249, 250
Meister Eckhart 137–140, 206, 212, 213, 304, 360

Personenverzeichnis

Mendes-Flohr, Paul 354, 355, 358, 359
Mentzos, Stavros 36
Mercier, Pascal 46, 47, 64
Meyer, Martin 69
Milosevic, Slobodan 277
Minuchin, Salvador 232
Moses 213
Müller, Christian 23

Neiman, Susan 278
Nietzsche, Friedrich 98, 355, 359

Paulus, Apostel 162
Perls, Fritz S. 118, 122
Piaget, Jean 28, 49, 76, 153

Radhakrishnan, Sarvepalli 164
Reagan, Ronald 257
Reemtsma, Jan Philipp 250
Retzer, Arnold 55, 124
Riehl-Emde, Astrid 58, 77, 124, 125
Rogers, Carl R. 118, 122, 134
Röser, Johannes 304, 305
Roth, Joseph 178

Salomo 213
Sampson, Harold 342
Sara 203, 213
Sartre, Jean-Paul 97, 121
Schlippe, Arist von 56, 328
Schnarch, David 133, 232
Schneider, Silvia 335
Scholz, Werner 244
Schüssel, Wolfgang 304

Schweitzer, Jochen 55, 56, 328
Sennett, Richard 65
Shazer, Steve de 328
Sieber, A. 287, 334
Simenon, Georges 180, 223, 224, 263–271
Simon, Fritz 55
Skinner, Burrhus Frederic 83
Söderquist, Thomas 62
Spitz, René 19
Stegemann, Ekkehard W. 277
Stierlin, Helm 55

Tabucchi, Antonio 189
Teilhard de Chardin, Pierre 129
Thierse, Wolfgang 304
Thomae, Hans 303
Thomas, Dorothy Swaine 56
Thomas, William Isaac 56
Tölle, Rainer 23, 24
Toygar-Zurmühle, A. 24, 215
Trapp, Wilhelm 260
Trüb, Hans 351

Uexküll, Thure von 82

Watzlawick, Paul 29, 55
Weber, Gunthard 55
Weil, Simone 206, 207
Weiss, Joe 342
Welzer, Harald 259–262
Werlen, Benno 82
Werner, Emmy E. 20–22
White, Michael 56
Winnicott, Donald Woods 134

Zweig, Stefan 61

Jürg Willi:
Psychologie der Liebe
Persönliche Entwicklung durch Partnerbeziehungen
328 Seiten, gebunden, ISBN 978-3-608-94336-8

Zweisamkeit ist immer ein Weg, denn eine Liebesbeziehung ist immer auch eigennützig und spannungsgeladen, nie nur harmonisch und selbstlos. Liebespartner sind einander die kompetentesten Kritiker und unerbittlichsten Herausforderer.
Und doch bleibt zwischen Liebespartnern immer ein Rest von Fremdheit und Geheimnis. Und das ist so etwas wie der geheime Motor langer Liebe.

Wenn die Liebe schwindet
Möglichkeiten und Grenzen der Paartherapie
Herausgegeben von Jürg Willi und Bernhard Limacher
230 Seiten, gebunden, ISBN 978-3-608-94409-9

Neuere Befragungen zeigen es: Liebe ist heute der wichtigste Faktor für den Zusammenhalt von Paaren. International bekannte Psychotherapeutinnen und Psychotherapeuten behandeln daher in diesem Buch Themen wie Liebessehnsucht und Umgang mit Liebesleid, Veränderungen in der Gestaltung von Liebesbeziehungen in den letzten Jahrzehnten, Unterschiede zwischen den Leitbildern von Partnerbeziehungen und Liebesbeziehungen oder Selbstakzeptanz als Voraussetzung von Partnerliebe. Aufgezeigt wird zudem, wie in der Sexualtherapie das Thema »Liebe« von der bloßen Wiederherstellung sexueller Funktionsfähigkeit wegführt und wie die Entwicklung von Leidenschaft und Erotik in Paarbeziehungen in den Vordergrund gerückt wird. Das Buch will Psychotherapeuten und auch Interessierten ermöglichen, ihr Verständnis von Liebe allgemein und im Hinblick auf die therapeutische Praxis zu vertiefen.

Klett-Cotta